동무론

인문연대의
미래형식

동무론

김영민

지음

글항아리

신판 서문

동무, 걷는 자의 몫

어른이 되었으면 바로 그 나아감成의 오염 탓에 영영 아이로 되돌아가진 못한다. 그러나 어른이 되어야만 그 되돌아봄Reflexivität으로, 그렇게 개창된 새로운 시야 덕에 진정 아이를 이해할 수 있게 된다. '인문연대의 미래형식'이라는 부제를 단『동무론』은 2008년에 처음 나왔고, 나는 10여 년 후 조금 다른 사람이 '되어'『집중과 영혼』(2017)을 썼다. 그 달라진 풍경의 부제는 '영도零度의 인문학과 공부의 미래'였다. 외부를 향한 연대의 기치는 어느새 내부를 묻는 화두가 되었다. 누군가는 '만든 것만을 안다verum factum'고도 했지만, 나는 오직 되어본 자만이 안다고 여겨온 공부길 위에 있다.

    동무론은 이른바 '인문좌파의 생활실천'을 위한 연대론이자 공동체론이(었)다. '사람만이 절망'이라거나 '지는 싸움'을 말한 당시에는 오히려 '무능과 부재의 급진성'을 동력으로 어울려 걷다가 죽는, 그래서 스스로의 실천이 유일한 전망인 창의적 불화의 양식을 말했다. 그렇게 건져낸 인문좌파라는 주체는 이제, 이미, 효회양명酵晦養明과 허실생백虛室生白의 공부길, 그리고 그 정신의 진화를 통해 어느 정도 지양되어 미래 속에서 새로운 주체를 기다린다. 그러므로 『동무론』은 이제 더 이상 그 옛날의 동무론이 아니다. 노인의 지혜 속에서, 하아얀 의욕의 지평에서, 그리고 제 희망의 한계 속에서 멀리 내다보는 미래의 동무론이 되었다.

    내가 평생 아웃사이더의 길에 제법 견결했고, 내 내력은 내 글이자 내 실력이었으며 나 혼자만의 생활양식이었던 것처럼, 한글 속에서 태어난 유일한 인문공동체론인 『동무론』의 역사도 종내 서리 내린 들판霜野과 같았다. 실로 그것은 '미래적 형식'인 것이다. 친구도 애인도 동료도 동지도 혈연도 이웃도 아닌 동무 사이의 신뢰가 반反현실적 이념이라면 동무론이란 아직은 '길 없는 길'을 택해서 걷고 있는, 오직 그 걷는 자의 몫일 뿐이다.

제2판 서문

동무론, 그 이후

이 책을 처음 낸 이후 10년을 넘겼다. '우주는 변화이며 인생은 의견'이라는데 그사이 개인의 생각 따위가 바뀌지 않을 도리는 없다. 자기 생각의 체계 속에 붙박인 강박증적 점착도 그 자체로 문제이며 필경 공부에 이르지 못하는 못난 꼴이지만, 나날이 국경을 넘실거리는 가벼운 생각들의 유통과 범람의 풍경도 공부의 틀을 구성해내지 못하기는 마찬가지다. 그래서 생활을 낚아채고 주체를 잡아채며 먼 미래를 기약하는 이론들에 골몰하게 된다. 일급의 첨단 과학자들까지도 우주의 뜻과 인생의 의미를 곱씹는 이야기를 속삭이기 시작하는데, 인문학적 실천에 나서려는 자들이 자신의 삶을 문제시하지 않는다면 그들의 생각을 어찌 감히 공부라고 할 수 있겠는가. '동무'라는 개념은, 상상은, 실천은 그 같은 공부길에서 시작된 것이었다.

이율배반이었다. 나는 오랜 시간 동안 '오직 인간만이 절망'이라고 줄기차게 외쳐왔기 때문이다. 나로서는 그게 피할 수 없는 일차적인 현실이었다. 내 삶의 나은 부분은 모조리 이 현실을 넘어서려는 집요한 노력 덕분이었다. 내게 있어 결국 철학으로 동심원을 그리는 학술, 그리고 자기 자신을 변화시키려는 제반의 수행적 실천이 인문 공동체라는 형식을 통해 만나게 될 것은 이 노력의 성격상 피할 수 없었다. 나는 이 노력을 믿었고, 이 공부길의 다짐을 전파하였으며, 부족한 재능과 인금으로 새로운 관계와 공동체의 꿈을 구체화하고자 애썼다. '동무'가 세속의 빛으로 기능할 수 있으려면 이 관계가 공동체의 장소로 익어가면서 생활의 안팎에서 비평의 숲을 드러낼 것이었다. 언제나 인간적인 이율배반은 착시이거나 환영, 혹은 기껏해야 무능일 것이므로, 공부길의 긴 실천 속에서만 파사현정破邪顯正, 허실생백虛室生白, 그리고 엄현허성嚴賢虛聖의 샛길이 열릴 터이기 때문이었다.

동무는 절망의 세속을 굄돌 삼아 세우려는 반정립反定立이고 역설이며, 이상한 무능의 급진성이었다. 잡박한 세속 속이 아니라면 '일'은 무용할 것이기 때문이다. 메타이론적 보편성을 얻고서도 하나의 선택에 견결하고行方, 시전市廛에서 도道를 구하며, 인간들과 더불어 꿈꾸지 않으면 대체 어쩌겠는가? 그렇기에 애초 이 기획은 세속 중의 세속인 자본제적 체계와 길항하고 불화하려는 생활의 양식을 구체화하고자 애썼다. 『동무론』에서 드러나는 반정립의 태제나 그 태세態勢는 이 같은 삶의 지향을 수렴하고자 했기 때문이다. 인문학적 실천을 글-말-생활양식-희망의 4층 구조로 엮었으되, 특히 『동무론』에서는 '어긋나지 않고 외려 어긋내는' 생활

양식의 공동체적 장치를 통해 자본제적 습기習氣와 싸우면서 창의적으로 불화하려고 했던 것이다.

———

내 근작인 『집중과 영혼』(2017)에서 알 수 있듯이, 이러한 삶과 공부길의 성격은 서서히 변화한다. 우선 내 공부의 지향과 그 실천이 내내 견결하려고 했던 공동체적 지향에 약간의 변침變針이 생긴 것이다. 이 변침은 어디에서, 어떻게 생긴 것인지를 탐문해보려는 게 이 짧은 서문의 취지다. 이런저런 곡절이 있었지만, 간단히 정리하자면 나는 내 공부길의 성격을 '다시' 위기지학爲己之學으로 옮겨놓게 되었다. 이는 선조적인 반동이 아니라, '직접성→매개성→직접성'의 변증법적 추이처럼, 혹은 '즉자→대자→즉자대자'의 종합처럼 나 자신이 걸어온 공부길의 도정에서는 매우 자연스러운 변화였다.

물론 이 위기爲己는 곧 '위기의 공부危機之學'였으니, 무엇보다 나 자신의 무능과 불초를 절감했기 때문이다. (더불어 이 계기를 통해 나는 내 여전한 지론이었던 '인간만이 절망'이라는 우울한 전망을 한시도 떨쳐낼 수 없었다.) 나는 우선 내 존재에 묵은 먼지처럼 끼어든 '허영'을 씻어내야만 했는데, 여기서 자세히 논급할 순 없지만 이 변화의 일단은 '개입의 존재론/윤리학'이라는 명제와 실천을 통해 구체화되었다. 자본제적 체제를 일차적 여건으로 삼고 동무라는 새로운 주체의 탄생을 말한 것이 '동무론'이라는 위인지학爲人之學이었다면, 개입의 철학에서는 사물과 동식물, 그리고 귀신의 자리까지 품어내려는 위기지학의 가능성을 조형한 셈이다.

철학과 인문학이 한결같이 '인간이란 무엇인가?'를 거듭 묻듯이, 공부하는 학인으로서 나는 언제나 '공부란 무엇인가?'를 쉼 없이 물어왔고, 이 물음의 수행 자체가 또 새로운 공부길을 열어내곤 했다. 좋은 물음은 새 문을 열어내고賢問開門, 절실한 물음은 내 삶을 문제시하기切問近思 때문일 것이다. 지난 세월 적지 않은 책을 쓰면서도 이 물음이 계속되었던 것은 역시 최고의 공부란 최고의 물음 속에 있을 수밖에 없기 때문이다. 새로운 글쓰기와 탈식민성, 비평의 숲과 동무론, 그리고 집중과 개입 등등의 문제의식은 모두 새로운 물음을 만들어가는 과정에서의 결실이었다.

2018년 가을에 되돌아보는 『동무론』은 내 공부길의 필연이었다. 그리고 새로운 주체의 (재)구성이라는 묵은 숙제에 대한 내 해답이었으며 내 나름의 실천이었다. 소년기의 내가 키르케고르적 단독자의 길에 매료되었다면, 동무는 자본제적 체제 속을 버성기고 어긋내면서 '더불어 살아가는 주체'의 길을 공동체적 맥락 속에서 조형한 것으로, 그것은 그야말로 성인成人의 자리였다. 그러나 이 길의 위기危機 속에서 자생한 위기爲己의 공부는 어쩌면 '개인 문사에서 출발하여 성인에 이른다始乎士終乎聖人'는 낡은 이념에 새롭게 접근하고 있는 것인지도 모른다. 성인成人이 성인聖人을 바라보는 일은 차라리 자연스럽지 않은가? 역설적이지만 어쩌면 현성賢聖의 이념 속에서야 비로소 진정한 동무의 현실이 착근할 수 있겠기 때문이다.

초판 서문

이 책은 1990년대 초부터 '장미와 주판'('장주', sophy.pe.kr)을 중심으로 인문학 공동체 운동을 꾸려오면서 겪고 누리고 공부하고 실험한 일들을 토대로 쓰였다. 인문人紋으로 존재를 증명할 수 없는 시대에, 체제와의 창의적·부사적 불화를 촉매로 연대한 동무들의 인문좌파적 실천이 이 글들의 바탕이고 그 결실이었다. '동무'라는 새로운 관계를 생활양식의 슬기와 근기, 그리고 온기로써 살아내지 못하면 이론도 제도도 상상도 공허하다는 실감이 그 바탕이었다. 무능과 부재의 인문적 급진성만으로 가능한 '지는 싸움'은 걷다가 죽는 것인데, 기꺼이 걷다가 죽으려는 동무들에게 이 책이 작은 위안과 지침이 되기를 바란다.

차 례

서문   5

1장 세속世俗이란 무엇인가?   19

1. 세속의 슬픔 | 2. 그림자 던지기 | 3. 호의, 신뢰, 그리고 계속 | 4. 만날 수 없는 어긋남의 표상 | 5. 추억만으로는 바뀔 수 없는 물매의 길 | 6. 외출하지 못하는 의도 | 7. 세속은 반복 | 8. 개인의 호의 앞에 무력한 관계의 구조 | 9. 본질 없음이 바로 세속의 본질 | 10. 어리석음으로 세속은 굴러간다 | 11. 글 쓰는 자가 거울 뒤로 사라져야 하는 까닭 | 12. 폭군의 얼굴 없음 | 13. 비인과적 인과의 수행성 | 14. 연극 속에서 드러나는 본심, 혹은 애초에 연극적인 본심 | 15. 물物-신神의 신비한 교차 | 16. 당신'이라는' 부재 속에서 커가는 나라는 괴물 | 17. 상처받은 사람은 걷는다 | 18. 대중적 혐오감을 아름다움으로 순치시키는 세속의 힘 | 19. 윤리와 도덕, 그리고 세속 | 20. 알면서 모른 체하기 | 21. 차이가 나는 반복을 통한 복수 | 22. 어리석음이 실재로 변화하는 변신의 우화

2장 동무론(1)   57
연대, 혹은 인문적 삶의 양식

1. 친구/동무, 혹은 기호의 안팎 | 2. 친구/동무, 혹은 냉소의 안팎 | 3. 친구/동무, 혹은 '듣기'의 전후 | 4. 동무: 뫼르소와 로캉탱의 사이 | 5. 친구/동무, 섭동攝動의 전후

3장 동무론(2)   81
미래학으로서의 지식인 교우론

1. 어떻게, 교우론은 미래학인가? | 2. 인정투쟁과 냉소의 사이 | 3. 초월超越, 혹은 '동무'가 아닌 것 | 4. 권력, 혹은 '동무'가 아닌 것 | 5. 연정戀情, 혹은 '동무'가 아닌 것 | 6. 친구, 혹은 '동무'가 아닌 것

4장 동무론(3) 105
현명한 복종, 현명한 지배
손을 빌리고 빌려줌으로써 가능해지는 인문적 연대

5장 반우瘢疣 115
1. 내가 내게 허락하는 행복 | 2. 산문散文을 잃어버린 채 네 주변을 돈다 | 3. 변치 않는 어리석음으로 | 4. 환상적 의도의 잉여가치설일 뿐 | 5. 단 한 번의 실수나 환멸도 영원하다 | 6. 기억의 순교자 | 7. 자살, 없는 미래의 호출부호 | 8. 제3의 소박 | 8-1. 표현/전달 | 9. 호의와 신뢰의 사이(1) | 9-1. 호의와 신뢰의 사이(2) | 9-2. 고백, '나도 알고 보면 착한 사람이야' | 9-3. 호의와 신뢰의 사이(3) | 9-4. 호의와 신뢰의 사이(4) | 9-5. 호의와 신뢰의 사이(5) | 9-6. 친밀함, 혹은 호의와 신뢰의 사이(6) | 9-7. 이덕무와 박제가 | 9-8. 토대의 진실 | 9-9. 돌 속의 선의善意 | 9-10. 세속은 세속으로써 | 9-11. 타인의 고통 | 9-12. 심연의 감성, 혹은 호의와 신뢰의 사이(7) | 9-13. 동무, 심리와 기계 사이를 오늘도 지나간다 | 9-14. 교태의 미래 | 9-15. 인식이라는 홀로서기만으로 도와줄 수 없는 타자와의 관계 속에서 신뢰란 대체 무엇일까? | 9-16. 세속은, 탱자나무에서 홍매로 흐른다 | 9-17. 내 글이 나의 타자가 되는 그 어려운 응답 속에서 내 글은 길게 돌아오는 나의 손님이 된다 | 9-18. 텅 빈 살은 신뢰에 관한 한 아직 아무것도 아니며, 신뢰는 바로 그 한없는 조심스러움으로 엮어내는 허공의 집이다 | 9-19. 약속이란 무엇인가?(1) | 9-20. 생각 속에는 신뢰가 없다 | 10. 언덕을 넘어서지 않으면 결코 알 수 없는 바람이 문제다 | 11. 자화상自畵像은 어리석음의 절정에서 개화한다 | 11-1. 약속은 무엇인가?(2) | 11-2. 약속은 무엇인가?(3) | 11-3. 약속이란 무엇인가?(4) | 11-4. 약속이란 무엇인가?(5) | 11-5. 약속이란 무엇인가?(6) | 11-6. 약속이란 무엇인가?(7) | 11-7. 약속이란 무엇인가?(8) | 11-8. 지식은 지식을 구원할 수 없다 | 11-9. 현명한 외출의 길 | 11-10. 없던 길, 잊혀진 길

6장 해바라기 콤플렉스 265
해바라기 콤플렉스(1) | 해바라기 콤플렉스(2) | 해바라기 콤플렉스(3) | 해바라기 콤플렉스(4)

7장 공원公園, 혹은 공원空圓 277
1. '이성의 빛'에서 물러나와 '존재의 빈터'를 체험하는 시공간의 판타지 | 2. 아파트 속의 자연과 시골, 공원 | 3. 산散책의 그 흩어짐, 산책의 그 빈터

8장 산책, 혹은 의도意圖의 바깥으로 외출하기 285
루소의 『산책자의 몽상』(1782)
미로를 걷는 것으로서의 산책

9장 산책과 자본주의   291
산책, 혹은 자본제적 체계와의 생산적 불화

10장 연인과 타자   299
1. 문턱: 연인과 친구의 사이 | 2. 문제: 동무, 길 없는 길 | 3. 배경과 현장: 세속世俗 | 4. 호감/호의, 혹은 아무것도 아닌 것 | 5. 연정 | 6. 신뢰 | 7. 사회성, 그리고 비평 | 8. 타자

11장 연대의 사잇길   345
'보편-개체'의 계선을 넘어

1. 보편과 개체(1) | 2. 보편과 개체(2) | 3. 보편이라는 이름의 권력에 맞서는 약소자들의 연대 양식

12장 무능의 급진성(1)   367
인문人紋의 오래된 미래

1. 책이 아닌 책 | 2. 욕심 없는 의욕 | 3. 부재不在의 사치 | 4. 산책과 동무 | 5. 무능의 급진성

13장 무능의 급진성(2)   389
자본주의와 애도의 형식

14장 무능의 급진성(3)   399
이미지의 침묵과 인문人紋의 급진성, '아이'에서 '유령'까지

1. 아무나의 일상 속에서 구현되어야 할 천재의 능력 | 2. 심리학주의의 덫 | 3. 이미지의 나르시시즘 | 4. 회복해야 할 이미지의 급진성, 이미지의 힘 | 5. 아이(1) | 6. 아이(2) | 7. 예수(1) | 7-1. 예수(2) | 8. 소크라테스 | 9. 유령(1) | 10. 유령(2) | 11. 인문人紋의 새로운 가능성

15장 무능의 급진성(4)   423
사치의 존재론과 부재의 사치

1. '기표'로서의 사치 | 2. 인문학, 빈 곳을 향한 사치 | 3. 사치와 자본주의 | 4. 사치와 존재 | 5. 사치의 재해석 | 6. 내 삶의 부재표: 쟁취한 부재로서의 사치 | 7. 부재의 과잉에 잉태한 상징적 잉여가치 | 7-1. 공허하지만 빛나는 것 | 8. 부재의 가치를 부정하는 한국 현대 개신교 | 8-1. 부재의 사치, 혹은 무능의 사치 | 9. "훨씬 공허한 어떤 X" | 10. 금기와 시간적 구속 | 11. 노동의 금기가 허물어진 열린 시공간, 축제 | 12. 축제의 원리, 낭비와 사치 | 13. 축제와 에로티즘

| 14. 사랑의 본질 역시 낭비와 사치 | 15. 사치가 아닌 쾌락은 없다 | 16. 잉여의 경제학 | 17. 교환의 불가피성 | 18. 시선과 교환의 근원적 어긋남 | 19. 양심에서 조심으로 | 19-1. 교환-시선의 실천적 재구성의 장애물, 자기억압 | 20. 교환이라는 인문의 수평선과 시선이라는 수직선 | 21. 교환과 시선의 쉼 없는 재구성의 역사 | 22. 시선이 교환을 파괴하는 것을 어떻게 막을 수 있을까

16장 에고이즘과 나르시시즘 465
나르시시즘과 함께, 나르시시즘을 넘어가는 새로운 사잇길

17장 생활 양식의 인문정치와 역사화 477
성숙한 자유, 생산적인 자유, 그리고 현명한 실천의 자유

18장 술 495
매체와 동무

19장 거울속에는소리가없소 533
거울사회와 휴대폰 인간
1. "기하학의 정신이 인문人文의 뇌수를 소각"한 이력 | 2. 세상의 문門-턱에서 빛나는 거울(들) | 3. 나르시시즘-함몰陷沒-마비痲痺 | 4. '거울사회', 혹은 총체성이 없는 편재성 | 5. 거울사회, 혹은 '표면성'의 승리 | 6. 휴대폰-인간homo cell-phonicus | 7. 휴대폰: 문門/창窓인가, 거울鏡인가? | 8. 지는 싸움: 체계의 타성과 인문人紋의 기동

참고문헌 562
찾아보기 571

1장

세속이란 무엇인가?

1
세속의 슬픔

세속世俗은 무엇보다 슬픈 것인데, 그것은 내가 내 진실을 알 수 없게끔 구성된 바로 나 자신의 성채城砦와 직면하는 경험이기 때문이지요.

2
그림자 던지기

세속은, 실천이 의도를 배신한다는 것을 알면서도 의도로써 실천을 감싸보려고 하는 '그림자 던지기'와 같은 것이지요. 그러나 알다시피 그림자는 던질 수 없는데, 그것을 던지려는 바로 그 사람이 스스로 아니라고 오인하는 그 그림자의 일부이기 때문입니다. 그림자보다 빠르게 움직이기, 바로 그것이 현명함이지요. 그러나 세속은 그것의 만성적 불가능성으로 구성된 나태한 미만彌滿과 그 슬픔이랍니다.

3
호의, 신뢰, 그리고 계속

세속은 호의가 그로테스크하게, 코믹하게, 때로는 참석慘惜하게 신뢰의 문 앞에서 자빠지는 꼴 속에서 그 화색禍色을 드러냅니다. 그래서 호의를 향한 슬픔과 신뢰를 향한 아픔이 교차하는 사건 속에서, 그리고 그 사건이 총체적 무지 속에서 반복되는 조건/한계 내의 그 사건의 밝은 아우라가 세속이지요.

4
만날 수 없는
어긋남의 표상

세속은 '만날 수 없음'의 표상입니다. 아니, 어긋남이라는 문화文禍의 알리바이들만으로 만남의 공허를 채울 수 있으리라는, 어떤 물화物化의 물매입니다.

    스치고 섞이면서 만날 수 없고, 겹치고 묶이면서 만날 수 없고, 손을 잡고 혼인하면서 만날 수 없고, 악수하고 계약하면서도 만날 수 없는 어긋남의 표상. 내 속에 있으면서도, 아니 내 속에 있기 때문에 결코 만날 수 없는 너와의 아득한 거리에 대한 표상.

5
추억만으로는 바뀔 수 없는 물매의 길

세속은 한계의 역설적 물매를 통해 삶의 바람직한 조건을 생성해내던, 그 옛날의 희망을 추억하는 방식에 고스란히 들어 있습니다. 추억만으로는 결코 물매의 길이 바뀌지 않지요.

6
외출하지 못하는 의도

다시, 세속은 의도의 비극적 불모성 속에서, 바로 그 의도의 완고한 집착으로 드러납니다. 관계의 아득한 심연 속으로 떨어지면서 산산조각으로 바스라지는 의도의 불모不毛! 바로 의도의 불모 속에 어리석고 평온하게 좌정해 있는 자아! 그리고 그 자아의 실천적 공허를 제 앞도 돌아보지 못하는 의도로써 채우려는 악순환 속에 세속은 마치 세속을 모르는 어여쁜 동자童子처럼 버티고 앉아 있지요.

그렇게 세속은, 오직 의도 속에서 생명을 다할 수밖에 없는 그 의도의 불모성 속에서 꼼지락대고 있는 것입니다. 외출하지 못하는 의도. 그것에 대해서 아직 인류는 많은 것을 모르고 있답니다.

7
세속은 반복

세속은 반복입니다. 그것은, 반복을 피하려는 의도 자체가 반복의 구조에 복무하는 역설적 되먹임을 쓸쓸하게 회고하는 짓입니다. 반복을 피한다고 했지만, 실은 우리 모두 그 반복에 '붙들려' 있을 뿐입니다. 피하려는 동작 때문에 오히려 그 반복을 재촉하는 강박이 우리의 존재방식Seinsweise이 되어가고 있지요. 세속은 반복인데, 더 서글픈 노릇은 그 반복의 발원지가 바로 우리 자신이라는 사실입니다. 인간의 조건과 한계 사이의 어느 길목을 오늘도 반복은 쓸쓸하고 엄연하게 가로지르고 있답니다.

8
개인의 호의 앞에 무력한 관계의 구조

거듭 말하지만, 세속이란 개인의 호의 앞에 무력한 관계의 구조를 가리킵니다. 그 애틋하고 알뜰했을 호의가 속절없이 부딪히는 벽을 말합니다. 호의 속에 담겼던 갈매빛 의도가 필경은 배회하게 될 그 길 없는 사막의 이름입니다. 의도의 비극적 불모不毛가 만든 사막!

9
본질 없음이
바로 세속의 본질

세속의 본질은 그 본질의 거부Ab-sage 속에, 혹은 (아도르노의 표현대로) '세속의 본질은 그 본질 없음' 속에 있습니다. 무릇 세속이란, 바로 그 '마지막 말'을 (그것이 극히 뻔한 상태 그대로) 알 수 없는 미로의 상황 속에서 반복되는 악순환이지요. (바흐친처럼 악순환을 '개방'으로 고쳐도 이 문제의 틀이 근본적으로 바뀌는 것은 아닙니다.) 은유와 환유의 형식적 특징은 정확히 거부인데, 그것은 본질essentia로서의 존재esse를 거부하는 노릇에 다름 아니기 때문입니다.

그러므로 세속은 도대체 심오하지 않은 것이며, 바닥없음Ab-grund일 뿐 아니라 그 바닥없음으로부터 재생산되는 의미의 영도零度이기도 한 것이지요. 그것은 어느 선신善神의 선의에 기탁한 것도 아니며, 어느 악신의 악의에 뿌리내리고 있는 것도 아닙니다. 오히려 악의와 이기利己가 사통하고, 선의와 상처가 밀통하는 바닥 없는 순환 속에서 실체를 보일 뿐입니다. 그 심오한 바닥Grund의 형이상학적 확보에 관한 한, 선신이든 악신이든 아무런 차이가 없기 때문입니다.

악이 없는 선은 없으며, 죄의식 없는 경건도 없고, 미움 없는 호의도 없고, 낮의 기억이 없는 밤도 없기 때문입니다.

10
어리석음으로 세속은 굴러간다

정신분석적으로 말하자면, 증상을 고집하는 현존재의 어리석음으로 세속은 굴러갑니다. 어리석지 않으려고 몸부림치는 자아의 그 몸부림으로 짜인 어리석음만이 세속의 동력이랍니다. 아, 그렇게 인생은 한바탕의 유쾌한 어리석음이라지요! 그것이, 에라스뮈스의 '광우현인狂愚賢人'만이 아는 바람 속의 이치이지요! '현존재'는 '세계-내-존재In-der-Welt-Sein'라기보다 '세속의 존재'이며, 따라서 '어리석음-내-존재In-der-Torheit-Sein'인 셈이지요.『계몽의 변증법』속의 아도르노를 의역하자면, 어리석음이란 정신의 '굳은살'과 같은 것인데, 굳은 부분을 없애면 살도 없어질 뿐 아니라, (더 결정적인 대목은) '아아, 어리석게도' 속살의 전부는 바로 그 굳은살에 의지하고 있다는 사실입니다.

11
글 쓰는 자가
거울 뒤로 사라져야 하는 까닭

아도르노는 자신의 글쓰기론에 '거울 뒤로'*라는 제목을 붙였습니다. 젊은 아도르노의 눈빛을 좋아해본 적이 있다면, (마찬가지로) 어떻게 이런 제목을 좋아하지 않을 수가 있겠어요? 사람들은 '무늬만 좋다'거나 '제목은 좋구나!'라며 비아냥거리지만, 범재凡才들이 영원히 도달할 수 없는 경지가 있을진대 그것은 제목과 무늬가 번개처럼 그려내는 타성일편打成一片의 한 모서리랍니다.

몇 쪽 되지도 않는 아도르노의 글쓰기론에서 가장 탁월한 부분은 역시 제목뿐입니다. 벤야민의 영향을 받은 대로 '의도의 불모성'을 반복하고, 그놈의 변증법은 여태 이리저리 굴러다니고, 새로울 것도 없는 '거미줄-텍스트론'이 펼쳐지지만, 중요한 것은 오직 한 가지, '글 쓰는 자가 거울 뒤로 사라진(사라져야 하는) 까닭'을 아는 일뿐입니다. 아도르노의 재주는, 그 제목의 지핌을 통해 '글 쓰는 자가 어떻게 어리석지 않을 수 있는가?'를 아무도 모르게 물어보는 데 있기 때문입니다.

* 테오도어 아도르노, 『미니마 모랄리아』, 김유동 옮김, 길, 2005, 117~121쪽.

'세속이라는 어리석음의 진창 속에서는 글을 어떻게 써야 하는가?'—바로, 이 물음!

12
폭군의 얼굴 없음

"우주는 변화이고 인생은 의견意見이다." 에픽테토스의 권고에 따라 '마음속에서까지 황제가 되지 않으려고', 요컨대 '현명하려고' 애쓴 아우렐리우스의 낡은 금언이지요. 아하! '변화와 의견' 사이를 걸어다녔던 이 황제는 대체 어떻게 그 '생각'의 늪에서 벗어날 수 있었을까요? 하기사 의견과 관계들이 종횡하는 변화의 숲, 그 숲의 황제라면 그는 분명 자신을 황제라고 '생각'하지는 않을 만큼 현명할 수 있었겠지요.

황제는 오직 '윤리'일 뿐이며, 황제의 윤리는 무엇보다 자신을 황제라고 '생각'하지 않는 데 요체가 있습니다. 아니, 윤리에서 가장 동떨어진 것이 있다면 그것은 '생각'이라는 괴물이며, 윤리란 모름지기 '생각'을 뚫어내는 반복일 뿐이기 때문이지요. 그 모든 생각이 변화의 지평선, 의견의 홍수 속에 한 점 꽃잎처럼 묻혀버려도, 어리석은 이들은 자신의 이름을 더욱 힘주어 '생각'하고 있습니다.

그러나 생각의 힘을 거쳐, 생각 밖으로 나아가려는 불가능한 노력, 혹은 무지를 넘어선 비사유非思惟의 실천-윤리를 일러 '지는 싸움'이라고 불러왔답니다. 그러므로 그 실천은 번개처럼 빠른 것이며, 먹구름처럼 느린 것이랍니다. 이때 '세속'이란, 지는 싸움의 비극적 카타르시스마저 체제의 내장 속으로 징발해가는 폭군의 얼굴 없음을 가리키지요.

13
비인과적 인과의 수행성

이덕무李德懋(1741~1793)는 「효가잡고孝暇雜稿」라는 흥미로운 제목의 글에서 유가적 문장론의 일부를 요약하는데, 그 알속은 "정성으로 효를 다하면 온갖 행실이 저절로 갖추어지고, 온갖 행실을 갖춘 것을 드러내면 그대로 문장이 된다"*는 것입니다.

정작 놀라운 것은 후기구조주의적-소비주의적 기표 논리를 얼떨떨하게 만드는 이 문장론의 중세적 외피와 거친 무게감이 아닙니다. 오히려 그 낡은 실천의 범접할 수 없는 효용 속으로 세속의 이치가 기묘하게 틈입하는 꼴에 주목해야 합니다. 효도와 문장 사이의 인과를 염출할 수 있는 길은 없지요. 실제로 악명 높은 도스토옙스키나 사르트르, 쇼펜하우어나 카프카, 혹은 이상이나 장정일의 재주를 떠올려봐도, 불효不孝의 반항적·도피적 상징성에 기생하는 조울증적 역동성이 오히려 문장론을 이룰 만합니다. 그러나 우리는 이 성실역행誠實力行의 선비가 하는 말을 결코 헛것으로 여길 수 없고, 나 역시 개인적으로 그의 글쓰기론이 지속 가능한

---

* 이덕무, 『책에 미친 바보』, 미다스북스, 2004, 92쪽.

실용성에 기반했으리라고 상상합니다.

다만 나로서는 효도-문장의 틈을 땜질하는 비인과적 인과의 수행성逐行性에 주목할 뿐이지요. 들뢰즈의 표현을 빌리자면, 대변자적 주체는 따로 없으며 사회적 복합성의 행위만 있을 뿐이라는 것입니다.* 세속이란 그런 것이지요. '비인과적 인과의 수행성', 인과가 없는 곳에서도 급기야 인과적 효용을 얻어내고야 마는 자아의 근원적 수행성, 그 수행성에 대한 무지, 그리고 무지로 말미암은 또 하나의 수행적 반복.

---

* Michel Foucault, *Foucault Live: Collected Interviews, 1961~1984*, New York: Semioxtext(e), 1989, p. 72.

14
연극 속에서 드러나는 본심, 혹은 애초에 연극적인 본심

> 이것보다 더 나은 증거를 잡을 수 있을 게다. 자, 연극이다. 연극 속에서 왕의 본심을 캐내고야 말겠다I'll have grounds more relative than this. The play's the thing. Wherein I'll catch the conscience of the king!
> ―「햄릿」 2막의 마지막, 햄릿의 대사.

연극적 반복 속에 본심이 드러난다는 것, 혹은 외상적 체험이 연극하는 모든 자에게 존재의 흔적('아무리 멀리 있어도 가까이 나타난다는' 그 흔적)이 된다는 것은 정신분석의 매개를 거치지 않고서도 충분히 중요한 지적이지요. 그러니까 하이데거식으로 말하자면, 현존재가 아니라 연극the thing, es이 말을 한다는 것입니다. 그러나 조금 더 중요한 지적은, 본심이 워낙 연극적이었다는, 가장 심오한 피상의 아우라.

15
물物-신神의 신비한 교차

'초자아 앞에서는 의도와 행위가 등가'라는 프로이트의 오래된 명제가 있지요. 가령 칸트가 『이성의 한계 안에서의 종교』에서 '종교적 망상Religionswahn'이라거나 '주물신앙Fetischglaube'이라고 비판한 것도, 염원과 호의의 의도를 종교적 행위로 착각하는 미신Aberglaube을 견제하기 위함이었지요. 혹은 바르트가 『사랑의 단상』에서 "(연인들이) 준다고 생각하는 것은 바로 이 마음"*이라고 했을 때, 그것은 의도와 행위가 등치되는 사랑의 심리학주의를 요약한 셈입니다. 사족을 달자면, '의미의 도가니 안에 있'**는 연인이라면 '사랑해!'라는 발화 속의 의미론적 영도零度를 알 수 없는 법이지요. (그러므로 '사랑하다가 죽어버려라'라는 멋진 시제는 실은 욕이거나 농담이랍니다.) 프로이트가 『쾌락원칙을 넘어서』(1920)에서 설명한 투사Projektion의 기제 역시 넓게 보자면 의도와 행위의 등가성에 노출된 인간적 관념론을 증거한다고 할 수 있겠어요. '속에서 나온 것(의도)'의 충격은 결국 '밖에 있었던 것(행위)'으로 전화

* 롤랑 바르트, 『사랑의 단상』, 김희영 옮김, 문학과지성사, 1991, 79쪽.
** 같은 책, 94쪽.

됨으로써만 충격에서 벗어날 수 있을 뿐 아니라, 그 충격의 중요성을 합리화할 수 있는 것이지요.

물론 이 명제의 주된 미덕은 철학적 관념론이 주물되어 나오는 모루砧骨를 보여주는 데 있습니다. 특히 관념론의 배경으로 초자아를 지목한 것은 흔히 망각되는 철학의 '외부'를 일깨운다는 점에서 중요합니다. 서양 철학사의 맥락에서는 데카르트의 신과 스피노자의 신을 비교해 그 기원적 외부의 알속을 파악할 수가 있지요. 그러나 그 외부는 사실상 외부가 아닙니다. 그것은 관념론의 내적 일관성을 얻기 위한 조회점照會点 혹은 원근법적 소실점으로서, 그 관념론의 빈 중심을 바깥으로 투사한 것에 불과하지요. 보들레르가 "군림하기 위해서 존재할 필요조차 없는 유일한 존재는 신神뿐"*이라고 했을 때, 실로 군림하고 있는 것은 초자아라는 허상을 덧입고 있는 이른바 '체계'라는 사실을 역설적으로 증명합니다. 그런 뜻에서, 관념론은 정신의 능동성이나 영혼의 숭엄을 현시하기보다는 오히려 '물신物神들'의 지배를 공고히 하는 것이지요.

2006년의 한국적 세속 역시 물신이 지배합니다. 그러나 세속은 애인의 살처럼 물-신의 신비한 교착이기 때문에, 오히려 그 속에서는 관념론이 진동합니다. 의도의 깃발을 나부끼면서 역사 속으로 진군할 때는 초자아를 조심하세요.

---

* 샤를 보들레르, 『벌거벗은 내 마음』, 이건수 옮김, 문학과지성사, 2001, 15쪽.

16
당신'이라는' 부재 속에서
커가는 나라는 괴물

당신도 없이 나를 견딥니다
묵은 베개의 메밀 속처럼
나날이 늙어도 꼭 그만큼입니다.*

'당신도 없이 나를 견뎌야 하는, 묵은 베개의 메밀 속'이라면, 나는 오히려 그것을 천국이라고 여길 것 같습니다. 당신의 빈자리가 나의 흔적이라면, 예쁜 시詩라도 쏟아내면서 언제까지라도 나를 견딜 수 있을 겁니다. 그러나 나의 지옥은, 혹은 그 세속世俗은 당신'의' 부재가 아니라 당신'이라는' 부재이며, 그 부재의 영원함이고, 그 부재 속에서 커가는 나라는 괴물입니다.

---

* 이성복, 「좀처럼 달이 뜨지 않는」의 마지막 연, 『아, 입이 없는 것들』, 문학과지성사, 2003, 34쪽.

17
상처받은 사람은 걷는다

벤야민의 '산책자flaneur'론은 기본적으로 지저분한 미완결이다. 무엇보다 내용(산책자)이 형식(산책)에 먹혔기 때문일 테다. 그나저나 생각의 한 단락은, 산책을 산업사회적 분업에 반대하는 무위無爲의 자리에 두는 것*이다. 그래서 "산책에는 다른 무엇보다 무위에 의해 얻는 것이 노동에 의해 얻는 것보다 더 가치가 있다".** 내 말로 고치면, 산책(보행)은 자본제적 도시의 템포와 온도, 그리고 그 관계를 비껴 질러나가는 실천궁행實踐躬行의 단서다.

벤야민도 산책자의 '될 대로 되라는 식의 태도laisser-faire'***를 말하는데, 이것은 응당 니체의 '걸어가도록 내버려두는 태도lassen-gehen'를 연상시킨다. 분업화된 자본제적 세속은 무엇보다 이 두 가지 태도를 용납하지 않는 '체계'이기 때문이다. 아도르노는 「물 위에 누워」라는 에세이에서 이러한 정서를 '변증법적' 외곬으로 몰아간다. "짐승처럼 아무것도 하지 않는 것, 물 위에 누워 평화롭게

---

* 발터 벤야민, 『아케이드 프로젝트』, 조형준 옮김, 새물결, 2005, 985쪽.
** 위의 책, 1038쪽.
*** 위의 책, 971쪽.

하늘을 바라보는 것, 그저 존재하는 것."*

하지만 이럴 때 시인들은 아무 곳에서나 '길'을 만나고,

……산은 통째로 길인 것을,**

그리고 그 길을 그냥 걷는다.

모래는 상처처럼 쓰리다
시인은 걷기 위하여 걷는다.***

---

*   테오도어 아도르노, 『미니마 모랄리아』, 210쪽.
** 권경인, 「깨어 있는 시간」, 『변명은 슬프다』, 창비, 1998, 28쪽.
*** 허만하, 「낙타는 십리 밖에서도」, 『비는 수직으로 서서 죽는다』, 솔, 1999, 69쪽.

18
대중적 혐오감을
아름다움으로 순치시키는 세속의 힘

히파티아는 자신을 연모한 제자에게 자신의 생리대를 보여주며 질책했다고 한다.*

인류학이나 종교사의 단골 메뉴인 월경혈月經血에 대한 두려움은 난삽한 이론 없이도 넉넉히 짐작할 만하다. 인류 역사의 대부분에서 여자들은 월경혈의 처치에 일상적으로 곤란을 겪었고, 주체할 수 없는 그 붉은 생혈生血은 오랫동안 남자들의 시야에 비친 여성적 타자성의 상징, 그 알속이 되었다. (가령 사시사철 피 홀리면서 살아가야 하는 어떤 '남자'의 이미지는 기존의 '세계상像'에서 대체 어떻게 자리매김되겠는가?)

남한에서 일회용 생리대가 상업적 시판에 들어간 것은 1971년이라고 한다. 극히 흥미로운 일은 생리대의 방송 광고가 허용된 것이 1995년인데, 이유는 그것이 '대중적 혐오감을 줄 수 있는 품목'이라는 것!

어쩌면 히파티아의 생리대를 본 제자는 히파티아가 기대한 '대

---

* 마르자 드스지엘스카, 『히파티아: 고대 그리스가 사랑한 여인』, 이미애 옮김, 우물이있는집, 2002, 106쪽.

중적 혐오감'을 뚫고 지나가, 거꾸로 그 빠알간 도발挑發의 물질성에 다시 소급해서 현혹되었는지도 모를 일이다. 마찬가지로, 벤야민의 표현을 빌리면, 일회용 생리대의 당대적 흔적인 '대중적 혐오감'은 나날이 예쁜 모습으로 재생산되는 생리대의 아름다운 아우라와 다르지 않다. 세속이란 꼭 그런 것이다.

19
윤리와 도덕 그리고 세속

그러나 숙부의 침실에는 가지 마세요. 정조가 없더라도 있는 척은 하세요but go not to my uncle's bed; Assume a virtue, if you have it not.*

'있다'고 강조한 그 역설力說이 곧 역설逆說에 처하는 것. 그것이 다름 아닌 모든 도덕의 운명이다. 그런가 하면 '있는 척하는 것'의 역설적逆說的 일관성이 낳는 삶의 무늬, 실존적 의지의 반복, 그것을 윤리라고 부른다. 그런 점에서 윤리는 도덕에서 가장 멀리 있다. 햄릿은 (골수에 박히도록 서양적인 제스처 아래) 그의 여자-어머니에게 윤리를 요구함으로써 도덕적 타락에서 건지려 하고 있으나, 실상 그의 윤리는 곧 도덕적 수준으로 떨어지고 만다. (반면 호부호형할 수 없는 홍길동의 슬픔은 전혀 다른 종류의 것이다.) 마찬가지로 이 시대의 세속이 우리에게 허여한 유일한 구원의 가능성은, 윤리로써 도덕에서 벗어날 수 있는 어떤 삶의 형식을 제시하는 것뿐이다. 물론 그런 점에서 스피노자는 여전한 빛이다.

* Shakespeare, *The Tragedy of Hamlet: Prince of Denmark*, New Haven: Yale University Press, 1954, p. 115.

20
알면서 모른 체하기

세속을 뚫고 나가는 방식은 이데올로기들을 피하는 데 있지 않다. 오히려 어떤, 숯처럼 정화된, 혹은 너무 잘 닦아 속이 훤히 비치는 이데올로기를 선택함으로써 그 세속을 마지막까지 밀어붙이는 것이다. '알면서 모른 체하기'는 곧 그런 것이다.

21
차이가 나는 반복을 통한 복수

반복되지 않는 행동을 일러 용서할 수 있는 '실수'라고 하는데, 반복을 용서할 수 없는 것은 고장 난 기계를 '용서'하지 않고 '수리'하는 것과 비슷한 이치다. 그러므로 어리석음은 종교나 도덕의 대상이 아니다. 오히려 (대개) 어리석음의 알속을 기생충처럼 지니고 있는 게 바로 종교와 도덕이라는 사유의 경직이다. 어리석음은 반복의 형식을 띠게 마련이고, 따라서 (누차 강조했듯이) 실천적 현명은 우선 반복되는 행동에 유의하는 감성으로부터 출발해야 한다. 물론 '마음을 모른 체하기'는 재론할 것도 없는 전제다.

엄밀히 말하면, 윌리엄 제임스의 지론과는 달리 '좋은 버릇'이란 없다. 무릇 반복되는 버릇이란 체계이며, 의심하지 않는 체계는 필경 나쁜 것이기 때문이다.

어리석음의 일부는 기억의 체계와 벌이는 사후적 타협의 제스처다. 4월의 벚꽃처럼 어리석음을 흩뿌리고 다니는 그 짐승 같은 상처의 체계와 만나노라면, '상처는 어리석음'(호르크하이머/아도르노)이라는 오래된 명제를 새삼 절감할 수밖에 없다. 라캉의 지적처럼 증상은 구제의 신호일 뿐만 아니라, 그것 자체로 탐닉과 정체성의 체계를 이룬다. 그리고 다시 호르크하이머/아도르노의 명제를 빌려 재서술하자면, 자아가 상처의 체계에 탐닉한다는 것은 그 자체가 체계의 일부이지 체계를 변명하기 위한 구실은 되지 못한다.*

그러나 프로이트처럼 '타협'에 방점을 찍는다면, 어리석음의 반복은 제한적·점진적이나마 치료 효과를 낸다. 프로이트에 의하면, 외상성 신경증과 관련된 꿈은 '억압된 소망의 왜곡된 성취'라는 일반적 도식을 따르지 않고 "차라리 반복강박의 원리에 따라 발생한다고 보아야 할 것"이다.** 따라서 이때의 반복은 오히려 불안을 촉발하는 기제이며, 원초적 외상을 숨긴 채 진행되는 불안의 (현실적) 부재가 오히려 외상성 신경증의 원인인 셈이다. 프로이트는, 어린이들이 한때의 불쾌한 경험을 되살려내는 이유도 이와 다르지 않다고 말한다. "어린이들의 경우, 그들이 불쾌한 경험을 반복하는 것은 어떤 강력한 인상을 단지 수동적으로 경험하는 것보다는 스스로 능동적으로 되어서 좀더 철저하게 정복할 수 있다는 또 다른 이유에서라는 사실을 우리는 추정할 수 있었다. 각각의 새로운 반복은 그들이 추구하는 정복을 강화해주는 것 같다."(「쾌락」, 306) 프로이트는 이 과정을 그의 유명한 '포르트-다

---

* "청중이 문화 산업의 체계를 선호하고 있다는 것은 그 자체가 체계의 일부이지 체계를 변명하기 위한 구실은 아니다." 호르크하이머·아도르노, 『계몽의 변증법』, 186쪽.
** 지크문트 프로이트, 「쾌락원칙을 넘어서」, 『정신분석학의 근본 개념』, 윤희기·박찬부 옮김, 열린책들, 2003, 302~303쪽. 이하 「쾌락」으로 약칭.

fort-da 놀이'에 대한 해석을 통해서 예시한 바 있다.(「쾌락」, 279, 283) 요컨대 아이는 놀이 속의 반복을 통해 애초에 그 행위가 지녔던 인상/충격의 강도強度를 소산Abreagieren 시키고, 아울러 피해자였던 자신의 처지를 역전시켜 그 상황을 사후적으로 통제하려는 것이라고 설명한다.(「쾌락」, 282)

특히 내게 흥미로운 곳은, 프로이트가 그 놀이의 동기를 '복수復讐'일지도 모른다(「쾌락」, 281)고 언명하는 대목이다. 물론 프로이트의 사후성Nachtraeglichkeit 개념이 예시적으로 분명해지는 이곳은 벤야민의 메시아주의적 역사철학을 연상케 하는 부분이기도 하다. 그러나 우연일 수만은 없는 게, 사후성이라는 이 독일어는 '원한 맺힘/복수심 깊음resentfulness'이라는 뜻도 아울러 지니기 때문이다. 과거를 구제하려는 사적 시도는 그 자체로 '집요한 품기' '잊지 않기' '분노와 복수'의 정서에 호소할 수밖에 없는 면이 있고, 벤야민의 역사철학은 분노와 복수의 정서를 신학적으로 정화淨化한 것에 지나지 않는다.

나는 그간 세 번이나 익사할 뻔했다. 지라르의 용어를 훔쳐, 그중에서도 특히 '초석적礎石的'이라고 할 만한 것은, 네다섯 살쯤 낚시를 하던 중 파도에 휩쓸려 한참을 떠다니다가 초죽음이 되다시피 한 끝에 간신히 목숨을 건진 사건이었다. 여태껏 나는 수영을 즐기면서도, 특히 인적이 드문 저수지 같은 곳에서 야간 수영을 고집하며 그 물속 가득히 피어오르는 공포를(에) 즐기곤(질리곤) 하는 짓을 반복한다. 반복강박에 대한 프로이트의 설명을 접하지 못했을 때 그 초석적 외상을 반복해서 흉내내는 행동을 나는 일종의 '복수'라고 여겼던 듯하다. 물론 그것은 대상조차 분명치 못한 복수이며, 굳이 팻말을 붙이자면 '운명에의 복수'쯤 될 것이다. (아니면 바디우나 지젝의 말처럼, 그것은 내 개인사의 맥락에서 조성된 '실재에의 열망'이었을까?)

'운명애amor fati'라는 역설적인 명패를 붙이긴 했지만, 운명에 대한 복수를 반복으로 읽은 이는 물론 니체다. 과연 영겁회귀의 운명애만큼 애증愛憎의 완벽한 삼투가 있을 수 있을까? 영겁회귀는, 복수할 수 없을 때 그 복수의 대상을 사랑으로 전환시키는 데 필요한 여건을 단번에 증명한다.

아도르노는 운명애를 "부조리하기 때문에 믿는다는 것만큼이나 가장 부조리한 것에 대한 찬미"*라면서 비판이론가다운 일침을 가한다. '쾌락이 진리의 증거가 되지 못한다'(니체)라는 것과 마찬가지로, 무의미한 강압의 반복에 의미를 부여하는 것 역시 진리와 무관하다는 것이다. 이는 요컨대 기독교를 사이비 소망에 현실성을 부여함으로써 끔찍한 삶을 견디게 하는 환상의 체계라고 비판했던 니체가 취할 적법한 태도가 아니라는 비판이다. 운명애가 부당한 반복을 합리화하는 우파의 형이상학/신비주의로 변질되어 주도적 현실의 체계를 인준할 뿐이라는 것.

일본 근대사를 따지는 가라타니 고진의 역사관은, "역사는 일

---

* 테오도어 아도르노, 『미니마 모랄리아』, 134쪽.

종의 반복강박의 가운데 있는 것을 드러내는 과정"*이라는 프로이트적 논급에 집약된다. 그에 따르면, 내용의 반복은 피할 수 있지만 형식의 반복은 피할 수 없는 것이다. 그러나 짐작건대, 고진이라면 이른바 그의 '가능성의 중심의 독서법'처럼 그 반복 속에서도 '아직 사유되지 않은 것'**을 끄집어내려고 할 것이다. 이를테면 고진은 서력西曆에 의한 역사 구분과 일본의 원호元號에 따른 구분 사이의 차이로부터 역사의 반복적 구조를 설정하려고 노력한다.***

마찬가지로 벤야민의 역사철학에서도 '형식성'이 아니라 '가능성'이 관건이며, 오히려 반복을 통한 반복의 내파가 문제다. 벤야민이 '종말론적 파국'을 말할 때 그의 마르크스주의는 유대 메시아주의와 경이롭게 결합한다. 그의 신학적 채색을 못마땅히 여긴 아도르노 등의 프랑크푸르트학파 동료들도, 신학과 정치를 이색적으로 결합시키는 그의 독창성에 대해서는 고평高評을 숨기지 않았다. 요컨대 벤야민은 강자의 역사의 연속성을 중단시키는 어떤 반복 속에서 혁명의 새로운 가능성을 보는 것이다. 지젝은 이렇게 공식화한다. "혁명은 과거의 실패한 시도들을 그것들의 '가능성' 속에서 그것들을 반복함으로써 구출한다."**** 비록 이것이 혁명

---

* 柄谷行人, 『定本 柄谷行人 5』, 東京: 岩波書店, 2000, p. 4.
** 가라타니 고진, 『마르크스 그 가능성의 중심』, 김경원 옮김, 이산, 1999, 30쪽.
*** 柄谷行人, 앞의 책, 63쪽.
**** 슬라보예 지젝, 『당신의 징후를 즐겨라: 할리우드의 정신분석』, 주은우 옮김, 한나래, 1997, 146쪽.

이니 메시아주의적 구원이니 하는 이름 아래 제시되고 있지만, 그 메커니즘의 형식만으로 보자면 예의 '반복으로서의 복수'와 크게 다르지 않다. 앞서 내가, "벤야민의 역사철학은 이 분노와 복수의 정서를 신학적으로 정화淨化한 것에 지나지 않는다"고 요약한 것의 취지가 바로 여기에 있다.

  내 학생 중 하나는 성장 과정에서 부녀 갈등이 극심했지만 근년에 그녀의 부친을 꼭 빼닮은 남자친구와 사귀고 있다. 상처의 기억을 반복하는 것은 대체로 무의식적이지만, 그녀의 선택은 꽤 의도적이었다. 남자친구를 통해 드러날 부친의 표상이라는 외상적 자극이 그녀에게 과거의 상처를 반복하게 할 수도 있으리라는 나의 기우를 그녀는 '공격적으로' 반박했다. 당연히 그 공격성은 구조화된 상처와 실존적 결단 사이에서 능동적으로 살아가려는 그녀의 여성(주의)적 결기를 반영한다. '아빠와 닮은 남자를 사귀면서 아빠와 다르게 대하기'라는 공식은 물론 복수復讐다.

  그리고 복수가 아닌 것은 동어반복이다. 이것은 (재즈에 대한 그의 반감에서 엿볼 수 있듯이) '역사의 발전을 신학적 반복의 형식으로 대체하는 것을 거부했던 아도르노'*가 하이데거의 존재철학에 대해 그처럼 격렬하고 치밀하게 반박한 이유이기도 하다. 하이데거를 비판적으로 읽는 아도르노의 시선에서, 존재가 동어반복으로 귀결되는 것은 불가피하다. 아도르노의 비판적 문제의식은 결국

---

* 마틴 제이, 『변증법적 상상력』, 황재우 외 옮김, 돌베개, 1979, 289쪽.

하이데거식 존재의 (심오한) 동어반복에 대한 복수로 수렴된다.

영화배우와 연극배우의 차이가 바로 여기에 있다. 연극배우의 연기가 기본적으로 반복의 형식을 취할 수밖에 없다면, 영화배우의 연기는 반복을 피하는 데 집중되기 때문이다. 사이코 드라마의 환자-배우들도 '차이가 나는 반복'을 통해 유사한 상황/관계 속의 불안을 능동적으로 통제하는 방식을 배우는 것이다. 다시 지젝의 표현을 빌리면, 그것은 "과거의 실패한 시도들을 그 '가능성' 속에서 반복함으로써 구출"하는 것에 다름 아니다. 혹은 프로이트식으로 정리하면, '집요한 품기Nachtraeglichkeit 의 변주로서의 복수'에 해당된다.

조금 다른 맥락이긴 하지만, 리쾨르의 말처럼 "복수한다는 것은 단순히 파괴하는 것이 아니라 파괴하면서 회복하는 것"*이다. 복수의 악순환은 결국 그 복수의 실패가 낳은 총체적 증상과 다름 없기 때문이다. 벤야민이 말한 '소송으로서의 역사' 역시 '되-풀이'(반복)인데, 과거를 되-풀어줌으로써 미래를 연다는 역사신학적 발상은 메시아주의적 복수와 구원, 해원解寃과 화해의 비전을 이끌어내려는 신학적 좌파의 기이하고도 절망적인 시도다.

그러나 파괴하면서 회복시키는 것의 으뜸은 말한 것도 없이 연극(적 실천)이다. 연극이 영원히 계속되면서 인류는 전체로서―그리고―개개인이 치료받는 것. 바로 이것이야말로 '역사연극학'의

---

* 폴 리쾨르,『악의 상징』, 양명수 옮김, 문학과지성사, 1999, 54쪽.

기본 테제다. 이 테제의 빛 아래에서 보면, '대리보충으로서의 (글) 쓰기'(데리다)든, 앞서 말한 '정신분석적 사후성'(프로이트)이든 결과는 다르지 않다. 또 그렇게 보자면, 기독교가 설계한 인생은 영화 촬영과 같은 유일회적 사건이고, 윤회라는 재공연再公演을 통해 업장業障의 소멸과 해탈을 노리는 불교적 인생관은 다분히 연극적이다.

'자서전은 불가능'이라는 원칙에는 변함이 없다. 오직 사람이기에 자서전이라는 허영을 부리긴 해도, 꼭 사람이라는 바로 그 사실 탓에 모든 자서전은 원천적으로 불가능하기 때문이다. 의도와 결과를 섞고 소외를 오히려 이입empathy으로 메우려는 자서전적 태도는 그 자체로 자가당착이면서, 반反연극적, 그러므로 반사실적이다. 연극을 거부한 채, (그리고 거부하는 체) 인생의 본질을 캐는 체하는 자서전적 태도는 마치 내부에서 그 완결성을 증명하려는 체계적 불가능(괴델)에 가깝다. '자서전의 외부는 없다!' 그러므로 문제는 자서전이 아니라 연극이다. 삶의 진상은 자서전적 회귀 속에 있지 않고 오히려 연극적 실천의 재건축 속에서 재구성될 수밖에 없다. 사건으로서의 미래적 실천 속에 새롭게 구성될 가능성의 씨앗, 그 씨앗이 얻는 구성적 조망권을 통해서만 우리 삶의 진실은 (새롭게/언제나처럼) 번득인다.

22
어리석음이 실재로 변화하는
변신의 우화

세속이란 어리석음을 매개로 하는 인간들의 관계망을 가리킨다. 정확히 짚자면, 그것은 오직 어리석음을 매개로 할 때에만 가능해지는 관계망이다. 좀더 정확히 짚자면, 세속은 어리석음이라는 그 매개가 실재로 변화하는 변신變身의 우화寓話인 것이다.

2장

동무론 (1)

연대, 혹은 인문적 삶의 양식*

* 이 글은 다음 글의 연작 혹은 개작입니다. 김영민, 「친구에서 동무로」, 『보행』, 철학과현실사, 2001.

1
친구/동무, 혹은 기호의 안팎

당신은 '친구'를 붙잡는다. 끈끈해서, 혹은 공유된 기억이 축축해서 어렵지 않게 붙잡을 수 있기 때문이다. (그러나 붙잡을 수 없는 것, 아무리 거듭 만나도 끈끈할 줄 모르는 것, 그것은 '동무'다.)

무엇보다 1990년대 이후 지식계의 현란한 유행이 된 듯한 여러 각색의 담론이 선전하듯이, "존재보다 빠르게 다다르는 기호들"의 세상이기 때문이다. 기호와 친구 사이는 인과적으로 무관하지만, 기호의 매끄러운 자의恣意가 친구의 끈끈한 인연에 대한 알리바이로 작동하기 때문이다. 일각에서 '군인 없는 전쟁'이나 '접촉 없는 대화' '사물 없는 노동'을 떠드는 이치와 비슷하게, 그 낡고 질긴 전래의 '사람' 없이도 삶이 가능한 지경의 입구에 들어서고 있는 것이 오히려 역설적인 알리바이가 되기 때문이다.

"'사람' 없이도 삶이 가능한 지경"에 들어서면서, 사람들은 그 '사람'의 기억과 향수를 잊지 못한 채 오히려 나태하고 부지런한 후기자본주의적 일상 속에 정연하고 속 편하게 복귀하고자 열망한다. 각종 기계-사람들이 서서히 출현하고 있지만, 그래서 그들의 질서가 기존 현실의 질서를 눈에 띄지 않게 따돌리고 있긴 하지만, 그 끈끈한 몸의 기억, 공유된 접촉의 추억들은 완강하게 의식을 점유한다. 그래서 '친구'는 다시 전래의 흡인력을 부여받고 낡은 흡반으로 지상을 걷는다. 심지어 기계적 비인간화에 대한 재인간화의 알리바이로서, 복자연復自然의 희망—가령 '사람만이 희망이다'라는 식으로—으로서 자신의 주가를 높이며, 회로回路와 DNA의 시대에 새롭게 재구성되어야 할 미래적 휴머니즘의 청신호로서 자신을 추켜세운다—중뿔나게, 옛 모양을 갖춘 채, 결국은 별 모양 없이.

그러므로 현실보다 먼저 우리를 둘러싸고, 얼러대며, 포박하고, 우리 기대를 그 용량만큼, 궤선軌線대로 예치預置하게 하는 기호들의 세상, 그 홍수 속에서 당신은 장동건이나 유오성 같은, 전두환이나 허문도 같은, 혹은 김 상무와 허 실장 같은 '친구들'의 미소 속에서 환하게 외친다. "친구야, 우리가 남이가?"

한 번도 제대로 '남'이 되어보지 못한 관계의 기억은 완악하고 집요하고 추접스럽다. 온갖 연줄로 얽혀든 사회 속의 우리는 '남'이 되지 못했으므로 '나'가 되지 못한 채, 공동의 침체를 도덕이라 부르고, 공동의 나태를 평화라고 부르며, 공동의 타락을 질서라고 부른다.

―――

내 실천의 진정성을 담보해주던 그 완고한 사물의 질서는 꺼

져내리고, 다만 기표들의 편차와 점증, 혹은 점감漸減하는 시선들만이 나를 표시해주는 시대, 신화와 상징마저 전자화되는, 전자적 기호들의 유희가 절정에 달한 시대, 그 속에서 흔들리며 미끄러지는 낡은 주체는 낡은 '친구' 관계를 통해서, 그들이 나누고 있는 공통의 기억, 습도 혹은 열기를 통해서 제 자리, 혹은 죽을 자리를 잡는다. 사람들은 예나 지금이나 역사로부터 아무것도 배운 바 없어, 어렵사리 복권復權하면서 저 스스로 죽을 자리를 찾아드는 것이다. 친구의 미소, 주름살, 걸음걸이와 뱃살, 그 술잔과 담배 연기, 변치 않는 말버릇과 허장虛張, 그 과도한 기대와 과소한 실천의 패턴 속에서 제 자리, 혹은 죽을 자리를 찾으며, 당신은 안심하고 안정하며 안돈하는 것이다.

당신이 익명의 포괄적인 코드로부터, 제대로 알지도 못하는 그 기호의 제국으로부터 자신을 지켜내겠다는 환상, 그 허위의 이름이 다름 아닌 '친구'다. 그리고 당신이 아는 한, 그 현실의 코드, 혹은 그 코드의 환상으로부터 벗어날 수 있는 유일한 소식은 '친구'밖에 없다. 왜 그런가? 그것은 바로 당신이 '친구' 이외에 아무것도 아니며, 아니었고, 또 아닐 것이라고 주문하며 반복하기 때문이다. 모든 인간이 소비자로 살아가는 이 '마지막 인간'(니체)의 시대에, 당신의(이라는) 친구는 소비자적 존재와 부질없이 대치하는 물신物神이기 때문이다. 끝내 당신의 공부도, 경험도, 연륜도, 종교도, 운명도 당신을 바꾸지 못했기(하기) 때문이다.

2
친구/동무, 혹은 냉소의 안팎

새로운 인문적 실천—이른바 혹자들이 말하는 변화한 현실 속에서 사회과학적 인문학도들(마찬가지로 인문학적 사회과학도들)이 새로운 인간人間, 인人-간間, 그래서 인간-관계를 재구성하는 그 '구성력'에 근거한 새로운 실천—과 그 실천의 연대를 가능하게 하기 위해서 무엇보다 중요한 것은, 인정투쟁과 냉소의 악순환, 그 진지한 불모성으로부터 벗어나는 일이다.

그러나 다만 그렇게 만나고, 그렇게 술* 마시고, 그렇게 얘기하고, 그렇게 헤어지면서 우리는 임계를, 경계를, 한계를, 우리 자신의 진면목을 피하고 다니는 것. 그러므로 아, 언제 어디서 다시 만나도 반가운 내 친구여—어라 얼싸, 이리 보아도 내 친구! 저리 보아도 내 친구!

냉소는 해결solution도, 해체도, 해소dis-solution도 아니다. 그것은 실로 아무것도 아니다. 기껏해야 뒤집힌 허영과 모방 욕망이거나 허무에 체한 탓에 생기는 트림이거나 정신적 무기력을 무기력의

---

* 술에 관한 내 생각의 일부는 다음의 글에 있다. 김영민, 「김현, 혹은 술에 대한 단상」, 『월간 인물과 사상』, 2007년 4월.

정신으로 손쉽게 번역한 것에 불과하다.

　각종 포스트post 기운과 얽히면서 생활처럼 만연하고 있는 그 것은 자본제적 체제나 그 네트워크와 더불어 바빠지면서 사라져 가는 친구의 부재와 결핍의 불만, 그 미숙한 혼돈의 징후에 불과 하다. 그것은 '가득 찬 침묵'의 생산성이나 '생산적 권위'의 가득 참을 이해하지 못하는 모방적 욕망과 피상적 잡담 세계에 지나지 않는다. 우리 시대에 쉽게 마주치는 냉소란 다만 정신적 칭얼거림 에 불과하다.

　냉소는 흔히 실천의 편에서 실천을 방해하고 흠집 내며, 연대 의 편에서 연대를 방해하고 금 가게 한다. 내 주변에서 마른버짐 처럼 번성하는 요즈음의 냉소들은 지난한 공부와 처절한 구도求道 의 벼랑길에서 피어오른 바람꽃들이 도무지 아니다. 대체로 허영 의 균열 음에 불과한 그 냉소는 사정私情의 삼투를 발판 삼아 '친 구 사이'의 그 축축한 사이에서 메마르게, 힘없이, 무료하게, 평 화롭게 서식한다. 굳이 한 물건을 특칭할 것은 없지만, 술은 내내 이 분위기의 알리바이, 혹은 그와 관련된 모든 알리바이의 분위 기로 기능한다. 술은 자본제적 피로와 힘겹게 싸우거나 통정通情 하는 모든 친구의 판타지인 것. "술이 자본제적 삶의 양식과 연동 하는 모습은 이제 우리 일상의 풍경이 되고 말았다. 노동이 종교 적 제의나 축제와 공생하듯이, 소마soma가 『멋진 신세계』(A. 헉슬 리)의 체계와 공생하듯이, 이명박의 돈이 강호동의 웃음과 공생하 듯이, 남자의 타락이 여자의 부패와 공생하듯이, 술은 체계와 공

생한다."*

무릇 실천과 거듭 새로운 실천으로 서로를 증거해야 할 동무 사이는 단연코 '서늘'해야 하는 법인데, 음주는 마치 바이러스처럼 미열微熱에서 고온으로 옮겨다니며 비판과 실천의 동무 사이를 공감과 주정主情/주정酒精의 친구 사이로 환원시키고, 부패시키고, 발효시키고, 속물화시킨다.

전일소—하게 다양해진 자본주의, 매고르게 신체화한 상업주의 속에서 부패하고 속물화한 인정투쟁의 양식으로서의 '친구'들은 1990년대 이후 급속히 파급된 냉소주의의 야누스와 같은 원자적 존재다. 이 '친구'들은 가차 없고 삭막한 부가가치의 계단을 쫓아 스스로를 파편화, 분열화, 원자화하면서 인정투쟁과 신분 상승의 꿈을 잠시도 멈추지 않는다. 다른 한편으로는 정실과 연고, 인맥과 학맥, 지역과 출신의 그늘을 쫓아다니면서 '친구'로서의 연대와 실천을 공고히 하고 그 오래된 의리를 충량忠良하게 지킨다. 물론 '음주'는 이 친구의 연대와 실천을 따스하고 축축하게 확인하고 재생산하는 장치이자 그 뒤풀이, 그래서 결국 뒷막음인 셈이다.

열화처럼 냉소하는 시장이 '가치'를 도외시한 채 '값'만 재촉할 때, '친구'들은 스스로 물화物化 과정에 투신하고, '기계-남자'나 '도구-여자'로 자신들을 변신시키며, 스스로의 존재를 자본의 스케일 위에 환원, 환산한다. 그들이 잠시 그 '스케일'을 버리고 환등

---

* 같은 글, 178쪽.

속의 어둠과 술 주변에서 따스하고 축축한 '친구'로 환생할 때도 자본과 기계는 여지없이, 끈질기게 그들의 뼛속까지 따라다닌다.

———

　이즈음 모 시인이 이런 질문을 던졌다. "삶이 한낱 시장판이 되어버렸을 때의 그 속물적인 난장 속에서 고작 문학이 할 수 있는 것은 무엇일까?" 그리고 그의 자답自答은 "이 세상에 아름다움과 진실이 존재한다는 것을 알게 해주기 위해서만 있을 필요가 있는, 신분 없는, 다만 정신일 뿐인 귀족주의" "시장에 대한 강력한 항체로서 문학의 귀족성" "문학은 비록 끼리끼리라고 할지라도 그것을 진정으로 알아보는 사람들의 회로에 올려지고 결국 문학의 역사 속에 저장될 수 있는 어떤 가치"였다.

　이 정신의 귀족주의가 대체 어떤 종류의 실천이며 연대일 수 있을까? 천박한 상업주의와 거리를 두려는 결연한 '귀족성'의 공유가 내려앉아 만들어가는 삶의 양식, 그 새빨간 현실 속의 풍경은 어떤 것일까? 그렇기에 "다만 정신일 뿐인 귀족주의"라는 용어 속에 마련된 알리바이의 역설力說은 거꾸로 그 취지 자체를 뒤엎는 역설逆說이 되지는 않을까? 주류의 속진俗塵과 결별을 고하려는 아웃사이더들이 새로운 기치와 기상과 기세를 보이긴 하더라도, 그 '정신'이 특정한 생활양식이나 이를 매개하는 구체적인 매체들을 통해 자신을 증명하지 못한다면 필경 그 정신은 '다만 정신일 뿐이라는 사실'의 자가당착에 갇히진 않을까? 새로운 귀족주의 역시 체계와 관계와 매체의 문제를 끈질기고 이드거니 통과하는 방식을 통해서만 탄생할 수 있는 것은 아닐까?

주류 문화 속에서 다만 '친구'일 뿐이던 관계가 영역과 범위와 그 사회적 위상만을 바꾸어 재결집한다고 해서 새로운 실천의 가치를 얻는 것은 아니다. 가령 그 삶의 양식이나 인간관계의 성격에서 근본적인 변화를 이루지 못했다면, 탁구 치면서 어울리는 소위들과 골프 치면서 어울리는 장군들을 변별해주는 '다른' 실천이란 대체 무엇일까? 자폐적으로 퇴각하며 세상을 향해서 냉소하는 몸짓은 자본제적 삶의 물신화와 속물화에 내몰린 그 모든 인문주의자의 배수진일 수밖에 없지만, 그것 역시 결국은 일종의 나르시시즘에 불과하다.

> 오직 비극적인 시대의 몰락하는 계급들만이 이 세상의 모든 위대하고 고귀한 것은 숙명적으로 파멸할 수밖에 없다는 생각으로 위안을 얻으며 이 파멸을 숭고한 것으로 승화시켜보고자 한다. 아마도 낭만주의의 비극 철학은 자기희생적인 주인공을 신격화한다는 점에서 이미 부르주아지의 퇴폐화의 한 조짐인지도 모른다.*

경우와 개인에 따라 세세하게 분별해야겠지만, 냉소란 대체로

---

* 아르놀트 하우저, 『문학과 예술의 사회사 3』, 염무웅·반성완 옮김, 창작과비평사, 1999, 133쪽.

일종의 '부산물'이며, 마치 의심이나 교통이 아닌 '생각'처럼 공부의 본령에 이르지 못하는 법이다. 그것은 대체로 갖은 형식의 인정투쟁에서 밀리거나 처지는 징후이기 쉽다. 진지한 공부는 그 단계 및 내용과 상관없이 대체로 그것 자체로 하나의 충일한 세계여서, 냉소가 틈입하기 어렵다.

냉소주의든 귀족주의든, 구체적인 삶의 양식과 관계와 매체의 실상이 그 이전의 물적·제도적·문화적 토대에 의지할 수밖에 없는 도돌이 구조라면, 대체 무엇으로 그 '주의'의 창의성과 충실성을 유지·보양할 수 있단 말인가? 제임스 혹은 지눌知訥의 지적처럼, 구원은 무슨 통각統覺이나 몰록깨침이나 마른하늘의 날벼락 같은 은총이 아니라 결국 삶의 양식과 '버릇'의 문제로 집약될 수밖에 없을 텐데, 일상의 만남/사귐의 구태를 번연히 고수한 채 새 이름의 기치 아래 재집결해서 서 푼어치 인식의 확장을 꾀하거나 각오를 다진다고 해서 대체 무슨 변화가 있을 것인가? 바람이 잦아들었다고 파도가 쉬던가?

인문적 삶과 실천의 기본 양식, 그 세세한 버릇의 양태를 바꾸지 않고서는, 혹은 간단히, 친구라는 명사를 '동무'라는 부사 혹은 동사로 바꾸는 노력을 계속하지 않고서는, 우리 시대의 모든 진보는 헛손질이며 헛힘이고 헛구역질이다. 자본과 권력 사이를 줄달음치는 속물적 인정투쟁은 물론이거니와 그 한시적 반反문화로서의 냉소(주의)를 경계하는 이유도 필경 그 제스처들이 인문적 삶의 양식으로, 무늬로, '산책'으로 내려앉을 수 없기 때문이다. 역대의 모든 아이러니스트의 해묵은 고민처럼, 지나친 아이러니는 결국 달팽이처럼 속으로 꼬여들고, 실천적 연대의 전망을 명랑하게, 긍정적으로, 지며리 개발해내기 어렵기 때문이다. 볼테르와 니체, 에라스뮈스와 모어, 보카치오와 연암, 디드로와 바흐친이 말하는 웃음, 혹은 반중력反重力의 정신, 그 냉소적 가벼움의 전략도 현명하게 살피고 배분되어야 하며, 특히 유행의 거품, 시속時俗의 알리바이, 진보의 페르소나, 혹은 무기력의 하품쯤으로 남용되지 않도록 계속해서 유의해야 한다. 중력을, 역사를, 적과 동무를 동시에 느끼며 먼 길을 걸어가야 한다.

3
친구/동무, 혹은 '듣기'의 전후

대화마당에서 내가 늘 유의해서 실천하고자 했고, 또 특히 내 주변의 학생들에게 힘주어 강조해온 것은 '듣기'의 (값이 아닌) '가치'다. 와일드의 말처럼, 듣기의 '가치value'야말로 오직 '값price'만 따지는 실증적 냉소주의자들이 영영 이해할 수 없는 것이다. 대개의 냉소는 그 시야가 '값'이라는 좁은 구멍 속에 휩쓸려든 상태, 그리고 그 상태를 은폐시킨 편곡偏曲의 메타화, 불모적 자조를 가리킨다. 공부길에 모름지기 귀이천목貴耳賤目이라고 했지만, 그들은 대체 어떤 사심으로 기울었는지 내내 귀목천이한다.

 '듣기'는 의사소통이나 인식의 차원에서만 '값하는' 미덕이 아니다. 데리다의 유명한 지적처럼, 귀가 '근접성, 절대적 고유성, 그리고 유기적 차이에 대한 이상적 삭제의 효과'*를 갖는다는 유의 비판적 분석으로 나갈 것까지도 없다. 요컨대 듣기가 없으면 인정이 없고, 인정이 없으면 인식도 없으며, 인식이 없다면 다시 듣기는 원천 무효일 수밖에 없다.**

---

*   Jacques Derrida, *Margins of Philosophy*, Alan Bass(tr.), Chicago: University of Chicago Press, 1972, xvii.

** 제아무리 다양하고 현란한 이론도 적절한 매체의 선택과 분배, 단절과 공유를 통해 일상의 관계 속에서 구체적으로 정박하도록 애쓰는 일은 중요하다. 말할 것도 없이 인정은 삶과 역사의 기본 동력이지만, 이 동력은 다른 인생의 이치와 마찬가지로 동전의 양면 같은 재상災祥과 요철凹凸을 갖는다. 인식(인지)의 주변을 살피는 일은 실상 근대 초기부터 있었고, 특히 '인정Anerkennung'은 헤겔을 통해 이론화된 후, 헤겔좌파를 거쳐 비판이론의 3세대에 이르도록 명맥을 유지하고 있다. 물론 헤겔처럼 명시적이진 않지만, 인정 개념을 옹위하거나 보완할 수 있는 친화성 개념들은 프로이트(전이), 하이데거(마음씀), 비트겐슈타인(인정), 호르크하이머/아도르노(미메시스), 듀이(관여) 등 여러 사상가에 의해 제출되어 풍성하게 응용된 바 있다. 하버마스의 제자인 호네트는 하버마스의 신-신좌파적 문제의식과 어휘들을 공유하되 그것을 인정이론적으로 전유함으로써 논의의 층위를 낮추고 실천성을 제고하는 효과를 얻는다. 인정이론은 근대 이성의 과학적-인식론적 분화의 한계와 조건을 따진다는 점에서 기존의 근대 비판에 합류하지만, 인정이 놓인 사회적 자리와 일상적 교류의 근친성 때문에 매우 독특한 입지를 갖는다. 인식과 더불어 인정의 관계를 주제화하는 것은 인간들 사이의 일상적 관계를 새롭게 비판적으로 톺아보고, 미래의 인문적 연대 가능성에 맺힌 조건과 한계를 따지는 데 결정적인 기여를 할 수 있으리라고 본다. 더불어 이 탐색은 인간-인간의 문제만이 아니라 인간과 생물 일반, 나아가 인간과 사물 사이의 관계를 재구성할 수 있는 실천적인 지혜를 안겨줄 것이다. (호네트 등의 인정이론가들은 굳이 '듣기'의 문제에 천착하지 않지만, 논의의 맥락이 일상적·실천적으로 흐를수록 인정은 심리적 교환 방식에서 벗어나 태도와 삶의 양식으로서 그 중요성을 더한다.) 간단히 정리하자면, 마르크스의 상품 물신성Warenfetishismus을 거쳐 루카치를 통해 유명해진 물화物化 개념은 호네트를 통해 재구성된다. 물론 그 매개는 '인정'이론의 전유를 통해 가능해진다. 거칠게 보자면 이른바 인정망각Anerkennungsvergessenheit이라는 '도구적-전략적 관심'(하버마스)과 그 관계가 곧 물화의 계기이자 조짐으로 드러난다. 바로 여기서 '산책'이라는 메타포로 개시開示한 탈자본주의적 동무 사귐의 지평에 인정-물화의 논의가 개입할 수 있는 지점이 생성된다. 자본제적 상품 교환 체계가 온통 우리 삶의 인문人紋을 종횡으로 누비고 있을 때, 인정이론에 대한 새로운 관심과 실천은 '제2의 자연'(루카치)으로 편재하는 상품물신주의와 창의적으로 불화하는 방식에 또 다른 실마리를 제공한다. 다음의 책들을 참고. 악셀 호네트, 『인정투쟁: 사회적 갈등의 도덕적 형식론』, 문성훈·이현재 옮김, 동녘, 1996; 악셀 호네트, 『물화: 인정이론적 탐구』, 강병호 옮김, 나남출판, 2006.

동무론이라는 매우 실천적인 인문 연대의 기획과 관련해서 내게 중요하게 다가드는 주제는, 이 '듣기'의 행태와 사람 사이의 관계가 서로 어떻게 이어지며, 특히 상호 영향의 자장 속에서 듣기의 실천적인 기능과 효과가 무엇인가 하는 점이다.

대중화된 카운슬링이나 정신 치료의 기법 등을 통해서 익히 알려져 있듯이, '듣기'로써 '사람'을, 그리고 실질적으로는 그 '관계'를 바꾸(려)는 노력과 성과는 주변에서 어렵지 않게 찾아볼 수 있다. 필시 복잡하고 매끄럽게 전문화·분절화·미디어화되어 있는 현대 사회의 체계 속에서 대화의 결락과 소통의 부재를 다루는 논의가 이미 봇물을 이룬 사실도 그 배경의 일부가 될 것이다. (여담이지만 20세기의 서양 철학 역시 '대화주의'라고 느슨하게 정리할 수 있는 탈형이상학적 메타철학이 주도한 바 있다.) "정보의 바다에서 마실 한 방울의 지혜가 없다"고 하듯이, 말과 불과 술이 일상적으로 과잉된 환경 속에서도 대화 결핍 증후군은 더 넓게 퍼져나가면서, 표피화·물(질)화·농축화·과도화·차별화로 흐른 우리식 근대화의 뿌리 깊은 덫을 단단히 증거하고 있다. 바로 여기서도 인문학 세력의 생활 실천이 구체적인 실마리를 건질 수 있으리라고 본다.

'연인'이 정의상 말이 통하지 않는 관계라고 했듯이, '친구'는 무엇보다 '듣지' 않는 관계를 가리킨다. 그들은 끊임없이 잡담과 수다와 고백을 일삼으며 과거의 공유된 기억을 회집하고 추억을 채색하지만, 응당 괄목상대해야 할 그 친구들의 외부성과 타자성에는 귀 기울이지 않는다. 그들은 동아리의 낡은 어휘와 판박이처럼 굳은 표정과 체계화된 공통의 희망만을 고집할 뿐, 변화한 시숙時熟의 무늬와 가파름에는 별 관심이 없다.

우리가 입을 모아 역설하곤 하는 '대화 문화'의 조성과 파급을 위해서라도 현 단계의 정작 필요한 것은 '말'에 대한 새로운 감성과 더불어 그 말이 제대로 대접받도록 배려하는 '긴절한 침묵', 즉 듣기의 환경과 제도일 것이다. 마치 '약이 듣는다'고 하듯이, '말이 듣(기)는' 사회야말로 누차 말해왔던 대로 사람의 무늬人紋가, 그 화이부동의 기운이 살아 움직이며 맥동하는 곳일 것이기 때문이다. 우리 사회가 내내 소통의 부재를 떠들면서도 잡담과 수다와 소문과 고백이 결코 적은 곳이 아니라는 사실은 인문의 미래적 연대에서 말의 감성이 놓일 자리를 잘 보여준다. 결국 상대의 말에서 습관처럼 타자성을 제거하거나 그것에 제대로 응대하지 못하는 체계화된 사회의 무능력은, 오웰의 『1984』 혹은 라우리의 『기억 전달자The Giver』가 극적으로 보여주는 반인문적 전체주의 사회의 특징인 언어의 표준화, 정식화定式化, 그리고 축약화에서 그리 멀지 않다.

듣기란 타인의 입에서 흘러나오는 말들에 귀 기울이는 태도, 그 긴밀한 수동성만을 가리키지 않는다. 물론 내가 말해온 '수동적 긴장'의 태도, 혹은 정중동靜中動과 동중정의 듣기는 기본 중의 기본일 것이다. 말을 죽인 침묵의 성성醒醒함 속에서 섬모처럼 마음을 움직이면서 상대의 말에 긴절히 응대하는 가운데 쓸모 있는 말이 융통된다는 사실은 합리 이상의 대화를 꿈꾸는 자에게 이윽고 상식에 지나지 않는다.

그러나 여기서 뜻하는 '듣기'는 극히 능동적·생산적·창조적인 것이다. 이 듣기가 능동적이며 창조적인 이유는, 단적으로 그것이 그간 은폐되거나 억압된 것, 놓쳤거나 흘린 것까지 집요하고 부드럽게 끌어내 말하게 하는 현실적 계기와 동력을 부여하기 때문이다. 마치 "풍경이 아무렇게나 문을 열어주지 않는다"*고 하듯이, 말은 그 말의 풍경의 비밀을 아무에게나 드러내지 않는다. 이런 뜻에서 듣기는 단순히 말하기를 위한 절차나 그 배경 장치에 불과한 것이 아니다. 이러한 듣기는 화자의 몸을 깨우고, 정신을 섭동케 하고, 무의식을 해방시켜서 자기 '아닌' 자기, 자기보다 '큰' 자기의 이야기로 되돌아가게 한다. 그러므로 이 듣기는 단순히 의사소통의 한 입각지가 아니다. '동무와 더불어 살아가는 삶의 양식으로서의 듣기'는 동무의 존재 자체를 살피고 키운다. '듣는' 내 앞에서 말하라, 내 동무들이여 — 네가 누구인지 알게 하리라!

―

간단히, '친구'는 '듣기' 이전의 상태요 그 관계다. 시공간의 동질성에 근거한 추억과 의리의 과거적 관계는 '듣지' 않고 말한다. 심지어 그것은 구태여 공들여 '듣지 않고도 아는' 관계라는 사실

---

* 송재학, 『풍경의 비밀』, 랜덤하우스, 2006, 95쪽.

을 과시한다. 그러나 좋은 선생이 '듣기'로써 학생의 창조성과 그 은폐된 가능성을 일깨우는 '생산적 권위'일 수 있듯이, 좋은 '동무'란 사사화된 정리의 늪 속으로, 그 한 패거리의 움직임 속으로, 축축하고 뜨겁게 저락하는 '친구'를 불러세우는 일견 메마르고 '서늘한' 행위 속에서 (부사적으로) 자생한다.

섬세하고도 서늘한 '듣기', 그 '버텨듣기'를 생략해버린 표준화된 관료적 관계, 축축하고 눅눅하게 사사화된 뒷풀이식 관계, 사이비 직관과 통찰의 관계, 땅과 피의 관계, "'애국심'과 같은 '집중된 편사偏私, 오만 그리고 이기심concentrated conceit, arrogance, and egotism'만으로 구성된 관계"(에마 골드만), 한가한 속물들의 가부장적 관계, 순박한 일차원적 휴머니즘의 관계. 그 속에서 동무의 꿈이라는 지속 가능한 실천적 삶의 양식은 바로 그 양식화된 삶에 의해서 부스러지고 만다.

삿된 추억의 자본주의적 기생과 어눌한 다변의 반복에 불과한 친구관계를 어떻게 넘어설 것인가? 아마 그 길의 처음은 오히려 '듣기'라는 극히 비근한 행위의 근본적 재구성에 있을 것이다. 듣지 않고 말하는 친구들 앞에서 말하지 않고 듣는 동무가 되는 길 속에 새로운 실천과 연대의 원초적 가능성이 생성될 수 있다. 사사롭고 한미한 데 이르기까지, '듣기'로써 섬세한 비판적 감수성을 끊임없이 주고받는 것이야말로 친구로 떨어져 내리는 그들을 동무로 다시 끌어올리는 이 미혹한 우리 시대의 생활정치성!

4

동무: 뫼르소와 로캉탱 사이

현대의 똑똑함은 우아하고 심오하게 공전空轉하는 '자기피폐'의 모습으로 다가오곤 한다. 그 똑똑함은 결코 관계 속에서 이루어지는 실천적 현명함이 아니다. 하버마스의 또 다른 설명처럼 그 공전은 한편 물화物化이기도 하다. 20세기의, 그리고 20세기가 생산한 인간들의 똑똑함은 대체로 그런 종류의 것이다. 아렌트가 깨끗하게 정리해주었듯이, 그것은 "쓸모없이 극점에 이른 인식의 피폐"일 것이다.

"누가 내 고독을 이해할 수 있을까요?"라며 과거의 인간들 사이를 짐짓 외롭게 배회하면서 미래의 인간들에게 읍소하던 니체와 키르케고르와 카프카로부터, 친구도 동무도 없이 흐느적거렸던 뫼르소와 로캉탱에 이르기까지 그들의 똑똑함은 기껏해야 그들이 발견한 고독의 아우라에 지나지 않는다.

신神과 포근한 형이상학(들)이 떠나고 남은 빈자리를 채우려는 노력과 함께 근(현)대의 고독이 시작된 것은 사실이다. 근대는 그야말로 고독의 자유와 고독의 후유증을 동시에 앓는다. 그 이후의 풍경을 진단하는 크리스테바의 물음은 그래서 '아직 영혼이 존재하는가?Does the soul still exist?'*이다. 실존을 메타화하는 골몰과 고독이야 어느 시대건 있었겠지만, 이 명석한 현대의 고독은 주로 신과 갖은 형이상학과의 결별 이후에야 가능해진 집단적 사태다. 워낙 공부라는 것이 고독과 허무를 실존의 근원에서 대접하는 방식이긴 하지만, 이 근(현)대의 고독 속에서는 실재의 바닥과 그 허무가 드러나는 심연이 차마 끔찍하다. "들여다보는 것만으로 죽는다"는 신화! 20세기에 흔히 접하게 된 허무주의적 냉소나 나르시시즘으로의 후퇴는 결국 모두 이 심연을 마주 보거나 회피하는 방식에 다름 아니다. "진실을 알면서도 눈 하나 깜박하지 않고 바라볼 수 있을"** 용감한 인간은 이미 고중세의 소설 속에 박제화된 것이다.

사람이 '사람史覽', 즉 '역사를 보는 존재'라고 하거나 인간人間이 곧 '사이존재Zwischen-wesen'라고 하듯이, 자신의 내면에 골몰할수록 오히려 존재의 이유raison d'etre는 실종된다. 키르케고르식으로 말하자면, 그것은 그저 '죽음에 이르는 병'의 일종일 뿐이다. 그 똑똑한 피폐의 공전 속에서 자의식은 발광發光, 이윽고 발광發狂의 징후까지 보이며, 마치 굳은살처럼 속으로 파고들어 세상에 대한 냉소와 자기피폐의 기운은 '자기파괴의 미학적 충동'(벤야민)에 이르기까지 반복되게 마련이다.

---

* Julia Kristeva, *New Maladies of the Soul*, New York: Columbia University Press, 1995.
** 조지프 콘래드, 『암흑의 핵심』, 이상옥 옮김, 민음사, 1998, 203쪽.

무릇 근대 이후의 똑똑함을 잃지 않으면서도 명랑하고 이드거니 연대하며 살고자 하는 이들은, 이 '내면에의 골몰'을 슬기롭게 극복해내는 지속 가능한 삶의 양식, 즉 "명석하면서도 명랑한 방식"을 개발해야 한다. 이것은 "'이론'(삶의 이유)을 세우지 말고 일하자—바로 그것이야말로 우리를 살 수 있게 한다"(볼테르)는 탈형이상학적-메타계몽적 지혜를 넘어, 이론들을 뚫어내며 삶의 양식으로 몸을 끄-을-고 일상의 낮은 자리로 내려앉는 일이다. 이런 뜻에서도 지식은 늘 양가적이다. 그 자의식의 발광發光 혹은 발광發狂 이후에, 다시 숯불 같은, 혹은 별빛 같은 성성적적惺惺寂寂의 정중동靜中動 혹은 동중정을 유지할 수 있는 길 속에 이 똑똑함, 그 사변의 피폐로부터 구원받을 수 있는 실천의 암호가 숨어 있는 것이다.

이 골몰과 피폐의 연쇄 구도를 뚫어내지 못하면 실천의 연대로 나아가지 못한 채 '일인칭 관념의 감가상각減價償却'만이 끝없이 계속될 것이다. 정신적 자폐는 이 '관념의 감가상각' 혹은 자가증폭이 돌이킬 수 없는 중증을 보이는 경우다. 내가 '생각은 악마'라고 했을 때의 그 생각은 '자기골몰'(키르케고르), '낭만적 허영'(지라르), '자기차이화'(고진), '스펙터클의 나르시스'(기 드보르), '자기반영적 관계'(라캉), '자신의 내부만을 걸어다니는 이기주의의 미로'(오르테가 이 가세트), '늘 동일한 것만을 선택할 수밖에 없는 자본주의적 선택' 그리고 그 헛똑똑함의 자기중력에 의한 내부 침식을 가리킨다.

5
친구/동무, 섭동의 전후

 사귐은 비밀번호를 나누어 확인하고, 이심以心으로 전심傳心하며, 특정한 문법과 어휘들을 나누어 쓰고, 관념의 궤도와 코드를 다시 잇는 재미로 깨가 쏟아지는, 일종의 정신적 가족주의가 아니다.

 정리가 합리를 갉아먹고, 사감私感이 공의公議를 훼손하고, 선사先私에 후공後公하고, 당동黨同으로 벌이伐異하고, 동지同志의 견강으로 동무同無의 유연을 꺾고, 자폐의 경화cirrhosis 위에 체제의 기치를 꽂는 것은 우리의 사귐이 될 수 없으며, 그 새로운 실천의 터전이 될 수 없다.

 동무의 한 축은 말 그대로, "같은 것同"이 "없는無" 관계와 같은 것이다. 그것이 임계와 경계와 한계를 걷는 삶과 더불어 위험한, 서늘한 관계일 수밖에 없는 이유가 바로 여기에 있다. 그러므로 동무를 사귀는 일은 위험한, 없는, 미래적인 존재 양식에 나를 견주며 겹치는 일이고, 그래서 나를(즉, 내 관계를) 재조정하고 재구성하는 계속적인 과정, 끝없는 '고쳐 말하기' '고쳐 던지기再投棄', 그 섭동攝動의 실존적 조형에 다름 아니다. 그것은 같은 관습에 몸을 의탁하는 짓으로써 상식과 도덕의 알리바이를 내세우지 않는 관계, 이념과 진보를 빌미로 같은 언어와 사정私情 아래 결집하지 않는 관계를 뜻한다.

동무는 체계와의 창의적인 불화를 통해 '위험한 삶'을 일상화하고, 그 위험이 유혹하는 전염의 자장 속, 열린 동무의 지평 앞으로 나를 호출해서 내 삶의 양식을 근간에서부터 뒤흔들어보는 재조합·재구성의 실험이며, 해체와 갱생의 경험이다. 그래서 동무로서의 나는 끝없이 '넘어가는 존재' '전염시키는 존재', 그리고 무엇보다 모든 표준화된 위성衛星을, 그들의 백귀야행百鬼夜行하는 인정투쟁과 냉소와 가족주의를 '섭동시키는 존재'로 부름받는다.

시간은, (여기서는 시간을 최고의 해방자로 내세웠던 베이컨의 시각을 몇 차례나 메타화한 이후에) 그 시간 속의 모든 존재를 마모시키고, 흔들고, 까부르고, 들깨우면서, 자기동일성의 미망으로부터 해방시키는 모든 섭동의 근원이다. 그래서 동무들을 내 "시간처럼" 대접해야 한다는 것은, 그 관계 속에서 나 스스로 섭동의 진원지이기를 실천하며, 또 그들에게 나를 흔들어 깨우는 섭동의 또 다른 진원지이기를 기대하고 요구하는 것이다. 이런 연유에서 내가 즐기는 하나의 기준이 자라 나온다.

"네 적들을 '충실하게' 미워하고, 네 동무들을 네 시간처럼 대접하라."

3장

동무론(2)

미래학으로서의 지식인 교우론

벗을 사귐에 있어 '틈'이 가장 중요하다. 둘이서 무릎을 맞대고 나란히 앉았다고 해서 서로 밀접하다고 할 수 없고, 어깨를 치며 소매를 붙잡았다고 해서 서로 합쳤다 할 수 없으니, 그 사이에 틈이 있을 뿐.

—연암 박지원

1
교우론은 어떻게 미래학인가?

왜 그 낡은 교우交友를 다시 말하는가? 교우는 이 고백과 소문의 시대,* 이 계교지심計較之心의 시대에 인문人紋의 화두로서 어떻게 복귀하는가? 대체 교우가 어떤 식으로 우리 시대 사회철학의 근본적 결락, 혹은 새로운 존재의 가능성을 염탐하고 예시豫示할 수 있는가? 교우의 이론과 생활 실천은 21세기 인문사회과학적 행로와 어떻게 조우하는가?

미래의 교우는 "친구란 빌려간 내 책 위에 젖은 유리잔을 올려놓아도 상관없는 사람"(E. A. 로빈슨)이라는 희화戲畵에서 어떻게 벗어날 수 있으며, "친구는 스스로를 성실하다고 말하는 사람들이고 적들은 성실한 사람들"(쇼펜하우어)의 역설적 도식에서 어떻게 벗어날 수 있는가? 상인/소비자, 적/동지, 남/친구, 타인/애인의 유형화된 이분법으로 완고한 이 세상의 격자 구조에서 벗어나 접선의 긴장으로 오히려 자유로운 관계의 지평을 어떻게 열어내는

---

*   자세한 것은 다음의 글을 참고할 것. 김영민, 「고백과 소문에 관한 4가지 생활테제」, 『사랑, 그 환상의 물매』, 마음산책, 2004.

가? 전통적 교우론의 남성주의*를 깨고, 여자와 남자가 말/살의 차별적 이분법을 넘어서 삶의 전부를 자유롭게 나눌 수 있는 사귐의 길은 없는가? 인간 사이의 길들이 자본과 권력, 이미지와 스펙터클, 욕망과 전자매체의 네트워크 속에 속절없이, 전일적으로 포박된 터에, 말로 만나고 말로 바꾸는 세상, 말이 통해서 말만큼 살 수 있는 세상을 어떻게 꾸려낼 수 있을까?**

현대의 인문사회과학이 한쪽에서는 '낭만주의적 직접성', 다른 쪽에서는 '실증주의적 직접성'의 이념을 상당 부분 포기하고 관계론과 매체론mediology의 새로운 범주에 의해서 재편성되고 있듯, 20~21세기에 터를 둔 어느 사상가가 과연 틈과 사이, 우연과 개방, 대화와 관계, 매개와 매체에 등 돌릴 수 있었는가? 인간의 존재가 쉼 없이 '사이'와 '관계' 속으로 삼투·확산·재구성되고, 그 인

---

* "그녀들의 영혼은 이 견고하고 지속적인 결합(=우정)의 포옹을 지탱해나갈 만큼 충분한 힘이 있을 것 같지도 않다." 몽테뉴, 「우정에 대하여」, 『몽테뉴 수상록』, 서문당, 1972, 149~150쪽. 여자를 애정의 하부구조로 배치하면서 우정이라는 상부구조로부터 소외시키는 남성우월주의는 그 근본에서 관념론적이다.

** 본문에서 소략하게나마 토의되겠지만, 말이 인문학적 실천의 전부는 아니되 생략할 수 없는 본령이므로 세상에 간여하려는 인문학도들의 노력은 말/글의 다양한 실험에서 자유로울 수 없다. 물론 "말이 통해서 말만큼 살 수 있는 세상"이란 이 같은 노력의 시행착오가 조금씩 열어가는 생활의 진경進境이자 진경珍景을 가리킨다. 이 글은 이 진경을 향한 도상의 모습을 몇 가지 제도적 표상—친구, 연인, 가족, 종교, 관료제 등—에 집중해서 묘사하거나 분석한 것이다. 이 논의의 맥락을 다소 과장되게 일반화한다면, '가족'이나 '친구'는 '말이 필요 없는 관계'이며, '연인'이란 '말이 통하지 않는 관계'인 셈인데, 이와 대조적으로 '동무'란 무엇보다 말이 중요하고, 또 말이 통하는 관계를 향한 지속적이며 부사적副詞的인 접동의 노력이다.

식과 활동이 근본에서 '매개'*일 수밖에 없다면 무릇 사회철학이란 인간과 인간 사이의 교통과 소통에서 결정적 결절을 맺을 터다. 그러므로 실로 교우는 지행병진知行竝進의 생활 변증법, 생활양식의 인문정치 속에서 공동체의 미래와 그 향방에 책임을 느끼는 모든 이의 철학이 되어야 할 것.

---

* 관련 논의는 다음의 글을 참고할 것. 김영민, 「표상에서 대리로: 매개의 정치」, http://jk.ne.kr 중 '문창'.

2
인정투쟁과 냉소 사이

인정認定은 근본적으로 사회적 관계*이므로, 그 사회에서 통용되는 교통과 소통의 여러 매개 장치를 거치는 것이 당연하다. 그것은 사랑이거나 화폐일 수도 있고, 주먹이거나 중세주의적 카리스마일 수도 있으며, 법적 권리의 호혜성이거나 사회적 연대성일 수도 있고,** 그저 모종의 게임***일 수도 있다. 헤겔의 낡은 말처럼 인간 자의식의 존재 방식은 상호인정이며, 그런 뜻에서 인간

---

* 사회적·계약적 관계의 형성과 그 메커니즘은 16세기 이후 서구사회의 제도적 근대화 과정의 요체를 이룬다. 간단히 정리해보면, 홉스나 루소의 사회계약설은 일종의 '계몽된 이기심'을 매개로 자연 상태를 종식하려는 제도적 합의이며, 칸트는 도덕철학자답게 양심을 거론하지만, 헤겔의 경우 권리와 의무 관계의 사회성은 상호 인정의 필연적·변증법적 과정이 낳는 자연스러운 결말이다.

** 악셀 호네트, 『인정투쟁』, 2장. 이하 『투쟁』으로 약칭.

*** '게임'이 매개가 되는 삶의 양식은 어렵지 않게 찾아볼 수 있다. 게임 산업이나 여가 문화가 번창하는 면에 앞서, 우리 삶의 양식 중 여러 층위/부위가 실은 게임의 형식을 통해 생성·유지·번성하기 때문이다. 알다시피 비트겐슈타인은 삶의 양식이 언어게임Sprachspiel의 다양한 형식에 의해서 매개된다고 주장한다. 하위징아의 『호모 루덴스』(1955)도 문화와 예술, 전쟁과 지식, 시와 스포츠 속에서 놀이의 요소를 발견하고 이를 매개로 그 형식적 본질을 탐색한다. 로제 카유아의 『놀이와 인간』(1958) 역시 기본적으로 하위징아의 놀이론을 프랑스적으로 메타화·재구성한 것이다.

은 곧 인간 바깥에서 살 수밖에 없다. 이른바 '인정투쟁Kampf um Anerkennung'은 '의미에의 의지'(V. 프랭클)를 고집하면서 (카시러가 분류한바) 유기적-인지적organic-perceptual 공간을 넘어 상징적 공간을 살고 있는 인간들의 사회에서 피할 수 없는 삶의 양식이다. 가령 조지 허버트 미드는 사회심리학적 맥락 속에 공동체를 풍성하게 하는 매개로서 인정투쟁의 가치를 매우 긍정적으로 평가(『투쟁』, 153)한다. 한편 지적 스캔들로 변한 후쿠야마의 책 『역사의 종말』(1992)도 역사의 진전과 결절, 그 성취와 미래를 인정투쟁의 맥락 속에서 정리하면서 현실세계의 지배 논리를 위해, "모욕당한 현실을 변명"(헤겔)하고 있다. 잘 알려진 것처럼, 칸트 역시 「세계시민적 관점에서 본 보편사의 이념」(1784)이라는 단편 중의 제4명제에서, 헤라클레이토스로 소급하면서 헤겔과 마르크스를 연상시키는 어투로 '반사회성의 사회성ungesellige Geselligkeit' ─ 이것은 헤겔과 마르크스가 변증법을 제 나름대로 영토화하기 이전의 초보적 변증법인 셈이다 ─ 을 말하는데, 이로써 문화적 진보나 사회적 성취가 가능해진다는 것이다.

    그러나 문화나 사회의 거시적 메커니즘과 달리, 교우와 병치될 경우의 인정투쟁은 일종의 자가당착에 빠지고 만다. 형식적으로, 교우가 비록 상호인정에 근거하더라도 (인정)'투쟁'의 에너지는 그 자체로 '동무'가 말하는 동정적 혜안이나 화이부동和而不同, 그리고 존재론적 측은지심에 턱없이 못 미치기 때문이다. 인정투쟁이 지닌 자가당착적 요소들을 쉼 없이 재구성·재분배함으로써 그 독성을 희석·휘발시키는 사회적·문화적 체계는 이른바 '발생적 소음 developmental noises'을 비대칭적으로 처리할 수 있는 여유 공간이 넉넉한 편이다. 이와 달리 개인과 개인 사이의 사귐이라는 미시사회의 경우, 인정투쟁의 역학은 곧 과부하의 장애를 초래하기 마련이다. 인정투쟁이라는 사회진화론적 메커니즘을 교우에 적용시키는 짓은, 우리 시대 인문학이 결연히, 새롭게 강조하고 접근해야 마땅할 '상처'*의 문제에 맹목적이기 때문으로 보인다. 생산주의와 진화론적 틀로써 인간관계를 체계 속으로 전유하려는 태도는 늘 상처의 문제에 둔감할 수밖에 없다. 그리고 '동무'는 무엇보다 그 상처의 속도를 무력화하는 실천적 현명함을 가리킨다.

인정투쟁이라는 뜨거운 매체의 저편에는 '냉소'라는 차가운 매체가 발도 없이 굴러다닌다. 동무론의 요체가 '듣기'와 듣기 이상의 동정적(존재론적) 혜안을 갖추기 위한 간단없는 실천이라면, 냉소는 실로 그 기원의 무기력과 무능을 감추면서 가능해진 풍경의 매너리즘일 뿐이다. 냉소는 해결도 해체도 해소도 아무것도 아니다. 그것은 전일적 네트워크의 체제에 특징적인 '과잉-소통'(레비스트로스), '과잉-정보'(닐 포스트먼), 스펙터클이라는 환상적 인간관계의 돌림병(기 드보르), '파노라마'(벤야민)라는 문화병文禍病,

---

* 인간의 문제, 곧 인간관계의 문제에서 모든 개선과 변혁은 상처의 문제에 대한 전면적·근본적·지속적 관심과 처방 없이는 필경 사상누각의 운명에 놓인다. 상처의 역사를 은폐한 채 이루어진 모든 문화와 제도의 풍경은 반쪽의 진실에 불과하기 때문이다. 가령 한국의 근현대 철학사조차 상처라는 중층모순의 프리즘을 통해 솔직하게 재서술될 날이 와야 할 것이다.

'분열병적 자본주의 체계'(이글턴) 속의 체질화된 '피로'(보드리야르), 그리고 거울사회의 나르시시즘* 속에서 늘어나는 대화와 사귐의 결락, 소통과 산책의 결핍이자 만성적 징후인 것이다.

냉소는 흔히 실천의 편에서 실천을 방해하고 흠집 내며, 연대의 편에서 연대를 방해하고 금 가게 한다. 냉소는 어떤 '자기-생각'의 덩어리인데, 소크라테스의 영원한 명언처럼 스스로의 지식을 '생각'하기 때문에 결국 가능한 '지혜'마저 놓친다. 소크라테스가 암시한 것처럼, '생각'의 바깥은 우선 (기이하게도 그 자신의 직업이기도 했던) '대화'다. '서늘한 열정'과 '명랑한 긴장'을 대리보충적으로 재서술해왔던 동무론의 지형 속에서 냉소는 아도르노가 말한바 시대의 요청을 읽지 못하는 다만 '외설'일 뿐이다. 그래서 오스카 와일드는 '냉소는 가치가 아닌 값의 태도'라고 했을 터다. 그러므로 냉소란 무엇인가? 진정한 적敵도 동무도 없는 시대, 지혜가 아닌 숙오夙悟를 뒤집어쓴 지성의 하품!

---

* 자세한 내용은 다음의 글을 참고할 것. 김영민, 「거울 속에는 소리가 없소: 거울사회와 휴대폰 인간」, 『당대비평』, 2004년 봄호.

3
초월, 혹은 '동무'가 아닌 것

'신神도 국가도 남자도 나를 잡지 못한다'던 루 살로메는 자신을 잡으려던 여러 남자에게 치명적인 상처를 안겨주었다. 근친상간의 외상 속에서 연정관계에 유달리 서툴렀던 니체 역시 그녀에게 걷어차인 뒤 차라투스트라의 꿈속에 묻혀 영영 돌아버렸다. '신도 동무도 없다'고 비장하게 불평하던 니체마저 루 살로메에게 구애하면서 징징거린 모습을 보노라면, 고래로 인간의 열정이 어김없이 회귀하는 그 좁고 관습적인 회로는 경이롭지 않은가? 이 '좁고 관습적인 회귀의 회로' 속으로 우리 존재가 구겨져 들어가는 사회화에 대한 탄력적인 불화이자 현명한 저항의 길은 없을까?

    키르케고르라면, 에마 골드만, 루 살로메, 그리고 니체가 "신神도……"라는 표현으로 헤겔적 불경건과는 또 다른 의미의 불경건에 빠져들었음을 적발할 것이다. 그의 시각에서 보자면, 동무라는 이자二者 혹은 다자多者 관계는 상징적일 뿐 관계의 실재에 이르지 못한다. 이 고독한 단독자의 종교실존주의적 윤리학은 신과 동무들 사이의 질적 천양지차天壤之差에 대한 실존적 자각의 엄숭嚴崇에서 출발하기 때문이다. 과연 그는 레기네 올센을 버리고 신을 택한 것일까?

수직의 초월超越이 수평의 연대와 항용 마찰하는 것은 아니지만, 신을 향한 종교 초월적 지향에 얹힌 낭만적 관념주의, 유아적 자폐성과 나르시시즘, 그리고 몰사회성은 종종 인문적 삶의 양식으로서의 '동무'의 의미와 가치를 원천적으로 무효화시킨다. 동무를 세속적 삶의 구제할 수 없는 시효時效로 폄하하는 이 눈부신 도약의 이름은 물론 '초월'이다. 초월은 불연세속不戀世俗의 수직적 상상력이며, 유기적으로 배분되지 못한 채 말기 암처럼 응고된 사적 열정의 분수噴水이고, 그 어떤 인식론과 해석학도 누리지 못한 객관적 직관주의의 뜨거운 사통私通이며, 초시간과 초공간을 향한 속도의 신비주의다. 초월, 어떤 식이든 그것은 동무 아닌 것의 거의 모든 이름이니, 무릇 동무란 초월하지 않는 것이다. (초월이 아니라 '불화의 생산성'!)

신과 동무, 수직적 구심력과 수평적 원심력, 초월과 연대 사이를 중개하려는 시도는 종종 이상과 원칙으로만 흘렀고, 그 사이 갖은 열정으로 포장된 허위의식들만 번식했다. 가령 십자가에 박혀 신神이 된 "강력하고 새로운 도덕적 종교의 청년 교사"*는 '네 동무를 네 몸처럼 사랑하라'고 했건만, 사람들은 그 신만을 사랑하느라 아무도 사랑하지 못한다. 대중적 제도권 기독교는 각자의 '생각' 속으로 뒤틀려 안착되었을 뿐, 그리스도를 본뜨는Imitatio Christi

---

* 임마누엘 칸트, 『이성의 한계 내에서의 종교』, 이화여대출판부, 1984, 181쪽.

노력도, 그 노력을 생활양식 속에 뿌리내리는 일도 없다. "내가 아무리 주위를 둘러봐도 정확하게 무신론자들처럼 살고 있는 그러한 가짜 기독교인들만이 눈에 띈다. 기독교도가 된다는 것은 뭔가 다르게 산다는 것을 의미한다. 이는 그리스도의 길을 가는 것을 의미하며, 그리스도를 '본받는' 것을 의미한다."* 진정한 연대의 매개가 삶의 실천과 그 양식 속에 있다면, 초월로써 연대하려는 극적 타협은, 무지개처럼, 시간과 더불어 몰락할 수밖에 없다.

알다시피 마르틴 부버나 레비나스 같은 유대주의 이론가들은 이 중개와 타협에 골몰했고, '그대' 속에, 그리고 타자의 '얼굴' 속에 전래의 신을 당대적으로 호출해내기 위해 반¥문학–반¥철학의 주술을 거듭했다.** 부버의 윤리학과 레비나스의 사회철학은 비스듬히 날며 하늘과 땅을 기묘하게 매개하려는 준準신학적 비상과 같은 것이다. 그것은 '어두운 시대'(아렌트)를, 혹은 '희망이 없는 시대'(벤야민)를, 혹은 '상처받은 시대'(아도르노)를 힘겹게 지나갔던 동시대 지식인들이 온몸을 다해 호출해낸 세속적 구원의 징표들이었다. 가령 부버처럼 그것$_{es}$과 그대$_{Du/Thou}$ 사이를 현실적으로 매개할 수 없었던 아픈 시절의 상흔이었던 것이다. 그러나 '내게 얼굴로서 다가오는 타자에 대한 무한책임'***은 결국 책임

---

* 밀란 쿤데라, 『농담』, 권재일 옮김, 벽호, 1993, 276쪽.
** 이 논의의 일부는 다음의 글에 개진되어 있다. 김영민, 「전체주의의 미망: 진리가 너희를 자유케 하리라」, 『보행』, 철학과현실사, 2001.
*** 에마뉘엘 레비나스, 『윤리와 무한』, 양명수 옮김, 다산글방, 2000, 124쪽.

을 무한하게 한다는 준종교적 알리바이 속에서 현실적 타자의 존재 자체를 무한히 희석시키거나 유예시킬 수 있다.

하지만 초월이 아닌 동무는 생활양식의 인문 정치를 통해 일상 속에서 겹친다. 변덕과 취미의 심리주의에 얹힌 생각을 서늘하게 죽이고, 생활양식의 맹목적 생산성을 통해 체제와 창의적으로 불화하면서 걷는다. 초월은 최대화의 환상이지만, 동무는 최소화의 현실 속에서 움튼다.

4
권력, 혹은 '동무'가 아닌 것

담헌湛軒(1731~1783)과 연암燕巖(1737~1805)을 종장宗匠으로 하는 이른바 북학파 지식인들이 유달리 교우도交友道를 강조한 것에는 나름의 뜻이 있었다. 담헌이 36세 되던 1766년, 중국 여행 중의 교우록을 정리해서 『회우록』 세 권을 지었는데, 연암은 그 서문에 부쳐 "홍군은 벗 사귀는 도리를 통달하였도다"*라며 찬미했다. 그 제자뻘인 급진적 중화주의자 초정楚亭(1750~1805)의 평가는 한결 더 극적이다. "아아! 우리 조선 300년 역사에 중국과의 사절 왕래가 계속되었지만 명사 한 명 보지 못하고 돌아왔을 뿐입니다. 이제 담헌 홍대용 선생이 하루아침에 저 천애天涯 먼 곳에서 지기를 맺어 그 풍류와 문묵이 멋스럽기 짝이 없습니다."**

왕을 정점으로 하는 권력계서적權力繼序的 신분사회에서 신분을 넘어선 교우적 관심은 성정이나 기질로 설명할 수 있는 것이 아니다. 니체 이후의 반데카르트주의적-탈인식론적 계기들이 서양 현대 철학의 향방을 번란스럽게 결정짓듯이, 18~19세기 조선

* 다음에서 재인용. 김태준, 『홍대용』, 한길사, 1998, 118쪽.
** 박제가, 『궁핍한 날의 벗』, 태학사, 2000, 103쪽.

의 실학자들 역시 성정이나 기질을 제도와 취향을 매개로 설명하려는 두드러진 외화外化 현상을 보인다. 요컨대 교우라는 삶의 지향은 마음의 어느 깊은 본질 속에서 우러나온 자율성이 아니라, 신분과 제도를 포함한 제반 사회적 여건 속에서 가능해진 일종의 '존재구속적'(만하임), 혹은 계급 취향에 포박된 '아비투스적'(부르디외) 사건인 셈이다.

양반 명문가 출신으로 통식달리通識達理의 선비인 담헌과 연암은 '서얼庶孼'이라는 신분의 존재구속적 불합리성을 통절히 비판하며, 이용利用과 후생의 맥락에서 인재 등용의 합리성을 주장한다. 연암은 「의청소통소擬請疏通疏」에서, "아아, 조정에서 서얼을 폐고廢錮한 지가 300여 년인데, 크게 나쁜 정사로 이보다 더한 것은 없습니다"*라며, 그 패악을 통절히 비판한다. 박제가를 비롯한 이덕무, 유득공, 서상수, 유련, 이희경 등은 모두 서출庶出로서 태생적 아웃사이더였다. 이들은 신분 차별이라는 중세적 겸제箝制의 운명 속에서 자신들의 열정과 재능이 꺾이는 비운을 맛보며, 교우라는 수평적 삶의 양식에 탐닉할 수밖에 없었다. 파농의 말처럼 '흑인의 운명은 백인'이었으며, 보부아르의 말처럼 '여자의 운명은 남자'였듯이, 서얼 출신 지식인들의 운명은 곧 양반계급이었던 것이다.

이와 더불어, 이른바 '실학자'들은 과거科擧라는 왕조사회의 공

---

* 박지원, 『박지원』, 한길사, 1992, 51쪽.

식적 관료 충원제에 한결같이 비판적이었다. 북학파 지식인들 역시 양반계급이라는 운명과 첨예하게 길항하면서, 열정과 재능이 자폐적으로 교환되는 낡은 관료사회적 코드에 저항한다. '서얼'과 '과거'라는 운명에 대한 이들의 투쟁은 사회적 에너지를 좀더 효율적이며 공평하게 회집하고 분배하려는 근대적 기획의 일환으로 해석할 수 있을 것이다. 따라서 수직적 권력의 계선에 편승되기를 스스로 포기·거부하거나, 혹은 그 계선으로부터 원천적으로 소외당했던 이들 북학파 지식인의 삶/앎의 양식이 백탑시사白塔詩社와 같은 교우로 흘렀던 것은 오히려 필연적이었다.

이들이 권력의 종적縱的 계열 속에서 벌일 수 있었던 인정투쟁의 한계는 운명처럼 분명했고, 이 인정투쟁의 횡적橫的 투사나 우회 혹은 변용으로서의 교우도 자연스럽다. 역사적으로 헤아려보면, 지식인 교우론交友論은 대체로 서너 가지의 부재不在나 실패에 의해서 도드라진다. 첫째는 초월적-종교적 인정투쟁의 부재나 실패다. 둘째는 현존 지배 체제 속에서의 상향적 인정투쟁의 부재나 실패다. 셋째는 연정戀情이라는 이성 간 인정투쟁의 부재나 실패다. 마지막은 자식*-후배-민중 등을 향한 하향적 인정투쟁의 부재나 실패. 어느 하나로 북학파 지식인들의 교우론을 환원시

* 앞서 언급한 레비나스는 '아버지-아들' 속의 비非오이디푸스적 관계를 아주 조금 건드린다. 그러나 그의 논의는 대체로 짧고 남성주의적이며, 실천철학으로서의 가능성을 스스로 잠식할 만큼 애매한 종교주의에 둘러싸여 있다. 에마뉘엘 레비나스, 『윤리와 무한』, 88~90쪽; 『시간과 타자』, 강영안 옮김, 문예출판사, 1996, 제4강.

킬 순 없지만, 이들의 교우는 필시 두 번째 굴절과 깊이 관련될 것이다. 고진의 표현을 빌리면, 이들 지식인 아웃사이더의 아름다운 교우의 '풍경'은 그 풍경을 가능하게 한 곡절 깊은 상처의 '기원'을 숨기고 있는 셈이다.

5
연정,* 혹은 '동무'가 아닌 것

이 얘기는 여성을 우정의 관계에서 배제했던 낡은 남성주의적 교우론과 무관하다. 하긴 우정과 교우를 남성들의 전유물로 영토화했던 저간의 사정은, 실제로 여성의 '본질'을 파악했기 때문이 아니라 대체로 일방적 관계동학關係動學의 산물을 탈역사화·자연화·이데올로기화·신화화한 것에 불과하다.

시속時俗의 연정戀情이 동무에 미치지 못한다는 비판은 다만 맥놓은 비판이 아니다. 그것은 연정 역시 동무라는 미래적 지평 속에서 새롭게 재구성되어야 할 것이라는 전망에 얹힌다. 그리고 동무가 연정을 향한 간이역으로 기능하고, 연정은 동무를 포기할 수 있는 관계의 정점頂点으로 화석화되는 이 양식화된 타락이 우선적으로 문제시되어야 한다. 오늘날의 연정 역시 중심과 순수의 심리학, 고백과 소문의 언어학, 욕망과 권력의 사회학, 그리고 관습과 귀속의 정주학定住學에 완벽하게 포섭된 상태라면, 내가 꿈꾸는 동무의 전망은 미래학으로 가차 없이 연기될 수밖에 없다.

* 연정에 관한 내 생각의 일단은 다음 책에 개진되어 있다. 김영민, 『사랑, 그 환상의 물매』, 마음산책, 2004.

『위기의 여자』에서 뤼시엔은 어머니의 통속적인 연정 앞에, "그래서 나는 한 남자가 좋아지기 시작하면 즉시 다른 남자를 구하는걸요"*라며 찬물을 끼얹는다. 말벌 같은 제 성질에 겨워 격조 없는 여성 혐오자가 된 쇼펜하우어는 "……여자에게는 오직 한 가지, 즉 어떤 남자의 마음에 드느냐 하는 것만으로 운명이 결정"**된다고 호언한다. 연정과 동무 사이의 실천적이며 현명한 '지평 융합'의 가능성을 탐문하려는 이 글은, 뤼시엔과 쇼펜하우어라는 양극 사이의 창의적 지양을 동무라는 새로운 관계를 매개로 구상하려 한다.

대체로 현대사회의 동선은 연인(배우자)과 친구, 결혼과 직장, 가정과 회사로 양분되어 있다. 이 두 회로에서 이탈하는 이들은 심지어 법적 보호역域이나 사회안전망으로부터도 종종 탈락한다. 각자는 각자의 연애를 은밀히 궁리하고 실천하는 가운데, 남성들이 일과 친구들 속에서 떠밀려다니고 여성들이 사랑과 가족들 사이에서 회전하는 전래의 도식은 이 낡은 회로와 결탁한 것이다. (모간-엥겔스의 낡은 지론***처럼, 성애는 혼인제도와 어긋나며 혼인제도는 또한 사랑과 무관하게 굴러간다.) 그리고 이 결탁의 사소한 반복은 『멋진 신세계』(1932)의 경구처럼 '진리'가 되고, 『1984』(1948)

---

* 시몬 드 보부아르, 『위기의 여자』, 문예출판사, 1985, 207쪽.
** 쇼펜하우어, 『쇼펜하우어 수상록』, 범우사, 1994, 71쪽.
*** 프리드리히 엥겔스, 『가족, 사유재산, 국가의 기원』, 김대웅 옮김, 도서출판 아침, 1991.

의 주문呪文처럼 '정통의 무의식'이 된다.

이 같은 사회제도적 배경 아래서 연정이 동무가 아닌 것은 우선 그것이 습관처럼 '진리'를 말하기 때문이다. 동무란 무엇보다 진리를 말하지 않도록 조심하는 관계의 방식이며, 쉼 없는 '재서술'의 수행적 일리─理*들로써 생활의 무늬를 조금씩 겹쳐가는 방식이다. 동감同感과 동지同志의 정서를 유일하게 특권적으로 교환함으로써 가능해진다고 믿는 관계의 환상이 어제**의 연정이었다면, 심리주의적 합일과 그 관습적 의례에서 벼락처럼 뛰쳐나와 열정적 재서술의 무늬를 나누면서 더불어 각자의 세상을 바꿔나가는 서늘한 보조步調가 내일의 연정일 것.

금욕주의적 인식론에 구금된 나태한 진리를 말하지 않도록 조심하라고 외친 니체처럼, '신神'이라는 진리를 말하지 않는 신앙의 가능성을 떠올렸던 본훼퍼처럼, 혹은 '사랑해'라는 진리를 웃지 않고서는 분해할 수 없다***던 바르트처럼, 내가 말하고 실천하는 동무는 연인과 타인, 가족과 회사, 친구와 남 사이에서 뻔뻔스레

---

*   이 개념의 용례는 부족한 채로 다음 책에서 길어올린 것이다. 김영민, 『진리, 일리, 무리』, 철학과현실사, 1999.
** 동무론은 어제의 진리라는 미라를 흡혈하려는 게 아니다. 그것은 소크라테스가 법정에 모인 군중의 '너머'를 향해서 말하고, 멕시코의 반군 지도자 마르코스가 당대 매스미디어의 '미래'를 향해서 말하듯이, 그런 식으로 인문적 연대의 미래적 형식을 조형하려는 것이다.
*** 롤랑 바르트, 『사랑의 단상』, 198쪽. 연암 박지원이 소설 「마장전」에서 "정情이 얕고 깊은 것을 나타내려고 애쓰는 자도 참다운 벗은 아니"라고 한 것은, 통속의 사랑과 우정에 만연한 심리주의를 경계하는 적절한 경구다.

진자운동을 반복하고 있는 우리 사회의 기율과 그 화석화된 상상력을 점점이 부수면서 끝끝내 진리를 말하지 않고 함께 걸어가는 관계일 뿐이다. 그것은 우신愚神을 삶의 조건으로 내세운 에라스뮈스로부터 '한편의 멋진 풍자시를 쓸 수 있다면 진리를 창밖으로 내던져버리겠다'면서 우리를 즐겁게 한 니체의 동시대인 오스카 와일드에 이르기까지, 진리와 사랑과 의미와 가치를 '말하지 않으며'—알면서 모른 체하며*—극진하게 살고 걸었던 동무들의 은폐된 작은 역사에 동참하는 길이다.

---

* 이 구절은 흔히 오해받는데, 반드시 기억해야 할 요목은 '알면서'와 '모른 체하기' 사이에 긴, 늘 의도를 벗어나는 '비용'이 개입한다는 사정이다. 이 구절에 대한 비평은 이 책의 다른 글에서 찾아볼 수 있다.

6
친구, 혹은 '동무'가 아닌 것

사랑의 진리를 뒤끝 없이 변증할 수 있는 심중心中이 없듯이, 마찬가지로 친구의 진정을 확인시킬 수 있는 특권화된 경험이나 직관, 관계도 없다. 혈연·지연·학연 등 갖은 인연과 우연의 주변으로 회전하는 친구들은 바로 그 회전력에 의해 종내 피폐해지고 말리라. 사실 텅 빈 중심을 에워싼 채 회전하고 있는 이데올로기와 환상의 체계, 그 헛것과 무지의 뫼비우스가 어디 한둘이던가?

우리 시대의 친구는 '남'이 아니라는, 흐릿하지만 결코 혼동하지 못할 정서적 결속감, 그 결속감이 퇴화되면서 생긴 반反성찰적 습관, 그 습관의 체계와 구별되지 않는 삶의 양식에 대한 사후적·퇴폐적·노스탤지어적 추인에 의해서 재생산되고 확산된다.

요체는, 그 관계의 일상을 극진히 대하는 새로운 (버릇 아닌) 버릇으로써 모든 본질주의―인정의 본질주의, 초월의 본질주의, 권력의 본질주의, 연정의 본질주의, 그리고 친구의 본질주의―를 생활 내적으로 내파해가는 지속적인 무늬를 만드는 일이다. 그것은 구조도 개인의 자의식도 아니다. 좌파도 우파도 아니다. 형이상학도 이데올로기도 아니다. 풍경만도 기원만도 아니다. 미시도 거시도 아니다. 그것은 마침내 문화도 자연도 아니다. 필시 미래의 모든 사회철학은, 동무들의 무늬와 관계가 뚫어내는 생활의 새로운 실천과 이치들에 의해 최종적으로 진정성을 확인받을 것이다.

4장

동무론 (3)

현명한 복종, 현명한 지배

손을 빌리고 빌려줌으로써
가능해지는 인문적 연대

평등하지 못해, 자유롭지 못해 불행했던 세상은 예상보다 빠르게 지나가는 듯 보인다. '애완남愛玩男'이라는 별쫑스런 시장이 번성하듯이, 평등이라는 균형과 자유라는 임계로부터 자발적으로 퇴각하는 이들조차 어렵지 않게 찾아볼 수 있다. 그사이 사람들은 모두 허영(지라르)과 '그릇된 믿음mauvaise foi'(사르트르)의 체질로 바뀐 채 평화로운 소비자, '자기가 아닌 인간das Mann'(하이데거)이 되고 말았다. 자유와 평등이, 소유와 분배가 이데올로기적 투쟁의 좌표였던 세상에서는 동지가 활약했고, 복종과 지배의 관계는 다만 구래의 사회적 모순과 함께 척결되어야 할 적이었다.

평등하지 못해, 자유롭지 못해 불행했던 지난 세상을 너무 빨리 잊는 것이 역사에 대한 도리가 아니라는 점만은 새삼스레 강조해도 좋을 것이다. 그러므로 '일본도 용서하는 판국에 친일파를 용서하지 못하는가?'라는 역사적 도착倒錯은 화해도 역사에 대한 의리도 아닌, 아무것도 아닌 것이다. 카뮈의 말이 아니라도 '망각일 뿐인 용서'(리쾨르)를 반복하지 않으려면 과거를 단단히 붙잡고 있어야 한다. 평등과 자유의 현재가 생산적 긴장을 유지하는 것은 그 길밖에 없기 때문이다.

　현재의 성취를 신산스러웠던 과거에 비춰보는 일이 퇴행적이거나 낭만주의적으로 흐르는 경우도 있다. 그 성취가 현실적 탄력성을 지닌 채 유지 가능해지려면 과거와의 대조를 통해 생산적 긴장을 얻어야만 한다. 자본제적 삶의 태평성대(?) 속에서 거래와 교환의 형태로 조직화된 자유와 평등은 여러 평자의 지적처럼 과거의 기원도 미래의 지향도 잃(잊)어버린 풍경, 네트워크, 스펙터클, 그리고 소비 공간이 되어버렸다. 이 무시간의 풍경과 공간 속에서 역사성과 장소성을 살피려는 인문주의자들의 연대 역시 풍경의 정서와 공간의 논리에 함몰되곤 한다. 요컨대 자유주의만으로는 자유를 지킬 수 없고, 평등주의만으로는 평등을 지켜낼 수 없다. 현재의 긴장과 생산성을 위해 과거와 미래를 살피는 것만으로는 부족하다. 현재 그 자체의 논리 속에서 동일한 긴장과 생산성의 메커니즘을 구성할 수 있어야만 한다.

　마찬가지로 자유와 평등은 인문적 연대의 필요조건이다. 자유와 평등이라는 형식적 조건 자체가 심각하게 미달되었거나 억압된다면, 동무들은 각자의 생활세계적 관심들을 묻어놓고 이념의 깃대를 향해 동지同志로서 결합해야만 하기 때문이다. 그러나 자유주의와 공동체주의로 대변되는 이 두 항목의 내부적 결렬 외에도, 우리의 일상 자체 속에서 이미 자유와 평등이라는 '형식'은 '영혼'의 요구나 몸과 무의식의 흐름을 넉넉하게 담아내지 못하고 있다. 자유와 평등의 기반 위에서 이루어지는 의사소통적 합리성―

말로써 상호이해Verständigung를 도모하고 이해 속에서 합의에 이르며 합의의 실천으로 관계와 세계를 바꿀 가능성—은 그것 자체로 지난한 과정이자 과제이긴 하지만, 동지도 친구도 아닌 동무들 사이의 연대를 구체적으로 실천해본 여러 경험은 그 가능성의 현실화가 예상치 못한 부작용을 낳는다는 사실에 골몰하게 만든다. 자유나 평등의 사회적 조건이 어느 정도 완결되고, 이윽고 강제 없는 대화가 활성화되어 심지어 '물에 빠져도 주둥이만 동동 뜨는' 정도에 이르러도, 연대나 공동체의 프락시스가 지속적이고도 섬세하게 요구하는 협력과 화해의 지점은 끊임없이 어긋난다. 레비나스의 정치한 분석처럼 개인의 인식만으로는 결코 유아론적 울타리에서 자유로울 수 없고, (악마는 '우리'라고 말하게 한다던 시몬 베유처럼) 우리 사이의 의사소통적 합리성만으로는 실천의 현명함에 이르지 못한다. 연대와 공동체적 실천은 인식도 합의도 닿지 않는 섬세한 몸의 운신, 그 버릇의 근기와 슬기와 온기를 요청한다. 내가 내내 말한 바로 그 '몸이 좋은 사람'인 것이다.

얻어내기 전의 자유와 평등은 세상의 전부이지만, 얻어낸 뒤의 자유와 평등은 한갓(!) 형식일 뿐이다. 모든 형식이 영혼을 감싸지 못한다는 것, 아니, 영혼은커녕 일상적 실천의 골과 마루를 살필 수 없다는 것은 실로 명약관화하다. 합리성의 한 측면이 상도한 이념형들로서의 자유와 평등은 동무들 사이의 실천과 상호작용의 빛 속에서 감실감실 떠오르는 '연대의 영혼'을 살펴낼 수가 없는 것이다. 동무들 사이의 공동체적 실천이 개시開示하는 그 영혼은 자유와 평등이라는 형식에 온전히 담기지 않는다.

차라리 영혼은 '손'에서 생긴다. 가령 단 한두 시간이라도 어울려 일을 도모한다면 평등이라는 관념이 주는 위안에서가 아니라 '손'을 빌리고 빌려주는 기민하고 너그러운 협력의 현명함 속에서 연대의 빛, 그 영혼을 얻는다. 누군가가 먼저 문을 열어 앞서면 누군가는 뒤따르는 수밖에 없다. 문을 지나가건, 차를 마시건, 청소나 설거지를 하건, 운전을 하건, 땅에 떨어진 동전을 줍거나 천장에 붙은 모기 한 마리를 잡건, 세미나의 발제를 하건, 손과 몸이 개입하는 어떤 행위든 그것은 평등이나 자유라는 관념의 몫이 아니다. 누군가는 앞서야 하며 누군가는 뒤서야 하고, 누군가는 현명하게 지배해야 하며 누군가는 현명하게 복종해야 한다.

그 선도先導에 현명하게 응하는 실천을 통해 동무들의 연대는 단지 평등과 자유라는 형식을 아득히 넘어 관계를, 일상의 버릇을, 주변 세상을 바꾼다. '차이'라는 시대의 구호가 자본제적 삶의 기호로 타락해갈 때, 연대와 변화를 실험하는 동무들은 자유와 평등이라는 놀라운 성취를 또다시 놀랍게 넘어간다. 굴종이 아닌 복종으로, 허영이 아닌 희생으로, 여유가 아닌 관용으로, 타협이 아닌 협력으로, 영리함이 아닌 현명함으로, 생각이 아닌 손과 발로. 그리고 무엇보다 길고 짧은 실천의 원환圓環 속에서 복종과 일치하는 지배로.

잘 알려진 대로, 베버에 따르면 지배와 복종의 양식에 의해 특정한 단체의 구조와 성격은 달라진다. 합법적 지배legale Herrschaft

는 정해진 법규에 의한 지배이며, 전통적 지배traditionale Herrschaft 란 '과거로부터 있어온 질서나 지배권이 신성하다는 신념에 근거한 지배'를 가리킨다. 그런가 하면 이른바 '카리스마적 지배 charismatische Herrschaft'는 비상한 인격과 은총시여Gnadengabe의 능력을 지닌 특정한 개인(들)에 의해 생기는 권력장의 효과를 말한다. 내가 논의하는 복종-지배란 합법적 지배나 전통적 지배와는 아무 관련이 없으므로 우선 카리스마적 지배와 대조하며 그 성격을 다시 밝혀본다. 베버가 말하는 카리스마적 지배는 19세기의 몰락하는 귀족적 세계관을 들썩였던 칼라일의 영웅숭배적 기운을 잇는 것으로, 이는 "피지배자가 지배자에게 보내지 않을 수 없는 지지를 매개로 해서만 확립되는 강제력"*이라는 점에서는 부르디외의 '상징적 지배(폭력)'와 닮았다. 그러나 내가 뜻하는 지배-복종은 넓은 의미의 상징적 지배-복종의 형식과 일부 겹치긴 하지만 '지도자 숭배Führerverehrung'와는 아무런 관련이 없다. 물론 '현명한 복종-지배'(이하 '현복지'로 약칭)의 형식이 신분제에 근거할 리도 없다. 따라서 그것은 이른바 '주인-노예의 변증법' 따위와도 별무상관이다. 그렇다고 그것이 사회적 제도에 따른 노릇(합법적 지배)을 가리키는 것도 아니다. '노릇'보다는 '버릇'의 문제에 가깝지만, 그 버릇이 특정한 개인의 카리스마와 연루될 필요도 없다.

베버가 말하는 합법적 지배, 전통적 지배, 그리고 카리스마적

---

* 피에르 부르디외, 『파스칼적 명상』, 김웅권 옮김, 동문선, 2001, 245쪽.

지배는, (마치 베버에 대한 하버마스의 주된 비판점과 유사하게 그 자신의 의미론처럼 행위 태도의 차원에서 목적 합리성의 요소에 특별한 위상을 부여*할 뿐 언어나 행위를 상호이해의 매체로 이해하지 않듯이) 주객 도식적이며 대상 중심적이다. 그러나 '현복지'에서는 복종과 지배의 주체와 객체가 대상적으로 분리·고정될 수 없다. 몸이 좋은 동무들의 좋은 버릇들이 적시적소에 집결해서 어울리는 방식, 다이내미즘, 리듬과 균형이 오히려 주체 아닌 주체가 되며, 그 실천에 참여하는 모든 대상(항목)은 오직 실천에 개입하는 방식을 통해서만 주체화의 나눔과 누림을 공유하게 된다. 그러므로 영웅이나 가부장이나 과장科長이라는 대상/항목에 복종하는 게 아니며, 어느 개인의 기능적 노릇에 복종하는 것도 아니다.

멈추지 않고 계속되는 삶 그 자체의 실천적·연대적 상호작용은 공유된 이해와 합의, 원칙과 이념 따위만으로는 온전히 건질 수 없는 법이다. 원칙과 이념만으로는 영영 건질 수 없는 실천의 골과 마루, 그 틈과 구멍 속에서 지향하고 유지해야 할 현명함은 법제화된 평등과 자유의 기억이나 그 메아리가 아니다. 오히려 그것은 고독한 의도와 결심이 아닌 사회적 행위 속의 근기와 슬기이자 온기와 용기이고, 양보와 배려이자 선도先導와 희생 같은 것으로서, 잠시도 쉬는 일 없이 계속되어야 하는 '현복지'의 징검다리들인 것이다.

---

* 위르겐 하버마스, 『의사소통행위이론』, 장춘익 옮김, 나남, 2007, 341쪽.

동무들 사이에서 조형해야 할 연대의 길에서는 개인들 사이의 이해와 합의만이 능사가 아니다. 나는 작은 공동체를 구성하고 유지하는 이런저런 과정에서 이해와 합의, 자유와 평등에 기민한 이들이 결국 이기주의적 소비자일 뿐이라는 사실을 절절하게 깨달은 바 있다. 작은 방을 청소해도 앞서고 뒤서는 자가 있으며, 차茶 한잔을 나누어도 팽주가 생기는 법이다. 어울려 걸으면서 도모하는 모든 일에는 현명한 개입으로 앞서는 자들이 역시 현명한 개입으로 돕는 자들과 더불어 화이부동和而不同의 실천력을 보일 때라야 다만 성취成를 넘어선 화해化의 지경에 이른다.

자유는 무응답의 이기심이고 평등은 주장의 이기심일 뿐인 세속, 베버의 말처럼 '정신 없는 전문가와 마음 없는 향락가 Fachmenschen ohne Geist, Genußenmenschen ohne Herz'로 북적대는 세속에서 다시 복종과 지배를 들먹이는 짓은 열없는 시대착오일 뿐 아니라 영락없는 스캔들로 보인다. 그러나 연대가 다만 합의에서 끝나는 게 아니라 관계와 주변을 바꾸려는 실천의 직물織物이라면, 근기와 온기와 용기와 슬기를 북돋우는 실천적 현명, 현명한 실천이 요체다. 그리고 그 실천은 현명한 복종과 지배의 윤번제輪番制, 우리 일상의 자잘한 일들 속으로 어울려 개입하는 나섬과 물러섬, 나눔과 누림, 희생과 배려, 앞섬과 처짐, 그리고 손을 빌리고 빌려줌 속에서 가능해진다.

5장

반우癍疣

1
내가 내게 허락하는 행복

인사가 채 끝나기도 전에 상처는 예감되지만, 그 상처의 길을 막을 수 없다는 게 인간의 운명이다. 마치, 어두운 방 안에서 깨달은 것을 밝은 길 위에서 놓치듯, 말이다. 구조와 패턴의 인과성은 환하게 보이더라도, 개인의 이치를 설명하는 인과율은 어디에도 없는 것. 아, 개인은 영원히 어리석다.

실은 너를 만나는 일이 재난인 줄 알고 만난다. 그리고 그 재난이 어떤 종류의 반복이라는 사실도 환하게 안다. 정작 내가 모르는 것은, 그 재난을 회피할 정도로 내가 내게 행복을 허락할 수 있는가 하는 점이다.

2
산문을 잃어버린 채 네 주변을 돈다

너를 만나지 않고, 네 주변을 돈다. 마치 궁정palazzo의 추억만을 씹으면서 일없이 시장piazza의 언저리를 잉여인으로 배회하는 13세기의 기사처럼, 우스꽝스러운 위엄을 잃지 않은 채 양파처럼 네 주변만을 돈다. 신화적 낭만주의와 시적 명예를 신경질적으로 지키면서, 그 스스로를 어둠 속으로 유폐시키는 기사가 되어, 모든 산문散文을 잃어버린 채 노을처럼 네 주변을 돈다.

3
변치 않는 어리석음으로

너를 사랑했던 기억은 하나같이 달콤하고 돌이킬 수 없이 어리석다. 네 몸에 내 입술이 닿았던 흔적은 순간이었고, 그 어리석음의 기억은 어제처럼 영원하다. 나는 조금씩 늙어가면서 젊은 날의 네 육체를 조금씩 씹어 먹는다. 잘게 부서지는 안타까움으로, 변치 않는 어리석음으로, 어디에도 없을 네 육체를 그리워한다.

4
환상적 의도의 잉여가치설일 뿐

상처와 의도意圖는 내연內緣을 이룬다. 의도는 한 걸음도 외출할 수 없으며, 오직 외출의 의도 속에서 그 의도는 생명을 다하기 때문이다. 모든 의도는 최종적인 소외疎外의 한 형태인데, 물론 누구도 그 의도 속으로 환원되지 않을 순 없지만, 의도와 자신을 줄곧 구분할 수는 있다.

아리스토파네스로부터 밀과 니체를 거쳐 데리다에 이르기까지, 의도가 진리에 무엇을 보탤 수 없다는 사실은 잘 알려져 왔다. 그렇지만 네 일상은, 네 공부는 그저 낡은 의도를 팔아서 새로운 의도를 구입하는, 환상적 의도의 잉여가치설일 뿐이다. 기억의 잉여가 문명이라면, 네 공부는 한갓 의도의 잉여가 아니고 무엇이었으랴?

공부하고 사랑하는 이들이여, 진지하고 성실하게 의도하여라. 네 꽁지 뒤로 상처와 어리석음이 는개처럼 피어오르리라.

5
단 한 번의 실수나 환멸도 영원하다

단 한 번의 실수나 환멸도 영원하다. 이것이 상처의 운명이며, 곧 인간의 운명이기도 하다. 최선의 참회조차 영영 돌이킬 수 없음을 증거하는 비문碑文일 뿐이며, 최선의 용서는 기껏 망각이거나 무기력이거나 죽음이다. 실은, 우리는 참회나 용서의 의미를 다 캐기 전에 자신의 수명을 다함으로써 그 문제 자체를 해소시켜버리는 것에 지나지 않는다.

그러므로 우리는 참회도 용서도 할 수 없으며, 그 모든 상처의 흔적을 고스란히 안은 채 늙어가고 죽어갈 뿐이다. 상처와 어리석음과 더불어 죽는 것이 우리의 유일한 진실이다.

우리가 어리석다고 하는 것은 바로 이 탓이다. 최초의 상처로 어리석음은 충분한데, 누구도 그 최초의 상처를 피할 수 없기 때문이다.

6
기억의 순교자

 아이리스 장의 죽음을 알리는 해외 단신을 우연히 보았다. 36년의 짧은 생애(1968~2004)를 권총 자살로 마감했다고 한다. 근자에 심한 우울증으로 고통받았다는 의사의 첨언도 있었다.

 내가 그녀에게 관심을 갖게 된 것은 약 5년 전 『난징의 강간The Rape of Nanking』(1997)을 통독하면서다. 난징대학살을 다룬 책은 이미 여러 권 섭렵했지만, 나는 이 책에서야 비로소 호사가적 취미를 벗어난 필자의 개성 있는 근기를 느꼈던 기억이 여전하다.

 바로 그 근기를 되짚어가면서, 나는 그녀가 곡절 많은 취재와 집필을 통해 악마적 사건의 실체와 대면하고 고스란히 재현해내면서 겪었던 상처와 혼란을 아프게 추체험할 수 있었다. 한편 나는 수만 명의 무고한 죽음을 다룬 그녀의 글쓰기 속에서 이상스레 그녀의 가까운 죽음을 예감하고 있었다.

 어떤 기억도 관념으로 휘발되지 않는다. 그것은 불멸하는 역사의 실재로서 살아남은 자들을 그 기억 속으로 불러간다. 이른바 '기억의 순교자'는 그렇게 생겨난다.

7
자살, 없는 미래의 호출 부호

미래를 저당잡혔으면서도 그 미래를 돌아볼 수 없다는 사실 속에 우리의 원초적 어리석음이 있다. 상처가 '반복'되는 것은 곧 저당 잡힌 미래의 징후다. 그렇다면 저당 잡힌 미래의 반복되는 징후를 끊기 위해 서둘러 치사량의 모르핀을 흡입한 벤야민은 어떤가? 아니, 젊은 베르테르의 자살은? 그 특유의 '놀이의 충동'(실러)으로 삶의 지식과 실천 사이를 유유히 가로질러간 소크라테스의 자살은 얼마나 현명한 것이었던가? 자살은 미래의 어리석음을 끊을 수 있는가? 나아가 자살은 어떻게 없는 미래의 호출 부호가 되는가?

8
제3의 소박

과공비례過恭非禮라는 말처럼, 무릇 과잉은 관계를 풍성히 하지 못한다. 아니 예상보다 빠르게, 심지어 어처구니없게 과잉은 관계를 훼파毁破한다. 우리는 이 경험을 반복하면서도, 훼손된 관계를 또 다른 과잉으로써 복원하려는 시도를 여전히 계속한다. 대안이 없는 것일까, 아니면 잘못된 표상과 허위의식이 우리 버릇을 그 뿌리부터 포획해버린 것일까? (어리석은 우리 존재는 늘 그 일부가 버릇이긴 하지만, 버릇의 일부가 존재인 우리는 바보다.)

해석의 과잉을 경고한 손택은, 같은 맥락의 관심에서 '문화의 과잉'을 경고한다. 과잉의 문화 속에서 '감각의 에로틱 erotics of sensation'이 쇠멸衰滅한다는 것이다. 레비스트로스 역시 과잉 소통 over-communicaiton의 폐해를 (인류학자답게 별스런 논거 없이) 지적한다. 별것도 아닌 닐 포스트먼은 테크노폴리 속에서 '정보의 과잉'을 진단한다. 한편 이사도라 덩컨은 발레라는 프랑스식 과잉과 부자연을 벗어버리고 맨발의 자유와 아메리카적 소박을 춤춘 바 있다.

그러나 레비스트로스나 루소가 우리 전망에 기여하는 바는 많지 않다. 과잉이 문화文禍라고 해서, 빈소貧少가 자동으로 그 구원이 되는 것은 아니다. '아껴 살기'나 '느리게 만나기'라는 표어는 어차피 일정한 속도와 템포의 체제 속에서는 필경 별무소용이며, 기껏 미봉인 사실을 우리 모두는 안다. 과잉과 과소 사이의 이분법은 움직이는 체계의 한 부분일 뿐으로, 우리의 자유와 자율을 되찾을 수 있는 방식은 그 진자운동 속에 없다. '소박'이라는 문화의 영도零度는 아예 없었던 것이다.

파스칼의 종교성은 제2의 소박이고, 마르쿠제의 심미성도 제2의 소박이며, 내가 말해온 '알면서 모른 체하기' 역시 제2의 소박이다. 그러나 이 '제2'가 제3의 길이 될 수 있을 만큼 인류는 현명할 것인가?

8-1
표현/전달

몸은 관념에 비해 쉽게 바뀌지 않는다. 그러므로 가령 '당신만을 사랑할 테야'라는 사적 고백의 빛나는 초월(?)도 끝내 '비루한 안일 erbaermliches Behagen'(니체)의 체계 속으로 내재화되고 만다. (모든 고백이 반칙인 것은, 무릇 고백은 오히려 타자를 밀어내는 언설의 전형이기 때문이다.) 일상은 무엇보다 몸이고, 그 모든 고백과 의도는 잠시의 부유浮游를 끝내면서 몸속으로 가라앉는다. 결심은 잦고 의도는 선하지만, 세상은 그런 식으로 결코 바뀌지 않는 것이다.

몸은 의도를 하염없이 비껴간다. 철학사에 등장한 모든 변증법은 이 이치를 유형화한 것에 지나지 않는다. 심정적 윤리학으로 낙착된 종교나 관념론 일반이 의도나 기대보다 세상의 변화에 무력한 이유가 여기에 있다. 삶의 인드라망 속에서 피할 수 없는 노릇이긴 하지만 결심, 고백, 약속, 참회, 용서와 같은 심리적 결절로 세상을 바꾸려는 노력은 안타깝지만 대체로 실패한다. 의도와 관념에서 출발하는 방식은 필경 자신이 만든 거울 속에 갇히기 때문이다. 종교나 도덕이, 호의와 다짐이 대한민국을 바꾼다면, 우리는 지금쯤 천국에 살고 있을 테다.

각설하고 개인의 성숙을 위해서든, 사회 변화를 지향하든, 우선 완악하고 질긴 몸의 현실성에 주목해서 다스릴 필요가 있다. 거창한 비관주의들은 대개 몸은 웬만해선 바뀌지 않는다는 범상한 사실로 환원된다. 주변에서 수시로 접하듯, 결심과 의도의 순발력에 비하자면 문체와 스타일, 버릇과 뱃살은 한없이 느려터진 것이다. 과연 실천이 의도를 배반하지 않고, 몸이 관념을 먹어치우지 않는 정신문화를 생산해낼 수 있을까?

대략 나누자면, 몸은 표현의 장場이고, 관념은 전달의 매체다. 예컨대 전달과 더불어 표현의 기능을 수행하는 언어 역시 일종의 몸인 셈이다. 따라서 서울 말이든 프랑스 말이든, 새로 익히는 말(새 몸)은 원어原語(낡은 몸)의 극심한 저항에 직면하게 된다. 이 사정은 언어에만 국한되지 않는다. 모든 종류의 표현은 몸의 문제이고, 또 바로 그만큼 낡은 몸의 저항을 피할 수 없다. (여담이지만, 예술가는 타고난다는 낭만주의적 신화는 그렇게 생긴다. 예술가, 곧 천재는 문자적 지식인과 달리 낡은 몸에서 선천적으로 자유롭다는 신화.) 삶을 바꾸는 문화의 요체가 바로 여기에 있다.

결국 문화의 이상은 전달(관념)과 표현(몸)이 일치되는 어느 소실점에 놓일 것이다. 마르크스적 기획 속의 이것은 계몽주의적 이상과 표현적 낭만주의가 결합하는 문화를 향한 노력이다. 마르쿠제처럼 약간 고쳐 말하자면, 프로메테우스적 충동과 나르시스적(디오니소스적) 충동 사이의 조화로운 지양을 통해 생산성 원칙을 넘어선 자유와 해방의 진경進境이다. 이것을 다시 실러나 하위징아의 관심으로 옮기면, '놀이의 충동'이 전방위적으로 활성화되는 문화를 가리킬 것이다.

몸과 함께 몸을 넘어가는 새로운 문화의 가능성을 모색하면서 전달과 표현 사이의 화해를 노릴 때, 문화로 자본주의를 덮씌우는 문화주의적 환상은 극히 위험한 관념론이다. 가령 유독 TV에서 문화적 창조성을 찾는 매클루언에 따르면, 현대는 익살이나 유머 등으로 교육하는 독특한 기회를 제공한다. 요컨대 표현으로써 전달한다는 뜻이다. 그러나 TV가 주술처럼 반복하는 표현과 전달의 결합은 기술과 자본이라는 격자 구조 속의 재생산품일 뿐이다. 과거의 종교와 형이상학에 배당되던 욕구가 현재의 예술에 의해 좀 더 효율적으로 해소된다는 생각(니체)이나, 소비(전달)와 자기실현(표현)이 예술 시장 속에서 결합한다는 주장(제러미 리프킨) 따위는 모두 사태의 일면을 과장하는 단견이다. 전달과 표현의 결합은 기껏해야 유토피아적 소실점이다. 이후 둘 사이의 동일성을 재촉하는 모든 언설은 자본의 이데올로기이거나 기술의 환상이리라.

9
호의와 신뢰 사이 (1)

흔히 혼동하지만, 호의好意는 그 자체로 신뢰와 아무 관계가 없다. 몸이 의도를 배반하듯이 신뢰는 곧잘 호의를 비껴간다. 그러므로 신뢰를 호의와 혼동하는 것은 인간관계를 고민하는 이들이라면 반드시 짚어야 할 중요한 실천적 과제다.

대개의 어리석음은 어떤 종류의 '반복'과 관련된다. 그러므로 어리석음은 그 성격이 형식적이다. 형식을 이루지 못하는 실수는 반복되지 않는 법이다. 따라서 현명함을 꿈꾸는 이들이라면 실수가 반복되지 않도록, 그래서 그 자체로 형식을 이루지 않도록 민활하게 애쓸 일이다. 베르그송의 말처럼, 그 형식이 굳어져서 웃음을 유발할 지경에 이르렀다면 오직 죽을 일만 남은 것이다. 그러므로 호의를 버릇이나 유형 속에 저장하지 않도록 유의하는 것이 길게 보아 유익하다.

슬픈 노릇이지만, 선량한 이들일수록 유독 호의와 신뢰를 혼동한다. 그리고 신神과 양심을 자주 들먹일수록 오히려 신뢰의 실천적 이치에 어둡다. 우선, 당연하지만, 신뢰가 '사회적' 가치라는 사실이 강조되어야 한다. 그래서 호의를 태산처럼 쌓아놓는다 해도,

원칙상 그 호의와 신뢰 사이에는 날카로운 사회적 심연이 엄연하다는 사실을 다시 강조해야 한다. 관념론자나 낭만주의자들에게, 혹은 종교인이나 도덕가들에게, 선의와 호의를 근거로 관계의 진정성을 변명하거나 정당화할 수 없다고 지적하는 일은 성가시고 슬픈 노릇이다. 그러나 이 변별은 극히 중요한데, 그 혼동이 가장 흔한 우리 일상의 어리석음과 관련되기 때문이다.

호의는 바로 그 호의의 천국 속에서 사적 규칙을 만든다. 호의 지상주의자인 선량한 이들은 사적 규칙에 의해 선의의 천국, 신뢰의 관념론을 즐겨 건설한다. 그러나 신뢰는 타자들 사이의 심연을 날카롭게 가로지르는 사회성의 건축이기 때문에, 사적 규칙은 실질적으로 별무소용이다. 오히려 개인의 호의 속에서 번창하는 사적 규칙들은 신뢰라는 공공의 건축에 적지 않은 장애를 제공한다. 공公/사私의 혼동을 자유주의 사회가 봉착한 최고의 위험으로 지적하는 아렌트와 로티의 생각은 여기서도 유효해 보인다.

내가 다른 글에서 전달과 표현이 일치하는 세상을 그려보았듯이, 호의와 신뢰가 일치하는 세상을 그리는 일도 자못 즐겁다. 그러나 그 불일치 속에 '세속'의 본질이 있고, 바로 그 속에서부터 '사회성'의 고민은 출발한다.

9-1
호의와 신뢰 사이 (2)

우선 중요한 전제는, 호의와 신뢰라는 이 분법分法을 각박한 논리처럼 여기지 말아야 한다는 것이다. (이 글도 내가 오랫동안 다듬어온 '패턴지'*의 일종으로 보는 게 좋다.) 당연한 노릇이지만, 호의와 신뢰는 부지불식간에 삼투하면서 서로 섞인다. 달리 말하면, 우리는 일상적으로 사적 호의와 사회적 신뢰를 혼동하면서 사는 것이다. 바로 이것이 내가 뜻하는 '세속'의 특성 중 중요한 한 가지다. 부르디외도 '합체合體'라는 개념으로 주관과 객관의 선의식적先意識的 합일을 말하지만, 세속은 무엇보다 주객主客과 공사公私의 합체와 그 혼동을 가리킨다. 세속은 이 혼동일 뿐 아니라, 심지어 이 혼동을 사후적으로 정당화하는 여러 장치마저 재생산하고 있다. 나는 이 혼동이 경미하거나 형식적 반복을 이루지 않는다면 우리 일상에 큰 폐해가 되리라고 보지 않는다. 아니, 오해가 더러 독창을 낳듯이, 계교지심計較之心과 도구적 이성이 만연한 이 세상에서 호의와 신뢰의 혼동은 오히려 생활의 부드러운 윤활제로 기능할 수도 있

---

* 김영민, 『콘텍스트로, 패턴으로』, 문학과지성사, 1996.

을 터다.

 호의와 신뢰를 준별하는 태도를 새로 익히는 것은 생각보다 쉽지 않다. 그러나 이 변별의 태도는 많은 어리석음에서 우리를 구원해준다. 태도는 몸의 문제이고, 몸은 워낙 바뀌지 않는 짐승 같은 놈이긴 하지만, 일단 바꿀 수만 있다면 적은 투자로써 많은 이득을 얻을 기획인 것이다.

 인상이나 풍문, 혹은 간단한 신상의 정보만을 접하고도 호의를 보이는 사람들이 있다. 경우에 따른 정도의 차이가 있겠지만, 우리 경험은 이 애초의 호의가 신뢰의 형성에 대체로 기여한다는 사실을 확인해준다. 그러나 이 기여를 인과因果로 단정하는 것은 대체로 섣부르다. 습관적 인과성에 기울기 전에, 호의가 신뢰와 맺는 관계의 성격을 섬세하게 헤아릴 필요가 있다. 특히 호의가 아무리 깊어도 신뢰가 형성되지 않는 관계가 더러 있다는 점, 그리고 비록 결과적으로 호의가 신뢰에 기여한다 하더라도 그 사이에는 인과로 처리할 수 없는 외적 심연이 존재한다는 점 등에 주목할 필요가 있다.

 나는 지나치리만큼 급격하거나 다대한 호의를 보이는 이들과는 오히려 신뢰라는 안정된 사회성을 얻지 못하곤 했다. 우선 그 호의가 피상으로 흘러 시간의 마모를 견디지 못한 일이 태반이다. 일구견인심日久見人心! 심지어 마치 감상이 분별을 그르치듯이, 호의 그 자체가 신뢰 형성에 해악을 끼치는 일마저 적지 않았다. 이것은, 전술했듯이, 호의가 기본적으로 사적 정서이며 타자와의 사이에 개재하는 공적 심연深淵과 그 비약의 위험에 예상외로 둔감하기 때문이다. 호의가 지속적인·탈심리적인 후원 같은 공적인 모습으로 진전되는 경우도 있긴 하지만, 내내 사적인 모습을 띠는 것이 좀더 일반적이다.

그리고 (사적 욕심이 공적 대의로 포장된 일이 적지 않지만) 모든 사적인 것은 결코 이기심과 완전히 절연絕緣될 수 없다. 스스로를 '착하다'고 '생각'해본 이들에게는 매우 슬픈 노릇이지만 호의나 호감 역시 이 점에서 예외가 아니다. 호의나 호감은 근저를 캐면 결국 이기심과 이모저모로 관련된 사적 정서로 낙착되는 것이 보통이다. 그리고 호의나 호감을 보이는 자는 정서나 감정과 연동하는 사적 규칙을 지니고 상대를 대하게 되며, 종종 그 상대로부터 사적 규칙에 따른 요구나 보상을 원하게 되는 법이다.*

사과를 좋아하는 사람이 사과를 싫어하는 사람보다 더 많은 사과를 죽여(먹어) 없앨 것은 거의 분명해 보인다. '쭈꾸미 축제'나 '빙어 축제'에 찾아가는 이들은 자신들의 명랑한 의도(?)와 무관하게 결국 쭈꾸미나 빙어를 대량 살육하는 상혼을 부추기게 된

---

* 내가 호의나 호감을 그 자체로 비판하려는 것이 아님을 조심스레 헤아려주기를 바란다. 호의나 호감은, 바로 그 호의나 호감 속에서만 상대를 대하려는 당사자가 아니라면 중성적 가능성에 불과하다. 말하자면 호의나 호감은 공적 가치가 확인되지 않은, 일종의 사회적 무의식과 같은 것으로 보는 게 실천적으로 현명하다. 정리하면, 그것들이 사적 에너지의 일종이며, 그 에너지의 뿌리는 흔히 '사려 깊은 이기심'이나 '계몽된 이기심', 혹은 기껏해야 '영웅주의적 나르시시즘'에 닿아 있다는 정도의 얘기인 것이다. 내 글이 지닌 취지의 하나는 사적 에너지가 불모의 똬리로 낙착하는 행태를 막아보자는 것 정도다.

다. 갑순이를 좋아하는 갑돌이는 갑순이가 결국 자신의 뜻대로 움직여줄 것을 희망하거나 요구할 것이 거의 분명하다. 이와 대조적으로 갑순이에게 무관심한 을돌이나 갑순이를 싫어하는 병돌이는 갑순이에게 별스런 희망이나 요구—결국은 자신들의 사적 준칙에 근거한 희망이나 요구—를 갖지 않을 것 또한 거의 분명해 보인다. 부모가 자식에게 갖는 선의나 호의도 '사랑'이라는 사회적 명분 속으로 사후적으로 추인, 배치될 뿐이다. 효도라는 이데올로기적 장치도 그 사랑의 틈과 바깥이 사회적으로 처리되는 방식을 엉큼하게 보여줄 뿐이다. 니체는 공정성公正性마저 "동등한 우세를 전제로 한 보상과 교역"*으로 보면서 공정성의 기원을 '사려 깊은 이기주의'라고 단정한다. 그리고 공정성이 비이기적인 행위처럼 보이게 된 것은 오랜 학습과 눈치 보기의 효과에 불과하다고 갈파하는 것이다.

대부분의 호의가 어떤 식이든 넓은 의미의 이기심과 연루되어 있다는 사실은 거의 분명하고 또 피할 수 없어 보인다. 반복하건대, 이 사실을 중뿔나게 파헤쳐 거꾸로 호의의 진의를 추궁하거나 심지어 비난하는 근거로 악용되는 것은 결코 바람직하지 않다. 아니, 그것은 인생에 대한 예의가 아니다. 호의의 현장에서는 호의를 분석할 일이 아니며, 감사의 정의情誼를 표시하는 것으로 충분하다. 짐멜의 말처럼, 양식화된 예절은 그 분석의 부끄러움을 알면서

---

* Friedrich Nietzsche, *Menschliches, Allzumenschliches*, #92.

모른 체하기 위한 사회적 장치가 아니고 무엇이겠는가? 다만 호의가 생성·운용되는 방식과 범위에 대한 냉정하고도 면밀한 분석이 실천적으로 극히 유용하다는 점만큼은 단단히 기억할 필요가 있다. 말하자면 풍경의 내력을 살피고 헤아리는 일은 '행유여력行有餘力'의 소득이되, 상대를 코앞에 둔 채 그 내력을 고발할 일은 아닌 것!

뒷산에 더덕이 생기고, 냉장고 속 김치가 절로 익어가듯, 어쩌면 호의와 호감은 그 자체로 아무것도 아니라는 평가는 생각 외로 극히 중요하다. 호의가 만든 천국의 수만큼 우리는 호의가 만든 지옥의 수도 알고 있기 때문이다.

9-2

고백,
'나도 알고 보면 착한 사람이야'

대중매체가 근근이 소화할 수 있는 '전문가'들은, 수능 부정 사건이 우리 교육의 문제점을 잘 보여준다고 입을 모았다. 그러나 내 판단에는, 이 수능 부정 사건이 잘 보여주는 것은 오히려 우리 휴대폰의 문제점이다. 먼 훗날 휴대폰으로 사람을 죽일 수 있는 장치가 개발되고, 몇몇 학생이 이로써 살인자가 되면, 이 전문가들은 이렇게 반복할 것이다. "이번 살인 사건은 우리 교육의 문제점을 잘 보여준다." (기이하게도, 우리 사회의 전문가 중 상당수는 결국 도덕가 외에 아무것도 아니다.)

존재와 양심을, 도덕과 대의大義를 쉼 없이 뒤적거리는 일은 사회적 문제를 해결하는 데 큰 도움이 안 된다. 우리 사회의 본질은 무엇보다 존재가 매체 속에 있다는 사실 때문이다. 좀더 근본적으로는, 헤겔의 오래된 경구처럼, 직접성과 매체는 뗄 수 없는 관계이기 때문이다. 자칭 전문가라는 이들이 사안의 성격과 관계없이 결국 마음을 뒤적거리는 모습을 보는 것은 한심하고 쓸쓸하다. 하우저나 그의 동료 루카치가 밝혔듯이, 한 사회의 전문가가 된다는 것은 최소한 마음과 무관하게 움직이는 사회적 힘들의 메커니즘을 이해할 수 있는 훈련을 거쳤다는 뜻이다. 아울러 나 개인의 의식이 성숙하는 일은 필경 내가 속한 사회적 전체성의 내력 및 메커니즘에 대한 사실적 파악과 연동할 수밖에 없다. 도덕과 선의善意, 양심과 희망이 중요한 사회적 가치임을 부인하려는 것은 아니다. 이것들만을 반복강박적으로 들먹이는 짓이 전문가 노릇으로 오인되는 사이비 자유주의는 어리석고, 또 돌이킬 수 없이 어리석어서 쓸쓸한 일.

'나도 알고 보면 착한(좋은) 사람이야'라고들 말한다. 심지어 연쇄살인범도 어느 고독한 순간에 자신의 선성善性을 조용히 강변할지 모른다. 예나 지금이나 여전히 사람들은 최종심급의 변명으로서 심중 어느 곳에서 선의와 호의를 끄집어내는 것이다. 아슬아슬하게 계급투쟁에 집착하는 알튀세르도 결국 '고독한 최종심급' 같은 것은 없다고 주장한다. 그러나 시속의 통념은 양심이라는 모종의 심리적 결절을 고독한 최종심급으로 붙들고 있다. 우리 주변의 양심주의자들은, 양심보다는 조심prudence을 지침으로 삼는 것이 실천적으로 현명하다는 로티―물론 그의 생각에는, 미국의 실용주의자들을 천박하게 여겼던 그람시식으로 보아 천박한 구석이 없는 것은 아니지만―의 지론을 천박하다고 질타할 게 뻔하다. 양심을 '시행착오적 학습의 내재화'(프로이트)나 '당대 사회적 제도의 반영'(가라타니 고진), 혹은 '언어의 효과'(라캉)라고 한 생각을 대하면 그들은 그 양심을 모시고 어디로 달아날 수 있을까?

'나도 알고 보면 착한(좋은) 사람이야'와 같은 고백은 일차적으로 언어적 전염의 효과로 보는 게 정확할 것이다. 말하자면, 그는 언어적 세속을 심리적으로 답습하고 있는 셈이다. 이른바 세속의 제도에 물들어 살아왔다면, 누구라도 '나도 알고 보면 착한(좋은) 사람'이라는 주문呪文을 암송할 능력이 있다. 답답한 노릇은 이 주문의 보편적 전염성에 의해 그 나름의 도착된 사회적 무의식이 생성된다는 것이고, 전문가라는 이들조차 그 무의식으로 소급해서 사회적 의제를 연역적으로 재구성한다는 것이다.

아마추어리즘의 미덕이 새롭게 주목받고 있는 터에, 전문가주의는 나름의 미덕을 새롭게 구체화할 수 있어야 한다. 전문가라면 대체로 도착된 사회적 무의식일 뿐인 양심이나 선의를 뒤적거리는 일에서 되도록 빨리 벗어나는 게 좋다. 그리고 사회적 신뢰를 쌓는 방식에 대한 구체적인 조언을 할 수 있어야 한다. 매사 주객主客과 공사公私를 깨끗이 준별할 수는 없지만, 전문가의 조언이라면 현상을 바꿀 만한 객관적·사회적·실용적 구체성을 생산할 수 있어야 한다. 인간의 선의를 일깨우는 짓이 아니라 신뢰라는 사회적 '비약'의 이치를 건설할 수 있는 전술적인 노력을 지휘하는 능력이 바로 전문가의 직임인 것이다.

9-3
호의와 신뢰 사이 (3)

나는 A에게 늘 호감을, 그리고 호의를 지녀왔다. 어떤 계기로 호감이 숙지는 기색이 생기면 곧 호의로써 호감을 재충전하곤 했다. 물론 다들 비슷하겠지만, 그 호감은 그의 인상과 이미지에 근거한 것으로 깊이란 보잘것없었다. 그리고 그 인상의 피상성과 이미지의 파편성이 그에 대한 내 호감과 호의를 통제하거나 관리할 수 있었던 것은, 무엇보다 내가 그를 자주 만날 수 없다는 우연한 사실과 결부되어 있었다. 인상과 이미지에 대한 가장 자연스럽고 강력한 적敵은 역시 세월이기 때문이다. (우리가 '마음'의 문제라고 여기는 것 중 다수는 대개 '거리'나 '세월', 혹은 언어의 효과다.)

그런데 어느 때부터인가 A에 대한 불평을 주변에서 조금씩 들었다. 처음에 내게 그 불평은 사소해 보였다. 그리고 A에 대한 호감과 호의 덕에 실제보다 사소한 것인 양 치부하려 한 것도 있다. 그 불평의 내용과 방식은 조금씩 달랐지만 대략 이런 식으로 귀결되고 있었다. 'A는 사람은 좋은데 믿을 수가 없어.'

역시 여기서도 호감과 신뢰가 나뉘는 것이다. 로티나 아렌트는 (맥락은 다르지만) 자유주의 사회의 가장 중요한 조건으로 공사公私

의 구분을 드는데, 이것은 자유의 모순을 예방하기 위한 처방으로서는 가장 기초적이다. 오웰, 헉슬리, 라우리 등의 허구적 세계에서 보듯이, 생활세계의 식민화die Kolonialisierung der Lebenswelt가 정점에 이르러 이미 공적 영역이 사적 영역을 속속들이 지배하고 있는 전체주의 사회에서라면 그것은 불필요하고 불가능한 처방일 것이기 때문이다. 시쳇말로 정情이 많은 민족이어서인지, 우리의 자유주의는 한 번도 충분히 개화한 적이 없으면서도 오히려 사적 영역(정리)이 공적 영역(합리)을 내내 잠식하는 편이다. 가령 황석영의 대작 『장길산』(1983)을 읽는 내내 나는 그 중세적 (하급) 관료주의를 눈여겨볼 수밖에 없었는데, 그 관료주의가 민초의 삶과 스치는 대목에서는 으레 공사가 흐릿하게 뒤섞이는 풍경이 등장하기 때문이다. 그래서 사회적 신뢰나 공적 책임과 무관하게, 한번 '꼴 보기 싫은 놈(년)'이면 대충 그것으로 관계는 끝나고 만다. 말하자면, 신뢰의 형성을 통해서 빈약하거나 상처받은 호감과 호의가 회복되도록 시간에 기회를 주려고 하지 않는 것이다. (가령 내가 동무의 '서늘함'을 말할 때, 그것은 완악한 심리주의를 누르고 이 호감과 신뢰가 삼투하며 서로를 북돋워주는 상보성의 근기를 염두에 둔 것이다.)

그러나 아무리 정이 헤프다고 해도 호감이 신뢰의 고무줄을 무한정 늘여놓을 수는 없는 법이다. A에 대한 주변의 태도 역시 그처럼 조금씩 바뀌어갔다. 그에 대한 애초의 호감과 호의가 그가 반복해서 노정한 사회적 신뢰의 문제점을 막무가내로 보호할 수 없었던 것이다. 슬슬 그에게 노골적으로 짜증을 내는 이가 늘어갔고,

그와 함께 일을 도모하려는 이들은 조금씩 줄어갔다. 그의 인상과 이미지가 남긴 호감과 호의는 추억으로 되씹히곤 했으나, 그 추억은 점점 희미해져갔고, 다가오는 미래는 빠르고 구체적이었다.

나는 B에게도 호감과 호의를 지니고 있다. 그러나 A에게서와 달리 그것은 인상과 이미지에 근거한 것이 아니었다. 그의 인상과 이미지도 가히 나쁘지 않지만, 그 호감과 호의는 주로 일종의 사회적 신뢰에 따라 이드거니 생성된 것이었다. 간단히 말하자면, 나와 알고 지낸 수년 동안 B는 한 번도 공사 간의 약속을 어긴 적이 없었다. 만남 초기에 B가 내비친 인상과 이미지에는 더러 불안한 구석이 있었던 것도 사실이다. 그러나 세월에 얹힌 신뢰의 무게가 마침내 그 불안을 말끔히 씻어내고야 말았다. B는 내게 '선생님은 오래 만나도 좀체 가까워지지 않는다'는 불평을 내놓으면서도, 오히려 바로 그 서늘함을 역설적으로 선용함으로써 나와의 신뢰를 차츰 공고히 할 수 있었다고 회고하기도 했다.

그런데 언제부터인가 B에 대한 불평이 귀에 들려오기 시작했다. 그의 동학과 후배 중 상당수가 B의 태도를 문제 삼으면서 도대체 인간적으로 '호감'이 가지 않는다고들 했다. 당시 나는 B에 대한 신뢰가 한창 농익어가던 터라, 일면 반신반의하면서도 그들의 불평을 유심히 수집해보았다. 그런데 매우 흥미로운 사실은 그들의 불평이 사회적 신뢰 문제를 전혀, 혹은 거의 건드리지 않는다는 점이었다. 급기야 그들이 신뢰 문제에 아예 무관심하고 사적인 태도에만 집착하는 게 아닌가 하는 작은 실망과 의심마저 지울 수 없었다. 아무튼 그 불평은 주로 B의 사적인 태도에 집중되어 있었다. 요컨대 그 운신이 너무 개인주의적이라든가, 차가운 인상으로 정情이 붙지 않는다든가, 동학과 후배에 대해 무관심하다든가, 무슨 무슨 취향을 도무지 이해하기 어렵다든가 하는 사생활의 내역이 말썽의 끄나풀이었다.

나는 공적 신뢰에 간섭하고 그것을 단속하는 대신 사적 영역은 되도록 보호되어야 한다고 믿기에, 그러한 불평이 생길 때마다 B의 태도를 대신 변명하는 쪽을 택했다. (물론 사생활이 어떤 식으로든 양식화, 패턴화되었다면 그것은 이미 개인이 선택하는 사적 공간의 범주를 훨씬 넘어서게 마련이다. 그래서 취향은 계급의 표지일 수 있고, 개인의 꿈도 상품이 되곤 한다.) 그리고 그것이 화제가 될 때면 그들의 불평이 결국 실없는 짓이며 논의의 초점을 잘못 잡은 것이라고 지적하곤 했다. 덧붙여 시간에 최선의 기회를 주면서 사회적 신뢰를 다질 수 있도록 사귀는 것이 오히려 현명하리라고 충고하곤 했다. 대신 B에게는 살짝 다른 주문을 했다. 학술적 대화dia-logue에 이미 능통한 그에게 섬김dia-conie 의 인정人情을 얼핏 주문한 것이다.

―――

A와 B, 그리고 그들과의 만남과 사귐을 떠올려보면서 나는 '세속'의 실체를 고스란히 체험한다. 내가 말하는 세속이란 무엇보다

의도와 몸이 비껴가고, 호의와 신뢰가 만나지 못하는 시공간의 체험, 그 체계적 반복을 말하기 때문이다. 나는 여전히 A를 좋아하지만, 그에 대한 내 신뢰의 깊이는 눈에 보이지 않게 줄어들고 있다. A가 B에게서 배울 수 없다면, 슬픈 노릇이지만 나는 A에 대한 애초의 호감과 호의마저 언젠가 거두어야 할지도 모른다. 나는 B가 조금씩 더 좋아지고 있는데, 그것은 거의 전적으로 그에 대한 신뢰가 점진적이지만 옹골차게 불어나고 있기 때문이다. 역시 안타깝지만, 아마 B가 A의 인상과 풍경으로부터 무언가를 배울 수 있을 것 같지는 않다. 그렇더라도 나는 B에 대한 호의를 쉽게 거둘 수는 없을 듯하다.

9-4
호의와 신뢰 사이 (4)

지난해 2월, 이른바 '강도 얼짱'이라는 사건이 떴다. 나는 이제야 알게 되었지만, 당시에는 팬 카페까지 생겨날 정도로 제법 소란스러웠던 모양이다. 그 집단적 정서의 내용을 하나로 요약하기는 어렵겠지만, 그중 한 가지는 '예쁘면 무죄'라는 상상적 단계의 반응이었다. 다시, '(자기)생각'의 완악함이다.

얼짱 신드롬의 징조를 길게 펼친다면 나는 일종의 문화 묵시론적으로 해석할 여지가 있으리라고 본다. 그러나 이 글에서는 그 논의를 삼가고, 예의 주제인 '호감/신뢰'의 맥락으로 돌아가기로 한다. 호감의 동기나 내용 역시 다양하지만, 이성 간의 성적 매력은 호감을 유발하는 가장 흔한 계기랄 수 있다. 프로이트 등의 일부 정신분석가는 호감뿐만 아니라 미감美感도 성적 매력과 불가분의 관계를 맺는다고 밝혀놓았다. 이것은 따로 분석을 필요로 하는 문제이지만, 흔히 연인들 사이에서 신뢰의 덫이 번성하는 이유도 호감과 호의가 성적 매력이라는 극히 피상적 기호의 교환에 의해서 손쉽게, 섣불리 자리를 잡기 때문이다. '예쁘면 무죄'라는 정서적 반응도 물론 앞서 말한 주객主客 및 공사公私의 혼동과 관련된다. 그리고 이것은 원시인이나 유아, 애인, 혹은 심리주의적 종교인들 사이에서 흔히 발견되는 상상적 단계의 태도에 특유한 것이다. (이 태도를 정치화한 것에 알튀세르가 제시한 이데올로기 개념의 요체가 있기도 하다.) 요컨대 호감과 신뢰가 뒤섞여 사태를 자의적·심리주의적으로 전유하는 것이다. 그리고 모든 자의恣意가 그렇듯이, 여기서도 호감이란 콘텍스트를 잃어버린 정서적 반응에 다름 아니다.

오래전 국내에서 비행기 추락 사고 현장을 수습하는 장면이 TV로 중계되었다. 그 충격으로 의식을 잃은 젊은 여성 하나가 헬기로 들려지던 중 헬기 날개의 세찬 바람에 치마가 속수무책으로 걷어 올려지고 속옷 바람의 하체가 고스란히 전파를 탄 것이다. 한동안 사건의 현실(콘텍스트)과 무관하게 그 여성의 죄 없는 속옷에 대한 얘기가 떠돌곤 했던 것을 기억한다. 속옷은 이른바 스펙터클의 중심이 되어, 그 여성이 당한 '불행'이라는 사회적 현실에서 벗어나, 일부 남성 시청자의 시선 욕망 앞에 자의적 현실로 재구성된 셈인데, 물론 이 사적 현실은 그 여성의 외모가 남긴 인상과 이미지를 극히 피상적, 성적으로 습합시킨 것이었다. 얼짱 강도가 '예쁘면 무죄'라는 식의 자의적 현실을 재구성했다면, 이 '불행'한 사건에서는 '예쁘면 다행'이라는 자의적 현실이 생겼고, 또 무작위적으로 복제된 것이다.

그러나 여기서 더 단단히 따져야 할 것은 자의성恣意性이 아니라 오히려 폭력성이다. 대개의 일상적 폭력은 콘텍스트적 감성

contextual sensitivity*을 상실하고 상대를 자폐적 자기동일성의 심리 속에서 운용한 결과다. 사회성이라는 그 관계의 비약에 둔감한 것은 심리적 자의라는 자기-생각의 회전 속에 빠질 뿐 아니라 그 자체로 폭력으로 변질한다는 점에 유의해야 한다. 서구에서, 홀로코스트 이후에 신학을 할 수 있는가, 시詩를 쓸 수 있는가, 라는 진지한 지식인 논쟁의 이면에서 이른바 '홀로코스트 포르노'가 번성했다는 사실은 바로 이 자의-폭력의 흐름을 여실히 보여준다.

물론 얼짱을 강도와 혼동하고 포르노를 홀로코스트와 혼동하는 짓이 바로 우리가 살고 있는 세속의 실체다. (이 어긋남과 혼동을 통해서 자본의 확대재생산이 절정에 달할 수 있는 곳, 바로 그곳이 우리의 세속이다.) 안타깝지만 이 세속을 정화할 순 없다. 실은 바로 이 정화의 영원한 불가능성 속에서 세속은 그 불길한 눈을 반짝이고 있다. 역설적이지만 20세기의 정치권력이 증명한 가장 추한 대목이 각종 사회 정화 프로그램이거나 새 인간 창출 프로그램이었다는 사실을 우리는 선명히 기억하고 있다. 가령 대석학 하이데거처럼 손가락의 이미지와 홀로코스트를 혼동할 수도 있는 것이 바로 우리의 세속이니 말이다. 하이데거와의 대화 중 야스퍼스가 히틀러를 무교양한 인간으로 비난했

---

* 내가 말해온 '동정적 혜안' 역시 바로 이 콘텍스트적 감성의 지속적인 계발과 겹치는 노력이다. 특히 이웃의 상처를 대하는 방식에서 타자는 개시開示되는데, 이때 동정적 혜안은 무엇보다 동정同情 그 자체가 불가능하다는 실천적 궁경窮境에서 출발한다.

을 때, 하이데거는 교양이 그렇게 중요하지는 않다면서 히틀러의 그지없이 우아한 손을 그 변명으로 내세운다.* 아, 히틀러의 아름다운 손이라! 인간의 신체 중에서 특별히 손이 신성神聖을 드러낼 만큼 아름답다던 뉴턴의 말은 어떤 구체적인 손의 현실이 아니라 아무나의 손의 가능성에 대한 얘기였을 뿐이다. 그러나 돌아보면 기막힌 일이지만, 손이든 눈이든 그의 혀든, 히틀러의 인상과 이미지에 '직관적으로' 매혹된 사람은 한둘이 아니었다. 역사학자 토인비도 히틀러의 손이 뿌린 인상과 이미지에 취한 채 역사를 망각한 인물 중 한 명이었다. "나의 눈은 히틀러의 손동작을 좇았다. 그는 아름다운 손을 언어의 반주로 썼는데 그 제스처는 우아했으며 음성도 인간적으로 매우 듣기 좋았다."**

강도 얼짱이라는 현상을 홀로 놓고 보면 그 현상과 매체만이 도드라질 뿐 메시지는 아직 선명치 않아 보인다. 그러나 강도의 얼짱과 더불어 여자 승객의 속옷짱과 히틀러의 손짱을 병렬시키면, (매클루언의 말처럼) 상호 연관의 총체성을 통해 그 총체의 메타성은 이윽고 스스로 메시지를 발한다. '강도-얼짱-여자-승객-속옷짱-히틀러-손짱!' 이런 식으로 21세기의 발랄한 매체들은 어울리고 전염되면서 자신도 모르게 미래의 불길한 메시지를 전한다.

---

* Karl Jaspers, *Philosophische Autobiographie*, Muenchen, 1977, p. 101.
** 홍사중, 『히틀러』, 한길사, 1997, 63쪽.

9-5
호의와 신뢰 사이 (5)

신뢰trust라는 말은 전쟁이나 거래처럼, 원초적 비약의 위험이 있는 타자와의 관계에서 유래한 것이다. (이상적으로 대별하자면, 소규모 공동체라는 사적 동일성의 울타리 안에서는 신뢰가 불필요하며, 공동체 밖에서는 원천적으로 신뢰가 불가능하다.) 그래서 사회적 신뢰도가 보편적으로 정착된 오늘날의 용례와는 사뭇 다르다. 그것은 애초 사회적 위험에 대한 방법적 예방 혹은 처방이라는 뜻이 강했으므로, 오늘날 우리가 가족이나 동무, 혹은 지우知友들 사이에서 나긋나긋하게 운용하는 개념과는 뚜렷한 차이를 보인다. 요컨대 워낙 신뢰는 사적 미덕이 아니라 사회적 장치의 일부인 것이다.

법이나 관습, 보험이나 소문 등도 알고 보면 이 신뢰라는 사회성의 형성과 깊이 관련되는 장치다. '법 없이도 살 사람'이라고 할 때, 이것은 신뢰라는 사회적 비약의 장치 너머에 존재했을 공동체적 추억을 떠올린다. 그러나 우리의 세속에서 그런 사람은 추억이거나 기껏해야 환상이다. 자본제적 세속은 나와 너의 관계를 오직 '욕망하는 거래'의 관계로 환원시키며, 그 거래 속에서의 합리성을 유지하는 것으로 사회적 소임을 다했다고 치부할 뿐이다.

김여수* 등 몇몇은 한국의 근대화가 급속도로 진척될 수 있었던 데에는 일종의 '문화적 공백' 상태가 한몫했다고 평가한다. 결국 전통적 선비의 모습을 옷 벗듯 벗을 수 없었던 연암燕巖은 아무래도 동의하지 않겠지만, 법고法古의 부담에서 자유로웠기에 오히려 창신創新이 편했다는 말로 풀린다. 완고한 전통과 종교 문화가 족쇄가 되어 더러 개화와 진보를 막기도 했으니 꼭 틀린 지적은 아니다. 그러나 거꾸로 문화적 공백은 곧 정신적 공백이나 이데올로기적 혼동 상태, 심하게는 상징적 기반의 와해로 이어져, 전통이 급속히 청산된 터를 일관되게 주도할 이념의 부재 혹은 착종錯綜을 염려하는 음성도 적지 않았다. 이런 와중에 1990년대 이후 '욕망하는 거래 속의 사회적 합리성'이 충분히 정착되지도 못한 상태에서 탈脫합리와 초超합리의 지적-문화적 제스처가 우스꽝스럽게 번성했던 것을 기억한다. 사회적 합리성에 근거한 신용사회의 성립이 요원한 참에 일상적 의사소통이 왜곡된 틈틈이 번성하는 비합리적 정리情理 문화 역시 우리가 처한 세속의 현실이다. 이 같은 세속 속에서 내가 말해온 '합리를 넘어선 정리'가 실천되는 문화적 일상을 얻는 것은, 마치 이성 자체를 자연적인 것으로 되돌리려는 루소의 기획만큼이나 어려운 일이리라.

내가 호감이나 호의의 심리학에서 벗어나 사회적 신뢰라는 객관성의 형성과 정착을 위해 조금 더 노력하는 게 현명하다는 취지

---

* 김여수, 『언어와 문화』, 철학과현실사, 1997.

의 권면을 계속하는 것은, 사회적 신뢰가 무슨 대단한 것이기 때문이 아니다. 아니, 오히려 사태의 진의는 정반대다. 비록 현실적으로 오해가 번성하긴 하지만, 원칙상 사회적 신뢰는 간단하고 소소한 것이며, 그곳에는 미묘한 구석이 전혀 없다. 그 미묘하고 애매한 구석은 내가 말한 '사회적 비약'이 친절하게 빼앗아(!)가기 때문이다. 그리고 결국 남는 것은, 마음이 없는 체하는 가운데 형성되는 사회적 객관성이다. '합리를 넘어선 정리'라는 제2의 소박은 바로 이 사회적 객관성이 바람처럼 물처럼, 혹은 금강산을 스쳐가는 계절처럼 전제된 관계를 가리킨다. 내가 호의나 호감의 심리학을 그 자체로 비판하는 것이 아님은 이미 밝혔다. 사람됨으로 살면서 무슨 재주로 호의와 호감에서 자유로울 수 있겠는가? 여기서 중요한 것은 일종의 '배치'인데, 말하자면 호의와 호감을 인간관계의 어느 곳에 배치하는가, 그리고 배치한 후 어떤 식으로 그것을 모른 체하는가, 하는 문제다. 신뢰와 호감이 각각 제 나름의 가치를 발하려면, 호감은 신뢰를 이드거니 통과하는 통시의 과정이 필요하고, 신뢰는 호감을 재구성하는 변화된 공시의 과정이 필수인 것이다.

　다산茶山 선생과 같은 해에 태어난 피히테(1762~1814)는 1791년 그의 사상적 우상이었던 칸트를 방문해 자신의 원고 '모든 계시에 대한 비판 시도Versuch einer Kritik aller Offenbarung'를 내보였다. 칸트가 그 글에 '호의'를 보이자, 피히테는 자신의 곤궁한 처지를 변명하면서 얼마간의 돈을 꿔달라고 간청했다. 그러나 칸트는 자신과 자신의 사상에 깊은 '호감'과 호의를 지닌 피히테의 청을 거절했다고 한다. 대신 피히테의 글이 출판되도록, 그리고 그가 원고료를 선불로 지급받을 수 있도록 주선했다. 계몽주의의 완성자답게 칸트는 그의 후학에게도 자율과 독립의 태도를 넌지시 일러주고 싶었던 것일까? 피히테의 이 저서는 큰 성공을 거두었고, 수년 후 그는 예나대학의 교수로 취임하게 되었다. 호의가 교류하는 방식에서 칸트는 나름의 원칙이 있었고, 그 원칙은 그의 윤리학적 태도와 연루되어 있었을 것이다. 말하자면, 호의가 합리 이후의 정리로 승화될 수 있도록 사회성을 얻는 코드를 현명한 배치와 실천으로써 지시한 셈이다. 호의가 사회적 무의식의 중성적 에너지일 따름이고, 특히 동무들 사이에서는 이 에너지가 적절하게 배치되거나 융통되는 방식을 고민해야 한다는 내 지론은, 칸트가 이미 밝혀놓은 이치와 겹치는 것으로 보인다.

신뢰가 호의의 자장磁場과 일치하지 않는, 사회적 장치의 일부라는 사실을 깨닫는 것부터 결코 쉽지 않다. 특별히 우리 사회에서 호의라는 심리적 결절은 제 나름의 형이상학을 이룰 만큼 지독해서 그 거품을 제거하기가 쉽지 않기 때문이다. 자세히 살피면, 교육이나 도덕, 그리고 종교나 관습은 모두 호의를 최종 알리바이로 숨겨놓고 있다. 프로이트의 언어학적 용어로 고쳐 말하면, 이 호의의 에너지는 좀더 실용적으로 '전치Verschiebung'되는 것이 바람직하며, 그 효용은 이로써 얻어지는 객관적 기표들의 환유換喩에 머물러야 하는 것이다.

그러나 이 같은 깨침만으로는 동무 관계의 실질에 별무소용이라는 점이 더 중요한 사실이다. 마치 헤겔의 정신현상적 도상학처럼, 사회적 객관성으로서의 신뢰는 큰 원을 그리며 세속을 지나는 가운데 다시 격상된 호의 속으로 회귀해야 한다. 이로써 동무 관계의 진정성은 한 단계의 지양止揚을 겪으며 새로운 승화를 준비한다. 여러 차례 지적했듯이, 인상과 이미지로 구성된 호의만으로는 혼동에 머물 수밖에 없다. 그러나 사회적 객관성으로서의 신뢰를 뚫고 새롭게 부활한 호의는 서로의 관계를 더 높은 차원에서 즐기게 돕는 촉매가 된다. 그제야 호의는 겸허한, 텅 빈 자신의 중심을 속속들이 알아챈다.

9-6
친밀함, 혹은 호의와 신뢰 사이 (6)

호감과 신뢰가 일치하는 관계의 미래적 풍경에 대한 반론 한 가지는 이렇다. "당신에게 개인적으로 호감이 있고 또 당신을 사회적으로 신뢰하기도 한다. 하지만 당신은 내게서 너무나 멀게만 느껴진다." 요컨대 '친밀함'은 동무 관계에서 무엇이며, 그것은 어떻게 배치되어야 하는가 하는 문제다. 들뢰즈의 말이 아니더라도 욕망의 현실화는 곧 배치의 문제이기 때문이다.

호감이 교환되면서 친밀함을 얻는 관계, 그리고 그 친밀함이 호감과 정겹게 혼동되는 관계는 우리 주변에서 흔히 발견된다. 호감이 근친성을 욕망하는 사이, 근친성은 잘못 놓인 인과 속에서 호감과 혼동되곤 하는 것이다. 우리가 '친구'라고 부르는 관계의 대부분은 이 친밀함의 기표로 이루어진다. 말하자면 친親해서 친구인 셈이며, 그 외에는 별것도 아니다. 물론 시속의 연정도 친밀함으로써 관계의 진정을 증거하려는 관습에 묶여 있다. 영어의 '친밀intimacy'*이 성적 육체관계를 뜻하듯이, 우리의 통념은 남과 친구와 연인을 친밀함의 급수級數에 따라서 차별화한다. 그 속에서 이른바 '일심동체'는 타자성의 영도零度를 가장하는 낡은 이데올로기일 것이다.

이뿐만이 아니라, 공복公僕이라는 관료들조차 때때로 시민과의 사적 '친밀'을 과장한다.

"친애하는 국민 여러분!" 이 친밀성 풍경에 대한 계보학적 비판(푸코, 고진)이나 '발생적 정치generative politics'(기든스)의 비판적 조망은 없다. 기성 종교들 역시 신神의 초월적 지위를 부정하지 않는 한에서 신과의 사적 친밀을 교리화한다. 신이 아버지가 되고 예수가 신랑이 되는 낡은 서사는, 이 친밀함의 이념이 종교를 덮씌우고 있다는 사실을 흥미롭게 보여준다.

연암은 소설 「마장전」에서 벗을 사귀는 도리에 대해 말하는데, 잘 알려져 있듯이 그 정수는 '도의道義의 사귐'이다. 도의의 벗은 우선 '얼굴로 사귀는 짓'을 하지 않는다는 것이다. (이와 관련해서 아첨이 주로 얼굴을 둘러싸고 벌어진다고 묘사한 점도 주목할 만하다.) 이 지적은 이미지와 인상을 바탕으로 호의와 친밀을 주고받는 관계에 대한 비판으로 읽힌다. 물론 이것은 내가 정의한, 동무가 아닌 '친구'의 모습에 가깝다. 그가 소인들 사이의 사귐小人之交이라고 폄하한 그 관계는 다음의 문장 속에서 요체를 엿볼 수 있다. "그러나 귀에다 입을 대고 속삭이는 소리는 지극히 솔직한 말이 아니다. '비밀을 누설하지 마라'라고 부탁하는 말도 깊은 사귐은 아니

---

* 알다시피 앤서니 기든스도 이 용어를 광범위한 사회학적 조망 속에서 사용하고 있지만, 아직 그의 논의는 본문과 겹치지 않는다. 물론 두 개념은 별무상관이며, 적절한 기회에 그의 개념에 대한 평가를 따로 할 것이다.

다. 정이 얕고 깊은 것을 나타내려고 애쓰는 자도 참다운 벗은 아니다."* '정이 얕고 깊은 것을 나타내려고 애쓰는 자'는 곧 호의와 친밀함으로 벗을 가리고 사귀는 자를 가리키는데, 연암은 이 같은 사귐을 군자지교君子之交와 무관하다고 내치는 것이다. '군자들 사이의 사귐은 물처럼 담담하다君子之交淡如水'는 격언도 정情의 기표와 친밀함의 이미지에 의해 일희일비하는 심리주의적-인상주의적 교우관을 비판하는 전래의 기별이다.** 연암의 교우관은 오히려 친밀함이 아닌 (내 말로 고치면) '서늘함'에 기반한다. "이미 친하면서도 더욱 거리가 먼 듯 한다면, 더할 수 없이 친해진다."(『연암』, 21) 연암은 이 거리라는 개념을 발전시켜 '틈의 사귐'이라고 할 만한 독특한 교우철학에 이른다. 물론 이 틈은 인상과 친밀함의 관계를 넘어 도의道義가 운신할 수 있는 교우의 깊이와 여유일 것이다.

"벗을 사귐에 있어서는 '틈'이 가장 중요하다. 연나라와 월나라 사이가 멀지만, 그런 틈이 아니다. 산천이 그 사이에 가로막혔다 해도, 그런 틈이 아니다. 둘이서 무릎을 맞대고 자리에 나란히 앉

---

*   박지원, 『연암 박지원 소설집』, 이가원 외 옮김, 한양출판, 1994, 18쪽. 이하 『연암』으로 약칭.
** 전래의 격언에 따르면, 정을 이해하지도 못하는 인간은 하급이요, 매양 정에 휘둘려 일희일비하는 범속한 인간들이 중급이고, 정을 알면서도 마침내 잊어버린 인간이 상급이다. 이는 내가 조형해온 '하아얀 의욕'과 '알면서 모른 체하기'를 단번에 연상케 하고, 아울러 '무관심한 관심'(바디우), 혹은 '차림새가 없는 차림새'(미야모토 무사시) 등을 떠올리게 한다.

앉다 해서 '서로 밀접하다'고 말할 수 없고, 어깨를 치며 소매를 붙잡았다고 해서 '서로 합쳤다'고 말할 수는 없으므로, 그 사이에는 틈이 있을 뿐이다."(『연암』, 23~24)

연암이 말하는 도의의 사귐은 그리 선명한 개념이 아니다. 그래서 그의 생각이 내 동무론과 어떻게 겹치고 어디에서 헤어지는지 콕 짚어내기가 어렵다. 그러나 시대적·신분제적 한계와 그 남성주의적 사회 환경에서 연유하는 차이를 동정적으로 고려한다고 해도, 내 동무론이 그의 생각과 더불어 법고창신할 가능성이 없지 않아 보인다.

이처럼 연암은—물론 기든스 유의 '친밀함의 사회적 구조변동' 따위를 상상조차 할 수 없을 연암은—친밀함을 오히려 맨 아래에 배치하는 눈치다. 앞서 말했듯이, 나 역시 친밀함이든 호의든 그것만으로는 동무의 주된 매개가 될 수 없다고 본다. 마찬가지로 굳이 친밀함을 배제하거나 배척할 필요도 없을 것이다. 그러나 호의를 그 자체로 중성적인 사회적 무의식이자 에너지의 일종으로 여겼듯이, 친밀함도 그 자체로 가치중성적인 태도이자 성향일 뿐이라고 본다. 최소한 그런 점에서는 친밀함이나 소원함은 아무런 차이가 없다. 예컨대 밀이나 프로이트가 애증愛憎을 비슷한 성향의 정신적 에너지로 여기는 데 착안할 필요가 있다. 친밀함이 지옥을 부른 예를 수없이 호출할 수 있고, 거꾸로 소원함이 천국의 포석이 된 사례도 수없이 예거할 수 있기 때문이다. 사실 연암이 시사했듯이, 그 성격이나 방향을 헤아리지 못한 친밀함은 실질적으로 아첨과 구별할 수 없다.

나는 친밀함에 두 가지 가능성을 준다. 첫째는 호의와 신뢰 사이를 좀더 부드럽게 잇는 가교 혹은 촉매의 역할이다. 호네트가 인식에 대한 인정의 개체발생적·논리적(범주적) 우선성을 밝히려고 애쓰는 것*처럼, 어쩌면 시공간적-물리적 친소親疎 관계 자체는 호의나 신뢰에 발생적·범주적으로 우선시될 수도 있을 것이다. 물론 앞서 말했듯이 이 촉매의 역할은 호의와 신뢰를 혼동케 하는 심리적·인상적 왜곡의 장치로 전락하지 않는 범위 내로 제한되어야 한다. 더불어 호의와 신뢰 사이에 가로놓인 그 비약의 심연을 희석하는 이데올로기적 태도로 전락하지 않도록 배려하는 것도 필요하다. 라캉의 말처럼 우리의 주체 역시 중심적 결절이 없는 차이와 전치轉置의 언술에 얹혀 있기에, 호의든 친밀함이든 그 가치와 역할이 명사적으로 박제되어서는 곤란하기 때문이다. 내가 말해온 일상의 '극진함'은 친밀함과는 다르게 움직인다.

둘째는 '제2의 친밀함the 2nd intimacy'이라고 부를 만한 것이다. 이것은 앞서 말한 대로, "사회적 객관성으로서의 신뢰를 뚫고 새롭게 부활한 호의"와 조응한다. 이 점에서 이 역할은 오히려 첫 번째 역할과 길항한다고 볼 수도 있는데, 첫째가 신뢰를 '향한' 친밀함이라면, 둘째는 신뢰를 거쳐 '지나온' 친밀함이기 때문이다. 말하자면 제2의 친밀함은 "사회적 객관성으로서의 신뢰를 뚫고 새

---

* 악셀 호네트, 『물화: 인정이론적 탐구』, 강병호 옮김, 나남출판, 2006.

롭게 부활한 호의"가 자연스럽고 점진적으로 구축할 관계의 모습을 가리키는 것이다.

특히 동무 관계에서는 호감와 신뢰 사이에 가로놓인 비약의 심연을 있는 그대로 인식하고 공대하는 것이 극히 중요하다. 바로 이 점에서, 동무는 연인은 물론이거니와 동지나 친구에 비해서 어렵고 (니체적 의미에서) '위험한' 관계다. 누구나 이 심연과 비약을 두려워하거나 불편해하는 것이 보통이다. 그래서 이 사실을 은폐하는 가운데 호의라는 유심론唯心論에 고착되거나 친밀함의 과장된 기표 속으로 미끄러지곤 한다.

9-7
이덕무와 박제가

초정 박제가는 1750년생이고 이덕무는 1741년생이니, 아홉 살의 나이 차가 있다. 열세 살 차이 나는 연암을 깍듯이 스승으로 대했던 초정은 아홉 살 연장자인 이덕무를 스승 같은 선배이자 동무로 여겼다.

이덕무가 박제가에게 보낸 편지들에서는 그를 나무라는 내용이 곧잘 눈에 띈다. 와병 중인 박제가를 나무라면서, 병인病因이 악서惡書를 탐독한 데 있으므로 자신과 더불어 『논어』를 강독하면 병이 나을 것이라고 충고하는 대목에서는 이른바 '책에 미친 바보들看書癡'의 모습이 여실히 보인다. 1793년 1월 5일 편지에는 정조가 주도한 '문체반정文體反正'(1791)의 정치적 여파 속에서 박제가의 문장과 독서를 나무라는 곳이 있다.

"그대는 반드시 상세하고 충분히 살펴서 잘못을 뉘우치고 바른 데로 돌아오며, 성은에 감사하고 죄를 인정한다는 뜻으로 한 편의 고문이나 칠언절구 10수를 짓도록 하게. 그러나 문장이든 시든 그 내용은 지극히 순수하고도 고아하게 하는 데 힘써야 할 것이네."*

* 이덕무, 『책에 미친 바보: 이덕무 산문선』, 권정원 편역, 미다스북스, 2004, 162쪽. 이하 『바보』로 약칭.

이윽고 편지 후반부에서 이덕무는 박제가에게 가시 돋친 지론 한 줄기를 펴 보인다.

"그러나 나는 그대의 됨됨이와 성격이 남다른 것을 늘 유감스럽게 생각하였네. 더구나 그대는 동방예의지국인 우리나라에서 태어나고 자라면서도 되레 우리와 다른 천 리 먼 중원의 풍속을 사모하니, 마음 쓰는 것이 어떻게 그리 크고 넓은가?"(『바보』, 164)

박제가는 자신을 그린 소전小傳에서 "고독하고 고매한 사람만을 골라서 남달리 친하게 사귀고"*라 했으니, 그가 이덕무와 오래 벗한 사정을 이로써 유추할 수 있다. 비록 이덕무가 연암과 같은 당대의 기물奇物과 어울려 그의 문하로 분류되곤 했지만, 그는 천성이 온건하고 문약한 선비일 뿐이었다. 박제가는 그가 단지 선배나 동무 이상으로 여긴 이덕무에 대한 평을 이렇게 남기고 있다. "신체는 허약하나 정신이 견고함은 지키는 바가 내부에 있기 때문이요, 외모는 냉랭하나 마음은 따뜻하니 몸가짐이 독실하기 때문이다."(『벗』, 38)

이덕무가 박제가의 성격과 됨됨이를 탓하는 대목이 내게는 극히 흥미롭다. 이것은 단지 개인의 편벽으로만 읽을 수 없는 듯하다. 그것은 연암 일파에게서 동시대와의 불화와 더불어 상존했던 잠재적 내분內紛의 징후로 보이기 때문이다. 담헌湛軒과 연암을 필두로 시대와의 근본적인 불화를 창의적으로 살아냈던 이른바 북

---

* 박제가, 『궁핍한 날의 벗』, 안대회 옮김, 태학사, 2000, 40쪽. 이하 『벗』으로 약칭.

학파 혹은 백탑파白塔派라는 아웃사이더들은 바로 그 불화의 성격과 방향, 템포와 톤의 어긋남 속에서 불화의 비용으로서의 또 다른 불화를 겪지 않을 수 없었을 것이다. 그만큼 선각先覺의 징조는 내부적 결속이기도 하거니와 다른 한편 영영 바로 그 내부로부터 이해받지 못하는 것이기 때문이다. (가령 '여자는 여자의 적'이라는 편견은 이처럼 아웃사이더의 내적 동력이 없힌 자가당착에 기인하는 것이다.) 외부의 위협에 처한 무사들은 흔히 단결하지만, 역설적이게도 문사들은 문인상경文人相輕의 폐습 속에서 외부와의 불화를 종종 내부로 번역해 들이기 때문이다.

굳이 분류하자면 연암으로 대표되는 북학파 내에서 박제가는 강경파로, 이덕무는 온건파로 볼 수 있겠다. 이것은 북학에 대한 구체적인 태도에서도 그 변별선을 세울 수 있다. 공령功令을 쓰잘 데 없는 껍질로 매도*하고, 선비 도태론淘汰論을 주장(『북학』, 165)하는가 하면, 가난을 구제하는 길은 오직 중국과의 통상뿐(『북학』, 151)이라고 했다가 마침내 "우리나라는 지역적으로 중국과 가깝고 성음聲音이 대략 같으니, 온 나라 사람이 본국의 말을 버린다 해도 불가할 것이 없다"(『북학』, 93)며 목청을 돋우는 열혈지사 초정은 그야말로 급진주의 북학론의 최전선을 이룬다. 그러나 무사 기질의 초정과 달리 암혈숙덕지사巖穴宿德之士인 이덕무는 성정이 맑고 여린 사람이었다. 그가 자신과 자신의 글을 가리켜 흔히 영처嬰

---

* 박제가, 『북학의』, 이익성 옮김, 한길사, 1992, 129쪽. 이하 『북학』으로 약칭.

處라고 이른 것(『바보』, 83)도 그의 섬세하고 내성적인 성품을 잘 드러낸다.

그러나 둘의 차이를 극명하게 보이는 일화는 이른바 자송문自訟文 사건이다. 정조가 1784년과 1789년에 시책試策으로 '문체책文體策'을 내면서 문체반정이라는 정치적 이슈가 부각되었는데, 워낙 노론 일파를 겨냥한 정치적 포석*으로 마련되었던바, 연암은 물론 그의 문하에 속했던 이서구, 이덕무, 박제가, 남공철 등이 모두 걸려들었다. 때는 바야흐로 칸트와 괴테의 후광 아래 피히테, 셸링, 헤겔, 횔덜린 등이 황당무계하고 위대한 글들을 써갈기던 무렵이었지만, '조선의 마지막 르네상스기'였던 정조대의 이곳 지식계에서는 패관소품체稗官小品体와의 싸움이 한창이었던 것이다. 정조의 어명이 있은 후, 이덕무는 병약한 신세로 임종을 눈앞에 두고서도 자송문을 짓느라고 심혈을 짜는 한편, 무소처럼 생긴 데다 성질마저 무소를 방불케 하는 그의 후학 초정의 응대가 은근히 걱정되었던 것이다. 그의 권면은, 이미 성마른 초정의 결단을 짐작이나 한 듯, 촉급하고 직설적이다. "어찌 하겠소? 남공철과 이상황, 두 학사는 이미 사도邪道와 이단을 배척한다는 시문을 지어 올렸다고 하니, 그대도 다 지었으면 빨리 적어 내각에 올려 보내시게."(『바보』, 162~163) 아니나 다를까, 이 고집불통의 이단아는 스승 연암과는 또 다른 방식으로 왕조 시대 제왕의 명령에 불복

---

* 김명호, 『열하일기 연구』, 창작과비평사, 1990, 263쪽. 이하 『연구』로 약칭.

한 채 결국 자송문을 짓지 않고 버틴다. 정조의 표현대로 '법망에서 빠져나간 거물'(『연구』, 272)인 연암의 부드러운 탈주와는 또 다른 고집이다. 흥미롭게도, 자신도 경애했던 동무 이덕무의 충고마저 거절한 이유는 한마디로 '개성이 없는 글을 쓸 수 없다'는 것이었다. 고정불변의 문체와 같은 것은 그 자체로 어불성설이며, 무릇 문체란 시대와 더불어 바뀌는 것이 상리常理라고 주장하면서 정조의 견책에 오히려 반박했던 이서구(『연구』, 267)와 마찬가지로, 아하, 그 스승에 그 제자들인 것이다.

고결한 고사高士 이덕무와 "물소 이마에 칼날 같은 눈썹"(『벗』, 40)의 급진주의자 박제가가 천년 묵은 거북처럼 의뭉스러웠던 연암의 넓은 그늘 아래 함께 어울렸다는 사실에서 무엇을 배울 것인가?

9-8
토대의 진실

어느 여인을 6년간 그리워하다가, 그 여인이 맞선 본 남자의 구애에 채 6시간도 못 되어 넘어가는 것을 보고서, 그제야 그는 한 번도 구애를 하지 않았다는 사실을 깨달았다. 세월은 빠르고, 여인들은 더 빨리 늙는다. 그리고 그 세월에 밀려 그리움은 스스로 구애를 밀어낸다. 사랑을 향한 그리움이 곧 사랑이라고, 바울처럼 말하고 싶지 않다면.

'강한 신앙심이 증명하는 것은 오직 그 강함일 뿐'이라고, 거의 모든 것을 다 말해버린 니체가 다시 말한다. 호의가 신뢰를 쓸쓸하게 바라만 봐야 하는 것처럼 '열정이 진리를 보장하지 못한다'(J. S. 밀). 마찬가지로 부푸는 밤을 꼴딱 새우는 그리움조차 아직 사랑은 아니다. 혹시 사랑을 향한 그리움이 곧 사랑이라고, 헤겔처럼 말하고 싶지 않다면.

"토대를 갖춘 믿음의 토대에는 토대가 없는 믿음이 있다 Am Grunde des begründeten Glaubens liegt der unbegründete Glaube."* 스스로의

---

* Ludwig Wittgenstein, *Über Gewissheit*, New York: Harper & Row, 1969, #253.

믿을성 Vertrauenswürdigkeit 을 증명하기 위해서 자신의 인성이나 인품을 내면으로부터 끄집어내려는 자는, 실은 요상한 형태의 동어반복 혹은 반복강박에 시달리고 있는 셈이다. 혹은 자신도 모르게 '인품 종교'의 사제가 되었다고나 할까. 거듭 강조하는데 신뢰가 호의를 지목하는 짓도 마찬가지다. 사랑이 심중心中을 가리키는 짓도 마찬가지다. 매주每週의 신앙을 증명하기 위해서 사제 앞에 드러내는 죄의 지향성志向性도 마찬가지다.

어떤 믿음 혹은 정서의 중심을 내면에서 정초하려는 시도는, 그것이 도착倒錯이든 아니든 상관없이 실패한다. 예를 들어 (인류학적으로 접근한 말리노프스키, 아렌트, 프로이트 등은 말할 것도 없이) 지라르나 고진, 그리고 들뢰즈/가타리가 각기 상이한 개념적 장치에 의지한 채 한결같이 오이디푸스 콤플렉스라는 내면의 외상적外傷的 구심으로부터 벗어나려는 노력을 계속하는 것도, 이런 뜻에서 일견 비트겐슈타인적이다. 요컨대 대개의 상식은 토대와 믿음이 착종된 채 만드는 환상적環狀的 환상 속에 포획되어 있는 것이다.

어느 여인을 6년간 그리워한 정열이 보상되어야 한다고 믿는다면, 우선 그 보상이 아득한 비약의 우연성에 노출된다는 사실부터 기억해야 한다. 그 보상욕慾은 내면에서 치솟는 어떤 에너지의 물줄기를 관습이 용인한 방식으로 유형화한 것일 뿐, 그 여인의 역사나 현실과는 무관한 것이다. 연정을 포함한 모든 열정의 제도화는 유아론의 제물祭物이 되기에 참으로 안성맞춤일 뿐이다. 과거의 합법화legitimatization를 구하기 위해서 내면을 뒤지는 이들이 결국 (그것도 운이 좋을 경우에) 봉착하는 것은 미래의 정당화 justification에 지나지 않는다. 정열이 보상되어야 한다고 믿는 이들은 과거 속에서, 혹은 내면 속에서 그 정열의 토대를 구하느라 열심이다. 그러나 그 토대의 밑바탕에서 보는 것은 결국 속을 알 수 없는 심연이며, 우리 삶이 매순간 요구하는 미래로의 비약이다.

"참된 것이 토대를 갖춘 것이라면, 그 토대는 아직 옳은 것도 그른 것도 아니다Wenn das Wahre das Begründete ist, dann ist der Grund nicht wahr noch falsch."*

강한 신앙이 신앙을 증명하기보다는 오히려 강함만을 불쑥 모양 없이 내보이듯이, 참된 토대 역시 참됨을 증명하지 못한 채 토대만을 내보이는 역설에 빠지곤 한다. 하나로 귀속해서는 결국 그 하나조차 제대로 볼 수 없고, 하나의 토대는 종종 하나의 도그마일 뿐이다. 호의나 그리움도 대략 이와 마찬가지다. 호의나 그리움은 정도가 심할수록 오히려 대상을 잃어버리거나 착각하고, 모종의 심리적 결절을 고집하는 의사擬似 형이상학의 형태를 취한다. 그리고 거꾸로 그 형이상학의 환상 속에 참됨/진정성을 기입해넣는 도착倒錯의 악습에 빠져들고, 그 도착을 오히려 선의善意의 근거로서 내세운다.

내 애인의 사랑에 토대가 없다는 사실, 그 사랑의 텍스트가 우연

---

*   같은 책, #205.

과 비약의 결과라는 사실은 때로 인정하고 싶지 않을 정도로 슬픈 일이다. 그래서 연정은 흔히 환상 속에서의 흔들림(물매)과 그 흔들림이 관성적 자가 동력으로 근근이 스스로를 유지하는 것이다. 호의나 그리움에 토대가 없다는 진실은 전래의 통념에 어긋날 뿐 아니라 세속을 살아가는 우리로서는 수용하고 싶지 않은 것이다.

인간은 누구나 한때는 연인이고, 독아론적 자기 고백 속에서 스스로의 선의를 보석처럼 간직하는 법이니, 토대를 벗어나는 일은 자기와 타자 사이에 가로놓인 어둠의 심연을 도약하는 것만큼이나 어렵다. 그러나 이 어려움이 길게 실천되는 가운데 동무라는 새로운 관계의 지평은 조금씩 자신을 개시한다.

9-9
돌 속의 선의

서기관들과 바리새인들이 간음 중에 잡힌 여자를 끌고 와서 가운데 세우고 예수께 말하되, 선생이여, 이 여자가 간음하다가 현장에서 잡혔나이다. 모세는 율법에 이러한 여자를 돌로 치라 명하였거니와 선생은 어떻게 말하겠나이까…… 예수께서 몸을 굽히사 손가락으로 땅에 쓰시니 저희가 묻기를 마지 아니하는지라. 이에 일어나 가라사대 너희 중에 죄 없는 자가 먼저 돌로 치라 하시고 다시 몸을 굽히사 손가락으로 땅에 쓰시니……(「요한복음」 8:3~7)

다른 한글 번역에는 "너희 중에 누구든지 죄 없는 사람이 먼저 저 여자에게 '첫 번째 돌'을 던지라고 하시고"로 되어 있어, '첫 번째 돌'이 도드라진 인상을 주고, 독어본/영어본에도 '첫 번째 돌den ersten Stein/the first stone'로 명시되어 있지만, 일어본에는 '먼저まず'라는 부사어로 처리되어 있다. 그러나 예수가 현장에서 그 같은 취지의 문장을 발설했다 하더라도, 이제 와서 강조의 뉘앙스와 울림을 누가 짐작이나 할 수 있으랴.

지라르는 이 사건을 예의 '폭력의 모방성' 혹은 '희생양' 이론에 얹어 조명하는데, 그의 사회심리학적 해설은 특히 '첫 번째 돌'의 상징성에 의탁해서 이뤄진다.* 그의 설명은 몹시 흥미롭다. 그에 따르면, 예수의 움직임은 군중의 모방 폭력을 저지하려는 사려 깊은 동선動線으로 구성되어 있다. 말하자면, 예수는 폭력성으로 들뜬 군중의 손발을 가라앉히고 그 충혈된 시선을 피하기 위해서 몸을 굽혔으며, 몸을 굽혔기 때문에 자연스레 땅바닥에 글(과 같은 것)을 쓰게 되었다는 것이다. 이렇게 보면 그 글의 내용에 대한 그간의 여러 호기심과 추측은 모두가 사회심리학적 맹목이 만든 허상에 지나지 않는다. 일촉즉발의 사지死地에 몰린 한 여인을 구하기 위해서 예수가 꾸민 으뜸가는 전술은 '첫 번째 돌'을 분명하고 힘 있게, 그리고 큰 울림을 지니도록 발음하는 일이었다는 것이다. 이와 더불어, 예수는 땅에 무언가를 쓰면서 현장의 분요하고 촉급한 분위기와는 극히 대조되는 침묵으로 일관한다. 지라르의 모방적 폭력 이론에 따르면, 이 여인의 목숨은 '첫 번째 돌'이라는 사건, 혹은 그 어구語句의 처리에 달려 있다. 첫 번째 돌이 그 여인을 향해서 날아가는 순간 그 돌을 모방하는 다른 돌들이 뒤따를 것이다. 반대로, 첫 번째 돌이라는 출구를 막아버리면 다른 누구도 감히 돌을 들지 못할 것이다.

이처럼 예수의 뜬금없는 글쓰기와 이어지는 침묵은 또 다른 희생양의 재생산을 위해 줄달음치는 군중의 폭력적 모방성에 대한

---

* 르네 지라르, 『나는 사탄이 번개처럼 떨어지는 것을 보았다』, 김진식 옮김, 문학과지성사, 2004, 69~84쪽.

치열하고 현명한 대결이었다. 그것은 결기와 슬기가 한데 버무려진, 한 여인을 위한 일생일대사의 전투였던 것이다. 쿤데라의 『농담』 속 농담의 주체가 겪는 역사 속의 아이러니처럼, 운명은 늘 그렇게 역설적인 것이다. 예수의 현명한 단호함은 희생양의 폭력으로부터 이 힘 없는 여성을 건졌지만, 스스로는 바로 그 폭력의 제물이 되어 (키케로의 표현처럼) '노예에 대한 최고 최후의 악형'* 으로 비참한 죽음을 맞는다.

지라르의 가설적 설명은 복음서의 독자들로 하여금 인간 예수의 한 면모에 더 구체적으로 다가서게 한다. 단지 예수가 신이異(神)한 열정과 영감 속에 떠밀려 움직인 예언자류가 아니라, 현실의 동학動學을 예리하게 통찰하고 거기에 단호하게 대처할 줄 아는 현명한 젊은이였다는 사실을 보여준다. 한편, 지라르의 예수는 칸트가 설명한 예수("번잡하고 도덕적 의도를 결여한 그 시대의 지배적인 교회 신앙에 대항해 순수하고 누구나 이해할 수 있는 자연적인 강력한 종교를 처음으로 선포한 한 분의 교사")**를 한층 더 구체적으로 예시하는 미덕을 보이기도 한다.

앞서 말했듯이 '죄 없는 사람이 첫 번째 돌을 던지라'에서 지라르가 주목한 부분은 술부述部였고, 그중에서도 특히 '첫 번째 돌'이라는 어구였다. 그리고 그의 해설은 나름의 참신함으로 예수의 자

---

* 마르틴 헹엘, 『십자가 처형』, 김명수 옮김, 대한기독교서회, 1982, 69쪽.
** 임마누엘 칸트, 『이성의 한계 안에서의 종교』, 신옥희 옮김, 이화여자대학교출판부, 1984, 181쪽.

취를 그리워하는 독자/신자들을 잠시 들뜨게 한다.

나는 지라르의 해석에 반대하지 않으면서도, 더불어 이 문장의 주부主部에 관심을 가질 필요가 있다고 본다. '죄 없는 사람이'는 곧 '당신이 죄가 없다고 믿는다면'으로 고쳐 읽을 수 있고, 그러면 그 여인에게 돌을 던질 개연성과 가능성으로 무장한 채 현장에 집결한 군중 각 사람의 신앙적 양심은 실질적으로 한 사람의 생명을 좌우하는 지침이 된다. 가령 당신이 그 군중에 끼어 있었다고 가정해보자. 당신이 바리새파처럼 어릴 때부터 완고한 율법주의 종교 속에서 견결하게 훈련받았고 또 평생 그 지계持戒에 충실했다면 당신의 신앙 양심은 대리석처럼 깨끗하고 단단해졌을 터다. 그리고 당신이 지계에 들인 노력과 고통 때문에라도 당신은 지계를 어긴 그 간음한 여인을 곱게 보기 어려웠을 것이다.

수다스러운 니체가 수없이 설명해주었듯이, 이 대목의 논리는 물론 매우 간단하다. 성숙하지 못한 선善은 악惡을 재생산한다는 것이다. 혹은 지난 세월의 남북 관계처럼 '적대적 동거'를 계속한다. 내 표현으로 고치면, 선善 혹은 선의는 자신의 선(의)를 모른 체할 때에만 제 가치를 드러낸다. (혹은 비교하자면, 겹겹으로 수다스러운 데리다의 논의처럼, 선물의 선의는 선의의 행위 자체를 완벽하게 잊는 불가능성 속에서야 그 불가능성의 가능성을 얼핏 시사할 뿐이다.) *
군중 속의 누구라도 이 여인, 혹은 이 여인의 행위를 악으로 표상

---

* Jacque Derrida, *Given Time: 1. Counterfeit Money*, Chicago: University of Chicago Press, 1992.

하고 자신의 양심을 선으로 확신했다면, 그날 신정神政/神正을 빙자한 살인은 피할 수 없었을 것이며, 예수는 또 한 번의 쓰라린 실패를 맛봐야 했을 것이고, 이로써 그의 사역使役은 치명적인 충격을 받았을 것이다. "그의 존재를 온통 둘러싸고 있는 단 하나의 거짓말은 일련의 일시적인 거짓말들보다 도덕적으로 더 바람직하지 못하다"*고 이미 진술했듯이, 종교 근본주의처럼 초월적으로 통합된 이데올로기의 힘은 늘 폭력으로 넘실댄다. 교수형리絞首刑吏의 심리학이라고 하든 증오의 심리학이라고 부르든, 지목된 희생양에 대한 증오와 폭력으로써 사회심리적 부하負荷를 해소하는 장치는 모든 공동체에서 발견된다. 간단히 정리하면, 양심이 외려 살인을 주선하거나 강제하는 것이다. 의도가 몸을 비껴가고, 호의가 신뢰에 이르지 못하고, 우연이 인생을 지배하고, 선의가 지옥을 만드는 것, '세속'은 그런 것이기 때문이다.

가령 첫 번째 돌과 그 돌을 쫓아 내던져질 뻔했던 무수한 돌들 속에도 선의는 있었을 것이다. 그 선의가 실은 악의였다는 식의 폭로는, 선의의 형이상학이라는 자폐 구조를 둘러쓴 상식인들에게는 통하지 않는다. 그들은 자신들의 항문으로 지옥을 배설하는 와중에도 그 입으로 선의와 호의를 떠들고 있을 테다. 어쨌든 그러한 선의는 사적 규칙으로 급조되고, 또 당파적 표상에 매몰된 이데올로기에 지나지 않는다. 이런 점에서, 칸트가 악惡의 존재를

---

* 르네 지라르, 『낭만적 거짓과 소설적 진실』, 김치수·송의경 옮김, 한길사, 2001, 148쪽.

보편화 가능성에 등 돌린 개인적 준칙에서 찾고 있다는 것을 기억할 필요가 있다. 전술했듯이, 누구든 독아론적 공간 속에서 자신의 근본적 선성善性과 호의를 주문처럼 외고 있는 것이다. 예를 들어 '처녀가 아이를 낳아도 할 말은 있다'고 했을 때, 그 할 말은 영영 아이라는 타자에 이르지 못하는 처녀의 내적 음성이다.

> 소크라테스와 플라톤도 시인했듯이, 인간이 무슨 일을 하든 그는 언제나 선행을 한다. 즉 그의 지성의 정도에 의해서 또 그의 이성의 그때그때의 척도에 의해서 그에게 선하게(이로운 것으로) 여겨지는 그것을 말이다.*

그러므로 선의나 호의도 날로 '자란다'고 생각할 필요가 있다. 개인의 심리 속에 담겨 있다고 믿는 선의나 호의 자체만으로 그 가치가 소진되는 것은 아니다. 앞서 내가 성숙하지 못한 선은 악을 재생산한다고 했듯이, 물적/제도적 토대와 동정적 혜안 등 콘텍스트적 감성에 대한 종합적인 배려와 더불어 그 선의와 호의가 좀더 크고 실질적이며 심화된 행복으로 성숙해갈 가능성을 볼 수 있어야 한다.

선의나 호의도 우리 삶의 잡박한 흐름 속의 일부일 뿐이며, 계몽과 성숙을 통해서 나름의 변증법적 변용을 계속할 수 있다는 점

---

* 프리드리히 니체, 『인간적인, 너무나 인간적인』, #102.

을 기억해야 한다. 이로써 선의나 호의 자체가 아니라 이것들이 시공간 속의 일관된 실천을 통해서 그 가능성을 건강하게 펼쳐내도록 하는 것이 중요하다. 가령 사람을 죽이면서 정의와 명분, 체제와 교리를 수호했노라는 얘기가 부지기수였지만, 실은 무상한 세속의 흐름 속에서 결국은 사람들만 죽인 것이다.*

---

* Edward Peters, *Inquisition*, New York: The Free Press, 1988, p. 159.

9-10
세속은 세속으로써

> 그런데 그 자체만으로는 신의 마음에 드는 것을 포함하고 있지 않은 행위를 신의 직접적인 '호의'의 획득을 통해서 그의 소원을 성취하기 위한 수단으로 사용하는 사람은, 순전히 자연적인 수단에 의해 초자연적인 작용을 일으키는 기술을 소유하고 있다는 망상 속에 있는 자다.*

인간이 신神에게 호감이나 호의를 보인다는 것은 대체 무슨 뜻일까? 스피노자나 칸트나 포이어바흐나 비트겐슈타인처럼, 신을 고래의 의인주의擬人主義에서 해방시키고 관념이나 규제적 이념의 일종으로 보는 이들이라면 기가 막힐 노릇! 황금빛 아기 예수, 혹은 금발의 호남好男 예수의 이미지에 호감을 흘리는 것이 오늘도 계속되는 현장 교회의 풍경이지만, 신에게 호감을 품는 것이야말로 초월의 타자성조차 종적種的으로 내재화하려는 완고한 구심적 상상력은 아닐는지.

---
* 임마누엘 칸트, 『이성의 한계 안에서의 종교』, 205쪽. 이하 『종교』로 약칭.

그렇다면 신이 인간에게 호감이나 호의를 보이는 일은 또 무엇일까? 분방한 성정의 신들로 들썩이는 그리스 신화뿐 아니라 무릇 신화 속의 신들은 도저한 의인주의 속에서 인간들을 제 뜻대로 좋아하고 제멋대로 싫어한다. 마치 처첩들을 틈틈이 유목하는 제왕의 성총聖寵과도 같이, 신은 은총이나 계시라는 특유의 사건을 통해서 이런저런 인간들에 대한 호오를 표시한다. 물론 이 호오의 심리학은 도착倒錯인데, 일상인들의 종교심리학 속에서 신과 인간 사이의 도착은 서로 조응한다. "인간보다 우월한 힘에 대한 회유 내지는 비위 맞추기"*라는 문장 속에 노골적으로 압축된 프레이저의 종교관처럼, 인간들의 종교와 신은 내내 의인주의에 포박되어 한 치도 벗어날 수 없고, 가령 스피노자나 칸트처럼, 혹은 틸리히나 본훼퍼처럼 신을 접대하는 일은 거의 불가능해 보인다.

근일 수년 만에 만난 옛 학생이 그의 병상病床 경험을 얘기하던 중 불쑥 이런 말을 던졌다. "촌지라는 게 학교에만 있는 게 아니더군요, 병원도 만만치 않았습니다!" 현대사회가 갖춘 가장 탁월한 전문성인 의료 영역에서조차 '회유 내지는 비위 맞추기'라는 종교주술적 환심의 역학이 도도한 것이다. 정실情實이라는 말처럼 우리 일상 속에서 정情은 실로 실實이다. 그리고 권력이 작동하는 곳이면 어디나 이 정/실을 얻기 위한 투쟁은 변함이 없을 터다. 학교든 병원이든 국회든 회사든 사찰이든, 심지어 가정이든 권력관계

---

* 제임스 프레이저, 『황금가지』, 이용대 옮김, 한겨레출판, 2003, 106쪽.

의 물매가 틈타는 곳이라면 어디서나 '주인과 노예의 변증법'(헤겔)은 여일할 것이다.

모든 정실주의情實主意는 최소한 표면적으로는 비판받는다. 그러나 흥미롭게도, 종교적 정실주의만큼은 오히려 찬양되거나 최소한 묵과되곤 한다. 예를 들어 기독교의 성서를 보면, 사적인 루트와 방식으로 신의 은총을 입은 이들이 득실거리며, (기이한 노릇이지만) 그들은 결코 비난받지 않는다. 구약 속의 한나와 사라가 대표적인 케이스이며, 심지어 나사로의 누이는 예수의 정실을 사서 죽은 오라비를 살리기까지 하지 않았나. 이른바 '신에게 하소연하는 여인'이라는 종교정실주의적 표상은 신앙적 열정과 신실성을 대변하는 이미지다.

연정과 신앙만큼 사적 규칙이 횡행하는 영역이 없다는 사정은 누차 밝혔다.* 그리고 그 사적 규칙을 지배하는 지침은 기껏 인상과 이미지, 이해관계 및 기분과 연루된다. 이 같은 사적 규칙에 의해서 신의 호감과 호의를 얻고, 일신의 안일과 복락을 추구하는 행위는 사랑의 종교든 자비의 종교든, 혹은 정의의 종교든, 그 종교의 명색과 무관하게 계속된다. 우리는 내일도 어제처럼 각자의 애인에게, 그리고 온갖 신에게 사랑과 충성을 고백하고, 꽃과 돈을

---

*   그렇게 보면 결국 종교는 사랑의 이야기이며 사랑은 변함없이 종교적이다. 프로이트는 정신 치료도 결국 사랑의 이야기라고 보는데, 그것은 치료가 종교와 신화의 가장 오래된 기능이기 때문이다. 바디우의 해설이 아니더라도, 라캉의 정신분석 역시 사랑이 얽히고 풀리는 장면들을 극적으로 담론화한다.

선물할 것이다.

칸트는 이 꽃과 선물을 미신Aberglaube, 마술Das Zaubern, 심지어 광신Schwärmerei이라며 질타한다. 그는 선한 행실 외에 신의 호감과 호의를 얻으려는 모든 형태의 종교적 수단을 종교적 망상이자 신에 대한 거짓 봉사(『종교』, 196)라고 못 박는다. 그러므로 종교에 관한 한, (실은 역사적 기독교란 은총의 체계적 수단화일 수밖에 없지만) '은총의 수단Gnadenmittel'이라는 개념은 그 자체로 자가당착에 지나지 않는다.(『종교』, 223)

칸트가 종교적 망상으로 거론하는 것 중 일순위는 '믿음'과 '고백'이다.* 칸트는 그의 도덕철학적 원칙과 이성의 한계라는 범주를 끌어다가 이 주장을 낱낱이 뒷받침한다.(『종교』, 196~199) 이와 더불어, 의례와 제사Kultus라는 종교적 행위를 통해 칭의稱義를 구하는 짓 역시 그에 의해서 종교적 미신으로 매도당한다.(『종교』, 201) 더 나아가 은총의 수단으로 생각된 기도마저 미신적 망상으로 몰린다.(『종교』, 226)

내 관심은 칸트가 제시한 비판과 그 논증을 소개하려는 데 있지 않다. 내 맥락에서 흥미를 끄는 부분은, 신의 호감과 호의를 얻는 통속적·형식적 방식으로서의 종교를 거부하는 칸트의 주장이 어떤 인문적 함의를 띠는가, 하는 데 국한된다. 칸트가 생각한 인간성의 핵심은 도덕성Moralität에 있고, 그 도덕성은 인간 일반의

* 기독교가 믿음이라는 심리학주의와 고백이라는 제도에 의탁해온 사정을 기억한다면, 칸트의 종교 비판은 그 의도보다 사뭇 발본적이다.

보편성 아래에서 행위할 수 있는 능력에 있다. (알다시피 그의 '계몽'도 보편성의 이법에 이성을 순응시키는 일이다.)

그가 악惡의 생성을, 보편적 입법의 원리에 등 돌린 개인의 준칙에서 찾았다는 사실은 이와 관련해서 매우 시사적이다. 그리고 반복하지만, 종교만큼 사적 규칙이 횡행하는 곳도 없다. 종교가 타자라는 이질성과의 교통Verkehr, 그리고 그 교통의 마찰을 통한 공적 원칙에 이르지 못한 채 끝없이 사적 준칙의 심리주의 속으로 추락하는 것은, 포이어바흐의 낡은 지적처럼 신조차 결국 인간 개인의 자기 한계를 일반화한 것으로 표상되기 때문이다. 칸트의 종교 비판은 포이어바흐나 마르크스, 그리고 흄이나 프로이트와는 질적으로 다르지만 은근히 발본적이다.

칸트는 헤겔과 달리 실증적 현실성이 아니라 가능성 혹은 권리 차원에서 사고한다. 따라서 칸트의 종교 비판도 '이성의 한계'라는 가능성의 범주에 비춰본 풍경이다. 그러나 욕심은 워낙 이성의 한계를 자의로 벗어나려고 요동 치고, 그 외부를 칸트처럼 도덕적 풍경으로 일신—新할 수도 없는 것이 통속의 종교성이다. 칸트의 종교 비판은 모든 종교가 의탁하고 있는 의인주의의 중심을 예상외로 깊이 찌른다. 그리고 그 중심에는 의도와 호감으로 구성된 사적 규칙이 기승을 부리고 있다. 그 규칙의 자의적 구심求心이라는 블랙홀 속에 말려들면, 신이라는 초월적 타자조차 빠져나올 수가 없다.

예수는 네 이웃을 사랑하되 네 (마음이 아닌) '몸'처럼 사랑하라고 했다. 하기사 마음처럼 사랑했다간 그 사랑의 내일조차 예측하지 못할 노릇 아닌가. 의도나 감상 속에 묶여 있는 바울*교나 루터교와 달리 예수의 메시지는 심리학주의 속에 포박될 수 없이 이웃(타자)으로 열려 있는 것이다. 칸트가 신념의 반복이 아닌 선한 행실을 주장하거나, 스피노자가 "신을 섬기는 일은 오직 정의와 자비, 이웃을 향한 사랑에 있을 뿐"**이라고 말한 것은 역설적이긴 하지만 오히려 예수적이다.

종교도 세속의 일이니, 세속과 대결하면서 그 가치를 재생산할 수밖에 없다. 성군聖君이 홍수를 막을 수 없고 왕의 인정仁政으로 풍년이 들지 않듯이, 호감과 선의로 천문天文이 바뀔 수도, 단 한 명의 타인이 구원받을 수도 없다. 행동은 오직 행동 속에서만 구원받을 수 있을 뿐이다. 혹은 이창동의 영화 「밀양」의 마지막 장면이 시사하듯이, 세속은 세속으로써 풀 수밖에 없는 것! 신神이라는 자조차 '몸소' 십자가에 달려 죽어야 했듯이.

---

* 바울에 대한 내 태도는 양가적이다. 가령 바디우가 제시한 새로운 주체의 충실한 생산성으로서의 바울상에도 공감하지만, 예수라는 역사성의 우주적 도그마화cosmic dogmatization에는 반대한다. 그러나 정작 문제는, 이 두 가지 태도가 별개가 아니라 결국 바울의 열정 속에서 합류한다는 점에 있다. Alain Badiou, *Saint Paul: The Foundation of Universalism*, Stanford, California: Stanford University Press, 2003.

** Benedict de Spinoza, *A Theologico-Political Treatise and A Political Treatise*, R.H.M. Elwes(tr.), New York: Dover Publications, Inc., 1951, p. 187.

9-11
타인의 고통

타인이 고통받는 사실은 배워야 하는 일인데도 결코 완전하게 배울 수 없다.(니체)

당면의 문제가 타인의 고통에서 눈을 돌리는 것이라면, 더 이상 '우리'라는 말을 당연시해서는 안 된다.(수전 손택)

바디우의 말처럼, 타자는 좋은 타자일 때에만 제시될 수 있으며 '좋은 타자'란 결국 우리와 동일자로 낙착된다.* 고분고분한 타자, 부드러운 수용성으로서의 타자, 내재화된 욕망으로서의 타자, 그래서 (데카르트에 대한 하이데거의 해석에서처럼) "지배하는 대상화meisternde Vergegenständlichung"**로서의 표상 행위 속에 포획된 타자는 더 이상 타자가 아니다.

    데카르트에 대한 통속적인 해석에서처럼 사유cogito가 표상Vorstellung이고, 그 표상이 한데 몰아붙임cogitatio이라면, '타자에 대한

---

* 알랭 바디우, 『윤리학』, 이종영 옮김, 동문선, 2001, 33쪽.
** 마르틴 하이데거, 『형이상학이란 무엇인가』, 서광사, 1995, 84쪽.

사유'는 자가당착이며 원천적으로 불가능하다. 따라서 타자에 '대한 사유'라는 심리학적·인식론적·자기차이적 태도에서 벗어나 타자를 '향한 움직임'을 훈련하는 일상적 동선, 버릇, 연대, 그 극진함이 긴요하다. 이것은 가령 신화적-종교적 세계에서 배울 수 있는 타자적 감수성의 회복일 수도 있겠지만, 호의와 호감으로 이루어진 사적 규칙들의 세계를 가로지르면서 '사회적 신뢰'의 징검다리를 건설하는 길이기도 하다.

 (의사) 종교적으로 접근하는 타자적 감수성의 회복에 대한 문제 영역에서 레비나스의 공헌은 지대하다. 나는 이미 다른 글에서 그의 형이상학적 윤리학을 "기독교 유토피아주의를 궁극의 형이상학으로 전제한 것"*이라거나 "도저한 신앙 양심이 만들어낸 공상"**이라고 비평한 바 있다. 하지만 이른바 '전혀-다른-타자Tout-Autre'라는 종교신화적 지평 속에서 사유의 불가피한 내재성을 새롭게 돌파·초극할 수 있는 독특한 사유의 계발에 이바지한 공로는 독특한 것이다. 레비나스에 따르면, 인식이나 이론이라는 주관적 자기차이화의 노력은 타자를 단지 매개화의 한 사슬로 환원시키는 잘못에서 벗어날 수 없다. 그는 키르케고르처럼, 인식론적 차원이 아닌 종교(/윤리)적 차원에서 타자의 세계에 접근하는 새로운 길을 모색한다. 물론 그들에게 공히 원타자原他者는 신

---

* 김영민, 『보행』, 철학과현실사, 2001, 200쪽.
** 같은 책, 201쪽.

이다. 레비나스는 주체의 해방을 위한 시간과 타자의 역할*을 누누이 해명하는데, 그 시간은 결국 카이로스kairos, 구현된 '지금-시간Jetztzeit'(벤야민), 혹은 '사건의 시간'(바디우)일 수밖에 없고, 그 타자는 필경 그 시간과 일치하는 메시아일 수밖에 없는 것이다.

즉 윤리의 이해 가능성은 타자가 단순히 유한한 경험을 초월하는 타자성의 원리에 의해 떠받쳐져야 함을 요구한다는 것이다. 레비나스는 이 원리를 '전혀-다른-타자'라고 부른다. '전혀-다른-타자'가 신의 윤리적 이름이라는 점은 명백하다.**

흥미롭게도, 레비나스에 대한 바디우의 해석은 데카르트에 대한 고진의 해석과 닮았다. 고진에 따르면, 데카르트가 찾아낸 17세기의 유럽적 자의식은 이른바 '데카르트주의'의 통념처럼 사유와 등치되고 이로써 존재를 '증명'하는 것이 아니다. 이 근대의 자의식적 존재는 회의와 더불어 조형되며 "신의 증명에 이르기까지 끝나지 않"***기 때문이다. 레비나스가 조형하는 타자의 윤리가 전혀-다른-타자로서 신의 지평에 의지하고 있듯이, 고진이 재해석한 데카르트의 존재sum 역시 사유의 명석성이라는 자기동일성이 아니라 신이라는 외부가 개시開示하는 절대적 타자성의 지평

---

* Emmanuel Levinas, *Le Temps et L'Autre*(1947).
** 알랭 바디우, 앞의 책, 31쪽.
*** 가라타니 고진, 『탐구 2』, 권기돈 옮김, 새물결, 1998, 99쪽. 이하 『탐구』로 약칭.

을 향해 실존적으로 의심하는 존재로서 재서술된다.

> 거듭 말하지만 '나는 생각한다, 고로 존재한다'가 증명이 아니라면 '무한(신)이 존재한다'는 것도 코기토의 명증성에서 도출된 증명이 아니다. 도리어 무한이 존재하기 때문에 코기토(외부적 실존)가 가능하며 '나는 존재한다'란 말하자면 '무한 속에서 의심하면서 나는 존재한다'는 것이다.(『탐구』, 99)

문제는 자기의식의 구심력으로 회귀하는 사유가 아니라 '의심'이다. 사유가 전부라면 데카르트는 결국 헤겔과 같은 전체성의 계보에 속하겠지만(『탐구』, 98), 의심이라는 외부성의 지향 때문에 오히려 그는 키르케고르나 레비나스, 혹은 레비스트로스류의 인류학적 사고에 더 가까운 사상가로 분류된다. 통속화된 데카르트주의의 해석과는 달리 데카르트의 정신(=의심)은 내내 신이라는 무한의 바깥을 따라다니고 있으며(『탐구』, 95), 이로써 데카르트의 철학은 자기동일적 독아론의 혐의에서 벗어난다.

서울의 어느 대형 교회 K 목사가 일거에 수십만 명의 목숨을 앗아간 서남아시아의 쓰나미 재앙을 두고, "이교도에 대한 하나님의 심판"이라는 취지의 망언을 거침없이 내뱉었다.

니체는, 타인이 고통받는 사실은 ('직관'하거나 감정 이입할 수 있는 게 아니라) 어렵사리 배워야 하는 일이라고 말한다. 측은지심惻隱之心을 인간의 본성으로 전제한 맹자류의 성선설을 거론하지 않더라도, 타인의 고통을 학습의 대상으로 여긴 니체의 생각은 상식적으로 낯설어 보인다. 그러나 이 낯섦은 K 목사의 발언 탓에 오히려 말끔히 씻겼다. 더욱이 K 목사가 뿔 달리고 손가락이 넷인 어느 별에서 온 ET가 아니라는 사실은 니체의 경고를 더 절실하게, 우리 현실과의 관련성을 더 깊게 만든다. 우리가 근원적 이기심 속에서 늘 잊고 있는 사실은, 타자의 고통에 대한 감수성이 주어지는 게 아니라는 점이다. 그것은, 어느 심연深淵을 건너가듯 조심스럽게 지속적으로 몸을 끄-을-고 나아가며 배워야 하는 것이다. 내 생각에 이 심연을 통과하는 일상성은 바로 '동정적 혜안'과 '극진'이라는 개념 속에 집약되어 있다. 마치 하이데거가 존재에 대한 '삼감Verhaltenheit'을 권면하는 기분으로, 나는 오히려 그 모든 타자에 대한 '극진'과 충실성을 주문하는 것이다.

9-12
심연에의 감성, 혹은 호의와 신뢰 사이 (7)

사적 체험에서 본질적인 것은 각자가 자신의 고유한 견본을 지닌다는 것이 아니라, 아무도 타인이 어떤 견본을 지니고 있는지 알 수 없다는 사실이다.(비트겐슈타인)*

호의라는 사적 규칙과 신뢰라는 사회적 약속이 서로 겹치거나 어긋나는 문제를 다룰 때, 관련 당사자들의 사회적 관계에 원천적으로 개입하는 권력의 무게나 물매는 흔히 생략되거나 축소된다. 이른바 '마음의 환상적 전능성' 속에서 빠르고 무책임하게 움직이는 호의는 특히 권력의 비대칭적 기반과 그 물매를 모른 체하곤 한다. 어쩌면 호의도, 고백(가라타니 고진)이나 웃음(바흐친)처럼 종종 기성 권력을 자의적으로 무화시키려는 또 다른 종류의 권력이기 때문이다.

거칠게 단순화하자면, 우리 사회의 남자들은 친밀성 관계 훈련이 부족하다던 기든스나 증여 관계의 훈련이 부족하다던 데이비

---

* Ludwig Wittgenstein, *Philosophische Untersuchungen*, #272.

스*의 지적처럼 사적 관계를 훈련할 필요가 있으며, 한편 여자들은 공적 관계에 능동적-자율적으로 대처할 필요가 있어 보인다. 사적 관계에서조차 공적인 포맷이나 절차를 요구하면서 공적 헤게모니의 지반을 사적 영역 속으로 연장하려는 남자들이 적지 않다. 그런 뜻에서 가부장이란 오랜 공사公私의 혼동이 빚어놓은 트기와 같은 존재다.** 이와 대조적으로, 이른바 '과잉 남성화'/'과잉 여성화'의 편향된 사회화 과정에서 공적-사회적 참여의 기회를 얻지 못한 여자들은 매사에 사적으로 접근하는 관행과 버릇에서 여전히 자유롭지 못하다. 물론 밀렛의 오래된 지적처럼, 국가의 공적-사회적 장치들도 여자들을 사적으로 묶어두고 싶어하며, 가정이라는 사적 공동체를 통해서 간접적으로 통치하고 싶어한다.*** "남성의 의무는 특권이며 공적인 것이고, 여성의 의무는 책임이며 사적인 것"****이라는 이분법이 잔존하고 있는 것은 여전한 사실이다.

이처럼 성별화된 사회구조적 차이와 그 다양한 권력 효과를 외면한 채 이루어지는 호감(호의)-신뢰의 논의는 개인주의적 관념

* 나탈리 제먼 데이비스, 『선물의 역사』, 김복미 옮김, 서해문집, 2004, 218쪽.
** 더 나아가 가부장이란 자연과 문화의 혼동이기도 한데, 가령 말리노프스키는 멜라네시아 트로브리안드섬의 모권제 사회를 분석하는 가운데, 부권적 제도가 자연적 충동과 성향을 방해하는 반면, 모계제의 여러 사회적 장치는 생물학적-자연적 발달 과정과 거의 완벽한 일치를 보였다고 보고하고 있다. 말리노프스키, 『미개사회의 성과 억압』, 한완상 옮김, 삼성출판사, 1982, 99쪽.
*** 케이트 밀렛, 『성의 정치학』, 정의숙 외 옮김, 현대사상사, 1976, 67쪽.
**** 같은 책, 199쪽.

론에 빠지기 쉽다. 가령 적지 않은 여자가 사회적 신뢰 장치를 통한 인정투쟁의 개방적 사회화를 진작 포기한 채 호감(호의)의 사적 코드에 집착하는 현상을 남/여라는 성별 본성의 차이로 소급하려는 모든 설명은, 바로 그 노력 자체가 반反사회적이므로 사태의 실상을 제대로 파악하지 못한다. 일부 여자에게 체질화된 호감(호의) 지향적 태도의 연원은 사회적 약자의 처지에서 스스로를 보호하며 힘겹게 남자들과 어울려 살아야 했던 여자들의 일상사와 깊이 관련된다. 모계사회에 대한 인류학적 보고에서 알 수 있듯이, 현대 자본주의 사회에서 격자화된 이른바 '여성스러움'의 내력은 여성의 내부에서 출발하는 사건이 아니다. (안에서 출발하기 위해서 유심론자가 될 필요가 없듯이, 밖에서 출발하기 위해서 굳이 유물론자가 될 필요는 없다. 물론 벤야민의 말처럼, 유물론자라고 해서 유심론자들의 관념적 줄타기를 꼭 배척할 필요도 없다.) 대체로 일부 여자들에게 체질화된 호감(호의) 지향적 태도는 남성 지배적 사회의 권력 효과와 관련되는 영토화-코드화-자연화의 기원을 숨기고 있다.

거꾸로 대개의 남자는 사적 영역의 이치에 그리 섬세하지 못하다. 그렇다고 해서 한국 남자들이 공공성의 유지와 준수에 각별히 성실한 것도 아니다. 특히 한국 사회의 부정부패와 연루되어 있는 고질적인 가족주의적 태도*는 '과잉 남성화'된 채 공적 영역의 인정투쟁에 매진하고 있는 한국 남자들의 공적 활동조차 비정상적으로 왜곡시키고 있다. 그러나 어쨌든 '과잉 여성화'된 한국의 일부 여자가 공적 활동에 부적응을 보이듯이, 남성적 과잉 산업화의 와중에 '과잉 남성화'된 한국의 일부 남성도 사적 영역의 관계와 운신에서 합리적이거나 현명하지 못한 모습을 반복한다.

아렌트는 이른바 사적 영역과 공적 영역을 분리하고, 두 영역은 서로 변별되는 나름의 이치와 언어, 행동과 책임을 요구하기 때문에 결코 혼동될 수 없으며, 혼동하는 순간 때로 무서운 파국을 몰고 온다고 주장한다. 가령 그가 자신의 사랑을 사적 영역에 국한하고, 공적 영역에서는 책임의 범주에서 사유하고 실천하려 했던 것도 이 같은 이유에서다.** 마찬가지로, 공적인 합리를 사적 정리情理로 얼버무리는 정실주의나, 사적인 정리를 공적 합리의 격자 속에 포획하고 전유하려는 관료주의나 권위주의는 모두 우리의 일상적 진보와 성숙의 중대한 장애물이다. 그것은 근대에도 이르지 못한 태도이거나 기껏 근대에 급체한 부작용의 꼴을 보이는 것에 지나지 않는다. 물론 공사의 구별이 근본적으로 선명할 수 없다거나, 두 영역은 나름의 사회경제적 맥락을 좇아 역동적인 간만干滿을 계속한다는 주장은 진실이긴 하나, 별 실속 없

---

* "전 세계적으로 볼 때 가족주의가 강한 나라일수록 부정부패가 심한 것으로 나타났다. 스칸디나비아 국가들의 부정부패가 가장 덜한 것도 그 나라들의 가족주의가 가장 약하기 때문이다. 가톨릭 국가들이 프로테스탄트 국가보다 부패가 더 심한 것도, 가톨릭 국가들은 가족중심적인 반면 프로테스탄트 국가들은 개인주의와 자립을 강조하기 때문이다. 같은 아시아 국가에서도 가족에 대한 의무를 더 강조하는 동아시아 국가들이 중앙아시아 국가들보다 부패의 정도가 한결 더 심한 것으로 나타났다." 강준만, 『한국인을 위한 교양 사전』, 인물과사상사, 2004, 17쪽.

** 알로이스 프린츠, 『한나 아렌트』, 김경연 옮김, 여성신문사, 2000, 193~194쪽.

는 지적이다. 더욱이 공적 영역과 사적 영역 사이의 심연을 메워버린 근대적 현상*의 보편화로 인해, 즉 사회적 영역이라는 본질적으로 근현대적인 현상의 출현과 득세로 인해, 두 영역 사이의 전통적 경계가 허물어졌을 뿐 아니라 시민들의 일상과 관련해서 이 용어들의 의미와 가치가 근본적으로 바뀌었다는 주장**을 감안하면, 공과 사, 합리와 정리, 권위주의와 정실주의, 그리고 남과 여라는 구별은 사실 수세미처럼 아무런 내용을 담을 수 없을 만치 구멍이 성긴 틀이다.

이 같은 현실적 한계의 복잡성에도 불구하고, 나는 여전히 공적 영역과 사적 영역을 구분한 터에, 여자와 남자들은 호의와 신뢰의 적절한 배분과 배치를 위해 현 단계에서 훈련을 계속하는 게 절실하다고 주장한다. 이 훈련은 호의와 신뢰의 내용을 따지기에 앞서 그 사회정치적 물매의 지평과 지형을 논의의 전경前景으로 호출하고, 아울러 지평과 지형을 배경 속에 묻어놓은 채 호의의 성격과 신뢰의 성질만을 문제시하는 단견에서 벗어나기 위한 노력이다.

타인의 차이를 (그것도 관념론적으로) 지적하는 것만이 능사는 아니다. 말하자면 다양성은 결코 그 자체로 외부성이 아닌 것이다. 이를테면 다원성의 표면을 미끄러지듯 훑어볼 수 있는 관념의 조

---

*   Hannah Arendt, *The Portable Hannah Arendt*, New York: Penguine, 2000, p. 188.
** Hannah Arendt, *The Human Condition*, Chicago: The University of Chicago Press, 1998, p. 38.

망권만으로 타자적 감수성이 길러지는 것은 아니다. 타인의 실존을 자신의 사적 규칙 속에 내재화하려는 심리적·인식론적 고습이 지악至惡이라면, 그 차이만을 공염불하는 사이비 진보주의 역시 차악次惡에 지나지 않는다. 중요한 것은 그 차이들을 나열하는 데 있지 않다. 그 차이들에 접근하려는 나의 집요한 흔적, 그리고 그 흔적만으로 닿을 수 없는 아득한 거리의 심연을 구체적으로 드러내는 일이 더 중요하다.

9-13
동무, 심리와 기계 사이를 오늘도 지나간다

신뢰의 이면이 오히려 억압인 경우를 넉넉히 상상할 수 있다. 계몽의 변증법을 말하는, 칸트에서부터 호르크하이머/아도르노에 이르는 수많은 학인처럼, 혹은 근현대 서구 관료제의 변증법을 암시하는 베버처럼, 합리성은 근대의 선물gift이자 독Gift이기 때문이다.

가령 마치 내가 호의와 호감의 심리학을 비판하는 기분으로, 베버는 군주, 정당의 보스, 회사의 중역, 지역의 토호土豪 명망가가 주도하는 행정적 조직의 몰락을 쉽사리 예견한다.* 비유하자면, 남한의 정당들은 이른바 삼김三金의 사적 입김이 약해지면서 비로소 합리적 관료화의 길을 본격적으로 걸어갈 수 있었을 것이다. 그러나 (베르그송의 말처럼) 창조적으로 약동하는 인간적 생명의 무늬와 그 노래를 외면한 채 편의와 속도의 나르시시즘에 빠지고 있는 첨단의 합리화는 사회적 신뢰라는 표면적 네트워크를 구축하는 이면에 새로운 억압의 구조를 쌓아나가고 있는 것 또한 사실이다. (과거의 비합리가 우리를 죽였듯이, 결국 미래의 초합리가 다시

---

* 막스 베버, 『행정의 공개성과 정치 지도자 선출 외』, 이남석 옮김, 책세상, 2002, 25~26쪽.

우리를 죽일 것!) 가령 마르쿠제가 과잉 억압의 프로메테우스적 사회를 비판하면서, '잃어버린 시간을 찾음The recherche du temps perdu' 속에서 미래의 해방을 꿈꾸는 이유가 바로 여기에 있다.* 그렇기에 베버의 예언은 더 끔찍스레 우리 가슴을 짓누른다. "관료제적 조직은 죽은 기계와 결합해, 고대 이집트의 농부들이 그랬던 것처럼 아마 언젠가 인간을 무기력하게 강제로 복종시킬 미래의 예속의 굴레를 만들어낼 것이다."**

계몽의 이면, 합리화의 이면, 그리고 관료화의 이면을 들추는 기분으로 형식화된 신뢰의 이면을 들춰보고 싶지 않을 수 없다. 호의가 심리적 무시간성의 특성을 지닌다면 신뢰는 본질상 시간적 개념이다. 그렇지만 신뢰가 형식화된다는 것은 마치 관료화의 경우처럼 공간적 메커니즘을 닮아간다는 뜻이다. 신뢰가 필경 일차적 호의/호감의 관계를 이차적인 것으로 승화/지양한다고 했듯이, 신뢰는 결코 메커니즘이 될 수 없다. 그러나 신뢰가 메커니즘이라는 쉬운 길을 택할 때, 그 신뢰의 이면에는 억압이 서식할 계기가 들어선다. 호감과 호의의 심리학에 머물지도 않고 제도의 기계학에 포획되지도 않는 사회적 관계로서의 신뢰를 키워나가는 일이 동무, 그 '동무'는 심리와 기계 사이를 오늘도 지나간다.

---

* Herbert Marcuse, *Eros and Civilization: A Philsophical Inquiry into Freud*, New York: Vintage Books, 1962, p. 18.
** 막스 베버, 앞의 책, 31쪽.

9-14
교태의 미래

자기 연인의 욕망을 모방하는 것은 이 연인의 욕망 덕분에 자기 자신을 욕망하는 일이 된다. 이중 간접화의 이 특별한 양태를 교태 coquetterie라고 일컫는다.(르네 지라르, 『낭만적 거짓과 소설적 진실』)

관계의 비대칭적 메커니즘이 자연화되었을 때, 교태는 그 자연화의 신화에 상처를 내려는 나비의 부산한 움직임과 같은 것이다. (이것은 비유하자면, 바르트와 부르디외가 캠벨을 통해 만나는 장소일 것!) 그 누가 나비를, 나비의 비상과 무늬를 좋아하지 않겠는가? 그러나 비상의 환유換喩는 지극히 성가시다. 환상幻像의 단층은 환유이고, 그 환유의 돌림노래와 같은 것이 곧 환상이다. 환유가 성가신 이유는 내가 움직이려는 순간 나비는 이미 날아가버리기 때문이다.

교태는 그런 식으로, 나비처럼 움직인다. 나비 같은 환상幻像으로, 환상幻想으로, 그리고 환상環狀으로 움직인다. 그 환유는 완상玩賞을 허락하지 않는 무죄 속에서 나비처럼 느리게, 아름답게, 그러나 단호하게 움직인다. 니체의 표현을 원용하자면, 나비는 소녀의 유희와 노인의 지혜를 동시에 지닌 채 느리게 희롱하며 그 모든 가부장으로부터 벗어난다.

내 연인은, 그 나비의 교태는 언제나 나를 아름답게 배신한다. 실은 그 아름다움이란 배신 속에서만 점근선漸近線의 환영으로 존재하는 방식이다. 교태는 배신의 존재이며, 우리는 나비의 비상이 지속하는 환유를 일러 배신이라고 부르는 것이다.

교태와 나비는, 환유와 환상은 모두 아버지들이 만든 사회적 신뢰를 어기는 것으로써 살아가는 법식이다. 그러므로 위반의 삶인 그것은 아무런 법法이 없는 식式이다. 교태의 나비, 나비의 교태가 위험한 것은, 위험하기에 더 아름다운 것은 그것이 카리스마의 자장 속에 포획되지 않고, 조직의 길에 편입되지도 않기 때문이다. 말하자면 그것은 주체적 단독자도 아니고, 그렇다고 관료도 아니기 때문이다. 교태는 원천적으로 사회적 신뢰를 배제하면서 살아가야 하는 불안한 경계의 삶이다. 키르케고르의 표현을 원용하자면, 교태의 삶은 한편 불안하기에 그 불안 속에 더욱더 살아 있을 수 있다.

그러나 결국 교태는 도태된다. 사회적 신뢰를 강화하고 그 외부를 단속하려는 오이디푸스의 법 때문이 아니다. 마치 아폴론과 디오니소스가 야누스의 얼굴을 하고 있듯이, 일반 경제학적 관점(바타유)에서 보자면 생산이 소모(소비)와 겹을 이루고 있듯이, 오이디푸스의 권위주의는 나비의 교태와 겹을 이룬다고 해야 할 것이다. 그런데 바로 여기서, 지라르의 모방 이론은 교태가 빠져드는 거울상의 논리를 흥미롭게 드러낸다. 교태의 소멸/도태는 궁극적으로 이 거울상의 허무와 관련된다. "연인의 욕망 덕분에 자기 자신을 욕망하는 일"로 낙착되는 교태라는 욕망은, 사랑이 연인이라는 타자로 나아가지 못하고 자신이 만든 거울 속으로 내재화되는 폐쇄성을 극명하게 보이기 때문이다.

'그레이프 바인grape vine(비공식 경로의 의사소통)'은 호의/호감의 심리학이 건설하는 사적 규칙처럼, 포도의 덩굴처럼 얽히게 마련이다. 급기야 그 얽힘 속에서 마주하는 것은 얽힘이 만든 거울상 속의 자신이다. 자신이 얽히는 과정을 통해서 궁극적으로 얽힘은 자신의 세계를 마감한다. (고백과 소문이 타자의 세계로 나아가지 못한 채 나르시시즘의 늪으로 귀착되는 것도 마찬가지다.) 교태는 그와 같은 얽힘이며, 더 이상 여지가 없을 정도로 얽혔을 때, 교태는 교태와 동일시하는 완결 속에서 스스로 소멸한다.

아는 대로, 니체의 여자처럼 교태는 진리를 원하지 않는다. 그것은 진리와도 넉넉히 거리를 둔 채 회전할 수 있는 페미니티의 삶이다. 물론 페미니티라는 것이 꼭 생물학적 여성의 기운을 가리키지 않는다. 그것은 오히려 레비나스가 말한바 '부끄러워서 숨는 것'에 더 가깝다. 그러나 진리를 원하지 않는 교태가 반드시 '부끄러워서 숨는 것'은 아니다. 오히려 부끄러워서 숨는 체한다고 해야 할 것이다. 나비와 교태는 오히려 도도하고 아름답게 배신하기 때문이며, 그 배신의 존재론화라는 전술 이전의 전술로써 배신의 논리 자체를 무화시켜버리기 때문이다.

그래서 교태를 설명하는 데 신뢰의 '위반'이라는 말은 태부족이다. '나비의 비상이 지속하는 그 환유'는 어쩌면 공격적인 그늘을 숨긴 것이다. 나비의 교태는, 그 교태의 나비는 그래서 이렇게 묻는다.

> But the real question is, Can you handle mine?
> I see nothing wrong in spreading myself around
> 하지만 정작 중요한 질문은, 당신이 내 진실을 감당할 수 있는가, 라는 것이다…… 나를 여기저기에 널어놓는 게 왜 문제인가?*

교태라는 나비는 진리라는 비어 있는 중심을 두고, 그 중심을 만지려는 아무런 욕심도 없이 빙글빙글 주변만 돌고 있는 니체의 늙은 여자를 닮았다. 벗기면 더 아름다워지는, 속 없는 양파처럼, 나비는, 그 교태는 아무런 진리도 명예도 기약도 없이 내 주변을 돈다. 나비의 교태는 약속을 지키지 않는다는, 오직 그 하나의 사실만으로 더 아름답고 교태로워진다.

내 연인은, 신뢰를 어기는 교태가 되어 나를 어김없이 유혹한다. 그 교태는 일시적으로 체계를 교란하는 환幻을 드러내지만, 필경 체계의 검은 징후를 지닌 것으로 그곳을 지나가는 모두에게 치명적이다. 그 치명성은 나비가 필연코 귀환하는 거울상, 그리고

---

* 브리트니 스피어스의 노래 「My Prerogative」 중 일부.

(레비나스의 말처럼) 존재가 존재자와 합일하는 자기동일성의 독아獨我, 毒牙에 연원한다. 벗겨도 벗겨도 살이 없는 환영으로 내 연인은 나를 배신하고, 나를 유혹한다. 신뢰할 수 없는 것, 그것이 그 나비의 아름다운 동선이다.

교태는 광고의 광고와 같다. 자신을 광고한다는 사실을 안다는 사실, 바로 그 사실이 새로운 광고의 소재로 등장하는 행위 속에 교태의 본질이 있기 때문이다. 그러므로 교태는 광고처럼 스스로의 비非본질을 상대와 공유함으로써 자신을 정당화한다. 나비의 교태, 교태의 나비는 아예 순정純情을 모방하지 않는다. 순정의 부재를 은폐하지 않는 것도 마찬가지다. 흔적이 흔적을 정당화하는 것이 곧 광고이기 때문이다. 그것 역시 부재의 효과와 같다. 감춤과 드러냄의 계산을 본능처럼 지녔다던 워홀*은 플롯과 인물의 성격을 없애라고 했다**는데, 나비의 종류가 생기는 출처는 꼭 그런 곳이다.

나비는 교태를 부리지 않을 수 없다. 그것이, 나비다. 오히려 교태는 그의 존재론이다. 기약할 수 없는 사건으로만 존재하는 그 비상의 환유 앞에 약속과 신뢰라는 은유는 가부장들의 낡은 지폐일 뿐이다. 그러나 정작 중요한 질문은, 나비의 교태, 교태의 나비가 남성적 근대화와 그 자본주의적 세계의 체제를 벗어나는 탈주선일 수 있을까, 라는 것이다. 그 배신과 파약破約의 존재론이 평화

---

* 강홍구, 『앤디 워홀: 거울을 가진 마술사의 신화』, 재원, 1995, 29쪽.
** 같은 책, 77쪽.

롭게 존속할 수 있는 그들만의 우듬지가 있을까, 라는 것이다. 교태가 도태의 나르시시즘을 넘어 연인-타자로 나아갈 수 있을까, 하는 것이다. 교태와 신뢰가 화이부동의 공존법을 익힐 수 있을까, 하는 것이다.

9-15
인식이라는 홀로서기만으로 도와줄 수 없는 타자와의 관계 속에서 신뢰란 대체 무엇일까?

이성은 홀로 있다. 이러한 의미에서 인식은 세계 안에서 정말 다른 것을 만날 수 없다. 이것이 바로 관념론의 심오한 진리다.*

피아제의 말처럼 인식의 과정은 기껏 동화同化이거나 조절에 머물고 만다. 동화/조절되지 않는 이질異質은 병인病人으로 치부되어 한층 더 공격적으로 배제된다. 의식 역시 상식이나 이데올로기의 제도적 표현의 내면화에서 멀리 벗어나지 못한다. 공동체를 구성하는 모든 것은 빙글빙글 돌다가 지쳐서 안쪽을 향해 쓰러지고 만다. 문화文禍의 거울은 나보다 먼저 바깥을 점유해서 그 모든 바깥을 안으로 복제한다. 그리움은, 제 그림자를 가지고 논다.

레비나스에 따르면, 인식은 기껏 홀로서기와 분리이며, 빛이자 남성다움에 불과한 것이다. 그 속에 무한이 없으므로 신비도 없고, 신비가 없으므로 실속 있는 타자도 없다. (실은 그는 타자와 더불어 응당 상처를 말해야 하지만 기이하게도 말수가 적다.) 헤겔의 체계가

---

* 에마뉘엘 레비나스, 『시간과 타자』, 73쪽. 이하 『타자』로 약칭.

역설적으로 잘 보여주었듯이, 내부에서 출발하는 체계는 제아무리 애를 써도 결국 외부를 소외시킨다. 복어의 배가 아무리 커져도 그것은 여전히 복어의 배 속이다. 복어는 아무리 힘을 주어도 제 배를 터뜨릴 수 없는 것.

레비나스는 그 복어의 바깥으로 나갈 궁리 속에서 앎이 아닌 사귐, 빛이 아닌 시간, 그리고 사건을 말한다. "시간은 타인과 관계하는 사건"(『타자』, 50)이기 때문이며, 홀로서기의 인식론적 고독을 넘어서는 길을 밝혀주는 선물이기 때문이다. 시간은 그에게 자아의 상자를 벗어나는 해방의 통로이지만, 레비나스는 이 통로에 대한 서술에서 기대보다 게으르고 두루뭉술하다. 짐작건대 그 게으름과 두루뭉수리는 유대교 메시아주의의 시간관에 뿌리를 내리고 있을 것이다. 그러므로 시간이 타자이고, 사건이고, 창조이고, 해방이라는 생각은 우리 삶의 일상이 아니라 어떤 종교적 가능성에 근거한 명상일 것이다. 혹은 나치의 체험, 그 전체주의적 공포와 억압의 상처로부터 벗어나려는 그의 움직임이 그의 논리보다 앞서나간 탓일 것이다.

레비나스에게 윤리의 바탕을 이루는 '무한'이라는 키르케고르적 사건은, 데카르트의 신에 대한 그의 해석에서 연원한다. 통속의 데카르트주의에서 호출되는 신은 코기토를 추인하는 사후약방문에 불과하지만, 레비나스가 보여주는 데카르트의 신은 오히려 코기토와 사유의 가능성을 뒤엎어버리는 타자다.* 레비나스의 데

---

* Emmanuel Levinas, *Basic Philosophical Writings*, Indianapolis: Indiana University Press, 1996, p. 136.

카르트 해석을 계승하고 있는 가라타니 고진의 말처럼, 그것은 도스토옙스키가 그의 '다성적 소설'(바흐친), 혹은 '소설적 다성'(지라르)을 통해서 도입하고 있는 타자의 외부성이나 초월성*과 유사한 것이다. 아무런 주체를 형성하지 못하는 기표의 연쇄, 그 구멍난 계열화인 것이다.

타자는 우선 무한이다. 혹은 무한이라는 가능성으로 열린 틈이다. 그러나 그것은 종교적 상상 속에 일점으로 고정된 사이비 무한이어서는 안 된다. 포이어바흐나 엥겔스가 말하는 물적 조건의 심리적 투영도 아니다. 그리스도라는 교리 속으로 내재화해버린 역사적 초월도 아니다. 결국은 심리 속으로 환원될 것인 환상의 체계도 아니다. 헤겔은 진리를 운동이라고 했건만, 그 운동 역시 자기차이화하는 내재화의 논리에 불과한 것이므로 그가 뭐라고 하든 그의 절대정신 역시 무한과 무관하다. 그 무한은 늘 지근에서 나를 건드리고 자극하면서 쉼 없이 물러서지만, 물론 기호론적 미끄러짐 따위가 전혀 아니다. 공간적 연장을 가리키는 것은 아니지만, 그렇다고 레비나스가 암시하듯 무슨 시간적인 것으로 곧장 등치해서도 곤란하다. 중요한 사실은, 자기동일성의 내재화 논리 속으로 편입될 수 없는 '무지의 빔 emptiness of ignorance'이라는 사상事象이다.

그것은 시간과 타자를 결부시킨 점에서, 오히려 '차연'(데리다)

* 가라타니 고진, 『언어와 비극』, 조영일 옮김, 도서출판 b, 2004, 108쪽.

과 유사한 무엇이라고 여기는 게 편할지도 모른다. 레비나스에게 시간은 나와 타자 사이에 늘 어긋나게 가로놓인 심연의 이름이다. 기껏 자기차이화라는 순응의 체제 내적 변증법이 아니다. 타자라는 시간 혹은 시간이라는 타자는 건너뛸 수 없는 심연이며, 포섭할 수 없는 이웃이고, 다독거릴 수 없는 긴장이며, 끝나지 않는 기다림인 것이다.

  레비나스가 말하는 전체성의 철학이란, 이 심연을 자기동일성의 오만으로 메워버린 데면데면한 평지의 철학을 가리킨다. 유대인이라는 사실, 집시라는 사실, 동성애자라는 사실, 그리고 장애인이라는 사실 자체가 그 심연을 가리고 메우는 데 사용되는 폭력과 전쟁의 철학인 것이다. 그것은, 키르케고르의 표현을 빌리면, '질적 변증법의 도약'이 없는 철학이다. 그 도약과 심연의 저편에서, 운신의 다른 규칙 속에서, 다른 판단과 취향의 동굴 속에서 다른 욕망과 희망을 좇아 살아가는 타자들을 폭력적으로 동화하거나 배제하려는 철학이다. 오직 하나의 질적 중심을 가진 유클리드적 철학이다. '포섭할 수 없음'과 '이해할 수 없음'과 '만날 수 없음'이라는 자연적, 존재론적 경건이 모멸당하는 철학이다.

  인식이라는 홀로서기만으로 도와줄 수 없는 타자와의 관계 속에서 신뢰란 대체 무엇일까? 그 근원적 비대칭성 아래 일상의 대화나 지식이 모놀로그의 동심원 속으로 쉼 없이 퇴각하는 관계 속에서 호의는 무엇이며, 신뢰는 또 무엇일까? 자기애amour-propre의 블랙홀 속에서, 헛된 발화들의 매개적 연쇄를 통과하며 불안한 정체를 엮어내는 우리는 서로 어떻게 만날 수 있을까? '(이미) 떠난 존재Weg-Sein'(하이데거)인 네 존재의 결여를, 내 존재의 무게는 대체 어떻게 견딜 수 있을까?

9-16
세속은, 탱자나무에서 홍매로 흐른다

    탱자나무 그늘 잊었다
    그늘 속에 홍매 몇 송이
    가지처럼 빨간 라디오 안테나
    조금 열려진 창 너머
    잘 말라붙은 안개꽃
    머리를 말리던 여자의 하얀 팔목*

설거지용 고무장갑을 사러 갔다가 고무장갑은 사지 않고 마침 그 곁에 전시된 봉걸레 하나를 사왔다. 그것이 세속의 본질이며, 어긋남과 실수를 사물의 질서 속에 새겨넣을 수밖에 없는 쿤데라적 인생**이다. 고무장갑과 봉걸레의 어느 측면이 닮았거나 말았거나, 둘 사이를 갈라놓은 틈이 어떠하거나! 소개받은 여자보다 문득 거간으로 나온 여자에게 더 마음이 쏠리지 않던가? 거간과 타깃이 무슨 관계로 얽혔든지, 그들을 한데 모으는 내 연상聯想이 길든지

*   강유정,「홍매」전문,『네 속에 나 같은 칼날』, 문학과지성사, 1995, 47쪽.
** 밀란 쿤데라,『농담』, 362쪽.

짧든지, 그것이 곧 우리 세속이며 또 우리 인생.

시의 본질을 은유隱喩에 두거나 모든 시를 서정시로 여기는 태도에는 나름의 이치가 있다. 은유는 닮음의 깊이를 드러내는 징후인데, 우리네 세속의 본질에 의하면 깊은 것도 슬픈 일이요, 닮은 것도 그 나름대로 슬픈 노릇이기 때문이다. 욕망을 간접화(매개적 모방)나 환유換喩로 여기는 학인들의 해석 역시 이 슬픔을 가중시킨다. 그 의도를 가로막는 삶의 잡다한 심연을 그대로 인정한 터에, 무엇이 그리도 슬픈가? 은유와 환유의 교차로에서 우왕좌왕하는 신뢰의 꼴이 슬픈가? 그대, 의도意圖의 집에서 외출하지 못하는 내 동무여, 그대의 신뢰는 어디에 있는가?

세속은, 탱자나무에서 홍매紅梅로 흐른다. 그 홍매는 라디오 안테나가 된다. 이윽고 안개꽃이 되었다가 어느 여자의 하아얀 팔목으로 변한다. 이것들의 닮은 틈 사이에서 우리 세속은 백치처럼 자신의 길을 간다. (베르테르의 마음에서 벗어나온 바르트처럼, 프루스트의 마음에서 해방된 사르트르처럼) 누구도 관료주의*보다 더 무서운 이 이치의 구조를 향해 애원하거나 고백할 수 없다.** 은유라는 깊이와 환유라는 넓이가 교합해서 만든 세속의 이치는 호의와 결심을, 사랑과 신뢰를 그 바탕에서 허문다. 그러나 정작 중요한 사실은, 그 넓이가 그리 넓지 않다는 점이며 깊이도 그리 깊지

---

* 베버나 프롬, 아렌트 등이 잘 말해주었고 카프카가 그로테스크하게 잘 그려주었듯이, 이제 우리의 긴 싸움은 어떤 유형의 관료주의에 대한 항의일 것이다.
** 다음의 글을 참조. 롤랑 바르트, 『사랑의 단상』, 174쪽.

않다는 점이다. 우리는 이 깊지 않은 깊이와 넓지 않은 넓이 사이를 어린아이처럼 걷는다. 세속은, 이처럼 명랑한 채로 슬프다, 정돈된 채로 어긋난다.

은유와 환유, 닮음과 근접, 깊이와 넓이, 응축과 대치, 유사와 전염傳染, 계열과 연합 등등은 모두 우리 세속의 우연성이 제 나름의 사슬 속에서 고착되는 수직-수평의 교차로다. 가령 계열화mise en séries라는 들뢰즈의 용어 역시 이 교차로에서 벌어지는 일리―理 구성의 사건들을 가리키는 것이다.* 나는 과거의 어느 글에서 "일리는 인간됨의 조건과 한계가 삶의 제 모습에 순응해서 그려나가는 해석의 지평"**이라고 요약했는데, 이것은 (극히 엉성한 채로) 일리지평―理地平의 좌표에 개입하는 수직과 수평의 힘들을 나름대로 생각해본 것이다.

산책andante/andare의 이치 역시 이 같은 사건들의 연속으로 구성된다. 그러나 내가 다년간 애착을 갖고 묵혀온 '보행'이라는 개념은 수직-수평의 교차로에서 벌어지는 만보적漫步的 반복과 선택

---

* 조금 다른 얘기지만, 라캉은 기표의 무한 연쇄의 어느 지점에 의미의 닻을 내릴 수 있는 개념적 장치로서 '푸엥 드 카피통points de capiton'을 말하는데, 나는 이 개념의 관념론적 성격에 주목한다. 의미를 '버릇'과 연관시켜왔던 미국의 실용주의에서 명개 먼지 한 톨만큼의 지혜를 배울 수 있다면, 사슬로 미끄러지는 기표의 어느 한 대목을 깁거나 누른다고 해서 현실적인 닻이 생길 리 없다는 사실이다. 이 대목에서는, 이론이 스스로를 '알면서 모른 체하며' 삶 속으로 낮은 결절을 이룬다는 의미에서 '비평' 개념을 살피는 것이 도움이 될 듯하다. 김영민, 「비평의 조건, 혹은 산책」, 『산책과 자본주의』, 늘봄, 2007.
** 김영민, 『진리, 일리, 무리』, 176쪽.

을 가리키는 것이 아니었다. 그건 그렇다 치고, 보행이 아닌 산책은 은유와 환유라는 무의식, 그 묵은 인문적人文的 미로의 뿌리를 건드리며 지나가는 행위다. 그래서 삶은 미로이며, 우리는 종종 충실의 지표를 잃고, 옳든 그르든 삶은 매번 다시 시작된다. '매일 하루 분량의 나를 창조한다'던 사르트르의 표현처럼, 산책으로서의 우리 일상은 매번 하루 분량의 은유와 환유를 자극하고 키우며 현실화한다.

 은유와 환유의 덫, 그 인간됨의 조건과 한계를 벗어날 수 없다면, 그 우연성의 미로 속에서 잠시라도 동무들이 정박할 신뢰와 연대의 닻은 어디에서 찾을 수 있을까? 고작 기표들의 연쇄를 조감하거나 그 은박 입힌 손잡이(누빔점)를 잠시 잡아볼 수 있는 게 전부일까? 끊임없이 이동한다는 헤르메스를 변명으로 내세워, 교통지도를 그리는 것으로 만족하랄까?* 거리距離의 우연성과 닮음의 우연성이라는 그 거울세계 속에서 인문人文의 성숙은 무엇이며, 그 거리와 닮음의 심연을 가로지르는 신뢰의 싹은 어떻게 키울 수 있을까? 내가 너를 믿고 움직일까, 움직이면서 믿을까?

 내가 은유와 싸울까? 내게서 비껴 달아나는 환유의 모가지를 따올까? 어떻게 움직여야 네가 나를 믿을까?

---

* 미셸 세르, 『해명』, 박동찬 옮김, 솔, 1994, 228쪽.

9-17

내 글이 나의 타자가 되는
어려운 응답 속에서
내 글은 길게 돌아오는
나의 손님이 된다

대량생산을 염두에 두지 않는 낡은 매체들, 즉흥적으로 이루어진 납세 의무가 없는 매체들만이 새로운 현재성을 획득할 수 있다. 그런 것들만이 기업과 기술의 통일 전선을 비껴갈 수 있는 것이다. 이미 오래전부터 책이 책같이 보이지 않는 세상에서 더 이상 책이 아닌 책들만이 책이라고 할 수 있다.*

벤야민의 말처럼, 주체를 나르시스적으로 녹여내는 감정이입에 의해 손쉽게 전달될 수 있는 메시지의 인상을 피하려는 노력은 중요하다. 통속적 낭만주의는 2급의 실존주의처럼 위험하며, 신뢰의 닻은 감정이입에 있지 않다. 오히려 감정은 원천적으로 이입되지 않는다고 보는 것이 실천적으로 현명하며, 혹은 그 이입을 알면서 모른 체하는 훈련의 길 위에서야 신뢰의 싹을 이드거니 틔울 수 있다. 사랑이 합일의 이데올로기와 동떨어져서 보풀처럼 일어나고 눕듯이, 신뢰는 이입의 감동이나 정서적 동화와 무관하게 시

---

* 테오도어 아도르노, 『미니마 모랄리아』, 75쪽.

작된다.

글쓰기에 대한 불평은 오래된 것이다. 그 불평의 한 축은 이입의 불가능성이다. 그 글의 문턱에서 친숙할수록 외려 멀어지는 그 낯선 문자의 원근법이다. 정신분열병자들의 낯선 기표를 감금하듯이, 흔히 그 불평은 폭력의 조짐을 품고 있기도 하다. 이해할 수 없다는 그들의 불평은 이입-동화의 메커니즘에 젖어든 글 읽기의 인습 속에서 손쉽게 재생산된다. 그러나 오히려 글은 '잿빛의 겹을 이룬 그 본질'(괴테) 속에서 이해할 수 없는 대상이 아닌가? 그렇기에 글은 텍스트가 되어 독자들의 '써넣기', 그 창의적 불화의 생산력을 오히려 채근할 수 있는 것이 아닌가? 마찰력이 없는 운동이 비현실적이듯이, 이해 역시 워낙 완벽할 수 없는 감가상각과 비용의 과정인 것이다. 말하자면 모든 이해는 오해, 혹은 응답의 마찰력에 얹혀 굴러다니는 운동성과 같은 무엇이다. 신뢰든 글쓰기든, 이입이나 이해라는 낭만주의적 가상에 근거하지 못한다. 그것은, 오직 캄캄한 동굴 속을 헤매는 응답의 행위 속에서만 스스로를 조형해나간다.

이를테면 타자라는 역설의 공간 속, 동정同情과 이입이라는 몰이해의 공간 속으로 내던져졌을 때라야 글은 비로소 글이 되기 시작한다. 그런 뜻에서 내 글은 (오래전 가다머가 시사한 바와 같이) 늘 나의 타자다. 그러므로 글쓰기에 대한 불평은, 그 불평이 제 나름의 진정성을 띠는 한 이미 그것 자체로 내 글의 일부가 되기 시작한다. 내 글이 기존 텍스트의 이치 공간 속에 들어서는 순간 독자들의 반응과 더불어 오해의 네크워크는 미생물처럼 번성한다.

그러나 중요한 사실은, 이입이나 동화에 의한 심리주의적·낭만적 이해는 글쓰기-글 읽기의 낯선 실제가 아니라는 것이다. 그것은 글이 매 순간 호출하는 타자성의 측면을 사상捨象하는 글쓰기의 나르시시즘에 불과하다. 의도의 외출과 외출의 의도를 이를테면 '마주침의 유물론'(알튀세르)으로 허물어버리는 것이 우리네 세속이며, 그 '세속적 비평'(사이드)의 난반사 속에서 삶의 의도들이 짧고 허무하게 다시 생성되는 게 우리네 글쓰기다.

글쓰기의 신뢰는 곧 역설적인 것인바, 그 글쓰기가 통속적인 신뢰를 받지 못한다는 일종의 위기 상황 속에서 그 신뢰는 새로운 차원의 질감을 획득한다. 그래서 신뢰는 아프고 괴로운 것이며, 신뢰의 지근에서는 내내 오해와 상처의 심연이 끝 모를 미로의 아가리를 벌리고 있는 것이다. 글이 보여주면서 숨기거나 숨기면서 보여주고, 더 나아가 보여주는 체하는 방식을 통해 숨기고 숨기는 체하는 방식을 통해 보여준다는 것은 이미 식자들의 상식이 되었다.

'완전히 홀로-있음을 향한 아폴론적 열망'(하이데거)이나 '사귐을 이루지 못한 인식의 홀로서기'(레비나스) 속에서 글은 아직 글이 아니다. 응답의 타자성, 그 아찔한 공허 속으로 휩쓸려 들어가보지 못한 글은 아직 글이 아니다. 삶, 글쓰기, 그리고 그 모든 실력實力은 세속적 응답의 근기와 슬기 외에 아무것도 아니다. 그 근기와 슬기를 요구하지 않는, 말하자면 자본주의의 통일 전선 속에 편입된 글은 아직/이미 글이 아니다. 요컨대 읽히는 글이 더 이상 글이 아닌 시대에 우리는 살아가고 있다.

 글이 이해되지 않는다고 할 때, 그것은 글의 문제이기 전에 좀 더 중요한 뜻에서 세속이 구비하고 있는 응답의 가능성과 한계의 문제다. 세속과 읽히는 책의 공모는 그 응답의 가능성과 한계를 규제하고 조작함으로써 계속된다. 그리고 글쓰기의 신뢰는 바로 이 가능성과 한계에 대한 새로운 통찰이 열어주는 공간 속에서 낯설고 힘들게 건설되는 것이다. 내 글이 나의 타자가 되는 그 어려운 응답 속에서 내 글은 길게 돌아오는 나의 손님이 된다.

9-18
텅 빈 삶은 신뢰에 관한 한
아직 아무것도 아니며,
신뢰는 바로 그 한없는 조심스러움으로
엮어내는 허공의 집이다

열정이 그토록 오래 계속된 것도 아마 그것(말) 때문일 거예요.(시몬 드 보부아르)

'삶은 말이 없다'고 할 때, 그것은 조건-한계나 역설力說-역설逆說의 구조를 절묘하게 드러낸다. 삶은 말(상징적 저항)이 없으므로 손쉽게 들어갈 수도 있지만, 바로 그 이유로 제때 빠져나올 수 없기 때문이다. 삶은, 이런 식으로, 의도를 비껴가며 신뢰를 원천적으로 봉쇄한다.

블랙홀의 매서운 물매 속으로 속절없이 휩쓸려 들어가는 입자들의 운명처럼, 애무는 삶의 무내용無內容 속으로 빨려들어간다. 상상해보라—그 살 위에 금박으로 각인된 십계명이 번쩍이고 있다면? 계명誡命과 상징이 없고 약속과 말이 없기에, 살의 기울기 속으로, 아무런 초대장도 없이 그저 맹목의 충실성과 내적 권태 속으로, 초대를 받는다.

삶은 미로迷路이며 그 속에는 처음도 마지막도 없다. 따라서 (이른바 '세속적 비평'이 시사하듯이) 늘 새로운 시작이 있을 뿐이다.

그리고 그 새로운 시작을 뒷받침하는 새로운 '빔'이 있을 뿐이다. 로테의 아름다움이 궁극적으로는 무미건조와 사통하듯이, 살의 쾌락도 궁극적으로 어떤 비어 있음에 기반한다. 살은 사실 비어 있기에 그 쾌락은 쉼 없이 재생산될 역설의 동력을 얻는 것이다. 마찬가지로 욕구가 아닌 욕망의 비어 있는 중심이라는 구조 역시 바로 그 비어 있음에 의해서 죽지 않고 재생산된다. 욕망의 숏shot이 영영 '적중'하지 못하도록, 쾌락의 실체는 그 중심의 허상을 가린다.

살의 유혹, 혹은 교태의 동학動學은 이 비어 있음으로 인해 계속된다. "그는 그녀가 무엇일 수 있었는지, 무엇이 될 수 있는지를 공상한다. 그녀에게는 어떤 가능성이라도 주어지는데, 그것은 그녀가 특별히 아무것도 아니기 때문이다. 바로 이 '비어 있음'이 연인을 곧 지겹게 하는 요인이지만 아울러 그것은 신비의 원천이기도 하다."* 이 신뢰의 영도零度인 살의 노오란(까아만/하아얀) 빔 속에 그 미로의 기원이 요동친다. 이 수동적 가능성의 열림은 연정의 관계에서 아무것도 아니면서 모든 것이 될 양 욕심을 부린다. 그것은 마치 호의가 아무것도 아니듯이 아무것도 아니며, 또 바로 그 호의가 거의 전부를 강변하듯이 거의 전부다.

악마의 호출 부호이고 천상의 헤르메스인 그 텅 빈 살은 신뢰에 관한 한 아직 아무것도 아니다. 그것은 마치 호의/호감이 아직

---

* Simone de Beauvoir, *The Second Sex*, New York: Alfred A. Knopf, 1968, p. 692.

아무것도 아닌 사회적 무의식의 한 부분에 불과하다는 이치와 같다. 중요한 의미에서 살은 아직 '사건'이 아니라는 뜻이며, 바로 여기서 말의 사건성은 살의 묵언 위로 보이지 않는 지형도를 그리는 제구실을 해낸다. 물론 니체의 낡은 지적처럼 사건은 의도에서 발생하지 않으며, 마찬가지로 그의 자화자찬처럼 동정同情의 심리학을 넘어선 것은 니체의 위대함일 것이다. 살이라는 '아름다움-백치'와 함께, 그리고 그 '아름다움-백치'를 넘어 신뢰를 엮어낼 수 있는 것은 역시 사건으로서의 말, 그리고 말이라는 사건성일 것이다. 물론 말은 무엇보다 행위이자 사건이며, 우리에게 주어진 최대이자 유일한 삶의 가면—우리 삶이 가리키면서 걸어가야 할 바로 그 가면—이다. 가면이기에, 우연이기에, 토대 없는 유희의 마당이기에, 그리고 은유와 환유의 즉흥성이기에 말은 더 진지하고 조심스러운 것이며, 신뢰는 바로 그 한없는 조심스러움으로 엮어내는 허공의 집인 것이다.

9-19
약속이란 무엇인가? (1)

약속을 지키기 시작하는 것은 새로운 종류의 중력을 느끼는 것과 같다. 그리고 약속 지키기의 효과는 그 중력보다 빠르게 움직이는 체질 속으로 약속이 사라지는 것과 정확히 일치한다. 이데올로기와 종교도, 다이어트와 호흡도 쉽게 우리 존재를 비껴간다. 그러나 매우 이상스럽게도, 약속은 이 시대의 인문학도들에게 영영 다가오지 않을 미래의 존재론이다. 내가 발견한, 존재에 접근하는 또 하나의 입구는, 약속보다 빠르게 움직이는 약속의 문이다.

약속이 존재론이 되는 것은, 그 약속이 매 순간 내 존재의 무게로 체감되는 방식 속에 있다. 약속이 쉽게 지켜지거나 쉽게 어겨지는 세상에서는 약속이 내 존재의 무게를 이루지 못한다. 약속은, 미래에서 출몰하는 모든 영웅을 죽이고, 엄습하는 사건들을 잠재우면서, 시간과 더불어 시간을 넘어가는 삶의 방식이다. 세속 속에서 약속을 지킨다는 것은, 나를 통과하는 모든 미래에 대한 극진한 환대인 것.

9-20
생각 속에는 신뢰가 없다

신뢰는 사후의 실천, 그 역사의 쉼 없는 고리들 위에서 마치 오후 6시의, 물 밖으로 튀어오르는 민물고기의 등처럼 희번덕거릴 뿐이다. 그 등을 타고 살아가는 일은, 일련의 '모른 체하기'가 밀어내는 삶의 미묘한 경계와 동연同延을 이룬다. 물론 '나'는 중요하지만, 그 '나'를 둘러싼 '내 생각'이 극히 사소하다는 깨침 속에서 신뢰의 기미는 비로소 실천의 울림을 얻는다.

10

언덕을 넘어서지 않으면
결코 알 수 없는 바람이 문제다

세속의 본질은 그곳에 본질 같은 것이 없다는 사실에 의해 역설적으로 드러난다. 신神의 무력이나 천황의 소외, 혹은 어떤 종교의 공성空性처럼, 세속 역시 비어 있는 중심으로서 무게 있는 것들을 끊임없이 불러 모은다.

그러나 가령 배은망덕은 세속이라는 사건의 지평을 이룬다. 배은망덕 역시 어떤 빈 곳을 가리키는 손가락과 같은 것이기 때문이다. 어여쁜 손가락들은 용서되고, 세월의 노고에 힘입어 빈 곳은 곧 잊힌다. 그러나 그 손가락을 기억하는 사물들의 기운은 영원하다. 마침내 우리 존재가 배은망덕으로 가득할 때까지, 영원하다.

세속이 슬픈 이유는 악惡 때문이 아니다. 슬픔은 분노와 일치하지 않고, 분노의 긴 잔상殘像보다 더 길게 희미해지는 끝에서야 슬픔이 돌아본다. 슬픔은 적敵들의 횡포 탓이라기보다 오히려 동무들의 선의와 연인들의 호의에 얹혀 생긴다. 호의가 에고이즘과 사통하고 선의가 나르시시즘의 미끼로 전락하는 그 속절없는 무능 속에 세속의 본질은 옹글게 똬리를 틀고 있다. 한갓 유아론의 자식으로 입적해버린 이 시대의 호의와 선의에서 세속은 자신의 본질을 보인다.

척마尺魔가 세속의 본질이 아니다. 오히려 촌선寸善이 본질이며, 촌선이라는 그 적음을 추스르는 데 늘 실패한다는 사실 속에 세속의 본질이 있다. 아렌트는 악惡이 그저 표피에 번성할 뿐이고, 진정으로 깊고 급진적인 것은 오히려 선善이라고 했지만, 우리에게 정작 중요한 것은 일상의 표피에서 조금씩 얕은 싹을 내리고 있는 촌선寸善의 문제다. 척마에 대한 우리 태도는 오히려 명료하고 단호할 수 있다. 그러나 촌선을 대접하는 우리 일상은 늘 주춤거리고 어긋나며 못 미치는데, 실은 바로 그 속에 세속의 본질이 희미한 미소를 숨기고 있다. 촌선척마寸善尺魔라는 객관성 속에 세속이 있는 것이 아니라, 척마와 싸우던 그 의기意氣가 촌선을 앞두고서는 아무 쓸모가 없다는 데 세속의 본질이 있는 것이다.

당신의 불행이 내 행복이 되는 그 원환圓環의 헤덤빔迷妄 속에 세속의 본질이 있다. 나는 종종 '완벽하지 못한 삶!'이라고 혼자 중얼거리는데, 세속은 그처럼 한 치 앞을 짚을 수 없는 헤덤빔 속에서 새롭게 시작할 수밖에 없는 장소다. (에드워드 사이드가 시사했듯이) 그러므로 세속 속의 최선은 오직 다시 시작하는 것, 다시 걷는 것뿐이다. 최선의 단자Monad가 되어 이 세속의 공간을 떠돌면서 그 단자에 틈이 생기는 어느 빛나는 시간에 희망의 줄을 잇고 있을 뿐이다. 의도도 믿음도 호의도 다짐도 아니다. 언덕을 넘어서지 않으면 결코 알 수 없는 바람이 문제다.

11
자화상은 어리석음의 절정에서 개화한다

모든 자화상自畫像은 어리석음의 절정에서 개화한다. 돌아보는 풍경의 원근법적 도착, 자화상은 자신의 인생을 탕진했다는 가장 완벽한 증거다. 그리고 천재란 자화상적 재능이 도달할 수 있는 어느 세속의 극점을 시사한다. 흔히 천재들이 나르시시즘에 빠지는 이유는 이로써 쉽게 설명된다. 그리고 슬픈 노릇이지만, 세속은 천재들에 의해서 구제되지 않는다. 천재란 곧 구제될 수 없는 세속의 자화상이 지닌 바로 그 심연이기 때문이다. 한편 내가 근자에 알아낸 새로운 존재론은 '약속' 혹은 연극적 실천*이라는 것인데, 약속이야말로 천재의 저편에 놓이기 때문이다.

---

* 김영민, 「자서전이냐 연극이냐?」, 『산책과 자본주의』.

11-1
약속은 무엇인가? (2)

약속은 그 근본에서 일종의 도착倒錯이다. 그것은 '세속'이라는 어긋남, 그 불가능성을 거스르는 행위이기 때문이며, 무엇보다 그것은 과거에 붙박인 채 미래를 선취하려는 과욕이기 때문이다. 약속이란 의도로써 그 의도의 외부를 잡으려는 기이함이며, 의도와 외부 사이의 메울 수 없는 간극을 초월하려는 관념론이기 때문이다.

　도대체 사람들은 어떻게 왜 약속을 지키겠다고 결심하게 된 것일까? 미래에다 자기 삶을 저당 잡히려는 이 태도는 어떤 과정을 통해서 세속의 평평한 일상이 되었을까? 미래를 좌표화시키는 약속은 어떤 체계와 연동되어 있는 것일까? 그리고 인간은 약속이라는 인위적 시간의 눈금을 통해 자연적 순환의 시공간에서 어떻게 멀어지고 있는 것일까? 대체 약속이 무엇인지, 그것이 인문人紋 속에 각인된 방식은 무엇인지 왜 아무도 묻지 않는 것일까?

11-2
약속은 무엇인가? (3)

약속은 이를테면 마음을 내-놓을 수 있다는 어떤 허위의식의 보편성이다. 그것은 마음의 한 부분을 절취截取한 듯하지만, (마치 데리다의 선물*이 그러해야 하는 것처럼) 절취한 순간 이미 마음의 자리를 찢고 벗어난다. 마음을 미래적 시공간의 좌표 속에 펼쳐 내놓는 순간, 마음은 소외되는 것이다. 약속이란 마음의 소외라는 한계를 조건으로 삼은 근대적 삶의 가능성이다.

    자연을 과학적 데이터로 환원시켜 체계화하는 순간 보행자-인간은 자연으로부터 소외되며, 노동이 체계 속에 기계적으로 편입되면서 노동자-인간이 소외되고, 선물이 선물상업주의의 코드 속에서 재생산되는 순간 개인의 영혼은 그 뻔뻔하게 얇은 물건의 밖으로 튕겨나가고, 언어가 차이들의 체계 속으로 편입되면서 발화자-인간의 내밀한 실존적 운동성은 소외될 수밖에 없듯이, 인간

---

* "그 역설적 순간(키르케고르가 '그것은 미친 것'이라고 말한 결단의 역설적 순간과 같은 뜻에서)이 시간을 찢어놓을 순간에만 오직 선물은 가능해질 것이다." Jacque Derrida, *Given Time: 1. Counterfeit Money*, Chicago: University of Chicago Press, 1992. p. 9.

은 약속을 하면서 그 약속이 편입되어 들어가는 기존 체계로부터 역설적으로 소외된다. 귀속/소외는 동시적 사건이다. 그것은 소내疎內*/소외疎外의 동시성과 정확히 일치한다. 체계와 관련시킬 때의 인간 소외는 늘 소내의 이면裏面이다.

---

* 이것은 김진석이 내놓은 '소내' 개념 — 이를테면 '일상의 진부함과 존재의 쓸쓸함을 긍정하고, 좁은 안으로 성글어지면서 오히려 넓어지는 실존' — 과 무관하다. 여기서 쓰인 소내는 소외와 짝을 이루는 것으로, 소외 현상 자체가 체계 내적으로 귀속되는 사회구조적-제도적 측면을 가리킨다.

11-3
약속이란 무엇인가? (4)

약속은 응당 주체화에 기여한다. 그러나 '사회계약설'에 스며든 인과/주객의 도착倒錯이 약속에서도 반복된다. 따라서 흔히 약속을 주체(화)의 결과, 혹은 결정으로만 여긴다. '주체가 약속한다'는, 문법적 주술 구조의 일방향성은 주체의 계보와 다양성 그리고 그 생성적 역사성을 쉼 없이 우리 시야에서 밀어낸다. 약속과 신용의 주체가 선재한다는 시속의 통념에 근거해서 일상의 갖은 교환 행위가 이루어지고 있기에, 약속과 그 주체 구성의 실천적 결절結節 기능은 실제의 면모를 감춘 채 우리의 피상적 시야에서 사라져버리곤 하는 것이다. 자아/주체는 인문학의 오래된 주제이지만, 그 논의는 극도로 다양한 만큼 여전히 혼탁하다. 안이한 회전체를 구성하고 있는 일상의 편이는 모두 여러 오인誤認과 사통하며, 특히 그 편이의 환상적 중심을 이루는 자아는 나르시시즘이라는 도착적 오인의 덩어리인 셈이다.

서양 사상사의 주체화 논의로부터 약속이라는 행위가 송두리째 빠진 사실은, 초월론적 시각이 지목하고 적발해내려는 도착적 오인의 심각성 외에도, 서양 철학사가 제출해온 주체론의 관념론적 편향―'사유하는 순간만 존재한다'는 데카르트에서 '자아는 자기 자신을 사유하는 한에서만 존재하고 또 오직 존재하는 한에서만 사유한다'는 셸링에 이르는 반복강박적/관념론적 나르시시즘―을 여실히 증거한다. (물론 '약속의 존재론'에서 보자면, 유물론화 역시 아무런 능사가 아니다.) 간략히 총평하자면, 그것은 땅의 주체, 몸의 주체, 그리고 여성의 주체를 체계적으로 배제했기에 가능해진 성취였다. 그리고 다양성을 개방성과 혼동하며 그 변증법적 자기차이화로써 외부성에 대한 갈망을 미봉彌縫한 과정이었고, 결국 정신병리적 사상과 일탈에 대한 공포를 내재화한 표준적 공로이기도 하다.

미리 밝혀두면, 약속이라는 수행遂行, 그 '알면서 모른 체하기의 수행'은 이론과 실천, 관념과 몸 사이를 가로지르면서 둘 사이를 사뭇 맹목적으로 매개하는 '실천적 의식'이다. 칸트가 『순수이성비판』의 서문에서 밝힌바, 그것은 대상과 개념을 한정할 뿐인 이성의 이론적 인식이 아니라 그것들을 더욱 '현실화'하는 실천적 인식의 지평과 맞닿아 있다. 약속의 실천적 매개성은 그것이 타자와의 사회적 관계 속에서만, 그리고 그 한시적·재구성적·점근선적 신뢰의 규정력 속에서만 기능한다는 데 있다. 물론 여기서 '알면서 모른 체하기'라는 것은 사적 언어를 비판하고 삶의 양식에 기대는 비트겐슈타인의 태도, 타자가 있고서야 비로소 내게 의미를 갖는 '현실적 의식'으로서의 언어관을 말한 마르크스, 그리고 타자와의 관계('응답할 수 있음') 속에서만 언어적 운용력의 현실성을 파악했던 바흐친의 태도 등과 느슨하지만 생산적으로 이어진다. 이에 덧붙이자면, 데카르트-후설류의 코기토적 명석성에서부터 하이데거류의 존재론적 차이를 모두 이른바 차연différance이나 흔적Spur의 후속 효과로 재배치하는 데리다의 해체론적 태도는 그의 후기 마르크스주의적 언명에도 불구하고 주체의 실천적 결절에 대한 고민으로 집약되기가 쉽지 않다. 그리고 (물론) 약속의 존재론/주체론은 무엇보다 바로 이 실천적 결절에 주목함으로써 가능해진 자아 생성의 한 이치다.

현전적·자기소급적·자서전적 지식의 오만과 역설적 (불)확실성에서 벗어나 관계로, 타자로, 세계 속으로 찾아드는 방식은 여러 가지다. 크게는 칸트에게서 고전적 범례를 엿볼 수 있는 실천이성의 길과 그 아류가 적지 않고, 벤야민들이나 레비나스들과 어울려 웅성거리는 신비주의/메시아주의의 음성도 드물지 않다. 레비나스처럼 멀리 나가면서도 서구적 고질인 초월성을 오히려 초월적 경험론의 급진주의로써 뚫어내는 들뢰즈의 길도 있다. 계몽과 기술주의적 합리성의 체재내적 모순과 역설에 주목하는 비판적 태도가 마르크스주의의 양지에서 거의 한 세기의 섭동과 파장을 누리고 있는가 하면, 의식적/묘사적 지식 구성의 합리주의로부터 이탈해 에로스(마르쿠제)나 욕망(라캉)의 길로 선회하면서 새로운 주체 구성의 굴착에 진력하기도 한다. 물론 (신)실용주의 역시 중요한 한 갈래이며, 은폐되고 왜곡된 합리성의 새 가능성을 염출하는 데 진력하는 하버마스식 의사소통적 주체 구성 방식도 주목을 요하는 기획이다.

칸트 이후에 지식은 곧 주체 구성의 문제와 직접적으로 그리고 필연적으로 관련된다. 신학적·형이상학적으로 '주어진' 주체가 아니라 지식 생산 과정과 적극적으로 연동하는 '구성적' 주체가 된다. 하이데거의 지론처럼, 데카르트 이후 인식론 중심의 서양 철학사가 존재를 망각한 채 주체의 의식 속에 일률적·평면적으로 회집한 세계상Weltbild으로서 피시스physis를 대체했을 때, 지식은 불가피하게 주체의 자장 속에 휘말려든 지식이었고, 주체가 스스로의 초월론적 정체성에 의해 규정하고 구성한 지식이었다. 지식을 주체 생성의 맥락과 더불어 사유한 데카르트의 근대적·인식론적 혁명은 칸트에 이르러 완성되는 것이다. 잘 알려진 대로 칸트의 코페르니쿠스적 혁명은 '대상에 따라서 규정된 지식'을 '대상이 우리 인식(능력)에 따라 규정되는 지식'으로 탈바꿈시키는데, 이로써 아리스토텔레스 이후에 계속된 고중세의 존재신학적 위계론이 해체되고, 근대 개인주의적/부르주아적/자유주의적/관념론적 지식론은 본체를 드러낸다.

존재론ontology은 그 형이상학적 무게와 내재적 차별성을 차압당한 채 평평한 근대적 풍경으로 환원되는 것이다. 아울러 그 풍경은 근대 과학의 물질론과는 별개로 급속히 관념론화되면서 새롭게 조형된 자아학egology의 함수로 소집당한다.* 라캉에 이르러 마침내 '모든 지식은 편집증적paranoiac'이라고 선언되며, 들뢰즈와 함께 현실적 지식의 배경으로 플라톤적 동일성이 아니라 '차이 그 자체'라는 초월적 형상이 제시될 때, 우리는 2500년 철학사상사를 내리 달리면서 존재를 삼켜버린 자아의 현대적 분열을 별 동요 없이 목도하고 있는 셈이다.

약속은 이 치명적 분열에서 벗어나려는 형식적 실험이다. 그리고 이 형식주의는 실천을 위해서 선택된 일종의 '최소주의'에 해당된다. 앞서 말한 '알면서 모른 체하기'도 물론 그 방식을 실천적으로 형식화한 것이다. 즉, 모른 체하기가 열어주는 실천의 계기와 근기를 형식적으로 규정한 것이 약속인 것이다. 마찬가지로 우선 약속은 관념론적 주체 생성의 주된 매개였던 지식—그것도 그 둘 사이의 치명적 사통을 방치함으로써 가능해진 바로 그 지식—의 '아는 체하기'와 그 역설적 불확실성에서 벗어나려는 실천의 기획이며 형식이다. 약속의 '알면서 모른 체하기'는 지식의 '아는 체하기'를 형식 속에 배제하고 방치함으로써 획득되는 새로운 생활 방식의 근기와 더불어 차츰 가능해진다.

약속이 주체론적, 나아가 존재론적 함축을 띠면서 서구의 관념론적 주체 구성의 사상사에 비판적으로 개입할 권리는, 최소한 그것이 사상사를 알면서도 모른 체하며 쉼 없이 진전하는 그 실천적 결절의 미래적 점근선 때문이다. 혹은 마찬가지로 내면적/관념론

---

* 그러므로 서양의 근대 사상사는 유물唯物과 유심唯心의 상호 소외가 적대적 공생관계 이루는 모습이며, 칸트 이후에 선명해지는 역사와 지식의 변증법은 이 모순 관계를 따라잡으려는 내부의 기획일 뿐이고, 따라서 서구의 외부에서 바라보는 헤겔과 마르크스는 크게 다르지 않다.

적 주체 생성의 과정마저 오히려 오랫동안 모른 체하기에 역설적으로 가능해지는 사회적/실천적 매개성 때문이다. 약속은, (진리를 특별히 창조/창안과 대조시킨 니체나 로티, 혹은 의사소통의 수행적 재구성의 힘으로 번역한 하버마스식으로 고쳐 말하자면) 이론적·내적 주체 생성의 과정을 알면서 모른 체하기에 필경 그 역설의 힘으로써 미래적 주체의 실천성을 창조해내는 것이다.

'언어가 주체를 형성한다'거나 '힘/의지의 네트워크 속에서 주체의 다각형적 벡터가 형성된다'거나, '주체는 사건의 후속 효과'라거나 혹은 '의식은 무의식의 증상이다'라는 전도顚倒의 역설적 보편성 속에서 현대 사상사의 물꼬가 트였다는 사실은 이미 상식이 되었다. 근대 이래 꾸준하고 생산적으로 보편화 과정을 흡수해온 인지人智는 마침내 진퇴양난의 역설力說/逆說의 악순환에 빠진 듯하다. 역사의 종말에 대한 의사과학적 소문과 더불어, 인간의 죽음이나 철학의 죽음, 혹은 문학의 종말에 대한 담론이 시대의 유행처럼 회자되듯이, 인문학적 지식이 자기 조회의 재귀적 소모로 수렴되거나 '테크노폴리technopoly'(닐 포스트먼)의 하부 기제로 전락한 채 자본주의 체제와 더불어 전일화한 '기술적 수렴 현상'(엘루) 속으로 휩쓸려 들어가고 있는 것은 그 지식 생성의 동력이 탕진했다는 사실을 보이는 강박 증상에 다름 아니다.

'약속이 주체를 (재)구성한다'거나, '약속은 (마치 본대를 앞서나가는 첨병의 예리한 점근선적 동선처럼) 주체를 선구/선도한다'는 명제는, 주체를 심리적으로 환원시키는 통속의 주관주의를 당당히 뚫고 나간다. 그것은 기본적으로 약속과 그 충실성이 주체의 실천적 결절을, 혹은 실천적 결절로서의 주체를 이루는 행위/사건일 뿐 아니라, '알면서 모른 체하기'의 맥락에서는 실로 주체랄 것이라고는 실천이성의 구체적 결절과 약속의 수행적 재구성으로 이루어지는 사회적 책임성밖에 없기 때문이다. 초월적 통각統覺도 무의식도, 이마고데Imago Dei도 기표/해석의 연쇄도 주체의 현실적 상호 교환에 따르는 책임을 부담할 수 없다. 그리고 특히 내가 이 글의 배경으로 세워두고 있는 '동무론'의 입지에서 보자면, 사회성이라는, 너와 나 사이의 심연 속에서 연대할 수 있는 유일한 방식의 기초는 주체를 약속이라는 '밖'으로 끌어내 신뢰의 점근선을 잇는 것일 수밖에 없다.

그러나 주체의 생성과 관련해서 약속을 '밖'의 것만으로 정의하는 것은 정확하지 않다. 앞서 말했듯이, 약속이라는 '알면서 모른 체하기의 수행遂行/修行'은 이론과 실천, 관념과 몸의 안팎을 가로지르면서 둘 사이를 매개하는 '실천적 의식'이기 때문이다. 굳이 니체처럼 약속을 언명하지 않고서도, '밖'으로부터 인간을 정의하거나 구성하는 방식은 이미 다양하게 소개되었다. 마르크스나 니체, 다윈이나 프로이트같이 현대 사상의 초석을 놓은 이들은 내면의 탈물질적 수렴점에서 벗어나 인간을 역사와 우연 속으로 풀어놓거나, 체계와 구조의 함수와 관련시킨다. 가령 메를로퐁티나 바흐친도, 사회적 관계와 무관하게 선립先立하는 '내적인 인간'이란 없다. 혹은 사르트르의 『구토』의 유명한 문장이 말하듯, '존재의 본질은 우연이며, 그 존재의 이면은 없다'. 마르쿠제 역시 역사적 실천을 통해 현실에 맞서서 생성되는 '밖'의 주체를 말하고 있으며, 아렌트도 현실과 비판적으로 맞서는 실천의 가능성 속에서 구성되는 주체를 말하기는 마찬가지다.

그러나 흥미롭게도 나르시스적 거울단계를 벗어난 이들의 시야에서조차 '약속'은 아무런 이슈가 되지 못한다. 관념과 몸, 이론과 실천, 유심과 유물이라는 전통적 이분법 아래에서 코드화된 주체 구성의 논리에 따르면 약속은 아직/늘 사소한 문제에 불과한 것이다. (아니, 사소하기에 앞서, 그것은 주체의 외부에서 명멸하는 한낱 에피소드에 불과하다.) 그러므로 이들은 아직 약속이라는 최소주의의 실천 속에서 점근선으로 생성되는 주체, 그 점근선적 신뢰의 고리를 읽어내지 못한다.

11-4
약속이란 무엇인가? (5)

'약속을 할 수 있는' 동물을 기르는 것 — 이것이야말로 자연이 인간에게 부과한 역설적인 과제가 아닐까? 이것이야말로 인간에 관한 진정한 문제가 아닐까?(니체, 『도덕의 계보』)

니체의 도덕계보학은, 도덕적 개념들의 자율성이란 원근법적 도착에 의한 가상이며 그 기원의 물질성을 망각했기에 의식의 전면에 부상할 수 있었던 거품과 같은 것이라고 밝힌다. 물론 이것은 프로이트의 문화론과 겹치는 일종의 계보학적-초월론적 설명, 본능과 자연을 억압하면서 문화 속으로 진군한 인간의 치명적 유약화, 도덕화 과정에 자리 잡는다. 요컨대 니체의 표현처럼 '풍습의 도덕Moralität der Sittlichkeit'에 의한 체계내적 인간의 재생산이며, 여기서는 초인의 영웅적 가치 창조를 위한 지평은 막혀 있다. 물론 이것은 '혼자 있을 수 없다는 이 커다란 불행'을 체질화한 현대적 자화상, 포의 '군중의 사람'을 연상시킨다. 그래서 도덕은 기본적으로 '무리-도덕herd-morality'으로 낙착한다.

니체는 '그 풍습의 도덕이 무엇에 이르는 수단에 불과했다는 것이 마침내 드러나는 지점'을 전망한다.* 의인론적 신神의 영도零度라고 할 만한 그 지점에서 니체가 끄집어내는 것은 초인, '미래를 미리 마음대로 처리할 수 있는 강자'(『계보』, 66), '자기 자신에게만 동등하고 풍습의 도덕에서 해방된 개체이며 자율적이고 초도덕적인 개체'(『계보』, 67)다. 그런데 이 개체가 '약속'과 더불어 정의되고 설명되는 것이야말로 이 글의 논의와 관련해서 주목을 끈다. 그 개체는 "요컨대 자기 자신의 독립적이고 지속적 의지를 지닌, 약속할 수 있는 인간"(『계보』, 67)이며, '신뢰하고 약속할 수 있는 강자'(『계보』, 68)로 표현된다. 그리고 그 강자는 "지키지도 못하면서 약속하는 여윈 허풍쟁이들을 걷어찰 것이며 입술에 침이 마르기도 전에 그 약속을 저버리는 거짓말쟁이들을 회초리로 응징할 것"(『계보』, 68)이다.

약속을 특별히 강자의 윤리로 긍정하는 점에서, 니체의 생각은 내가 제안하는 '약속의 존재론'과 다르다. '나비, 혹은 파약破約의 존재론' 역시 '약속의 존재론'이 점유한 세속에 편입되지 않은 채 반딧불이의 동선으로 그 접경을 만들어가는 능력, 그리고 만들어가야 할 권리가 있기 때문이다. 존재론으로서의 약속은 파약을 응징하거나 걷어차지 않으며, 망치를 들고서는 나비를 잡을 수 없는 법이다. 약속이 다만 채권-채무 관계의 거래로 환원되지 않는 존재론적 사건일 수 있다면, (가령 푸코가 그의 동성애를 놓고 그렇게 주

---

* 프리드리히 니체, 『도덕의 계보』, 김태현 옮김, 청하, 1982, 67쪽. 이하 『계보』로 약칭.

장하듯이)* 마치 우리 일상 속에 이미/늘 내려와 앉아 있는 언어게임Sprachspiel처럼 약속은 오직 삶의 양식과 맞물리는 영속적인 계기로서만 그 고유한 무게와 가치를 증명해야 하기 때문이다. 약속이 단지 남성주의적 체계의 수호부守護符로서 기능하는 한, '기약할 수 없는 사건으로만 존재하는 그 비상飛翔의 환유'로서 나비는 오히려 존재의 이유raison d'être가 충분하기 때문이다.

약속은 일단 형식 혹은 게임의 룰로 보이고, 따라서 파약의 사건 역시 형식주의적 비난을 면할 수 없을 것이다. 그러나 '글쓰기는 정치'라는 바르트의 전형적인 말이나 문체반정의 주체였던 계몽군주 정조의 정략에서 보듯, 비非형식-형식-초超형식-탈脫형식 사이를 넘나드는 모든 활동은 기본적으로 정치이며, 그것은 의사소통이라는 내용적 이상理想에 앞서 그 이상을 전방위적으로 간섭하거나 재구성하거나 배제한다. 예를 들어 '작업 자체가 그 매개체에 내재한다'는 R. 윌리엄스의 언명, '매체는 메시지다'라는 매클루언의 명제, 그리고 부르디외의 텔레비전론에서 제안된 '통속화'나 '침투 효과'라는 개념은 모두 넓은 의미의 매체적 정치가 메시지의 인식에 구성적·선험적으로 앞선다는 사실을 보여준다. 그런 뜻에서, 파약을 약속이라는 형식 체계의 법정 속으로 호출해서 평가하는 것은 곧 그 파약의 정치적 효과를 없애려는 무력화의 정략

---

* 다음의 글을 참고. Michel Foucault, "Friendship as a Way of LIfe", *Michel Foucault: Collected Interviews, 1961~1984*, New York: Semiotexte, 1989, pp. 308~312.

일 수밖에 없다. 파약은 단지 약속의 메시지를 지키지 '못한' 것이 아니다. 그것은 사건이다. 그것은 약속을 지키지 '않을' 뿐 아니라 파약 자체를 체질화, 생활화, 주체화함으로써 약속의 윤리학이 체계와 공모하면서 재생산하는 기득권에 도전하고, 그것을 끊임없이 희롱하고 성가시게 한다.

'긍지를 지니고 자신을 보증(약속)할 수 있는 성숙한 개체'에 대해 말하기 직전에 니체가 양심의 역사를 거론(『계보』, 68)하는 것은 극히 의미심장해 보인다. 양심은 그 배후에 오랜 역사와 형태의 변천 과정을 거느리고 있다고 적은 다음, 니체는 뜬금없이 '자신을 보증하고 긍정할 수 있는 만숙晩熟'의 존재를 거론한다. 엄밀히 말해 그 취지에서는 나와 분명한 차이를 보이지만, 니체 역시 양심이라는 사이비-내면성의 구심(혹은 어떤 제도가 고착시킨 환상)에서 벗어나 약속이라는 실천적 의식의 지평으로 옮겨가는 듯하다. 니체가 제기한 '양심의 역사'라는 19세기적 주제는 푸코나 로티의 작업을 통해 20세기적으로 계승, 변주, 심화된다. 이를테면 로티의 '아이러니스트'는 양심을 시간과 기회의 산물로 환원·해체하는 지점에 존재하는 미국식 포스트모던 자유주의자이자 신실용주의자인데, 이것은 '우리가 자유를 돌보면 진리는 스스로를 알아서 돌볼 것'이라는 그의 『철학과 사회적 희망』(1999)에서의 주장과 맞물린다. 이 주장을 다시 내 방식대로 번역하면, '우리가 약속 혹은 신뢰를 돌보면 양심 혹은 진리는 자기 자신을 알아서 돌볼 것'이 된다. 비슷한 논의의 맥락에서 로티는 '양심 conscience'을

'조심prudence'으로 대체할 것을 주장하기도 했지만, 이 같은 주장은 내 오랜 지론인 '삶의 극진함이 진리를 물러가게 한다'는 이치에서 연역될 수 있기도 하다. 그리고 내가 조형하려는 약속의 존재론이란, 근본적으로 삶의 극진함에 이를 수 없는 실천을 '알면서 모른 체하기'라는 최소주의 속에 운용하면서 관계들을 다스려가는 형식적 실험이자 그 생활 방식이다. 이는, '아는 체하기'가 실천 속에서 필경 빠질 수밖에 없는 그 역설적 불확실성, '체계적 오인allodoxia', 그리고 상처의 반복적 재생산의 메커니즘을 가로질러 나가려고 한다.

니체는 행위의 의미와 가치를 책임과 자유가 역설적으로 등치하는 운명, 그 지배적인 본능에서 찾는다. 약속이 존재론 속에 교직되는 단층은 니체의 운명애amor fati가 빛을 발하는 순간인 셈이다. 그러나 그의 생각이 품은 의사남성주의 외에도, 약속을 다만 개인사의 맥락에 위치시킨 채 약속이라는 개개인의 실천이 체계의 기득권과 그 아비투스에 편입/순치된 방식을 묻지 않는 니체의 입장에 동의하기는 어렵다. 약속은 존재론적, 자아론적 함축을 지니면서도 자본주의적 거래와 교환의 체계를 양육하고 정당화하는 일상적 행위/정치이기에 그 체계론적 함수를 놓치고서는 약속의 실천적 함의를 제대로 챙길 수 없기 때문이다.

아무도 약속이 무엇인지를 묻지 않는 터에, 약속을 할 수 있는 능력을 인간에 관한 진정한 문제로 읽어내는 니체의 천재는 여전하다. 예를 들어 인간의 모든 정신적 에너지는 오직 상징적 형식을 통해서만 표현된다는 카시러의 지론이나 정신분석의 근본 메커니즘을 '아버지의 이름Nom-du-Pére'이라는 상징적 기능의 주변으로 회전시키는 라캉의 강박적 재서술은 인간학/자아학의 영역에서 약속의 행위가 차지하는 역할과 그 잠재적 가능성을 넉넉히 시사한다. 약속이 현대 인간학의 논의에서 송두리째 생략된 것은 이해할 수 없는 미실迷失이다.

11-5
약속이란 무엇인가? (6)

최상의 인물은 정情을 잊어버리고, 최하의 인물은 정을 이해하지 못하고, 정에 쏠리는 것은 마땅히 우리에게 속한다.(왕이보王夷甫)

아는 대로, 세속은 쟁진爭進을 빌미로 쉼 없이 화단禍端을 발생시키는 곳이다. 그런데 이 화단은 흔히 공사公私가 뒤섞이면서 생긴다. 아렌트나 로티의 지적처럼, 그 자체로 기능적 분배의 보편성에 근거한 현대사회의 기능주의에는 공사의 구별이 필수적이다. 물론 공사의 차이는 매양 선명하지도 않을뿐더러 심지어 그 구별이 늘 바람직한 것도 아니라는 사실은 종종 사안의 판단을 그르치게 한다. 그러나 '동무'라는 실천철학의 관계 지평을 얻기 위해서는 공사의 준별에 대한 실천적 지혜와 그 식감識鑑이 극히 긴요하다.

'최상의 인물은 정情을 잊어버린다'는 노장老莊류의 말은 명백한 과장이다. 오히려 '정과 함께 정을 넘어가는', 알면서 모른 체하기가 세속의 실천철학으로서 제격이다. 공의公義는 사정私情을 응연凝然하게 물고 넘어가는 그 수동적 긴장, 섬세한 결기에 의한 '알면서 모른 체하기'에 다름 아니기 때문이다. (바디우의 '무관심한 관심'이나, 미야모토 무사시의 '차림새가 없는 차림새'가 흥미롭게 닮은 개념이다.) 그렇기에 동정同情에 대한 니체의 매서운 결기가 초인이 아니라 동무로 나아가는 것은 너와 나를 위해서 오히려 고운 풍경이다.

  내가 말하는 약속이란 곧 '정과 함께 정을 넘어가기'로서의 '알면서 모른 체하기'를 가리킨다. 시시때때로 정리情理는 세속의 경위經緯를 엮는 은유와 환유의 주술적 전염 및 범람 속에서 그 모든 것을 아는 체하라며 젖먹이처럼 보챈다. 그 정리의 천국, 호의의 지옥 속에서 공사公私의 세쇄細瑣한 준별은 실질적으로 거의 불가능하다. 그리고 불가능하기 때문에 역설적으로 약속이 필요한 것이다. 해석의 무한성, 기표와 심리의 파쇄破碎 아래로 꼬리를 감추는 그 영악한 비非-자아를 나무라는 약속!

11-6
약속이란 무엇인가? (7)

약속은 일종의 형식이다. 그러나 이 형식이 형식주의로 흘러가서는 곤란하다. 그것은 주체를 전술적으로 최소화하되 명실상부하게 만들 수 있는 장치이면서, 또한 그 형식성을 선용해서 실천적 주체를 현명하게 결절시키려는 것이다. 물론 이 장치는 주체화의 내용주의('착한' 인간)와 최대주의('온전한' 인간)의 폐해에서 슬기롭게 벗어나려는 실천적 결기이자 근기다. 그것은, 내용을 모른 체하면서 형식 속에 스스로를 차분하고 질기게 맡기는 태도이며, 아울러 그 형식이 형식주의로 빠지지 않도록 내용-형식 사이의 긴장을 은근하고 슬기롭게 살려내는 태도다.

아는 대로, 연암은 박제가의 『초정집서楚亭集序』에서 "진실로 옛것을 본받으면서도 변통變通할 줄 알고, 새로운 것을 만들어내면서도 법도法道가 있"는 법고창신法古創新을 말했고, 일찍이 남효온南孝溫(1454~1492)은 그의 '귀신론鬼神論'에서 "변變을 말하고 정상을 말하지 아니하면 사곡하여 정답지 못하나 정상만 말하고 변을 말하지 않으면 통하지 못한"*다고 지적한 바 있다. 이와 마찬가지로, 내용을 낱낱이 추려내고 그 역동적 흐름에 미시적으로 섬세하되, 지원행방知圓行方의 정신 아래 때로 그 내용적 성취를 형식의 제물로 바칠 수도 있는 넉넉한 실천적 결기를 살리는 것이 중요하다. 가령 분석가들은 정신분석이 지나다니는 미로의 애매모호한 유동성을 섬세하게 쫓는 한편, 그 유동성의 단층을 단번에 현실과 접합시키고 분석 주체를 실천적으로 결절시키려는 과장스런 결기를 부리기도 해야 하는 것이다.

 약속이라는 형식성이 곧 그러한 것이다. 약속의 겉은 실천적 결기와 그 일관성이지만, 형식적 결기-근기의 속은 인간됨이라는 예측할 수 없는 헤덤빔과 들끓음을 저주처럼 부여안고 있다. 그 인간됨의 변증법을 끝없이 아는 체하기로 구성된 근년의 전위적 담론들은 바로 헤덤빔과 들끓음의 지형을 가로지르거나 유목하며, (에라스뮈스나 니체나 혹은 데리다의 말**처럼) 어떤 웃음과 어떤 춤 속에서 유희의 공간을 넓혀가고 있다. (그러나 유희의 공간이 대체 어떤 실천의 공간인지 제대로 묻고 있긴 한가?) 다시 문제는, 이 전위적 담론들이 개인의 이론적 소욕所欲으로, 무책임한 파편성으로 회귀하면서, 바로 그 '이론적 진보성'으로 인해 역설적으로 주체의 실천적 결절과 연대의 가능성을 희석시킨다는 점이다. 이를테면 서구적 (포스트) 모더니즘의 극점에서 개화한 이론적 진보성의 밑바닥에는, 동아시아의 전통이 알지 못했던 이론이성과 실천이성

---

* 『동문선 11』, 민족문화추진회, 1969, 326쪽.
** Jacques Derrida, *Margins of Philosophy*, Chicago: University of Chicago Press, 1982, p. 27.

사이의 간극이 꽃처럼 화려하게 입을 벌리고 있다.

약속은 그 헤덤빔과 들끓음을 포장하고 있는 이론적 진보성 속으로 함께 얽혀드는 대신, 성큼 그 밖으로 나와 걷는다. 그리고 하산下山한 뒤의 보살행자처럼, 약속은 스스로가 본 정상頂上과 계곡의 곡절을 힘들게 모른 체하는 가운데 비로소 가능해지는 실천이다. 그것은, 에피스테메나 직관Anschauung이 아니라 용지勇智이자 근기이며, 따라서 안도 밖도 아니다.

11-7
약속이란 무엇인가? (8)

간간이 얘기했듯이, 고백으로 연인을 얻을 수 없고 소문의 효용으로 동아리를 건사할 수 없다. 마찬가지로, (특히 '착한' 사람일수록 더 암연한 대목이지만) 호감은 사랑과 완벽하게 무관하고 호의는 그 자체로 아무런 미덕도 아니다. 고백과 소문, 호감과 호의는 그 자체로, 거듭 말하지만, 아-무-것-도-아-니-다. 이 서늘한 사실은 '동무'라는 새로운 관계의 조형을 위해서는 극히 중요하지만, 안타깝게도 대체로 인지되지 않고 있다. 고백과 소문, 호감과 호의는 애인과 친구들의 열정passio과 뒤섞여 우리가 '시체'나 '늪'이라고 부를 만한 일련의 이미지를 숨바꼭질하듯 재생산할 뿐이다. 그리고 그 이미지들의 네트워크는 우리 모두를 사적 준칙의 유아적 세계 속에 묶고, 그 세계의 유리 벽을 바라보며 웃고 울도록 유혹한다. 관견管見일수록 더 순탄해 보이며, 그 속의 응종應從은 더 행복해 보인다.

고백과 소문이라는 유아적 전능성의 담론에 섞여들면 공의를 위한 연대와 실천은 불가능해지며, 행위는 변덕으로 일렁인다. 따라서 현명한 실천적 규제가 없으면, 알면서 모른 체하기의 인문적 성숙이 개시開示한 서늘한 행방行方이 없으면, 우리의 모든 지식은 다람쥐 쳇바퀴 짓을 계속하며 그 거울-자아의 내부만을 끝없이 닦게 된다. 요컨대 약속은, 자아의 늪을 지나가려는 수행성이다. 그 거울-자아를 깨고 나가서, 약속이라는 알면서 모른 체하기의 지속적 수행을 통해 불가능한 타자와의 만남을 최소주의적으로 건설하려는 것이다.

칸트식으로 말하자면, 구성적으로konstitutiv 낱낱이 추급推及하기가 불가능한 개념인 정리/호의를, 약속이라는 장치를 규제적으로regulativ 사용함으로써 그 실천적 처결로서의 신뢰를 가능케 하려는 것이다. 정리와 호의라는 실천적 불가능에 근거한 보편적 허위의식의 체계에 균열이 생기며, 그 틈으로 드러나는 체계의 속살! 이를테면 약속은 그 속살을 대면하는 부드러운 결기와 같다. 고쳐 말하자면, 약속은 동무라는 새로운 관계의 조형을 위해서 호의의 천국, 정리의 지옥으로 구성된 세속을 넘어 '요청'된다고도 할 수 있을 것!

아는 대로, '요청Postulat'은 칸트의 비판철학에서 이론이성과 실천이성을 매개하는 극히 중요한 개념이다. 여기서, 약속이라는 '알면서 모른 체하기의 수행'을 이론과 실천, 관념과 몸 사이를 가로지르면서 둘 사이를 매개하는 '실천적 의식'이라고 정의한 사실을 상기할 필요가 있다. 칸트의 철학 속에서 보자면, 최고선das höchste Gut의 실현을 위해 이론이성의 한계를 넘어 그 규제적 기능을 얻는 것이 곧 자유, 영혼 불멸, 그리고 신과 같은 요청명제다. 굳이 이 같은 요청철학적 틀거리 속에서 재편성해본다면, 내가 제시한 '약속'을 일종의 세속적 요청명제로 재해석할 수 있고, 동무를 실현하기 위해 '정情에 쏠리면서도 정을 이해하지 못하는 관계'로서의 세속을 넘어 그 규제적 기능을 얻는 것이 다름 아닌 약속인 셈이다.

『순수이성비판』에서 칸트는 종교의 여지를 얻기 위해 지식을 양보(제거)하지 않을 수 없었다고 토로한 바 있다. 그의 요청 개념은 도덕적으로 재해석된 종교의 희망을 얻기 위한 형식적 장치인 것이다. 사실 이론이성(지식)의 딜레마나 아포리아로부터 벗어나기 위한 노력은 칸트의 성취 이후 서양 철학사의 주된 관심사 중 하나였다. 분석철학, 해석학의 철학, 의사소통과 대화의 철학, 미국의 실용주의, 그리고 파리의 철학 등등은 이러한 관심이 분기한 양식에 의해서도 흥미롭게 분류될 수 있다. 지난 세기의 지적 유행이었던 반데카르트주의는 이론이성의 자폐적 지식 생산 구조에 대한 전반적인 반성의 기운과 맞물려 있다. 말하자면, 계몽적 이성의 소외와 억압을 고발하던 서구 마르크스주의자들의 지론처럼, 지식이 곧 (이론)이성의 자기소외 속으로 내몰려온 점을 부인할 수 없을 것이다. 하지만 거꾸로 '사유의 진리성을, 그 현실성과 힘을 실천에서 증명하지 않으면 안 된다'(「포이어바흐에 관한 테제」, 2)는 식의 유물론 역시 지적 소외의 구조에서 자유로울 수 없다. 가령 신의 본질 속에서 인간의 본질을 미루어내는 것만이 소외이고, 그것을 사회적 관계의 총체로 풀어내는 것은 소외가 아니라고 할

수 있을까?(「포이어바흐에 관한 테제」, 6)

지원행방知圓行方, 심지어 고래로 지행합일知行合一의 담론마저 드물지 않지만, 이미 지원과 행방 사이에는 아득한 결렬의 물결이 도도한 것 아닐까? 기껏 변증법적 동화同化와 조절의 내재화로 환원되는 지식만으로는 영원히 건널 수 없는 불가능의 불연속이 엄연한 것 아닐까? 칸트의 생각이 시사하듯이, 어쩌면 지식을 고집하는 한, 고집하는 만큼 사회적 신뢰와 희망이라는 실천의 문은 더 굳건히 닫힐 수밖에 없지 않을까?

그러므로 칸트가 요청이라는 규제적 장치를 고안함으로써 이론이성(지식)의 고집을 유예한 곳에 열어놓은 실천과 희망의 문턱에, 나는 약속이라는 수행성을 통해 실천적 자아를 결절시키려고 한다. (자아는, 말하자면 점도 아니고 선도 아니다. 오히려 그것은 결절의 변증법적 반복이며, 오직 선을 향한 그리움으로 존재하는 점근선과 닮았다.) 이로써 지식의 분방하고 분열적인 실핏줄이 엮는 그 불가능의 지형을 알면서 (실천적으로) 모른 체할 수 있게 된다. 요컨대 행방行方은 그렇게 가능해지는 것이다.

11-8
지식은 지식을 구원할 수 없다

이런 까닭으로 분명히 인식한다는 것은 인간 지성의 뛰어난 점이 아니라 오히려 결점에 해당한다. 왜냐하면 그것은 사물의 경계를 인식하는 것을 뜻하기 때문이다.(잠바티스타 비코,『이탈리아인 태고의 지혜』)

게다가 정신은 '지도'에 영향을 받지, 결코 땅에서 영향을 받지 않는다. 따라서 수신된 정보를 근거로 주변 세계나 자기 자신에 대해 무엇인가를 증명할 수는 없다.(그레고리 베이트슨,『정신과 자연』)

진리란, 그것이 없이는 특정 종의 생물이 살 수가 없을지도 모르는 그러한 종류의 오류다…… 지식이나 인식의 방식은 그 자체가 이미 생존의 여러 조건하에 있다…… 우리의 인식 장치가 인식을 위해서 설계된 것은 아니다.(니체,『권력에의 의지』)

우리가 인식활동을 하면서 그것이 인정하는 자세 취하기의 덕택이라는 감을 상실하는 만큼, 우리는 다른 사람들을 한낱 감각 없는 객체로 지각하는 경향을 발전시킨다.(악셀 호네트, 『물화: 인정이론적 탐구』)

약속이 지식과 어떤 관계를 맺고 있는지, 그 탐색의 필요를 어떤 식으로 느끼는가? 약속이, 타자로 나가는 과정에서 맞닥뜨릴 수밖에 없는 그 심연을, 그리고 그 심연의 거리距離를 알면서 모른 체하고 걷는 결기라면, 이때 지식은 무엇이며, 대체 어디에 위치하고 어떻게 개입하는가?

미래를 유예하는 현재로서의 인식, 자기로부터 출발해서 자기로 귀환하는 자기애 amour-propre 로서의 인식,* 그리고 모놀로그의 거울상 속으로 속절없이 퇴각하는 관계 속의 인식, 나를 곧 우리와 등치시키는 나르시스로서의 인식. '관념론의 심오한 진리'**인 이성의 홀로 있기로서의 인식으로부터 벗어나려는 노력 속에서 약속은 대체 무엇을 약속할 수 있을까?

비코에 따르면, 인간 지성에 의한 분명한 인식은 마치 램프의 조명 아래서 사물을 보는 것과 같아서 그 인식 자체가 사물의 주변을 몰아낸다.*** 신의 경계 없는 통전적通全的 지성에 비해 인간의 지성은 단지 경계 짓기의 수동성에 불과하다는 말이다. 인간의

---

* 이와 관련된 논의는 다음을 참고. 에마뉘엘 레비나스,『시간과 타자』, 46~50쪽.
** 같은 책, 73쪽.
*** 잠바티스타 비코,『이탈리아인 태고의 지혜』, 이원두 옮김, 동문선, 1996, 64~65쪽.

인식은 일종의 구별과 차별이고, 프로이트식으로 말하자면 에고의 에너지가 제한된 구역에 투여cathexis 되는 사건이다. 경험과 인식의 통합이 선후 지평의 동시적 보지保持의 효과라는 사실은 현상학과 철학적 해석학을 통해 익히 알려져 있긴 하지만, 인식은 그 근본에서 배제와 소외의 작용이다. 이를테면 바슐라르나 비코의 비유처럼 인식은 어떤 '램프'를 요구하는데, 그 램프는 작동되는 순간 스스로의 존재를 체계의 맹점盲點으로 숨길 뿐 아니라 그 기능의 외부를 무화시키고 만다. 그것은 폐제廢除에 의해서 돋을새김되는 어떤 희생의 선물에 지나지 않는다.

요컨대, 다시 레비나스의 지론처럼, 인식—상기나 변증법적 동일성에 기초한 서구적 모델의 인식—은 고독을 벗어나 타자로 나아갈 수 있는 길이 아니다.* 조금 더 강하게 표현하자면, 인식은 오히려 적극적으로 실천과 어긋난 길을 택함으로써 스스로의 동일성을 유지한다. 그러므로 인간의 지식은 그 근본에서 가상적인 구석을 피할 수 없다. 베이트슨의 말처럼, 인간의 정신은 풍토風土가 아니라 지리地理와 지도地圖에 얽혀 움직이는 것이다. 이처럼 자아든 혹은 지식이든, 그 동일성은 기존의 정신문화적 질서에 편입되는 과정을 통해 생성되고 유지된다. 기존 철학에 앞서며 그 철학과 독립된 사건적 실재 속에서 생성되는 진리(바디우)** 도 매력적이되 실은 실천적으로 어수룩한 개념일 수밖에 없고, '차

---

*   에마뉘엘 레비나스, 앞의 책, 32쪽.
** 알랭 바디우, 『조건들』, 이종영 옮김, 새물결, 2006, 86쪽.

이 그 자체'라는 근본적(초월적) 경험론을 배경으로 힘과 강도强度의 차이로 실재를 기술(들뢰즈)*하려는 순간 지식과 주체 사이의 실천적 관계는 더 어수룩해진다. 관심의 지점에 따라서, 지식과 주체가 서로 얽히는 이 과정은 '학습'이거나 '사회화'이기도 하고, '이데올로기'이거나 '환상'이기도 하고, '소외'이거나 '폐제'이기도 하고, '전이Übertragung'나 '사랑'이기도 할 테다. 단지 의식에 현전하는 오연한 지식 속의 자아동일성은 가상이요 늘 때늦은 집착이다. 연기延期와 모방과 조절과 억압과 환상 속에서 이루어지는 실천적 교환의 쉼 없는 과정에서, 자아 역시 사후적으로 구성되고 보강되며, 정당화되고 또 쉼 없이 재구성된다. 그 자아는 늘 지식의 그물을 찢고 나온다.

코기토cogito와 숨sum의 가상적 일치를 영속화하려는 상식적 태도는 데카르트와 완벽히 무관한 한국인의 일상에서도 여전하다. 그러나 근대 철학의 정형화된 도식처럼 숨이 코기토의 표상 속에 매개 없이 안착할 수 있는 것은 아니다. 존재는 숲속의 새처럼 앞서 달아나고, 그것은 의식의 표상을 쉼 없이 찢고 나온다. 그리고 그 요탕搖蕩 속에서 자아는 다만 순간의 결절을 보이며 끝없이 연기되거나 환상 속으로 기울 뿐이다. 숨이 코기토의 바깥으로만 쉼 없이 배회할 경우, 그 코기토와 숨을 규제적으로, 비非구성적으로 엮어주는 사회적 장치가 실천적으로 매우 요

---

* Gilles Deleuze, *Différence et Répétition*, Paris: PUF, 1968.

긴한데, 내가 말하는 약속은 그 실천적 장치의 기능을 수행할 수 있다.

실천의 일상 속에서 소외의 한 양식으로 낙착하는 인식cogito 속에 존재sum는 없다. 인식의 고독과 소외 속에서 자아는 착각만을 일삼으며, 필경은 독아론獨我論의 나르시스, 그 독아毒牙에 씹힌다. 그렇지만 인식이 설령 독아獨我의 독아毒牙라고 하더라도, 인식을 고집하는 한 자아는 그 독獨-독毒의 주변을 배회할 수밖에 없다. 그것은, 예를 들어 촘스키의 말과 유사한 모습으로, '다른 선택이 없다'. "과학이란 마치 길 건너편에서 열쇠를 잃어버리고 이쪽편 가로등 아래에서 찾고 있는 술 취한 사람에 관한 농담과 흡사합니다. 가로등 아래가 빛이 있는 곳이기 때문이지요. 다른 선택은 없습니다."(놈 촘스키, 1993년 6월 14일 편지) *

자기동일성을 요체로 삼는 과학적 지식, 그리고 관념의 자연화에 고착되고 마는 관념론적 지식은 '어쩔 수 없이' 사회적 실천의 재구성/재서술을 외면한 채 자의식의 표상으로 처지고 만다. 가령 이것은 절대주의와 상대주의의 암초 사이를, 의사소통의 패러다임으로 뚫고 지나가려는 하버마스의 문제의식이 출발하는 지점과 일치한다. 즉, 자의식의 직관적인 분석으로 귀결되곤 하던 초월 철학의 몫이 '수행적 재구성의 학문' 속으로 변용되어 재배치되었다

---

* 다음에서 재인용. 로버트 바스티, 『촘스키, 끝없는 도전』, 그린비, 1999, 153쪽.

는 뜻이다.* 약속이란, 바로 이 수행적 재구성의 실천적 번역이라고 해도 좋을 것이다. 약속이란, 자아도 지식도, 진리도 관계도 쉼 없이 재서술·재구성될 수밖에 없다는 사실을 아는 것임과 동시에 모르는 것이며, 바로 그 모른 체하기의 형식적 규제력에 의해 자기 자신을 사회적 실천 속으로 일관되게 자승자박하는 것이다.

지난 세기의 철학적 담론들이 현란하게 예시했듯이 데카르트의 도식(코기토=숨)이 무너지는 방식은 여러 가지다. 그 무너지거나 뒤집히는 방식만으로 한 세기의 철학을 고스란히 줄 세울 수 있을 정도다. 그러나 포스트모더니즘으로 통칭되는 일련의 후기 자본주의적 사유는 물론이거니와 미국의 (신)실용주의, 그리고 하버마스류의 의사소통의 철학 등은 모두 데카르트에서 후설에 이르는 서구의 인식론적 직관주의를 수행적 재구성/재서술의 방식으로 대체해간다는 점에서 느슨하게나마 일치한다. 칸트적 구성주의가 C. S. 퍼스나 비트겐슈타인을 겪으며 하버마스나 아펠의 재-구성주의로 변형되어가는 과정이 전형적이며 단적인 사례다.

지식이 주인이자 원인이고 실천은 그 노예이자 결과라는 관념론적 인과론은 사유와 역사의 초보적 변증법에도 이르지 못한다. 마르크스의 언어관처럼, 지식 역시 일종의 '실천적 의식'에 가깝다고 보는 게 적실하다. "언어는 의식만큼이나 오래된 것이다. 언어는 실천적 의식이지만 역시 타인들을 위해서 존재하며, 또 단지

---

* 위르겐 하버마스, 『현대성의 철학적 담론』, 이진우 옮김, 문예출판사, 1994, 349~350쪽.

그 이유로 나를 위해서도 존재하는 것이다."* 데카르트나 영국 경험론자들처럼 지식을 주객을 잇는 직선상의 일방적 전달로 여기는 관점은, '타인들을 위해서 존재한다는 바로 그 이유로 비로소 내게도 존재한다'는 사회성의 철학에 의해 근본적으로 뒤집힌다. 외견상 유심론과 유물론 사이의 갈등 혹은 교체의 모습을 보이는 이 변화는, 철학의 축을 자아라는 거울방鏡室에서 타자들 사이의 교환마당으로 옮겨놓는 좀더 중요한 함축을 지닌다. 궁정palazzo이 아니라 어지러운 시장piazza의 미로 속을 헤매는 코기토를 연상해 보라. 이미/언제나 타자들의 사이를 걸어다녔던 코기토들은 그 교환의 실천을 매개로 쉼 없이 재서술/재구성되는 것이다.

    대체로 어느 하나의 구성이 여러 재구성의 원본으로 낙착될 수는 없다. 실은 그것은 대부분 재구성의 고단한 수행 속에서 재-재-구성되는 가상이자 추억, 혹은 알리바이이거나 정당화다. 예컨대 프로이트가 말한 원장면primal scene 같은 것이 재구성의 재구성에 의한 소급적으로 고착된 이미지의 전형이다. 마찬가지로 지식은 실천의 교환 속에서 스스로를 조형하며 또 조형된다. 사전에 형식적 규제를 완비한 게임과 달리, 지식이나 원칙, 습속이나 관행은 일면 까끌까끌하고 일면 민숭민숭한 채로 그 속은 예상치 않게 숭숭 비어 있어 오직 섬세한 변증법으로만 그 단면에 대해서나마 말할 수 있다. 그러나 그것은, 예를 들어 "실천, 인식, 재실천, 재인

---

*   Karl Marx, Friedrich Engels, *German Ideology*, New York: International Publisher, 1970, p. 51.

식, 이러한 형식이 무한히 순환·반복되며, 모든 순환 과정에서의 실천과 인식의 내용은 매번 이전보다는 한 급 높은 정도에 도달한다"*는 식의 목적론적 단순 논리가 아니다. 사건과 관계들이 동일성의 규제 속으로 일의적으로 휩쓸릴 때 이미 그것은 변증법의 고유한 힘을 잃어버린다. 이론과 실천은 무한한 해석과 재구성의 밀물 속에 얽혀 있지만, 그 속에서 실천은 단 한 번도 이론을 만족시키지 못한다. 이론은 오직 소외의 형태로만 존재하며, 불가능성을 향해 욕망의 제스처와 사후적 알리바이를 반복한다는 점에서 강박적이다. 종교뿐만 아니라 지식과 이론 역시 어떤 초석적 경험(환상으로서의 경험, 경험으로서의 환상)을 향한 의례적 강박인 것이다.

반성적 자의식의 대상으로 낙착한 채 표상 속에 구금된 지식의 대상화는 낡은 추억이 되고 말았다. 아무리 늦춰 잡아도 칸트 이후의 지식은 자아의 (재)구성과 별개의 것이 아니다. 반복하건대, 지식은 일종의 소외 현상일 뿐이며 자아의 진정한 바깥이 될 수 없다. 지식으로써 자아의 외부에 나갈 수 없는 것은, '언어로써 언어 외부에 나갈 수 없다'(비트겐슈타인)거나, "당신은 당신의 안경을 검사하기 위해 당신 자신의 안경을 사용할 수 없다"**는 것과 결과적으로 마찬가지다. 결국 자아란 언어가 맺히고 풀리는 사건을 통해 점근선적 욕망으로 결절하기 때문이다. 오래전 하이젠베

---

* 모택동, 『실천론(외)』, 김승일 옮김, 범우사, 1994, 39쪽.
** Michael Polanyi, *Meaning*, Chicago: University of Chicago Press, 1975, p. 37.

르크는 "우리가 관찰하는 것은 자연 그 자체가 아니라 우리의 질문 방식에 따라 노출된 자연"*이라고 말한 적 있지만, 실상 인간의 모든 지식은 단지 답答을 모아놓은 것이 아니다. 그것은 워낙 그 답과 유기적으로 연결된 인간의 질문 방식에 순응하며, 인간의 지식이란 결국 바로 그 인간이라는 재구성/재서술적 사건의 망으로부터 한 치도 빠져나올 수 없는 것이다.

동어반복이긴 하지만, 실천은 '사물의 경계'를 임의로 넘어서는 선택이다. 그러나 비코식으로 말하자면, 인간의 지식이란 그 사물의 경계에 늘어선 파수把守인 셈이다. 혹은 베이트슨식으로 고쳐 말하자면, 현대의 과학화된 지식은 땅과 사물에 이르지 못하는 지도학地圖學에 불과하다. 이론이성과 실천이성의 18세기적 분리는, 이른바 '분업의 문명사'가 이율배반적으로 얽히며 엮어낸 결과에서 보듯, 인간의 영욕榮辱과 음영을 고스란히 안고 있다. 지식은 무한 재구성의 악순환(소외)에 빠지는 것으로서 가파르게 진보하며, 지식은 지식을 구원할 수 없다.

---

* Werner Heisenberg, *Physics and Philosophy: The Revolution in Modern Science*, New York: Harper & Row, 1958, p. 58.

11-9
현명한 외출의 길

> 그 확실성의 탐구는 소외에 이르고, 그 소외에서 벗어날 수 있는 탈출구는 하나밖에 없다. 오로지 욕망의 길밖에 없다.(라캉)

라캉과 레비나스의 길은 욕망이다. 내 길은 호의/호감을 가로질러서 가능해진 '약속'이요, 욕망이 아닌 '하아얀 의욕'이며, '알면서 모른 체하기知圓行方'요, 결국은 보행步行, 산책이다.

데리다는 존재나 존재론적 차이보다 차연différance, 그 흔적이 오래되었다고 말한다. 하지만 오래되었다는 평가는 존재와 차연 사이의 관계에 대한 그 자신의 기술記述과도 어긋나는 것으로 적절하지 않다. 어쩌면 그것은 무의식이 의식보다 오래되었다는 진술만큼이나 적절하지 않다. 융의 원형, 레비스트로스의 구조, 샤르댕의 오메가 포인트, 벤야민의 카이로스적 현재Jetztzeit, 하이데거의 존재(/존재론적 차이), 데리다의 차연, 바디우의 사건, 들뢰즈의 차이 그 자체, 레비나스의 무한, 고진이 조형한 단독자* 등은 모

---

* 다음의 글을 참고. 柄谷行人,「單獨性と 社會性」,『定本 柄谷行人集 3』, 岩波書店, 2000, pp. 153~170.

두 '오래된' 것이라기보다는 '다른' 것, 타자적인 것이다. 마치 알튀세르가 '프롤레타리아 이데올로기는 부르주아 이데올로기의 직접적 대립물이 아니라 전혀 다른 가치를 가진 전혀 다른 이데올로기'라며, 다소 무리하게 강조할 때의 기분을 한껏 되살리면서 출발해도 좋다.

그러나 문제는, 비록 해석학이 낡은 유물이긴 하지만, 그 다름조차 결국 해석의 산물이라는 것이다. 해석의 저편에 엄존하는 새로운 경험, 새로운 현실 인식과 질서의 선험적 근거를 이루는 초월론적 경험을 말한다고 해도, 대체로 그 경험은 생활실천적 차이의 임계치보다 저조한 운동성을 지닐 뿐이다. 이를테면 '차이'라는 새로운 종류의 실천을 위한 인식의 지평이 차이들 그 자체의 쇄말瑣末스런 유희로 재관념론화되곤 하듯이, 해석이라는 근대적 학문의 지평이 오히려 실천적 주체의 책임 있는 결절을 유예시키는 관념론적 알리바이로 전락할 위험은 상존한다.* 이 지적은 결코 과장이 아니며, 생활양식의 진보와 무관하게 담론의 수입과 유통이 급속도로 이뤄지는 우리 지식계에서는 특히 심각하게 체감되

---

* '차이(지상주의)'에 근거한 문화상대주의에 대해 실천적 비판을 가하는 방식은 여러 가지다. 예를 들어 '전체성(틀)'(루카치, 이글턴)은 좌파들의 전형적인 대응으로 상대주의를 견제하면서 실천적 효용이 있는 사회과학의 얼개를 짜기 위한 노력이다. 한편 로티는 이 같은 좌파들의 지적 대응이 강단화되면서 오히려 전래의 실천성을 잃어간다는 점을 그의 신실용주의적 입장에서 다소 선정적으로 고발한다. 나는 다음의 글에서 이 같은 문제를 '역사화'의 문제의식 아래 일관한 바 있다. 김영민, 「생활양식의 인문정치와 역사화」, 『문예중앙』 118호, 2007년 여름.

는 현실이다. 나는 개인적으로 강의와 강연 안팎에서 이 같은 '유희적 소외'*의 자가당착을 무수히 경험한다. 어느 포스트모던 부르주아 실용주의자로 하여금 "실천으로부터의 이탈은 이론적인 환각을 만든다"**거나, "좌파는 이론에 대한 모라토리움을 선언하고 좌파의 철학화하는 습관을 내던져야 한다"***는 자가당착의 역공을 내뱉게 했던 현실적 위기는 나름의 정황을 얻고 있는 것이다. 담론적/상징적 연쇄의 외부를 차단함으로써 '기표의 근원성'으로 미끄러지는 일부 이론가의 자가당착적 진보성, 그리고 상징계 외부의 초월적-사건적 경험을 극적으로 제시하는 의사메시아주의는 모두 생활정치life politics ****의 맥락 속에서 비판적으로 점검·견제될 필요가 있다. '세속'이 생산양식으로 환원될 것도 아니지만, 외부성에 이르지 못할 차이들의 향연 속에 세속이 있는 것도 아니다.

앞서 말했듯이, 최소한 칸트를 거치면서 지식의 운명은 자아의

---

* 이렇게 보자면 다음과 같은 미봉적 결기조차 시원해 보인다. "자본의 흐름과 동떨어진 채로 존재할 수 없는 작금의 예술에 있어 지켜야 할 순수가 있다면 단지 하나의 유쾌한 고집, 즉 자신의 재능과 능력에 '올인'하여 삶을 전투적인 아름다움으로 재량껏 '디자인'하는 데 있을 것이다." 강정, 『나쁜 취향』, 랜덤하우스, 2006, 180쪽.
** 리처드 로티, 『미국 만들기: 20세기 미국에서의 좌파 사상』, 임옥희 옮김, 동문선, 2003, 213쪽.
*** 같은 책, 211쪽.
**** 가령 기든스의 정의. "생활정치life politics 라고 불러 마땅한 것은 바로 제도적 성찰성의 맥락 속에서 움직이는 라이프 스타일의 정치다." 앤서니 기든스, 『친밀성의 구조변동』, 배은경·황정미 옮김, 새물결, 2003, 289쪽.

운명에서 동떨어질 수 없게 되었다. 달리 말하자면, 지식과 자아는 근대적 성찰성reflexivity을 매개로 엮인 셈이다. 나아가 자아는 지식을 자의적, 원근법적으로 운용하는 그 지식의 주인이 아니라, 지식의 원근법 자체에서 발생하는 한 계기이거나 효과로 격하된다. 이를테면 자아는 지식이라는 그물망 속에서 번득이는 멸치의 비늘 같은 것, 혹은 그 그물의 그림자가 만든 일시적 환각 같은 것으로 표상된다. 요컨대 '확실성의 탐구가 소외에 이른다'는 비코-라캉-레비나스의 생각은 관념론적으로 구성될 수밖에 없는 자아의 운명을 단적으로 표현하는 경구다.

라캉과 알튀세르를 섞어 표현하자면, 소외는 대타자의 호명이라는 일시성을 통해 자기동일성을 형성하고 유지하는 주체의 운명과 같다. 이 경우 억압Verdrägung과 외화Entfremdung는 소외의 두 얼굴로서 동시에 작동한다. 문명이 (제도적 성찰성의 계기임과 동시에) 억압이라는 통설이 일반적으로 통하는 이상, 그리고 그 억압을 회피하는 방식이 기껏 (언어학적으로 말해서) 은유(강박증적 닮음)와 환유(히스테리적 인접)의 교차 연쇄일 뿐인 이상, 소외는 결코 피할 수 없어 보인다. 지식의 생성 역시 문명화 과정의 일부로서 결국 자아와 세속 사이의 거리를 조절하는 극히 인간적인 방식이라면, 그 지식 역시 억압과 외화, 그리고 은유와 환유라는 소외의 공식에서 해방될 수 없는 것이다. 지라르식으로 고쳐 표현하자면, 자아는 욕망의 삼각형들 속에서 쉼 없이 호출되는데, 그 삼각형의 리좀적 접속망 속에서 자아는 잠시 잠깐 번득일 뿐이다.

그러므로 욕망을 인식의 막다른 궁지에서 벗어날 수 있는 무매개의 매개로 여기는 태도는 어설픈 자연주의의 일종이다. '이성과 인식은 자신의 방 속에서 홀로 있다'라는 레비나스의 명제는 굳이 욕망만을 예외로 하지 않는다. 내 눈에 비친 그 둘은 그저 어금버금할 뿐이다. 인식을 일인칭 단수의 세계 속으로 한정 짓는 대신 욕망을 그 너머의 낯선 풍경으로 여기는 시속의 유행 역시 하나의 타성이 아닌지 의심해봐야 한다. '향유'와 '노동'은 인식의 저편을 떠올리게 하는 근사한 개념이긴 하지만, 그 속에서 뜨락 잠기락 하는 욕망의 세계 역시 숱한 부작용과 함께 인정과 모방의 메커니즘을 답습하고 있을 뿐이다. "이성 자체가 유아론적 구조를 갖추고 있다"*는 과감한 지적은 타자성의 지평을 향해 나아가는 길에서 매우 중요한 결기요 생산적 비관주의이긴 하지만, 그 지적은 이성적 기획 자체를 폐기해야 한다는 절망의 표현과는 아무런 상관이 없어야 한다. 지적 근친상간의 위험이 상존하지만, 진정으로 이성을 비판할 수 있는 것은 아무래도 이성밖에 없기 때문이다. 그리고 이와 관련해서 버릇처럼 호출되는 몸이나 욕망, 혹은 무의식이나 사물은 다만 이성 곁에 낯설게, 중성적으로, 침묵으로 서 있을 따름이다. 따라서 인식 그 자체를 비판하면서 몸과 욕망의 길을 대안으로 떠드는 구구한 이론들에 대해서는 사시斜視를 뜬 채 비판적으로 살펴보는 게 좋다.

* 에마뉘엘 레비나스, 앞의 책, 68쪽.

인식 그 자체가 아니라 인식의 어떤 전제와 태도를 문제시하는 것이 실천적으로 현명하며, 마찬가지로 욕망 그 자체가 아니라 욕망의 어떤 분배와 배치 방식 속에서 인식의 저편을 읽어내는 게 필요하기 때문이다.

근대의 서양 철학사가 풍성히 보여주듯이, 지식의 확실성 혹은 주체의 자기동일성은 동전의 양면과 같은 동시 과정이다. 주체 혹은 지식은 어떤 계속적인 생성이요 결절이며 배치이고, 환상이며 오인이고 바람일 뿐으로, 반영反影이나 대응correspondence 의 통속적 논리로는 그 중층적 매개성을 제대로 훑어낼 수 없는 게 당연하다. 윌리엄스의 오래된 말처럼 "작업 자체가 그 매개체에 내재"*하는 것이다. 그리고 "매개는 하나의 능동적 과정을 표현하기 위한 개념"**이고, 따라서 "대상과 그것의 곁에 놓이는 다른 대상 사이에 존재하는 무엇일 수 없다".*** 마찬가지로, 가령 지식의 활동은 언어라는 매개체에 내재한다. 그리고 그 언어성은 주체와 지식이 면밀하게 연동하는 선험적 바탕이 된다. 그러나 이와 동시에 매개체의 질서 속에 배치되고 결착結着되는 근본적 의존 상황 속에서 주체는 필연적으로 소외되거나 분열된다. (물론 이 경우 분열과 소외를 피한 채 온전한 주체의 진면목이 있는 것도, 또 거기에

---

*　레이먼드 윌리엄스, 『이념과 문학』, 이일환 옮김, 문학과지성사, 1982, 194쪽.
**　같은 책, 123쪽.
***　같은 책에서 재인용. 124쪽. Theodor W. Adorno, "Thesen zur Kunstsoziologie", *Kölner Zeitschrift für Soziologie und Sozialpsychologie*, XIX, 1(1967, 3).

근접할 수 있는 오롯한 방식이 있는 것도 아니다.) 이 해석학적 무한 분열의 패착敗着으로부터 탈출할 가능성은 욕망이 아니라 결국 실천적 결절의 힘이다. 지식만으로는 자아 밖으로 나올 수도 없겠지만, 그렇다고 욕망의 길을 택하는 것도 현명한 외출은 아니다. 나는 이 외부에의 희망을, 사회적 '신뢰'와 '약속'이라는 탈심리적 결절과 그 생활양식의 일관성을 내 나름으로 재구성하는 과정에서 읽어낸 것이다.*

---

* 각설하고, 짐멜의 '관계 유지를 지향하는 감정'으로서의 사회적 신의는 이 같은 목적을 위해서는 불충분해 보인다. 신의의 감정적 요소를 최소화하는 방식은 약속에 대한 내 사유 속에서 좀더 구체적으로 궁리될 수 있을 것이다. 게오르크 짐멜, 『짐멜의 모더니티 읽기』, 김덕영 외 옮김, 새물결, 2005, 187~194쪽.

11-10
없던 길, 잊힌 길

> 그럼에도 불구하고 오늘날 우리가 경험한 바에 의하면, 위대한 과업을 이룩한 군주들은 그들이 약속한 바에 대하여는 거의 괘념하지 않고, 어떻게 하면 교지狡智로써 인간의 머리를 혼란케 하는가를 잘 알고 있으며, 끝내는 착실히 신의를 지키며 살아온 사람들을 능가하고 있습니다.(마키아벨리, 『군주론』)

'동무'라는 자리는 어떤 자승자박의 형식, 그 자승자박의 급진성을 통해 자승자박을 넘어서려는 노력이다. 이와 관련해 내가 사회적 신뢰와 약속을 논의해온 것은 나르시시즘의 거울방 속으로 회귀하려는 자아의 중력으로부터 실천적으로 벗어나기 위한 것이다. 그러하기에 동무는 꾸준히 지키기에 오히려 깰 수 있는 관계의 양식이다. 마찬가지로 동무는, 이를테면 벗어나기 위해서 묶어두는 관계의 양식인 것이다. 시속의 유행인 유희와 변덕만으로는 그 자아의 블랙홀이 만드는 전 포괄적 중력장을 벗어날 수 없기 때문이다.* 자아의 몸을 스스로 묶어, 그 자아조차 알 수 없는 자아의 구조적-무의식적 구심력을 비자아적으로, 타자지향적으로, 실천적으로 무력화하기 위한 것이다. 따라서 그것은 내내 묶기에 지는 싸움이면서 지면서도 이기는 싸움이다.

군주와 나비는 약속과 신뢰에 묶이지 않는다. 군주는 묶일 필요가 없으며, 나비는 묶인 채 살아갈 수 없기 때문이다. 강자의 자기동일성은 진리현시적眞理顯示的이기에, 타자라는 약속과 신뢰의 사회성을 원천적으로 무효화한다. 약자의 자기동일성은 공성空性에 지나지 않으므로 타자들, 곧 강자들로부터 물러서며 달아나는 것으로 자신의 자리를 비현전적非現前的으로 유보하며 연기할 뿐이다.

동무의 길은 군주와 나비의 길, 강자와 약자의 길이 알지 못하는 새 길이다. 그것은 없던 길, 혹은 군주와 나비들의 작란作亂 속에서 오래 잊힌 길이다.

---

* 이와 관련해서는, 현대사회의 개인주의화 경향을 개성화-독특화-해방화와 등치시킬 수 없다고 말하면서, 그것이 언제나 "개인적 자율화를 더욱더 불가능하게 만드는 사회화 과정이라는 일반적 조건하에서 전개"된다는 사실을 비판적으로 밝히고 있는 벡을 참고할 수 있다. 울리히 벡, 『위험사회: 새로운 근대(성)를 향하여』, 홍성태 옮김, 새물결, 1997, 215쪽.

6장

해바라기 콤플렉스

해바라기 콤플렉스 (1)

노오란 산국山菊을 꺾어든 아이 하나가 유행가를 부르면서 내 시선을 벗어난다. 천일홍, 그 까끌까끌한 자색 머리통은 격조 있게 말라간다. 천변의 물억새 군락은 아득하고 붉게 펼쳐진 노을 하늘을 느리게 빗질한다. 혹시 구절초인가 했는데, 역시 어디에서나 쑥부쟁이가 제철이다.

말라비틀어진 해바라기 한 송이가 그 한살이의 회전을 마치고 붉은 토담에 비껴 누웠다. 해-바라기! '해'를 잃고, '바라기'의 추억을 담은 한낱 물건이 된 채, 저 핏빛 붉은 햇살조차 잊어버렸다.

행복한 해바라기, 그 거울상鏡像의 나르시스를 알지 못한 채 해를 등지고 누웠다. 해의 부름과 시선을 한 몸에 얻는다는 착각의 삶, 그 완벽한 오인의 행복은 해바라기의 죽음으로 돌이킬 수 없이 완성되었다. 해는, 해바라기가 해/바라기로 분해되어 땅으로 돌아가려는 지금에도 간간이, 그리고 일없이, 피를 쏟고 그 모든 '바라기'를 유혹하며 창공을 배회하지만, 그 해바라기는 오해 속에서 완벽하고 행복했던 삶을 기억 밖으로 밀어내며 더 행복하게 죽어 있을 뿐이다.

해바라기 콤플렉스 (2)

당신이 당신의 애인을 '세상'으로부터 건져낼수록 당신의 애인은 당신이라는 '세상' 속으로 가라앉습니다. 당신과 당신의 애인이 더불어 떨어지는 그 지경地境에서 마침내 거울 하나가 솟아오르면, 당신의 애인은 그 누구도 건져줄 수 없는 괴물이 되어 있을 겝니다.

연정의 파라다이스는 육면이 거울로 뒤덮인, 꼭 당신의 마음만한 크기의 큐브입니다. 실은 그 속에 당신의 애인은 없지요. 그러나 당신이 고개를 돌리는 쪽마다 애인은 당신을 쳐다보며 방긋방긋 당신을 기다리고 있을 겝니다. 이미 '세상' 속으로 나가버린 당신의 애인은 해바라기처럼 생긴 정표情表 하나를 그 거울 위에 새겨놓았겠지요.

당신이라는 바로 그 사실 탓에 거울방에 김이 서려도, 당신은 그곳을 연방 깨끗이 닦아 또 당신의 애인을 찾아냅니다. 당신이 순결할수록 사랑의 허상虛像이 오히려 번성하는 이치를 생각해보았나요? 당신의 애인은 당신 속에, 당신의 거울방 속에, 당신의 '(해)바라기' 속에 있는 만큼, 늘 문제는 당신이라는 벗어날 수 없는 '존재의 실증화'입니다.

당신의애인의눈속에있는것은당신의애인을눈속에지닌당신의 애인을보는당신뿐입니다. 내가 해바라기의 막幕을 투탈透脫하는 동무를 권면한 것은 이미 오래전 일이지요. '더불어 걷는 동무로서의 애인' 역시 이와 다르지 않습니다. 그러면 아무 신통한 내용도 없긴 하지만, 잠시 쉬는 참에 뒤라스를 재인용해볼까요? "이 시대는 어떤 시대보다 마르그리트 뒤라스의 소설들이 던지는 교훈을 실감할 수 있는 시대다. 그 교훈에 따르면, 진하고 돈독한 인격적 (성적) 관계를 유지하는 유일한 길은 한 쌍의 연인이 서로의 눈을 들여다보면서 주변의 세계를 잊는 데 있는 것이 아니라, 오히려 서로 손을 잡고 함께 바깥으로 눈을 돌려 어떤 제3의 지점(두 사람이 함께 싸우고 함께 참여하는 대의)을 바라보는 데 있다."*

내가 연정을 일러 일종의 '원근법적 실패'**라고 했듯이 결국 연애의 돌쩌귀는 두 연인 사이의 거리입니다. 물론 더 중요한 사실은 마주 보는 사이에서는 그 거리 조절이 원천적으로 불가능하다는 점이지요. 연정은 '질투'나 '헌신'과 같은 무매개의 과욕을 피하기 어려운 열정이니, 제3자의 개입이 없는 자율적 거리 조절은 실로 이상적일 뿐입니다. 가령 신비주의나 존재의 형이상학이라는 무매개의 과욕이 흔히 빠지는 직접성의 환상은, 연정이 질투와 같은 나르시스적 격정에 의해 자가증폭하는 모습의 변주에 지나

---

*   슬라보예 지젝, 『탈이데올로기 시대의 이데올로기』, 김상환 옮김, 철학과현실사, 2005, 71쪽.
** 김영민, 『사랑, 그 환상의 물매』.

지 않습니다.

    우리는 연정에 빠지면서, 모두, 심은 적 없는 해바라기를 키우고 있는 것입니다.

해바라기 콤플렉스 (3)

리어왕: 거울을 다오, 내 딸의 숨결이 이 거울을 흐리게 하거나 얼룩지게 한다면, 아, 그것은 내 딸이 아직 살아 있다는 증거다Lend me a looking-glass. If that her breath will mist or stain the stone, Why, then she lives.*

아도르노가 「거울 뒤로」라는 소박한 글쓰기론에서 "자기는 자신을 이해한다는 편안함에서 나오는 난해성을 해소하는 것이 의무"**라고 했을 때, 필시 그는 하이데거나 레비스트로스 같은 '직접성의 철학자'를 염두에 두었을 것이다. 아도르노의 생각을 짐작해보면, 직접성이란 미망迷妄이며, 그것은 결국 '사물을 배반하게 되는 것'에 지나지 않는다. 사실 '자기는 자신을 이해한다는 편안함'이란 '거울상鏡像'에 다름 아닌데, 그 편안함에 기인하는 난해성이란 인식론적 도착倒錯이며, 이 도착의 형이상학은 결국 해바라

---

*　William Shakespeare, *True Chronicle Historie of the life and death of king Lear and his three Daughters*, New Haven: Yale University Press, 1956, p. 148.
**　테오도어 아도르노, 『미니마 모랄리아』, 118쪽.

기 콤플렉스sunflower complex의 '거울 보기'로 귀착된다.

이것을 하이데거에 대한 아도르노의 비판에 대입하면, '자신의 체험에 스스로를 맡기는 철학이 역설적으로 상도하게 된 분석판단의 오류'*쯤 될 것이다. 아도르노는 "사유는 그 표현적 계기로 인해 수학에서처럼 우선 문제들을 내고 그다음에 사이비 해답들을 제시하는 방식을 취할 수 없다"**고 하는데, 바로 이 '표현적 계기(매개성)'에 대한 숙고 속에서 거울 뒤로 나아갈 가능성을 궁리할 수 있는 것이다.

리어왕은 '거울이 흐려지거나 얼룩지면 (내 딸이) 살아 있다는 증거'라고 말한다. 역설적으로 거울이 맑은 것은 나만 살아 있다는 증거인 셈이다. 그러나 토마스 아퀴나스가 인간을 신의 거울 speculum로 여겨 그 거울상像의 '맑기' 속에 진리가 현전한다고 본 것이나, '명석판명clara et distincta'을 이상으로 삼는 데카르트식의 광학적 인식론은 모두 인간을 현재(라는 영원) 속으로, 곧 죽음 속으로 몰아넣는다. 현재 속에서 진리와 영원의 현전을 보는 인식론은 일종의 정신의 미라-주의(니체)일 수밖에 없기 때문이다. 레비나스의 해설처럼, 시간의 유동遊動은 모든 자기 정립을 원천적으로 거부하기에, 우리가 근현대적 주체성의 대가로 지불해야 하는 것이 곧 시간의 현재화, 혹은 현재의 소멸이다.*** (그리고 그 현재

---

* 테오도어 아도르노, 『부정변증법』, 홍승용 옮김, 한길사, 1999, 127쪽.
** 같은 책, 126쪽.
*** 에마뉘엘 레비나스, 『존재에서 존재자로』, 서동욱 옮김, 민음사, 2003, 122쪽.

를 단순히 부정한다고 해서 주체를 구원할 수 있는 것도 아니다.)*

그러므로 생철학적 이미지와는 달리, 직접성이 아니라 오히려 매개성(흐려지거나 얼룩짐)이야말로 삶의 증좌인 것이다. 종교학의 상식처럼, 삶은 오염과 흠결에 다름 아니며 이런저런 종류의 정화淨化 의식을 주기적으로 반복함으로써 역설적인 동력을 얻는 체계인 셈이다. 마찬가지로 그 모든 신화학자의 공통된 지적처럼 삶의 시작은 곧 위반이며 상처다. 해바라기 콤플렉스란 삶을 체계적으로 되-풀이하게 만드는 원초적 오염과 흠결, 위반과 상처를 외면한 채 반反초월론적으로 가꾸는 거울방 속의 광학적 행복을 가리키는 것이다.

---

* 같은 책, 158쪽.

해바라기 콤플렉스 (4)

해바라기 씨를 다 뽑아버리면, 그래서 그 다산多産의 상징을 거세해버리면, 태양의 양기를 먹어 오히려 벌건 눈을 가진 귀신의 얼굴이 하아얀 물억새 사이로 솟아오른다. 고백과 소문으로 만든, 붉은 진주 같은 눈동자를 지닌 당신의 애인, 당신의 (귀鬼)신神이 아직도 곱게 보인다.

커츠는 "흘끗 엿보인 진실의 그 끔찍한 표정"*을 지니고 있었다. 그것은 암흑 속에 누워서 그 어둠의 핵심을 투탈透脫한 자만이 견딜 수 있는 표정이다. 정신분석의 지혜가 반복해서 일러두듯이, 필경 삶은 앎이 아니라 견딤의 물음인 것이다. 그러므로 파우스트적 욕망이란 단지 앎의 의지가 아니라 앎을 견딤으로써 개시되는 새로운 삶의 욕망이다. 진선미眞善美의 이데올로기야말로 삶의 진실에서 가장 멀리 놓인 박제剝製라는 사실은 말할 것도 없다. 악惡의 명상은 그래서 필연적이다.

이 기회에 시몬 베유를 기억할 만하다. "악惡 그 자체를 통하여

---

* 조지프 콘래드, 『어둠의 핵심』, 160쪽. 이하 『암흑』으로 약칭.

신을 사랑할 것. 자기가 미워하는 악을 통하여 그 악을 미워하면서 신을 사랑할 것. 지금 자기가 미워하는 악을 만든 장본인으로서의 신을 사랑할 것."* 물론 악에 대한 투철하고 중성적인 명상은 탈이데올로기의 자연스러운 이정里程이다. 마치 해바라기의 씨앗처럼, 그 예쁜 표면 아래서 굼실거리는 악을 대면하는 것, 그것이 탈각脫殼이며 탈피脫皮다.

니체는 "괴물과 싸우는 사람은 그 과정에서 자신마저 괴물이 되지 않도록 주의"(『선악을 넘어서』, #100)해야 한다고 말한다. 심연은, 그 심연을 오래 들여다보는 사람을 거꾸로 들여다보기 때문이라는 것이다. 증상으로 타협할 수도 없는 야생의 도착 그 자체인 실재를 견디는 것, 바로 그것이 인간이 인간과 싸우는 최초이자 최후의 전투인 것이다.

---

* 시몬 베유, 『고독과 상실의 뜰을 지나』, 백영현 옮김, 안암문화사, 1988, 251쪽.

7장

공원公園 혹은 공원空圓

1
'이성의 빛'에서 물러나와 '존재의 빈터'를 체험하는 시공간의 판타지

무엇보다 산책은 스캔들의 고통을 희석하거나 숨기기에 쓸모 있다. 대체로 스캔들의 본성이란, 캐면 캘수록 확산된다는 데 그 저력이 있다. 스캔들의 피해자들은 끊임없이 꼬리를 감추는 '의도意圖'에 감시당할 뿐 아니라, 그 의도의 뿌리를 캐려는 의도 속에서 스스로 무기력해지는 이중의 피해를 고스란히 감수하는 법이다. '소문'을 믿지 않는 데 인문학 공부의 근본을 두는 이유도 여기에 있을 것이다.

인생이야 워낙 어리석음의 도가니이고 또 그것 자체로 스캔들이지만, 산책은 그중에서도 빼어난 현명함이다. 그 현명함은 우선 '의도의 바깥'으로 외출하는 여유, 그리고 그로 인한 다른 삶의 가능성에 대한 사유를 선사하기 때문이다.

이미 오랫동안 당대 최고의 스캔들이었던 루소(1712~1794)는 50대 중반에 들어서면서『고독한 산책자의 몽상』을 쓰기 시작했다. 그는 세상 사람들의 의도와 태도를 바꾼다는 것은 다른 세대가 오더라도 요원한 일이라고 결론 짓고, 스스로 그 의도 밖으로 '산책'을 나서기로 한 것이다. 루소는 볼테르와 다르게 그를 지목한 스캔들에 깊이 상처 받으며 괴로워한 인물이다. 그러나 흥미롭게도 '계몽주의의 신神'이었던 볼테르와는 매우 다른 맥락에서, 루소 역시 자신의 스캔들과 상처를 거치면서 스스로 신神이 되어버린다. 요컨대 그의 산책록은 그가 신이 되는 길에 대한 몽상이다.

"내가 지상에서 할 일은 모두 끝나고 말았다. 사람들은 나에게 악도 선도 행할 수 없게 되었다. 이 세상에서는 이미 아무것도 바랄 것이나 두려울 것이 없어졌다. 나는 지금 함정의 심연에 빠진 불행하고 가련한 인간이면서도 흡사 신과도 같이 평화롭고 태연하다."*

오히려 인공의 공원이라는 공간을 특권화할 일은 없다. 다만 그 모든 산책로에서 우리 '마음'을 끄는 것은 바로 그 '마음'이 없는 자연물들이라는 사실에 주목할 노릇이다. 그러므로 상처받은 자연주의자 루소처럼, 의도 속에서 회전하며 복제되는 스캔들의 피해자들, 곧 인생에 지친 자들이 산책에 나서려는 것은 매우 자연스럽다.

피에르 상소는 그의 별 볼 일 없는 책 『느리게 산다는 것의 의미』에서 "빠름은 자신이 반복되고 있다는 사실을 모르는 것"**이라고 한다. 사실 상처의 가장 명백하고 치명적인 특징은 반복이며, 상소의 말에 뜻이 있다면, 산책은 무엇보다 상처가 반복되는 일상적 삶의 계선을 끊어버리는 느림의 실천 속에서 효용 가치를 얻는

---

* 장자크 루소, 『고독한 산책자의 몽상』, 박규순 옮김, 혜원출판사, 1999, 15쪽.
** 피에르 상소, 『느리게 산다는 것의 의미』, 김주경 옮김, 동문선, 2000, 146쪽.

다는 것이다. 물론 '느림'은 특정한 물리적 속력을 가리키는 것이 아니라 그 방향까지 담아내는 속도velocity에 가까운 것이며, 더 나아가 그 속도를 각자의 삶이 결절하는 모습으로 다룸으로써 비로소 드러나는 개념이다. 사실 공원의 수사학이란 공소하다. 아무래도 도시 속의 공원이란 필경 도시의 알리바이, 그 속도주의적 성장의 구실에 불과할 테다. 그러나 공원이든 무엇이든, 어떤 공간에 참여함으로써 상처를 치유하고 각자 삶의 속력과 방향을 재조정하면서 자그마한 결절을 맺으며 미래를 재조명할 수 있다면, 공원公園 혹은 공원空圓으로서의 사회적 가치는 충족될 수 있을 것이다.

베이컨에 따르면, 좋은 말馬은 무엇보다 질주하는 도중에 급히 설 수 있는 능력에 따라 가늠하고, 좋은 말言의 특징 역시 미끄러지는 자신의 말을 중단할 줄 아는 지혜 속에서 측정한다. 공원公園이 공원空圓이어야 하는 이유도 이와 비슷하다. 그 텅 빈 원 속에서, 자본과 욕망의 계선을 쫓아 질주하던 자신의 삶을 중단시킬 수 있는 여유, 그리고 그 삶의 계선과 방향을 다시 음미하고 조정할 수 있는 지혜를 얻는 공원空圓으로서의 공원公園 말이다. 어느 사상가의 말을 원용해서 정리하자면, 공원의 뜻은 '이성의 빛'에서 물러나와 '존재의 빈터'를 체험하는 시공간의 판타지에 다름 아니다.

2
아파트 속의 자연과 시골, 공원

산책, 혹은 공원의 체험에서 인생의 이치를 배우는 일은 역설적이다. 자연을 흉내내는 공원은 오히려 자연이 아니다.『동문선東文選』을 보면, 자신들의 집 안에 이른바 '가산假山'을 만들어 아끼고 완상하는 우리 선조들의 취미를 엿볼 수 있는데, 공원의 체험 역시 가산처럼 그 요체는 인공人工의 작위라는 점이다. 이로써 공원 산책로의 인위성을 미루어 인생의 근원적 우연성을 성찰해보는 데는 나름의 뜻이 있다. 그것은, 우리 일상의 세속이 속절없는 우연이라는 사실에 대한 역설적 깨달음이다. 그리고 그 우연이 제도와 관습과 체제와 이데올로기 속에 깊이 은폐되어 있다는 사실, 그 우연의 바깥은 없다는 사실이 거꾸로 그 우연을 필연처럼 보이게 한다는 사실에 대한 겸허하고 예리한 배움이다.

가정과 직장과 학교와 사원, 그리고 기업과 국가는 모두 한갓 역사의 우연일 뿐이다. 그 사실을 누구나 알기 때문에 곧 그것은 우리의 체질과 공동체의 공기 속에서 깨끗하게 잊힌다. 우리가 24시간 의도와 결심, 욕망과 보람 속에서 아옹다옹 영위하는 이 자본제적 일상은 내 존재의 흩어짐과 비움을 쉼 없이 유예하고 저지함으로써 그 의사擬似-필연성의 신화를 계속하는 것이다.

　자연주의자 루소는 도시의 임박한 몰락을 예언하면서 결국 시골이 그 몰락의 문화를 구원해줄 처소가 될 것이라고 단언했다. 그러나 도시 너머에 서정抒情의 기억으로 엄존하던 시골은 산업화의 와류 속에서 도시에 흡수되고 말았다. 그리고 그 시골은 도시 속의 공원으로, 자연의 시뮬라크르로, 상실된 서정의 추억으로 인형처럼 되살아났다. 공원의 존재가 도시의 상처를 치유해줄 수 있으리라는 희망이 도시라는 체제의 알리바이에 포획된 것은 오래 전 일이다. 아니, 자연과 시골과 공원이 이제 아파트 속으로부터 재생산되는 문화적文禍的 도착倒錯마저 낯설지 않은 풍경이다.

3
산散책의 흩어짐, 산책의 그 빈터

산散책의 흩어짐 속에서야 우리 일상의 흩어지지 않는, 아니 흩어질 수 없는 그 틀은 비로소 낯설게 되새김질된다. 산책의 빈터 속에서야 소유와 욕망의 나르시시즘은 어리석고 슬픈 과거처럼 기억되기 시작한다.

8장

산책, 혹은 의도의 바깥으로 외출하기

루소의 『고독한 산책자의 몽상』

미로를 걷는 것으로서의 산책

'죄罪는 돌아가야 할 본래적 지점을 나타낸다'.(폴 리쾨르) 오래된 전통을 좇아 접촉관계를 흠의 상징으로 본 리쾨르는 죄를 방향의 문제라고 본다. 이를테면 죄는 '다른' 길을 걷는 것이고, 따라서 속죄贖罪는 귀향歸鄕에 다름 아니다. 죄에 관한 논설은 이처럼 통속적이다. 그러나 죄가 아니라 상처, 특히 타인들과의 만남이 강박적으로 재생산하는 상처가 가리키거나 나타내는 지점은 대체 어디일까? 이 짧은 글의 취지는 바로 이 물음에 대한 극히 실천적인 단상이다.

취지의 요약은, '죄가 있거나 없는 사람은 단지 이동移動할 뿐이지만, 상처받은 사람은 걷는다'는 것이다. 물론 이 '걷기'에서 상처의 고유한 성격이 드러날 테지만, 그것은 죄와 달리 '방향'이나 목적지(메카)가 없으며 따라서 어떤 경우든 '이동'하는 것이 아니라는 사실에 주목해야 한다. 가령 '봄날의 미친년'이라는 이미지를 떠올려보면서, 그 속에서 상처와 걷기가 주고받는 표정, 그 복잡한 기원을 숨긴 풍경을 상상해보시라. 죄업罪業은 정해진 방향으로의 이동을 독려하지만, 상처는 방향 없이 걷게 할 뿐이다.

『고독한 산책자의 몽상』(1778)의 루소는 무엇보다 상처받은 도피자로 나타난다. "나는 바위나 산에 기어오르거나 산골짜기며 숲속 깊이 숨어서 될 수 있는 대로 인간의 추억이며 사악한 사람들의 공격을 피하려고 한다."* 당대 최고의 지식인-신사였던 흄과의 안쓰럽고도 비극적인 조우가 말해주듯이, 그의 단독자적 실존은 키르케고르와는 달리 고약한 피해망상증을 동반한 것이었다. "나에 관한 문제라면 사람들의 머릿속에 남아 있는 이성의 눈과 사람들의 가슴속에 있는 공평의 손이 모두 가려지는 것을 발견하였을 때…… 나는 비로소 이 세상에서 오직 혼자뿐인 외로운 사람이 된 것을 깨달았다."(144쪽) 그리고 이 도피자/단독자의 불행과 상처 속에서 루소는 산책의 의미를 재발견한다. "저 짧았던 성공의 시기에는 오늘날 이렇게도 유쾌하게 느껴지는 고독한 산책이 언제나 우울한 것으로 느껴졌던 것이 이제 확실히 내 머리에 떠오른다."(152쪽)

요점은, 자신의 의도意圖와 자기 정체성이 일치하는 행복하고 오만한 시절에는 결코 걷지 않는다는 것이다. (세속은 그 정의상 의도와 어긋날 수밖에 없고, 산책은 정의상 의도보다 앞서 걷는 법이기 때문이다.) 그때는 순례하거나 이동하고, 등산하거나 여행하지만, 결코 '산책'은 하지 못한다. 고쳐 말하자면, 삶의 출발점과 종착점을 임의로 획정하고 고집하는 그 모든 독단주의자는 걷지 못한다. 산

---

* 장자크 루소, 『고독한 산책자의 몽상』, 130쪽.

책의 상극이 있다면 그것은 무엇보다 독단주의dogmatism다. 알파와 오메가 사이, 시작과 끝 사이, 전주와 서울 사이를 오락가락할 뿐 산책을 하지는 못하는 것이다.

무엇보다 상처는 삶을 미로迷路로 만든다는 점에 주목할 필요가 있다. 상처받은 자는 주행로/이동로가 아닌 미로의 삶을 마주하고 있는 것이다. 그리고 이 미로를 걷는 것으로서의 산책은 상처가 덧나는 원천인 의도와의 싸움에 다름 아니다. 산책은 상처 입은 미로의 삶이 그 기억, 혹은 의도의 바깥으로 나아가려는 외출이며, 오연한 의도의 체계, 앓을 수밖에 없는 기억의 체계와 창의적으로 불화하려는 생활정치다.

9장

산책*

* 여기서 벤야민의 산책자 개념을 잠시 대비시켜 소개해도 좋을 듯한데, 이것은 우선 아래의 두 책을 근거로 정리한 것이다. 발터 벤야민, 『아케이드 프로젝트 1~2』, 조형준 옮김, 새물결, 2005. 이하 쪽수는 괄호 속에 둔다. 벤야민의 유명한 '산책자' 개념은 '산책'에 대한 내 생각과 겹치거나 헤어지는 지점이 잦아 일매지게 분석하기가 쉽지 않아 보인다. 그의 개념은 대도시를 대하는 벤야민의 양가적 태도(혹은 지멜의 유사한 태도)에 조응하듯 흔들린다.
우선 내가 조형해온 것이 '자본제적 삶과의 창의적 불화'라는 개념적 핵을 중심으로 중층의 달무리를 이루며 재서술의 다양한 무늬를 형성하는 것이지만, 벤야민의 것도 일부 혼돈스러운 가운데 반反시장주의적 함의를 내비치긴 한다. 그의 다소 난삽한 묘사를 회집해보면, 산책은 관찰이고, 도피이며, 의심이고, 매신賣身이기도 하지만, 그 활동은 (거북이의 걸음에 의해 표상되듯이) 기본적으로 무위無爲로서 자본제적 분업에 반대하는 시위(985)인데, "산책에는 무위로 얻는 것이 노동으로 얻는 것보다 더 가치가 있다는 생각"(1038)이 깔려 있다. 이는 지멜이나 베버가 기술한 자본주의적 생산양식의 특성을 향한 비판적 관심이 바야흐로 좌파적으로 (그러나 여전한 '개념의 줄타기' 속에서) 비스듬히 기운 모습을 과시한다. 한편 그의 산책자는 운신의 반시장적 템포와 마찬가지로 특유하게 우유부단하며 군중의 물결에 (탐정적) 의구심을 드러낸다.(982) 이로써 산책자는 구경거리에 도취한 채 군중에 휩쓸린 '구경꾼'과는 다른 자아와 개성을 지닌 존재로 남는다는 것(989)이다. 나아가, 그가 우정이 산책의 고독을 타파한다거나(1019), 대개의 천재들이 근면하고 부지런한 산책자라고(1038) 덧붙이는 것에서 그의 산책자 개념은 실질적으로 이념적인 종말을 고한다.
그러나 느릿느릿 뻐기며 댄디처럼 산책하더라도 벤야민의 산책자는 여전히 시장적인 존재다. 그는 산책자의 모습을 띤 채로 시장에 익숙해져가는 것(105)이며, 시장의 요구에 따르고, 결국 시장에 굴복하는 자(128)에 지나지 않는다. 그래서 급기야 그는 스스로 상품이 되고 마는 것(158)이다. 산책자가 운신의 템포와 시선의 차이를 스스로 차별화·특화시키면서 '군중의 사람'(에드거 포)과 구별할지라도 그의 자리는 거리일 뿐이다. 거리는 산책자의 거주지이지만, 그는 거기서 무슨 진지陣地를 조형하려는 게 아니다. 그 지성知性은 산책자의 꼴을 한 채 시장에 스며들고, 그 역시 반半의식적 매신賣身의 대열에서 예외가 아니다. 그러므로 벤야민이, 백화점을 산책자가 마지막으로 다다르는 곳으로 치는 것(105)은 극히 시사적이다.
요컨대 벤야민의 산책자 개념은 마치 산종散種의 상태에 빠진 듯 산만하고 파편적이다. 그것은 흔적Nähe 과 아우라Ferne 의 사잇길이거나, 역사유물론과 유대

신비주의 사이의 틈이거나, 혹은 우파(개인실존)와 좌파(체제의 전체성)를 넘어서는 새로운 표현(지멜)의 노역勞役이기라도 하듯이, 아직은 미완의 상태로 남은 개념적 조형물이다.

그것은 구경꾼 badaud 과 달리 개성적 주체를 지녔다고 했지만, 여전히 도취된 상품처럼 움직이고, 정원 풍경 속의 산보자 promeneur 가 아니라 도시의 그늘 속을 걷는 산책자 flâneur 라고 하지만, 그 도시를 뚫어낼 결기와 슬기를 드러내지 못한다.

산책, 혹은 자본제적 체계와의 생산적 불화

자본주의는 모든 것의 이동移動이며, 심지어 (월드컵의 응원 열광에서 보듯) 샤머니즘에까지 이른 원격 이동이기도 하다. (화상 응원은 원격 감응이라는 시대착오적, 외설적 주술에 다름 아닌 것!) 그러나 산책은 '이동이 아닌 걷기'다. 그래서 그것은 출장出場이 아니며, 관광이 아니고, 순례가 아니며, 배달은 더더욱 아니다. 마찬가지로 그것은 아도르노가 나치즘의 그늘 아래 인간의 품위를 부각시키면서 얼핏 시사하듯 '행진'도 아니며, 또한 '교통'(비릴리오)도 아니다. 그러면 그것은 대체 무엇일까? 글쎄, 그것은 여전히 아무것도 아닌데, 바로 그런 까닭에 그것은 내가 '동무'라고 불러왔던 무위와 부재의 부사적副詞的 사귐이 가능한 사이 공간이 된다. 그렇기에 산책은 자본주의적 환경 속에서 중요한 주제가 되는 것이다.

그러면 누가 걷는가? 혹은 산책의 '주체'(이 말은 그 자체로 역설인데, 산책은 매우 중요한 의미에서 '주체보다 앞서가기', 혹은 '의도에서 벗어나기'이기 때문이다)는 누구인가? 물론 (여기서 벤야민을 조금 연상해도 좋은데) 그것은 '상처받은 사람'이다. 좀더 정확히는, 상처받은 탓에 세계가 세속이라는 미로迷路로 바뀐 사람을 말한다. 내 오래된 명제를 반복하자면, '당신들은 이동하지만, 상처받은 사람은 걷는다'. 그렇기에 파워워킹이나 슬로워킹 같은 우스개들은 도무지 산책이 아니다. (굳이 분류하자면, 그것은 영락없는 자본주의다.)

물론 이 상처는 자본제적 삶의 양식, 그 체계적 식민화의 그늘과 같은 것이다. 말하자면 상처를 매개로 산책과 자본주의는 창의적으로 싸우거나 우스꽝스레 사통한다. (물론 대체 싸울 수 있는가, 혹은 어떻게 싸우는가, 라는 물음이 논의의 아킬레스건이다.) 당연히 여러 이론가의 노작에 힘입어 우리는 산책조차 무해한 듯 점유하는 자본주의의 전 포괄적 생리를, 그 '알리바이의 체계'(르페브르)를 잘 알고 있다. 가령 청계천 복원이라는 찬사 일색의 사건은 그 생리의 심연을 알리는 도시주의의 묵시록이 아니고 무엇이겠는가? 산책은 문명과 인간관계의 상처로부터 도피해 숨을 수 있는 루소류의 자연을 향한 낭만주의, 원시주의가 아니다. 머레이 북친 등의 반론이 드러내듯 그 같은 태도는 결국 무지와 정치적 방기에 이를 뿐이다.

근대화 일반이나 자본주의는 (마치 한국의 현대 철학처럼) 상처의 문제를 체계적으로 회피하거나 억압한 자리를 가리킨다. 술자리가 아니면 상처를 말하지 않는 회사 인간들처럼, 자본주의의 단말기로 혹은 그 배달부로 기능하며 쉼 없이 이동-하는/시키는 현대인들은 이동의 속도주의 속에서 상처를 외면한다. 상처는 모른 체하면서도 '건강(보신)'을 떠드는 꼴은 소란스럽기 짝이 없다. 그러므로 자신의 의도意圖와 기능적 자기 정체성이 일치하는 오만한 이데올로기적 순간에는 걷지 않는 법이다. 한 해에 지구를 다섯 바퀴나 돈다고 해도 자본주의의 격자판을 좇아 이동할 뿐, 존재의 상처와 함께 세속의 미로 속으로 이탈하지 못한다.

산책은 '~워킹'이라는 기능화된 일차원적 보행이 아니다. 그래서 산책은 자연스럽게 자본주의적 동선과 템포를 벗어난다. 그리고 인간의 상처를 다독이는 리듬을 저절로 배우면서 자본제적 도시의 인력으로부터 몸을 끄-을-며 벗어난다. 물론 그곳은 청계천도 아니며 지리산의 청학동도 아니다. 그곳은 오직 없는 관계를 향한 부정적(부재적) 삶의 양식이 밝혀내는 새로운 가치가 번득이는 결절점들일 뿐이다.

자본주의가 이동이면서 동시에 '교환'이라면, 산책의 탈자본주의적 창의성은 무엇보다 너와 나 사이의 관계를 자본제적 교환의 바깥으로 외출하도록 돕는 데 있다. 구름과 바람, 소리쟁이와 기생초, 다슬기와 꺾지, 금강송 너머의 황혼 등은 단지 완상의 대상이거나 레저의 환경만이 아니다. 그것은 단번에, 그리고 총체적으로 우리 삶의 원형적 모습이 등가적 교환의 외부에 기대고 있다는 사실을 일깨운다. 산책, 그것은 아직 아무것도 아니지만 우선 자본제적 체계와 생산적으로 불화하는 삶이다.

10장

연인과 타자

1
문턱: 연인과 친구 사이

이 생각의 출발은 일상의 관계 속에서 반복되는 어떤 '체감'이다. 그것은 반복의 양식을 통해서 구조의 징후를 드러내지만, 단지 이론들을 회집하거나 재배치함으로써 그 징후가 드러내는 간극을 메울 수 없다는 체감이기도 하다.

 이론에서 출발하는 것이 아니다. 내 몸에서 솟아오른 땀이 식어가면서 어느덧 이물異物이 되듯이, 이 글은 끔찍한 이물의 체감으로부터 분수처럼 뻗어오른다. 그것은 자본주의적 욕망과 거래의 도식화된 풍경이 은폐하고 있는 일상의 관계들이 속속들이 훼파·왜곡되었다는 진단과 근심, 혹은 공포다. 체계 속에서 새로운 교환 방식을 알지 못하는 동무들은 그 공포의 끝에서 하나하나 괴물로, 어리석은 기계로 변해간다.

 가령 자본제적 네트워킹의 편재遍在를 은폐하거나 호도하는 친구와 연인이라는 낭만주의는, 그 왜곡의 역사성을 잊은 채 존립하며 이곳저곳에서 언죽번죽 재생산된다. 그것은 잊힌 역사성의 마지막 풍경이 자명화, 자연화, 낭만화된 모습에 지나지 않아 보인다. 아파트와 아파트 사이에 구획된 정원이나 공원公園이 농촌사회를 되새김질하려는 서정抒情의 인공人工, 그 시뮬라크르에 불과하듯이, 연인과 친구라는 21세기의 낭만주의는 곧 낭만의 인공, 그 시뮬라크르—그 사회적 신뢰의 '배반'(바디우)—에 불과한 것이 아닐까?

결국 친구라는 전래의 낭만주의도 낭만주의의 출처인 자아의 그림자일 뿐이며, 그 점에서는 연인도 대차가 없어 보인다. 마찬가지로, 직장과 가정으로 양분된 우리 사회의 자본제적 도식과 동선은 이 왜곡된 관계가 이기적으로 숨어들어가는 안이하고 안정된 체계적 단말기에 불과한 듯하다. 친구는 직장이라는 시스템의 외곽에서 웅성거리고, 연인은 가정이라는 시스템의 외곽에서 소곤거리는 것.

물론 이것은 우리 일상이, 체계적으로 반복되는 상처를 은폐한 채 인간적 교환의 전부를 '욕망하는 거래'에 일임해버리는 현실에 대한 생래적 거부감이 임계-체감에 달한 사실과 닿아 있다. 더불어 부유富裕한 이론들은 무기력하게 부유浮游하거나, 혹은 실지實地와 동떨어진 채 헛발질만 계속하고 있다는, 낡았지만 여전히 유효한 지적에 젖줄을 댄다.

시인들은 묵은 상처에서는 향기마저 난다고 한다. 그러나 이제는 상처를 은폐한 향기, 그 풍경의 '항문성애적' 깔끔함 Ordentlichkeit에서 표피근대적 성취만을 읽어낼 때가 아니다. 근대성은 그 자체로 거대하고 복합적/다면적인 성취와 상처의 겹-덩어리라는 인식 아래, 우리 인문학과 철학은 그 상처에 대한 전면적인 접근과 지속적인 대처에 나서야 한다. '우리 철학사가 곧 세계의 철학사'라는 독일 지식인들, 그리고 '우리 문제는 우리 이론으로 넉넉히 감당한다'는 프랑스 지식인들의 자신감에 상응하는 남한 지식인들의 미래적 태도는 '절뚝거리며 따라잡기'도 아니고 소중화小中華 의식의 21세기 판본과 같은 것도 아니다. 그것은 우리 상처, 그 역사와 구조에 대한 진솔하고 엄밀한 탐문에서 출발한다. 이와 관련해서 우리 일상을 지배·잠식하고 있는 상처의 치료, 그리고 그 상처의 일상적 반복이 만든 인간관계의 재구성에 그 많고 다양한 이론이 동원되고 처방될 수 있는 방식을 구체적으로 고민하는 것이다.

이 글의 관심을 좇아 문제를 좀더 실천적으로 정리해보면, 연인과 친구라는 가장 진부한 일상의 관계 축에 주목하고, 그 관계들을 타자성의 지평 속에서 근원적으로 재조명하는 것이다. 이로써 새로운 인문적 삶의 양식과 연대의 가능성을 모색하면서, 그 조건과 한계를 좀더 세심하고 구체적으로 헤아리고 따지려는 것이다. 공동체든 체계든, 결정決定이든 증상이든, 정리情理든 합리든, 그 실천이 현실적으로 결절하면서 내려앉는 지점은 모두 인간관계라는 사소함일 수밖에 없기 때문이다. 행복은 무엇보다 삶의 사소함에 대한 현명한 대응의 양식에 자리하지 않던가?

(비록 대안의 지평은 흐릿하고 버릇의 관성은 완강할지라도, 실천이 반복해서 주저앉는 자리를 직시하는 것만으로도 길은 싹튼다. 실패와 무능의 자리 너머를 사유하는 이른바 '비사유의 사유'는 그 직시의 끝에서

자라며, 이것은 비단 철학적 사유의 기본일 뿐 아니라 새로운 실천의 길을 뚫는 이정표이기도 하다. 그러나 직시라는 것은 막힌 벽을 향한 시선의 밀도가 아니다.)

사소함에 목숨 거는 열정은, 연인관계에서 그 쉼 없는 감가상각이 은폐되는 가장 낡은 방식이다. 물론 사랑의 텍스트를 이루는 것은 조그만 나르시시즘과 심리적인 사소한 것*이다. 그리고 그 사정의 사소함과 열정의 과중함 사이의 어긋남이야말로 사랑이 지닌 만고불변의 통속적 다이내미즘이 거듭 부활하는 곳이다. 사랑의 실패 속에서 역설적으로 타자성의 지평을 체험하는 일—"사랑 속에서 우리가 소통의 실패라고 일컫는 것은 분명 타인과의 관계의 긍정성을 구성한다"**—은 그 어긋남의 끝에서 얻는 실천적인 지혜가 아닐 수 없다. 나는 '일상을 극진히 대접하면 진리가 물러난다'는 이치를 좇아, "하찮은 것들을 하찮은 대로 극진히 대접하면, 날개를 잃게 된 사랑은 순간 증폭의 메커니즘을 놓친 채 바람 빠진 풍선처럼 하찮게 찌그러지고 말 것"***이라고 지적한 바 있다. 그러나, 아, 사랑일진대, 누구든 그 사소함과 하찮음의 광기에서 자유롭기는 어렵다. 그래서 바르트는 눈물을 공갈 협박에 비기며(『단상』, 244), 핑켈크로트는 사랑과 공포정치의 관계****를 따

---

* 롤랑 바르트, 『사랑의 단상』, 241쪽. 이하 『단상』으로 약칭.
** 에마뉘엘 레비나스, 『존재에서 존재자로』, 162쪽. 이하 『존재자로』로 약칭.
*** 김영민, 『사랑, 그 환상의 물매』, 86~87쪽.
**** 알랭 핑켈크로트, 『사랑의 지혜』, 권유현 옮김, 동문선, 1998, 169쪽 이하.

진다.

그러므로 사소함의 재해석, 그리고 그 실천적 재배치는 연인 혹은 친구 사이의 낭만적 자명화와 자본주의적 교환충동/물화의 오해와 폐해를 고쳐나가는 데 필수적이다. 연인, 그것은 요컨대 '말이 통하지 않는 관계'다. 그것은 낭만주의적 일치라는 영원한 시대착오에 얹혀 기식한다. 나아가, 그 일치가 야누스의 얼굴처럼 품은 모순 속에서 내재화의 폭력은 피할 수 없다. 친구라면, 그것은 요컨대 '말이 필요 없는 관계'다. 사적 의리에 기대고 추억으로 회귀하는 정서적 일치의 패거리가 된 채 설명과 재서술을 오히려 부끄러워하는 관계의 덫이다.

과제는, 동무라는 낯선 타자성의 관계 속에 길을 내는 일*이다. 없는 관계, 무능의 급진성을 통해서만 점근선적으로 드러나는 부사적副詞的 관계의 길을 뚫어내는 일이다. 그것은 동무라는 관계 속에서 가능해지는 새로운 타자성의 (질적으로 변화된) 시간체험에 동참하는 길이기도 하다. 그러나 그 동참은 진리나 습관을 매개로 가능해지는 것이 아니다. 레비나스나 고진의 표현으로 "그

---

* 친구(동무)와 타자를 엮는 논의는 바타유에 주석을 가하는 블랑쇼의 글에서 점점이, 그러나 다소 혼란스럽게 번득인다. "그(바타유)는 '내 친구들과 함께하는 나의 행동에 근거가 있으며, 내가 믿기에 각 인간 존재는 혼자 외로이 존재의 끝까지 나아갈 수 없다'고 썼다. 이러한 단언은 (내적) 경험이 단독자에게서 이루어질 수 없다는 것을 함의한다. 왜냐하면 그것의 특성 개체의 특수성을 깨뜨리는 데에, 개체가 타인에게로 노출되는 데에, 즉 본질적으로 타인을 위해 존재해야 하는 데에 있기 때문이다." 모리스 블랑쇼·장-뤽 낭시, 『밝힐 수 없는 공동체, 마주한 공동체』, 박준상 옮김, 문학과지성사, 2005, 43쪽.

것은 공동체가 아니"(『존재자로』, 160)며, 시간 자체가 된 사회성을 얻는 길(『존재자로』, 158)이기도 하다. 그것이 동무, 곧 동무同無의 길이다. 혁명도 가족의 권위주의적 사슬을 끊지 못할 때,* 르페브르의 지적처럼 혁명의 원인과 결과가 한결같이 일상의 자리 속에 있을 때, 연인조차 동무의 일종으로, 그리고 동무 역시 타자의 일종으로 거듭날 가능성을 헤아리면서 그 바람 같은 길을 실천하는 노릇은 어렵고도 어렵다.

* 빌헬름 라이히, 『성 혁명』, 윤수종 옮김, 새길, 2000, 240쪽 이하.

2
문제: 동무, 길 없는 길

인식과 대화는 물론이거니와 호의와 연정조차 우선적 과제는 자기동일화, 혹은 자기차이화*의 거울방을 깨고 나오는 일이다. 자기차이화의 탑돌은 역시 자기동일성의 거울방으로 회귀하고 만다. 관건은 그 거울을 깨고 나아가는 일이며, 그 탑의 경계를 가로질러가는 일이다. 그래서 무한한 낯섦의 지평 속에서 두렵게 개시開示되는 새 관계들의 실천이 '이드거니' 지속되어야만 배운 만큼 세상은 달라질 수 있을 것이다.

여기서 몇 가지 공안을 사유의 징검다리로 삼는 것도 유익할

---

* 이 용어는 고진의 해설을 따랐다. 체계가 그 형식을 유지한 채 차이화의 변증법을 일구는 것을 가리킨다. 그래서 "이미 외부/대상reference을 배제한 후, 다시 외부성을 내부에서 발견하려는 것"이다. 가라타니 고진, 『언어와 비극』, 12쪽. 다른 곳에서 그는 자기차이화를 생성生成과 등치시킨다. "자기차이화해가는 것이 생성입니다…… 이 세계는 하나의 관계 시스템으로 되어 있는 것이고, 그 관계 시스템을 끝없이 변형시켜가는 것이 자기차이화입니다." 같은 책, 227쪽. 레비나스로부터 구렁이 담 넘어가듯이 물려받은 공동체-사회의 구분이 여기서도 적용되는데, 그의 해석에 의하면, "공동체라면 반드시 생성론"이다. 같은 책, 236쪽. 요컨대 그것은 타자성의 지평, 혹은 사회성이 배제된 체계의 자기 운동력에 불과한 것이다.

것이다. 자아의 지옥, 인식의 감옥, 변증법의 고리에서 어떻게 나아갈 수 있는가?(레비나스, 블랑쇼) 혹은 개념적 사유의 내재화에서 벗어나는 길은 무엇인가?(아도르노) 내 몸은 어떻게 내 문제에 앞설 수 있는가?(파스칼, 부르디외) 목숨을 건 도약의 삶과 그 관계를 어떻게 일상화할 수 있는가?(키르케고르, 고진) 성숙의 대가는 무엇인가? 내 거울방, 그 상상적 동일시의 중력에서 벗어날 때 얻는 상흔은 어떻게 남아 있는가?(프로이트, 라캉) 사랑하면서 어리석지 않을 수 있는가?(베이컨, 바르트) 사랑하지 않고 아낄 수 있고, 진리를 모른 체하며 극진할 수 있는가? 새로운 성/사랑의 문화를 정치적으로 재배치하려는 노력은 어떻게 가능한가? 마찬가지로 노동-체계의 금기와 사랑-축제의 위반을 조화시키는 삶의 양식은 어떻게 가능해지는가?(라이히, 바타유, 마르쿠제) 연인도 친구도 타인도 아닌 동무의 길, 길 없는 그 길은 어떻게 발생하고 어떻게 유지되는가?

3
배경과 현장: 세속

이 글의 배경이자 그 실천적 현장인 세속世俗이라는 개념은 우선 의도와 실천 사이에서, 심중心中과 인간관계 사이에서, 호의와 신뢰 사이에서, 공동체와 사회 사이에서, 자아의 거울방과 타자들의 벽 사이에서, 그리고 나와 너 사이에서 어긋나고 미끄러지는 틈새를 가리킨다. 그리고 그 틈새, 혹은 그 틈crevasse의 심연이 반복 재생산하는 오해와 상처의 구조를 가리킨다. 아울러 (마치 "문화상품을 꿰뚫어보면서도 어쩔 수 없이 거기에 동화되지 않을 수 없"*는 소비자들처럼) 내내 그 구조를 체감하면서도 구조의 기계성**과 객체성***에 휘말려 들어가는 자가당착을 말한다.

   세속이 어떤 슬픔이라면, 그것은 무엇보다 그 의도의 비극적 불모성에 있다. 내 진실은 내 의도 속에 없다는 사실, 그 사실들의 불모가 엮어내는 인간관계의 폐허가 곧 세속이다. 물론 19세기 이후의 세속은 스스로 그 체계의 변명마저 구비하고 있다는 점에서 이미 신학적이다. (그런 점에서 세속적 일상, 일상적 세속 이후의 형이

---

*   테오도어 아도르노·막스 호르크하이머, 『계몽의 변증법』, 251쪽.

상학은 없다.) 말하자면, 의도가 부서지는 외상적外傷的 경험들로부터 쉼 없이 퇴각하려는 이데올로기적 안정화가 다시 그 같은 의도들을 복제해낼 뿐인, 그러한 체계.

세속은 그 호의와 선의가 사회성/타자성의 관계 지평에서 신뢰를 얻지 못한 채 심연 속에 거꾸러지면서, 또 필요한 도약에 내내 실패한 채 끝없이 어긋나고 미끄러지면서, 쉼 없이 욕망하며 오해하고 상처를 주고받는 그 완악한 호의, 선의의 구조를 가리킨다.*

다시 마르크스의 낡은 표현을 빌리자면, 그것은 호의와 선의로 포장된 지옥의 사건들로 겹겹이 둘러싸인 우리의 관계적 현실을 가리킨다. 그 빛나는 선의와 매끈둥한 호의로 덧칠된 거울방의

** 이 기계성의 단면은, "우둔함Dummheit은 상처 자국"이라고 정의할 때 매우 적절하게 드러난다. 같은 책, 380쪽. (명백히 당대 정신분석학의 영향권 아래에서 쓰인) 이들의 설명에 따르면, 그것은 특정 부분의 근육(성)이 지장을 받은 탓이며 아울러 어떤 외부의 장애에 대해서 매우 서툰, 어리석은 대응을 반복함을 뜻한다. (아울러 이와 흥미롭게 비교될 수 있는 대목은, 현대인의 신경증적 제 질환을, 사회 제도적 억압에 연원을 두면서 생물학적 에너지의 울혈로 소급시키는 빌헬름 라이히의 프로이트 좌파적 시각이다. 이것 역시 필경 '어리석은 반복'의 문제일 따름이다.) 세속이라는 어긋남의 관계/틈은 이 같은 유형의 어리석음이 반복됨으로써 외견상의 심연을 형성한다. 그러나 유의해야 할 점은, 그 심연(스러움)에는 실로 아무런 깊이가 없다는 사실이다. '악은 깊이가 없다'는 아렌트나 베유의 주장을 이어보자면, 세속의(이라는) 오해와 상처에는 아무런 깊이가 없으며, 그 의사擬似 깊이는 오해와 상처의 반복에 따른 우둔함의 코드화일 뿐이다.

*** 앙리 르페브르, 『현대세계의 일상성』, 박정자 옮김, 기파랑, 2005, 133쪽. "현대세계에서 일상은 주관성이 풍부한 '주체'이기를 그치고 사회적 조직의 대상인 객체가 되었다."

완악한 자폐성을 말한다. 그것은 호의 속의 실체가 악의라는 뜻이
아니라, 호의의 구조적 실체 그 자체가 악의로 미끄러진다는 것이
다. 호의/선의가 어쨌든 물질적 조건에 의지할 수밖에 없다는 뜻
에서 호의/선의는 결국 부재하는 중심과 같고, 그것은 마치 점묘
화처럼 주변의 물질과 행위를 통해서만 부재하는 중심을 드러낼
수 있다. 물론 이것은 이데올로기 비판 과정에서 가장 초보적인
접근에 해당된다. 베유나 아렌트까지 호출할 것은 없되, 악惡은 비
록 깊지 않더라도, 뽑아낼 수 없을 만치 완악하고 집요한 네트워
크다. 만일 우리 모두의 호의/선의가 자의적으로 집결·착종함으
로써 돋을새김하는, 그 부재하는 중심이 악이라면?*

어쩌면 아도르노의 말처럼, 세속의 본질은 그곳에 본질 같은

---

* 당신이 당신의 친구에게 물잔을 건네준다고 치자. 뻔한 사실이지만, 잔에 담은
물을 건네줄 때의 호의/선의는 그 잔盞이나 물과 아무런 상관이 없다. 당신의 호
의/선의는 물질적 조건에 실질적으로 의지하지만, 그 호의/선의는 물질(잔/물,
그리고 건네는 손동작 등)에 미치지 못한다. 여기서 결정적인 사실은, 친구가 당
신의 호의/선의를 느끼거나 평가하는 방식이 주로 그것이 실행되는 갖은 물적
조건과 관계, 그리고 그 결과라는 것이다. 원칙상 그 친구가 당신의 내심을 직관
하도록 요청하거나 유도할 수도 없다. 감정이입은 내내 모른 체 해야 한다. 물론
그 물적 조건과 관계와 결과라는 타자의 지평이 종종 예기치 않게 당신의 내심
(의도)을 배반한다는 사실 속에서 오해와 상처는 반복된다. 그러므로 물잔을 건
넬 때 상대가 그것을 받았다는 믿음/생각을 버리는 게 중요하다. 직관의 폭력과
감정이입의 나르시시즘을 넘어서는 동무적 관계의 실천은 몸(손)이 몸(손)에
얹히는 물질적 신뢰에서 시작된다. 결국 타자성의 체험은 자신의 생각과 의도가
와해되는 체험의 물질성과 유사한 것이다. 신뢰? 그것은 내 친구가 내 물잔을 받
는 것이 내 생각이나 의도와 아무 관련이 없다는 사실이 깊어지는 가운데 생기
는 몸의 버릇, 바로 그것에 대한 진득한 태도다.

것이 없다는 사실에 의해 역설적으로 드러난다. 본질이 있다면, 그것은 최후의 실재가 되어 우리의 치렁치렁한 어리석음의 자락을 잘라버리는 메시아적 충격이라도 될 수 있겠다. 그러나 비본질의 세속은 오직 우리의 어리석음과 긴밀하게 연동連動하면서 자신의 몸피와 동선을 쉼 없이, 밉광스레 조절할 뿐이다.

세속에서는 은유라는 상처의 형식, 그리고 환유라는 욕망의 형식이 조합을 이루면서 만드는 근본적 우연성이 자연스러움의 더께를 이룰 뿐이다. 혹은 알튀세르의 말처럼, '마주침과 우연성의 유물론'이 우리 의도의 외부에서 끝없이 연기緣起의 네트워크를 흔들고 있을 뿐이다. 달리 비유하자면, 공부의 본질은 없으며, 오히려 무토대의 심연과 비본질의 허무를 응시하고 견디는 데 비본질의 본질이 있다는 사실과 유사하다.

마찬가지로 사랑의 본질은 없으며, 있는 것이라고는 상처가 상처를 호출하며, 욕망이 욕망을 약속하는 은유와 환유의 형식적 네트워크뿐이다. 거미줄에 걸린 나비처럼, 사랑은 흔히 스스로의 몸부림과 나르시스가 만드는 네트워크상의 진동에 대한 오인과 착

* 엄마와 아빠, 누나와 형의 호의/선의가 자의적으로 집결하고 착종함으로써 돋을새김되는, 그 부재하는 중심이 오해와 상처라는 가족이라면? 춘향의 호의와 몽룡의 선의가 제 욕심껏 기동하고 착종하면서 마치 시간의 무늬처럼 드러내는, 그 부재하는 중심을 향한 실없는 열정이 사랑이라면? 보부아르의 말처럼, 여자의 매력, 그 신비한 중심은 곧 부재vacance이며, 여자의 가능성에 대한 남자의 환상은 바로 그 부재를 향한 부각浮刻의 효과라면? Simone de Beauvoir, *The Second Sex*, p. 692.

각으로 구성된다. 그러므로 오히려 연정의 무근거와 우연, 그 반복과 모방을 알면서 모른 체하고 말과 살로써 극진히 공대하면서 그 연인 속의 타자성의 지평을 찾아가는 데 미래적 사랑의 실천이 있는 것과 같다. 결코 곁이 전부랄 수는 없지만, 곁이 전부인 듯 실천하는 양식의 일관성 속에서야 비로소 사랑은 출발하고 제 무늬를 얻어갈 수 있겠기 때문이다.

그러나 더 중요한 것은 바로 그 연인들 사이에 놓인 심연의 사실과 도약의 요청이 철저하게 망각되고 있다는 사실이며, 바로 이 사실의 안이함 속에 연인들이 사는 세속의 본질이 있다. 이처럼 세속은 오늘도 타자들을 배제하는 방식으로 쉼 없이 연인들을 재생산하고 있다. 어리석게 사랑하는 것, 사랑하다가 더 어리석어지는 것, 필시 그것이 스스로의 어리석음으로 세속을 만들어가는 우리 모두의 운명일 것이다.

세속이 슬픈 이유는 악惡 때문이 아니다. 전두환의 폭압이나 내 돈을 떼어먹고 달아나는 악덕 상인이 세속을 슬프게 하는 것은 아니다. 굳이 분류하자면, 그들은 세상을 '아프게' 할 뿐 슬프게 만들진 못한다. 나치의 홀로코스트나 소련의 굴라크Gulag는 뼈아픈 현실이지만, 정작 슬픈 것은 아픔 자체가 아니라 그 아픔의 그늘 아래 피해자들 사이에서 벌어지는 미시적 오해와 상처의 착종이다. 마치 부모의 죽음 자체가 아니라 부모의 유산을 놓고 하이에나처럼 으르렁거리는 자식들의 욕심과 그 상처가 슬프듯. 조국을 되찾기 위한 의열단원의 죽음이 슬픈 게 아니라 되찾은 조국에서 김창

룡과 조소앙의 뒤바뀐 운명이 슬프듯.

슬픔은 적敵들의 횡포 탓이라기보다 오히려 친구들의 선의와 그 무모함에, 연인들의 호의와 그 어리석음에, 가족들의 애착과 그 타성에 얽혀 생긴다. 그리고 호의/선의가 내재적으로 동반하는 구조적·반복강박적 상처와 욕망, 그 근원적 오해와 자의恣意 속에 우리네 세속의 본질과 슬픔이 내내 잠복하고 있다.

호의가 에고이즘과 사통하고 선의가 나르시시즘의 미끼로 전락하는 속절없는 무능 속에 세속의 본질은 옹글게 똬리를 틀고 있다. 한갓 유아론의 자식으로 입적해버린 이 시대의 호의와 선의 속에서, 그 알량한 친구들 사이의 선의와 알량한 연인들 사이의 호의 속에서 세속은 언죽번죽 자신의 본질을 보인다. 척마尺魔가 세속의 본질이 아니다. 오히려 우리 일상을 안이하고 온건하고 포획하는 촌선寸善, 그 촌선의 벽이 세속의 본질이다. 어리석은 촌선으로 짠 지옥, 바로 그것이 세속이며, 세세토록 유전되는 척마인 것이다.

4
호감/호의, 혹은 아무것도 아닌 것

　호의는 기본적으로 사적 정서다. 그러므로 의도 속에 내 진실이 없듯이, '사랑한다고 믿거나 느끼는 것'은 아직 사랑하는 것이 아니다. 그것은 사적 정서의 어떤 결절을 자평하는 것일 뿐으로, 사랑이라는 관계적 현실 속의 타자성에 접근하지 못한 상태를 가리킨다.
　자아가 타인들과의 관계 속에서 주체cogito로 거듭나고, 세계상Weltbild을 통으로 굽어보는 자의식이 되면서 얻은 가장 큰 병증은 내가 '심리학주의'라고 일컫는 태도다. 요컨대 그것은 일종의 데카르트주의로서, 자기가 자기 생각과 의도의 구심체로 존재한다고 믿는 태도를 말한다. 그러나 기껏 그것은 일찍이 키르케고르가 『죽음에 이르는 병』에서 말한 '절망의 형식'—자기 자신에 절망하면서도 자신으로부터 벗어날 수 없는 실존의 상태—에 가까울 뿐이다. 또한 키르케고르의 바람과는 달리, 실존은 생각도 아니지만 믿음도 아니다.
　호의와 호감으로서의 연정은 사회적 신뢰의 지평에 이르지 못하는 독아론獨我論인 셈이다. 혹은 호의/호감은 세상을 자신의 심리 속에 내재화하는 방식의 초기 증상과 같다. 문제는 그 호의와 호감이 실제로는 사랑과 무관하다는 것이며, 현명하지 못한 호의와 호감은 필연적으로 오해와 상처를 낳게 마련이라는 것이다. 타자성의 아득한 지평에 몸을 끄-을-면-서 다가서려는 노력 없이, 자신의 심리로 만든 거울방 속에 '좋기만 한 타자'로서의 연인을 제 마음대로 포획한 사건이 '사랑'이라는 헛된 이름이다. 그 연인은 이미 연인이 아니라 자신의 거울방에서 영원히 외출하지 못하는 자기-영상에 불과한 것이다.

물론 사적 정서의 응결, 사적 규칙의 남용으로서의 호의/호감에서 가장 중요한 문제는 낭만적·심리적으로 타자와의 사이비 일치를 전제하는 것이다. 신뢰가 아니라 정서에 따라 움직일 때, '우리we'는 곧 동물농장식의 '우리pen'로 바뀌며, 그 우리의 안팎으로 오해와 상처는 피할 수 없다. "당면의 문제가 타인의 고통에 눈을 돌리는 것이라면, 더 이상 '우리'라는 말을 당연시해서는 안 된다."* 이를테면 '일심동체의 이데올로기', 혹은 감정이입이라는 혼란은 타자의 지평으로 나아갈 때 흔히 만나는 헤살이다.

낭만주의적 감정이입은 과학적 이성의 도구주의를 대체할 능력이 없다. '비판'하는 것 자체가 과학적 이성의 발로이기도 하거니와, 비판은 아직 '대체'할 능력의 필요조건에 지나지 않는다. (가령, 조금 다른 얘기이긴 한데, 엄청난 다작 속의 강준만 교수를 '비판'하는 것은 쉽지만, 그의 능력이나 사회적 기능을 '대체'할 수 있는 지식인은

---

* 수전 손택, 『타인의 고통』, 이재원 옮김, 도서출판 이후, 2004, 23쪽.

드물 것이다.) 대개 감정이입은 신속성과 주술적/거울단계적 전능성 탓에 이론이 부재한 공간을 쉽게 채운다. 종교와 연애의 세계가 감정이입으로 가득막한 이유가 바로 거기에 있다. 동무의 신뢰로 가는 길의 첫걸음은 곧 감정이입의 늪에서 벗어나는 데 있다. 벤야민처럼 인용으로 가든, 아도르노처럼 부정의 변증법으로 가든, 하버마스처럼 의사소통적 합리성으로 가든, 레비나스를 비롯한 몇몇처럼 타자성으로 가든, 혹은 일거에 마음을 깨트려버리는 어느 선사禪師의 일갈로 가든, 중요한 것은 사이비 감정이입의 안이한 나르시시즘에서 벗어나는 일이다.

자신만의 사적 규칙 속에서 제멋대로 호감, 호의, 선의를 발명할 뿐 아니라 강변하거나 강요하는 짓으로는 신神에게도, 연인에게도, (부버식의) 그대Thou에게도, 그리고 동무에게도 닿지 못한다. 이 사적 규칙의 심리적 전능성이라는 미숙아적 태도 속에서는 관계라는 객관성 자체가 성립되지 않는다. 자기 환상의 동력으로 쉼 없이 재생산되는 화해와 일치의 낭만주의야말로 역지사지의 실천을 방해하고 '동정적 혜안'을 그르치는 주범이다.

더불어 호의와 호감도 권력의지의 일종이라는 사실이 데퉁맞지 않게 지적되어야 한다. 성 아우구스티누스의 말처럼, 대체로 아이와 여자들의 착함은 약하기에 착해 보이는 상태일 뿐이며, 따라서 진정한 모습은 권력의지의 현실적 총량에 따라 평가될 수 있다. 가라타니 고진에 의하면 고백 역시 권력의지의 일종이다.[*] 마찬가지로, 바르트의 지적처럼 눈물조차 권력의지의 일종으로 읽힐 가능성은 충분하다.

호의와 호감은, 말하자면 '풍경'에 지나지 않는다. 호의와 호감은 겉모습의 순진무구함만으로는 제대로 살필 수 없는 과거의 어둠과 미래의 덫에 물려 있다. 그것이 계몽된 이기심과 결탁해 있는 것을 알아차리기는 쉽다. 그토록 많은 사랑의 에피소드가 생채기의 덩어리로 변해 억압된 망각의 늪 속으로 가라앉고 마는 이유도 사랑의 대체大體가 결국 계몽된 이기심의 연장에 불과하기 때문이다. 아니, 사랑의 실제를 톺아보면, 그 이기심에서 계몽의 껍질조차 속절없이 벗겨지곤 한다. 더불어 줏대를 세우지 못하는 것은 또 얼마인가? 사랑은 실로 눈치 보기이자 모방이며 인정투쟁이자 질투일진대, 줏대 있게 연인을 대하는 성숙하고 극진한 사귐의 방식은 이 시대의 세속에서 또 어떤 신화에 불과한 것인가?

칸트의 생각을 빌리면, 연정의 낭만주의로 대표되는 주관적 준칙Maxim은 보편적 입법에 이르지 못한 채 심지어 악惡의 생성을 돕는 의도 밖의 결과를 낳기도 한다. 논의의 핵심은 이것이다. 호의와 호감의 늪 속에서 자의적으로 번성하는 사적 준칙들이 결국 스스로를 타자의 지평으로부터 소외시킨다는 사실. 이로써 신뢰라는 사회성의 건축에 치명적인 결함을 노정한다는 사실.

그러므로 호의와 신뢰를 구별하는 것은 현명한 인간관계를 건

---

* 고백은 비판적으로 주목해야 할 발화 양식인데, 나는 고진과는 다른 맥락에서 이를 분석한 바 있다. 김영민, 「고백이라는 사랑」「고백과 소문에 관한 4가지 생활테제」, 『사랑, 그 환상의 물매』, 244~254쪽.

사하기 위해 극히 요긴한 실천적 지혜다. 당연히 호의와 신뢰가 뒤섞여 있는 것이 우리가 몸 담고 살아가는 세속이므로, 그 둘을 준별하는 태도를 익히는 것은 결코 쉽지 않다. 그러나 이 작고 흐릿한 구별 짓기를 이드거니 실천해가려는 노력을 통해 우리는 적지 않은 어리석음과 상처로부터 자유로울 수 있을 것이다. 앎은 늘 삶의 중요한 자본이다. 그러나 불행한 노릇이지만, 앎으로써 삶을 바꾸는 일은 아무래도 쉽지 않다. 새로운 버릇을 들이고, 그것을 이드거니 건사할 수 있을 때라야 뻔하고 듣기 좋은 말, '일상의 진보'와 '새로운 주체'는 내실을 얻는다. 누구의 말처럼, '지키는 것은 비록 적으나 얻는 것은 많다'.

　이를 준별하기 위한 훈련의 첫째는 호의와 호감에 관습적으로 얹혀 있는 도덕주의적, 낭만주의적, 종교적, 관념적, 그리고 나르시스적 선입견을 걷어내고 찬찬히 실제의 기동과 효과에 주목하는 것이다. 그 차분한 관찰 끝에 서서히 드러나는 사실은 호감이나 호의가 그 자체로 아무것도 아니라는 것이다. 아무것도 아니라는 이 썰렁한 말은, 다정하고 온화한 겉모습이란 그저 작은 볕뉘에도 소멸될 안개일 뿐, 아직 신뢰와 책임의 사회적 관계에 이르지 못하는 비非관계의 관계라는 뜻이다. 게다가 그 심리 상태는 아침 안개처럼 허망하게 악감과 악의로 돌변할 수 있는 유동적 나르시스의 변형태에 불과하다. 요컨대 호의와 (특히) 호감이 그 자체로 아무것도 아니라고 여기는 편이 실천적으로 현명한 선택과 결과를 낳는다는 말이다. 호감과 호의는 그 자체로 아직 사회적인 가치를 지니지 못한, 결국 개인의 나르시스적 구심으로 회귀할 수밖에 없는 중성적 에너지에 지나지 않는다. 물론 호감과 호의가 사회적 신뢰와 책임의 관계로 발전하는 일이 불가능하진 않다. 마치 살과 말의 절묘한 섞임 속에 인간적 쾌락의 극치가 있듯이, 정리情理와 합리가 성숙하게 교차되면서 얻는 에너지야말로 인간적 유토피아의 최소 조건일 것이다. 다만 일상적으로 오가는 호감과 호의에 과민하거나 그 가치를 과대 포장할 필요는 없다는 것이다. 마찬가지로 마치 산책길에 인사를 받으면 선선히 답례하면서 미소를 보내듯이, 호감과 호의를 데퉁맞게 박대하거나 표나게 까부르면서 분석할 필요도 없다. 호감과 호의에 감사하되, 그것들이 종종 중심도 주체도 없는 소용돌이에 불과하다는 사실을 단단히 기억해둘 필요가 있다는 것일 뿐이다.

아쉽지만, 변덕스럽고 자기중심적인 호의와 호감 자체가 중요한 것은 아니다. 아울러 무엇보다 이같이 '서늘한' 시각을 인간관계 속에서 현명하게 체질화할 필요가 있다. 인간관계의 새로운 실천을 통해 확립된 체질만이 호감과 호의의 풍경을 넘어 계보학적 넓이와 무의식적 깊이를 통으로 조망할 수 있게 한다. 말하자면, 호의와 호감 자체가 아니라 그것들이 지속적·생산적인 인간관계 속 어디에, 그리고 어떻게 배치되고 활용되는가 하는 게 요점이다. 에너지 자체는 사회적으로 아직 아무것도 아니다. 인간들의 사회 속에서 에너지의 배치와 활용 방식이 진지하게 고민되는 순간부터 그 에너지의 '값이 아닌 가치'를 얻는다.

이 생각을 연정의 문제에 결부시켜 이렇게 결론지을 수 있다. 다시, 중요한 것은 상사相思의 열정이 아니다. 그것은 실로 아무것도 아니다. 연정이라는 사적 영역에 집착할 수밖에 없는 처지일수록 연정의 열정은 그 자체로 지고의 가치인 양 오인된다. 이것은 마치 사회적 약자에게 희망과 기원祈願의 동기 자체가 미덕인 듯 오인되는 것과 닮았다. 그러나 마치 끓는 물처럼, 맛있는 된장국을 만들지, 그 곁을 기어다니는 아기의 손가락을 삶을지는 누구도 알 수 없는 노릇이다. 중요한 것은, 물이 끓는 그 상태를 어디에, 그리고 어떻게 전유해서 현명한 관계와 효율적인 재생산에 이바지할 수 있겠는가를 묻는 일이다.

성숙하지 못한 호감과 그 호감이 재생산하는 나르시스적 열정은 상처의 공장이다. 슬기롭지 못한 호의는 오해와 아집의 늪 속에서 소금 뿌려진 지렁이처럼 뒹군다. 그리고 타자의 물성物性에 이르지 못한 '생각'은 따개비의 천국이다. 호감이나 호의가 그 자체로 아무것도 아닌 듯이 웅대하는 실천적 결기를 얻는 것은 극히 중요하다. 호감이나 호의를 알면서도 모른 체한 뒤, 그렇게 모른 체한 뒤에 생기고 응집된 실천의 결기를 우리 일상과 관계 속의 어느 자리에 배치하고 어떻게 지속적으로 유지할 것인가를 고민해야 한다.

5
연정

 연정의 관계만큼 사적 규칙이 횡행하는 곳도 없다. 심지어 사적 규칙의 사밀私密 자체가 그 관계의 고유성과 진정성을 보증한다고 믿는 지경에 이른다. 정서의 '강도強度'와 그 정서에 의탁해 있는 '생각'을 진지하고 철저하게 혼동하는 노릇은 종교적 광기를 방불케 한다. 가령 자해自害는 공감의 수단이기도 하고 지젝의 설명처럼 실재를 향한 열망이 도착적으로 발현된 사건이기도 하지만, 연정과 관련시킨다면 '정서의 강도를 증명하려는 자기-생각의 확인'이기도 하다. 갑순이의 집 앞에서 비를 맞으며 세 시간씩 기다리고 서 있는 갑돌이는 무엇을 증명하는 것일까? 그것은 타자를 배제하는 '자기-생각'의 자폐적 집요성, 그 생각의 강도強度뿐이다. 대체로 열정이 그 자체로 적나라한 진정성인 것은, 열정으로는 열정 이외의 것을 아무것도 증명하지 못하기 때문이다.

 연인들의 사적 규칙이 강박적으로 재생산하는 천국 혹은 지옥은 원시인, 주술사, 근본주의 종교인, 유아乳兒, 그리고 정신병자들이 쉼 없이 만들어내는 천국 혹은 지옥을 방불케 한다. 이들 모두는 내가 말해온 '해바라기 콤플렉스'에 빠져 있는 셈이다. 해-

바라기의 도착적 관계로 자신의 정체를 매개 없이 확신하는 해바라기의 삶은, 마치 멍게 속을 뒤집듯 inside out 심리를 까뒤집어 그 심리의 최대주의로 살아가는 것이다. 그것은 일종의 과대망상증 Größenwahn*이다.

공부라는 것이 그 무게로써 개인의 심리와 취향을 지긋이 내리누르는 힘이라고 할 때, 물론 해바라기의 상태는 공부의 부재, 혹은 그 공황을 보이는 극적인 모습이다. 공부라는 것이 자신의 마음을 죽이고 그 마음 없는 자신이 처해 있는 객관적·관계적 사태를 훑어내는 관찰력이라고 했을 때, 물론 해바라기의 상태는 마음만 남은 꼴이며, 그 마음으로 마음대로 태양마저 잡아먹은 마음이다.

종종 사랑이라는 것은 스스로가 통제할 수 없이 불어난 잉여**

---

* "이상정신 Paraphrenie 환자는 두 가지 근본적인 특성을 내보인다. 과대망상증과 외부 세계(사람이나 사물)에 대한 외면이 그것이다······ 그는 자신의 리비도를 외부 세계의 사람이나 사물에서 철수시켰을 뿐 아니라 그 외부 대상들을 환상 속의 다른 대상으로 대체시키지도 않는다······ 이 과대망상은 대상 리비도 Objektlibido를 희생한 대가로 생겨난 것이다. 외부 세계에 등을 돌린 리비도는 자아에게로 방향을 돌려 나르시시즘이라 불릴 수 있는 태도를 발생하게 한다······ 특히 원시인들의 정신적 삶에서 우리는 하나하나 개별적으로 살펴보았을 때 과대망상이라 부를 수 있는 특징들을 발견했다. 그들의 소망과 정신 작용의 힘에 대한 과대평가, '사고의 전능성', 언어에는 마술의 힘이 있다는 믿음, 그리고 이와 같은 과대망상적 전제들을 논리적으로 적용시킨 것처럼 보이는 외부 세계에 대처하는 기술, 즉 '마술' 등이 그것이다." 지크문트 프로이트, 『정신분석학의 근본 개념』, 2003, 46~48쪽.
** "왜냐하면 향락은 오직 잉여 속에서만 나타나며, 구조적으로 항상 '초과분'이기 때문이다." 슬라보예 지젝, 『이데올로기라는 숭고한 대상』, 이수련 옮김, 인간사랑, 2002, 100쪽.

의 감정을 소비하지 못한 혼동의 상태를 가리킨다. 실상 모든 쾌락은 일종의 혼동이며, 명석한 것은 그 자체로 쾌락이 될 수 없는 법이다. 그것은, 쾌락의 '다이내미즘'—쾌락은 상태가 아니라 상태의 변화이기 때문에—을 유지하기 위해 명석과 혼동, 결여와 잉여의 상태를 강박적으로 반복*하게 된다. 모방적 경쟁과 질투의 강박적 순환, 상처의 반복적 호출과 욕망의 반복적 전염을 뺀다면, 연인을 향한 당신의 마음속에 남는 것이라고는 실로 '텅 빈 중심'이 아니고 무엇이겠는가?

연정이란 결국 '비어 있는 중심'이라는 마음의 중심心中을 쫓는 과정에서 벌어지는 일련의 혼란과 혼동이다. 그것은 짐멜이 잘 밝혀놓았듯이 숨어 있는 것, 혹은 신비스런 것을 중요하거나 의미 있는 것으로 등치하는 습관적 표상의 오류와 닮았다.** 그것은 우선 마음-알기, 마음-쥐어짜기, 마음-단속/감시, 마음-펼치기/열기, 마음-고백, 마음-부풀리기(최대화)와 같은 것으로 이루어진 일련의 기호학적 연쇄와 조합이다. 물론 일편단심이라는 이데올로기적 허구는 (알튀세르의 표현을 빌리면) 그 모든 '중층적 결정'과

* 연정이 반복인 것은, 그것이 '증상'이라는 잉여의 현상으로 드러나기 때문이기도 하다. 연정의 잔여분이 상징적 통합이나 재배치의 노력에 의해 해소되지 않는 현상은 '첫사랑'이니 '옛사랑'이니 하는 추억의 낭만주의 속에서 안이하게 드러난다. 사랑도 일종의 외상外傷이며, 우리가 '참사랑'이라고 추억하는 대상은 특별히 외상적이다. 지젝의 풀이를 빌리면, "설명과 의미 부여를 통해 길들이고 교화시키고 해체하려는 모든 시도에도 불구하고 잉여로서 잔존하며 되돌아오는 증상"인 것이다. 같은 책, 126쪽.
** 게오르크 짐멜, 『짐멜의 모더니티 읽기』, 244쪽.

'유물론적 마주침'을 관념론적 낭만주의의 힘으로 망각하려는 의지에 불과한 것이다.

아무튼 연정을 심리학의 일종으로 보는 순간부터 연정은 부패한다. (아니, 어쩌면 그것은 홍어요리처럼 애초에 썩혀서 먹는 음식의 일종인지도 모른다.) 이것은 마치 칸트가, 심리화된 종교를 일종의 '자만의 망상Wahn des Eigendünkels'으로 비판한 이유와 비슷하다. 한마디로 연정은 마음의 거래 방식이 아니며 그 거래의 내용은 더 더욱 아니다. 연정의 열정을 둘러싸고 반복되는 문제들을 마음으로 풀려는 태도는 마치 늪 속에서 움직이면서-동시에-가라앉는 형국과 다를 바 없다.

비트겐슈타인의 말처럼 언어로써 언어 밖으로 나갈 수 없으며, 레비나스의 말처럼 인식으로써 인식 밖으로 나갈 수 없다. 마찬가지로, 마음(연정)으로써 마음 밖으로 나갈 수 없는 것이다. 의도로써 의도 밖으로 나갈 수 없고, 호의로써 호의 밖으로, 호감으로써 호감 밖으로 나갈 수 없다. 최소한 연정을 유물론적 우연성의 배치와 그 패턴으로 볼 수 있는 결기 및 새로운 버릇이 들 때까지 연정이라는 관념론적 혼란과 혼동은 아름답게 번득이며 우리 모두를 끔찍하게 웃길 것이다.

심리화된 연정은 이 같은 차폐적遮蔽的 자기동일성의 불꽃 같은 회전 속에서, 마치 습관처럼 진리를 떠드는 패악을 범한다. 연정은 인식론과 아무 상관도 없지만, 그 연정이 인식론과 관련해서 범하는 가장 심각한 폐해가 바로 이것이다. 연정에 빠진 자는 어느새 진리주의자가 되어, 진리(인식)와 무관한 상황에 빠져 허우적대면서도 그 상황을 진리라는 환상의 프리즘 속에서 규정하거나 해석하고 또 정당화하려 한다. 연정은 아무렇게나 발생하고 아무렇게나 움직이지만, 연인의 관념은 진리라는 환상의 지점을 집요하게 부른다. (여기서도 환상이 진리를 순화시키는 노릇을 하는 것이다.) 연인들은 습관처럼 마음속 가상의 지점을 지적하면서 사랑의 진실을 증명하려 하고, 또 습관처럼 마음속 열정과 밀도로써 사랑의 진정성을 확보하려 한다.

그러나 동무, 혹은 타자로서의 연인이란 무엇보다 '진리를 말하지 않도록 조심하는'(니체) 관계의 양식이다. 로티를 조금 인용하자면, 그것은 "낡은 언어로 말하며 변화를 원치 않는 사람들, 바로 그 언어로 말하는 것을 합리성과 도덕성의 품질보증서로 여기는 사람(들)"*의 길이 아니다. 그것은 로티의 지론과는 달리 '문화 전체가 시화詩化될 수 있으리라는 희망'을 공유하지 않으면서도 그의 '재서술' 전략을 좀더 넓게 응용할 수 있는 길이다.** 혹은, 다시 내 표현으로 돌아오면, 그것은 쉼 없는 재서술의 진리가 아닌 일리—理***들로써 생활의 무늬를 조금씩 겹치며 변화해가는 방식이다.

---

* 리처드 로티, 『우연성, 아이러니, 연대성』, 김동식·이유선 옮김, 민음사, 1996, 106쪽.
** 같은 책, 114쪽.
*** 일리—理에 대한 내 상념은 다음의 책에서 빈소하게나마 엿볼 수 있다. 김영민, 『진리, 일리, 무리』.

동감同感과 동지同志의 정서는 유일한 것이며 특권적으로 교환·이입移入함으로써 가능해진다고 믿는 관계의 환상이 어제의 연정이었다면, 심리주의적 합일과 그 관습적 의례에서 벼락처럼 뛰쳐나와 상호 재서술과 재구성의 무늬를 나누면서 각자의 세상을 더불어 바꿔나가는 서늘한 보조步調가 내일의 연정이다. 심리의 환상과 관념의 이데올로기에 얹혀 대양 위의 한 알 포말처럼 솟구쳤다 사라지는 게 아니다. 그것은 근본적으로 생활 방식의 문제인 것이다. 스피노자의 말처럼 생활 방식을 통해 구원 받으려는 태도이며, 비트겐슈타인의 말처럼 삶의 방식을 변화시켜 얻는 예상치 못한 통기通氣의 효과이며, 아도르노의 말처럼 "사물들을 구원의 관점에서 관찰하고 서술하려는 노력"*이다.

연정은 심리의 교환이 아니다. 그것은 마음의 최대치를 통해 증명할 수 있는 어떤 강도強度나 용량이 아니다. 연정은 열정의 강박적 순환으로 가동되는 기계가 아니다. 연인들의 관계는 일심동체나 감정이입, 혹은 낭만적·준準신학적 합일의 이데올로기에 의해서 미봉되지 않는다. 대체 연정이라는 것이 있기라도 하다면, 그것은 마음속 어느 운명적인 지점이 아니라 징글징글하게 말이 통하지 않는 타자와의 며느리밑씻개 가시 같은 관계 속에서, 그 어긋남 속에서야 비로소 시작된다는 것!

그것은 아직 오지 않은 관계다. 레비나스의 표현을 빌리자면,

---

* 테오도어 아도르노, 『미니마 모랄리아』, 325쪽.

그것은 '미래와의 관계'이며 아직 보이지-오지 않은 것과의 관계다. 그것은 마음속 어느 지점에 붙박인 게 아니다. 내 의도와 욕심을 근원적-다원적으로 배신하는 타자의 지평을 향한 쉼 없는 상호작용의 극진함 속에, 그 실존적 반복의 태도 속에 미세하게 번득거리고 소심스레 어른거릴 뿐이다. 나를 끊임없이 밀어내는 타자적 긴장 속에 역설적으로 생동하는 반딧불이 같은 비연속이다. 물론 사랑이 영혼의 운명이나 심혼의 결절로 재서술되는 것에 우리는 익숙하며, 심지어 관용적일 수 있다. 그 익숙한 관용—마르쿠제의 '이데올로기적, 억압적 관용repressiver Toleranz'까지는 아니더라도—이 없다면, 통속의 문학들은 대중 독자에게 다가설 수 없을 것이다. 그렇다고 하더라도, 사실은 운명과 심혼의 재서술은 사랑의 남루한 현실을 구제하려는 추억의 환상일 뿐이다. 그것은 홍상수 영화에서 누추하게 얽히고 지루하게 섞이는 남녀 관계보다도 한두 단계 더 남루하며 잡박하다.

아무튼 사랑은 마음으로부터 시작되지 않는다. 자신의 마음으로부터 연역한 사랑, 혹은 마음에 의해 정당화된 사랑은 나르시스일 뿐이며, 프로이트처럼 냉정하게 말하자면 결국 수음手淫의 심리적 상관물이다. 사랑의 발생과 기동이 특별히 마음과 무관하다는 점을 강조하는 이유는 마음이 워낙 실없는 인과因果와 자기중심적 필연성을 제멋대로 짜맞추는 주범이기 때문이다. 그나마 사랑이라고 불러줄 만한 움직임이나 흔적이 기동하는 곳은 사람의 마음속이 아니라, 사람과 사람 '사이', 내 계교지심計較之心의 레이다를 솔개처럼 벗어나는 타자들과의 '관계'다. 그리고 운명이든 심혼이든 인과든 필연성이든, 모든 알리바이는 그 '사이'와 '관계' 이후의 역설적·자의적 풍경에 지나지 않는다. 그것은, 마치 관심interest이 존재esse의 사이inter에서 발생하는 이치와 같다.

당연히 대안적 모색의 지점으로 숙고해야 할 것은 '마음의 최소주의'다. 심리적 동물인 인간이 남의 마음을 넘보는 일을 마냥 피할 수는 없지만, 중요한 것은 마음에서 출발하지 않으려는 결기이며 마음을 알면서도 모른 체하는 버릇이다. 아울러 연정에 관한 한, 마음은 주려고도 받으려고도 하지 않는 게 현명하다.

그리고 최소주의의 실천적 매개로서 언어(성)를 포함한 사회적, 타자지향적 실천social practices을 궁리해야 한다. 연인들이 마치 초기 증상처럼 마음을 챙기느라 탈진하고 대신 늘 언어를 혹사하는 점에 주목해야 한다. 그리고 마음의 형이상학이나 영혼의 운명론을 아예 못 본 척하고 살과 말, 그 변증법적 긴장을 공대하며 연애하라는 것이다. 그것은, 마음이라는 사이비 사랑밭을 폐기한 채, 그리고 거꾸로 말과 살을 적실히 아는 채 사랑하라는 것이다. 그것은 심리적 동일시의 어휘를 모르는 채, 삶의 방식과 문화로서의 연정을 이드거니 계발하라는 것이다.

마음을 모른 체하고, 말과 살을 아는 채 연인을 만나라는 권면의 뜻은, 우선 연정의 속을 마치 클리나멘clinamen처럼 좌충우돌하는 그 관계의 무근거성, 비본질성, 모방성, 우연성을 깨단하라는 뜻이다. 다시 알튀세르식으로 말하자면, "근거나 원인이 아니라 편의偏倚가 (사랑)-세계의 기원이라는 것"*이다. 그 은유적 피상성과 환유적 협착狹窄에 날카롭게 눈뜨라는 뜻이다. 바르트의 지적처럼 모든 아름다움과 매력조차 필경 무미건조함의 '빈터'에 자리하고 있다는 사실을 깨단하라는 뜻이다. 마치 마음이 오직 그 빔 때문에 민활하고 신비하듯, 연정 역시 그 중심의 빈 곳 때문에 쉼 없는 매력의 환상을 내뿜는다는 것이다. 내 연정에 토대가 없다는 사실, 그리고 그 연정의 텍스트가 우연과 비약, 욕망과 거래의 결과라는 사실에 냉혹하지만 현명하게 눈떠야 한다는 것이다. 그러므로 어떤 하나의 생각, 어떤 추억의 이미지, 어떤 고백, 어떤 편지, 어떤 표정, 혹은 어떤 특정한 살 만지기로써 연정을 증명할 수 없다는 것이다. 그리고 다가서지 않는 타자를 향한 반복적 지향의 실천 속에서만 시나브로, 이드거니 사랑의 실제를 구할 것! 그래서 아우라(멈)가 아니면 상처(가까움)일 뿐인 그 연정의 사잇길을 찾을 것!

실용적 요점은 이것이다. 연인들은 마땅히 미래를 극진히 대접하되 부디 '본질'을 찾지 말 것! 내가 오래 말해온 지론처럼, 사랑의 일상이 극진해지면 사랑의 본질은 스스로의 추레한 꼴을 걸고 물러서는 법이기 때문이다. 한 걸음 더 나아가, 그 사이비 본질이 무너지는 위기-기회의 순간이야말로 사랑에 대한 진정한 '비평'의 자리이며, 미래적 사랑의 실천이 가능해지는 실마리이기도

---

* 루이 알튀세르, 『철학과 맑스주의: 우발성의 유물론을 위하여』, 서관모·백승욱 옮김, 새길, 1996, 39쪽.

하다. 미래를 대접하는 방식이란, 곧 타자성의 지평을 일상의 관계 속으로 끌어들이는 구체적인 상호작용을 고민하는 것이며, 나르시스와 동일시의 대자적 관계에서 벗어나 '신뢰'의 새로운 버릇 속으로 성큼 들어서는 것이다.

신뢰는 냉혹하고 적절하게, 호감의 풍선을 찢고 호의의 거울을 깨뜨린다. 그리고 시행착오와 상처를 딛고, 타자성의 아득한 지평으로 나아간다. 시나브로, 위험하게, 부사적으로, 몸을 끄-을-며, 나아간다.

6
신뢰

신뢰는 무엇보다 사회성의 가치, 사적 의도로 환원되지 않는 사회적 객관성의 가치를 가리킨다. 동일시의 심리적 내재화로부터 서늘한 거리를 둘 수 있는 인문적 성숙의 가치를 말한다. 기분과 심리주의적 직관을 포함해서 사적 원칙에 기인한 갖은 기대를 접어둘 수 있는 능력, 혹은 실천적 지혜를 가리킨다.

한편 그것은 비약飛躍의 이치이기도 하다. 심리주의는 나와 남 사이의 거리를 직관과 의도로써 포섭하거나 내재화하려는 태도이기 때문에, 실로 그곳에는 비약이 없다. 심리의 매개, 그 자기동일시의 환상 없이는 기동하지 못하기에 그곳을 지배하는 것은 실존적 도약이 아닌 사이비 연속성인 것이다. 그러므로 신뢰는 타자를 향해 자신의 몸을 끄-을-며 나아가는 사회적 비약의 이치다. 요컨대 그것은 나와 너 사이의 심연을 사회적 실천의 새로운 버릇으로써 날카롭게 가로지르는 사회성의 건축이다.

신뢰는 개인의 심리적 충실도나 선량함이 아니다. (오히려 그 충량함을 서늘하게 모른 체하는 자리에서 비로소 열리는 지경의 객관성이다.) 마찬가지로 그것은 호의의 순도純度나 호감의 진정성 따위로 구성되지 않는다. 기억 속에 잡힌 어느 타인의 이미지가 일관성을 보인다는 뜻도 아니다. 마찬가지로 신뢰는 표상의 일관성을 말하지도 않는다. 신뢰는 심리나 기분, 직관이나 추억이 회귀하는 내성적 근거를 가리키지 않는다. 오히려 그것은 타자와 미래를 향해서 도약할 수 있는 실천적 가능성을 말한다. 조금 과장하자면, 그것은 천길 낭떠러지에서 발을 '앞(미래/타자)으로' 내밀기와 같다.

수수하게 말하면, 그것은 결국 마음의 작란作亂을 넘어설 수 있는가, 하는 문제다. 신뢰는 마음과 함께, 마음을 넘어가려는 실천적 관계의 재구성에 대한 문제다. 마음을 짐작하거나 유추할 수 있으면서도 그것을 실천적으로 제어하려는 근기와 슬기의 문제인 것이다. 그러므로 신뢰는 나와 타자 사이의 심연을 공대하는 방식에 다름 아니다. 조금 더 물러나서 말하자면, 그것은 나의 현재와 너의 미래 사이에 놓인 원초적 심연을 근기 있게 가로지르는 사회성의 실천 방식이다.

정련精鍊하듯이, 호감과 호의는 사회적 객관성의 교환을 뚫고 나간다. 들물에 사그라지는 모래탑처럼, 호감과 호의는 스스로의 심리적 허탈 속에 주저앉는다. 사그라지고 주저앉는 좌절과 상처가 낳은 더께 위로 위태롭지만 이드거니 호감과 호의, 생각과 연정이 새롭게 갱신될 수 있다면, 우리는 서로의 관계를 한층 깊고 긴 호흡 속에서 나누고 즐길 수 있을 것이다.

7
사회성 그리고 비평

신뢰는 역설적이다. 역설적인 까닭은 그것이 세속의 호감이나 호의에 근거하지 않기 때문이며, 일면 우리 상식을 거스르면서 심리주의에 빠진 우리 자아를 뒤집어내기 inside out 때문이다. 혹은 신뢰는 친구나 애인이라는 자기내재화의 동일시, 혹은 기껏 자기차이화의 안이한 변증법이 아니다. 그것은, 인간 실존과 실존 사이의 심연 속에서 무한을 체감하고 그 무한에 실존적·실천적으로 응대하려는 삶의 양식이다.

혹은 신뢰는 사회성을 뚫어내는 방식이다.* 가라타니 고진을 빌려 말하자면, 사회성은 '비평'이 가능해지는 사이 공간이다. 물론 비평이란, 동일시의 거짓이나 자기차이화—외부 대상을 원천적으로 배제한 후 다시 외부성을 내부에서 발견·생성하려는 관념

---

* 같은 맥락에서, 동무는 자본주의적 오이디푸스 체계와의 지속적이며 생산적인 불화의 양식이다. 동무의 기초인 '사회성의 신뢰'는 공동체적 애착과 상처로 직조된 가족 로망스의 제국에서는 결코 구할 수 없다. 자본제적 노동의 분배 양식과 (핵)가족주의는 동전의 양면과 같은 것으로서, 동무가 자본제적 삶과의 창의적 불화의 연대를 지향한다면 그것은 반드시 ('가족'이 아니라) 가족주의와 부딪친다.

적 변증법—의 착각을 넘어서는 언술적 실천을 가리킨다. 위대한 철학 사상들이 태동한 역사적 자리처럼, 공통의 규칙을 전제할 수 없기에 타자성의 지평이 개시開始되는 위태로운 교통交通의 자리야말로 진정한 비평이 가능해지는 자리다.

고진이 개념화한 '교통 공간交通空間'은 논리적으로 공동체에 선행한다.* 요컨대 그것은 동일자들의 원칙이 아득하게 되돌아가는 타자들의 지평이라는 말과 다르지 않다. 그렇기에 그는 공동-체共同-體의 형성에서 원천적으로 억압된 것은 부친 살해라는 인류학적-정신분석적 가설이 아니라 "안팎이 없는"—공동체의 내재화 논리가 일률적으로 지배하지 못하는—교통 공간이라고 말한다.** 그러므로 이 글의 주제인 사회성이란, 그의 용어로 고치면 교통 공간성인 것이다. "내가 말하는 교통 공간은 말할 것도 없이 사회적-다수체계적이다. 나아가 그것만이 역사적이다. 이에 비해 시작과 끝이 있는 역사는 이야기이며, 이것은 공동체 내에서 지어낸 허구에 불과하다."***

비평이 가능해지는 사회적 공간으로서의 교통 공간은 사막이나 바다나 도시처럼 사방이 툭 트인 공간****이다. 여기에 하버마스까지 이어 붙인다면, 이 비평은 결국 '원초적 비평Ur-Kritik'이며,

---

*　가라타니 고진, 『유머로서의 유물론』, 이경훈 옮김, 문화과학사, 2003, 37쪽.
**　같은 책, 41쪽.
***　가라타니 고진, 『탐구 2』, 권기돈 옮김, 새물결, 1998, 268쪽.
****　같은 책, 253쪽.

생활세계의 의사소통적 합리성과 체계의 조절매체적 기능의 양자 모두에 선행하는 가설적 공간 속의 실천이다. 마치 위대한 철학들이 사회성이라는 교통 공간의 우연성 속에서 태동했듯이, 비평 역시 기존 담론 공동체의 패거리 논리에 구금되지 않는 개방된 공간, 사이 공간, 교통 공간, 즉 그 역설의 공간 속에서 가능해진다는 것이다.

에드워드 사이드의 '세속적 비평'을 연상시키기에 족한 이 비평은 무엇보다 위기 공간critical space 속에 위태롭게 자리 잡는 태도를 말한다. 임계critical point의 위기 상황은 말 그대로 새로운 비평의 가능성을 개시開示하는 사건으로서, 교통 공간 속 '유물론적 마주침'과 그 외상적 깨침에 진술하려는 의지와 실천이다. 무릇 위기는 '사이의 효과'이며, 기성 규칙이 일관되게 장악할 수 없는 공간 속의 창조성을 가리킨다. 나와 너 사이, 공동체와 공동체 사이, 규칙과 규칙 사이, 현재와 미래 사이를 스쳐 지나가는 창발적 외상外傷의 효과를 말한다. 비평은 이 사이를 창의적으로 견디는 일*이며, 그 사이에서 얻는 효과의 생산성에 체계적으로 기대는 일이다.

비평은 체계 속의 다양성을 외부성과 혼동하지 않는 찰진 감성이자 그리움 — '인문학은 그리움의 양식을 취한다!' — 이다. 그것은 체계 너머의 세상을 치열하고 진득하게 사유하는 것이며, 현실 속의 인간관계가 쉼 없이 환원되는 독아론적 감치感致의 환상을

---

* 그것은 마치 인문주의적 지식인들이 자본제적 체계와 창의적으로 불화하는 방식을 통해 자신의 삶을 규범화하려는 것과 닮았다.

뚫어내는 것이다. 무너지면서 배우고, 자빠지면서 얻는 것이다.

결국 비평은 사회성이라는 사이 공간을 뚫어 타자의 자리를 얻으려는 일련의 언술적 실천이다. 위기이면서 기회인 사이 공간의 교통-생산성을 노리는 사유와 실천.

8
타자

 타자의 지평은 나를 '우리' 위에 포갠 후 다시 그 우리 속에 너를 포획하는 독아론이 아니다. 독아론은 내성內省의 기원주의이자, 우선 감치感致의 나르시시즘다. 임의로 확장된 나(=우리) 속에 심리적, 관념적으로 너를 욱여넣으려는 짓이다. 그러하기에 니체의 말처럼, 타인의 고통은 감정이입의 자동성에 의해 삼투되는 것이 아니라 힘겹게 배워야 하는 것이다. 혹은 손택의 지적처럼, "당면의 문제가 타인의 고통에 눈을 돌리는 것이라면, 더 이상 '우리'라는 말을 당연시해서는 안 된다".* (마르크스의 헤겔 비판이 보이듯) "이성의 이름 아래 추구되는 의도된 화해는 '이론' 안에서라면 그 모든 변증법에도 불구하고 하나의 공상으로 머물 수밖에 없"**는 것처럼, 마음內省의 이름 아래 추구되는 의도된 화해는 모든 자기 차이화의 변증법에도 불구하고 하나의 공상이다.
 독아론에서 벗어나는 길은, (알튀세르와 지젝을 섞어 말하자면) 일종의 '유물론적 마주침의 외상'***을 겪는 수밖에 없다. 그것은

---

* 수전 손택, 『타인의 고통』, 23쪽.
** 위르겐 하버마스, 『의사소통 행위이론 1』, 528쪽.

내 기질과 버릇을 털어내면서, 내 몸을 끄-을-고 너를 향해 끈질기게 나아가는 지난한 마찰의 반복을 통해서 조금씩 극복된다. 그것은, 벤야민의 글쓰기가 어느 정도 시사해주듯이, 심리적 동일시의 환상을 벗어나 무한하게 개방된 '현실'로 나아가려는 태도다. 그것은 라캉의 상상적 에고처럼 체계적으로 오인된 의존에 근거한 고착의 형식을 뚫어내려는 사회적 실행의 노력이다.

그것은 칸트나 후설의 선험적 주관, 즉 '나'가 나르시스적으로 '우리'로 증폭되는 독아론적 주관과의 실존적 대치다. 그것은 심리적 개별성 속에 묻혀 필경 회의론에 봉착하는 경험적 자아가 아니다. 혹은 헤겔처럼 기껏 자기차이화의 변증법적 동일시의 구조물로 낙착되는 관념론도 아니다. 혹은 모종의 대화적 합의 Verständigung를 수렴점으로 삼는 합리주의의 최신판도 아니다. 혹은 "절대적으로 타당하다는 진술치고 흥미로운 것은 하나도 없을 것"*이며, "실제로는 아무런 (논쟁적) 대립도 결코 있을 수 없"**기 때문에, "참신한 비유나 어휘들의 창안으로 구성된 수사학적 대화"에 의해 바람직한 철학적 활동이 이루어진다***는 식의 언어주

*** 이와 관련된 예증은 다음 글에서 찾아볼 수 있다. 김영민, 「비평, 혹은 위기론」, 『교수신문』, 2005년 6월 13일자.
* 리처드 로티, 『우연성, 아이러니, 연대성』, 104쪽.
** 같은 책, 112쪽.
*** Richard Rorty, "Philosophy as Science, as Metaphor, and as Politics", *The Institution of Philosophy: A Discipline in Crisis?*, Avner Cohen, Marcelo Dascal(eds.), La Salle, Illinois: Open Court Publishing Co., 1989, p. 27.

의로 실그러진 신실용주의도 아니다.

그것은 키르케고르의 신앙 윤리와 같은 철학적 도약der philoso-phische Sprung의 삶을 체질화한 단독자의 실존을 요청한다. 무한으로 열린, 무한이라는 부재不在를 향해 몸을 질질 끄-을-며 자신의 외부를 향해서 쉼 없이 걸어나가려는 태도를 말한다.

타자를 만나는 일은, 내 자아의 내면적 풍경을 장식하던 이미지와 개념들이 그 변증법적 예각銳角에도 불구하고 자아의 텍스트를 내부에서 변주하는 문변文辯에 불과하다는 인식에서 출발한다. 그래서 문변의 자기차이화가 만드는 세계의 근원적 동일성을 문제시해야 하며, 그 세계 속의 인식이 자아의 구성적 조건과 한계 속에 자리 잡은 방식을 물어야 한다.

이론과 문변으로 미봉된 자아의 거울방, 그 자기차이화의 다양성을 깨고 나가는 외부성의 모험과 더불어, 거꾸로, 자아의 구성적 실체가 이미 타자라는 헤겔류의 명제를 좀더 섬세하게 살펴야만 한다. 생각과 의도로써 집중적으로 관리되는 자아는 한갓 나르시스의 거울방이면서도, 이와 동시에 타자의 개입 없는 자아만의 공간은 원천적으로 불가능하다는 겹의 진실에 익숙해져야 한다. 이로써 "다만 언어가 발설되고 유통되는 조건과 담론이 구성되고 해체되는 근거를 물었을 뿐"*인 블랑쇼처럼, 나와 타자가 만나고 헤어지거나 섞이고 해소되는 지점과 방식을 물어야 한다.

---

*   박준상, 『바깥에서: 모리스 블랑쇼의 문학과 철학』, 인간사랑, 2006, 17쪽.

이것은 생각이 앎을 죽이지 않도록 배려하려는 실천적 노력인 셈이다. 비트겐슈타인의 말처럼, 생각은 그 자체로 아직 앎이 아니다.* 앎은 의심이라는 교차/교통의 마찰에 이르러서야 비로소 성립되는 사건이기 때문이다. 혹은 고진의 표현처럼, '내성內省에서 출발함으로써 타자를 말살'하는 폐단을 원천적으로 극복하려는 것이다. 내성적 표상의 자명성과 자연성이 결국 특정한 역사와 형식, 그 생성적 한계와 조건을 통해 재구성·재서술된 것임을 보임으로써 거꾸로 타자를 주제화하는 계기를 얻으려는 노력이다. 반복하지만, 동무로서의 연인, 연인으로서의 동무도 이러한 역설적 타자의 지평을 느리게, 몸을 끄-을-면-서, 그리고 이드거니 통과하는 과정을 통해서 조형된다.

잘 알려진 대로, 레비나스 역시 이성과 인식의 독아론적 구조와 그 절망적 관식管識에 대해 말한다. "이성은 홀로 있다. 이러한 의미에서 인식은 세계 안에서 정말 다른 것을 만날 수 없다. 이것이 바로 관념론의 심오한 진리다."** 이것은, '오도된 이성'이라는 표현으로 대변되는 현상학적·해석학적·내재적 비판이 아니라, '이성

---

*   혹은 공자의 유명한 말처럼, "내 일찍이 종일토록 먹지 않고 밤새도록 자지 않으면서 '생각'해보았지만 쓸데없었고 배우는 것만 같지 못했다子曰 吾嘗終日不食, 終夜不寢, 以思無益 不如學也."『논어』,「위공위공」.

** 에마뉘엘 레비나스,『시간과 타자』, 73쪽. 이것은 실질적으로 헤겔에 대한 마르크스의 비판과 다를 것이 없다. 변증법이라는, 이성과 자연 사이의 화해의 움직임이 결국 이론(인식)을 통해 매개될 때, 기껏 그것은 타자를 배제하고야 마는 '자기차이화'의 내재적 다양성의 몸부림에 지나지 않는 것이다.

그 자체가 오도한다'는 체계 자체를 향한 외부적, 좌파적 시선을 계승하는 맛이 있다. 근대적 이성은 정통 마르크스주의의 비판적 시선보다는 높이 떠오른다. 하지만 그 잉여의 상승분 자체가 '체계의 문제'(하버마스)를 품은 짐으로서 일상의 인문人紋을 내리누를 수밖에 없는 것이다. 이에 비해 레비나스의 이성 비판은 애매하다. 그것은 포괄적·관념론적으로 이성의 포괄성과 관념론적 유아성唯我性을 비판한다. "이성은 모든 것을 자신의 보편성 안에 포괄하면서 그 자체로 고독 안에 머물러 있다. 유아론은 착오도 아니고 궤변도 아니다. 이성 자체가 유아론적 구조를 갖추고 있다."*

다시 레비나스의 표현을 빌리면, 이성적 지식은 존재자의 고독을 완성할 뿐, 타자를 만나는 실천적 매개가 되지 못한다. 이성은 스스로의 의도 속에 보편을 품은 채 오만한 고독 속에 머문다. 레비나스의 선택은 공간보다는 시간, 남성보다는 여성, 앎보다는 사귐, 자아보다는 타자로 실그러진다. 그에게 "사귐이란 앎을 통하지 않고 있음에서 벗어나는 방식"**이며, "미래와의 관계, 그것은 타자와의 진정한 관계다".*** 그러므로 그것은 일면 시간과의 사귐이 지닌 어떤 맥리脈理를 살핀 것이라고 볼 수도 있다. "그 자체로 모든 자기 정립을 거부하는 시간"****은, 이로써 이론적 자기차

---

* 앞의 책, 68쪽.
** 에마뉘엘 레비나스, 『윤리와 무한』, 77쪽.
*** 에마뉘엘 레비나스, 『시간과 타자』, 87쪽.
**** 에마뉘엘 레비나스, 『존재에서 존재자로』, 122쪽.

이화의 변증법적·상징적 일상 속에 구금된 지식인들의 뺨을 때리며 변함없는 실재實在로서 침범한다.

———

이처럼 타자로서의 연인은 그 연인의 시간성 속에 겹쳐져 있는 타자성을 가장 연인스러운 것으로 공대하는 아이러니의 실천적 생산성 속에서 느리게, 힘들게, 지며리 태동한다. 결국 부재가 매력의 근원이듯이, 낯섦이 사랑의 기본일 수밖에 없는 것이다. 합일合―이, 그리고 낭만적 감치가 저질의 이데올로기인 점은 재론할 가치도 없다.

사랑의 감동은 없다. 감동의 완벽한 부재를 응연히 바라보고 극진하게 응대하는 역설의 생산성, 그것만이 (없는) 사랑의 흔적이며 감동일 뿐이다. 내 모든 호의와 의도가 하얗게 질리는 부재의 지평, 심리적 영도零度, 그 영원히 낯설 부끄러움 속을 함께 걷는 것, 사랑은 그 짧은 환상이며, 그 환상의 비용으로 얻은 더 짧은 세속 속의 구원이다.

(마치 커츠가 "무서워라! 무서워라!"*라고 외치는 그 외로움으로, 깊음으로, 끔찍함으로, 나는 내 연인을 바라본다. "모른다! 모른다!")

* 조지프 콘래드, 『암흑의 핵심』, 2003, 158쪽.

11장

연대의 사잇길

'보편-개체'의 계선을 넘어

1
보편과 개체 (1)

예를 들어 '옴진리교Aum 眞理敎'라는 이름 속에 들어 있는 '진리'의 위상은 무엇일까? 그들이 믿는 대로라면, 그것은 보통명사로서의 진리에 배당된 통속적인 모든 값을 공짜로 먹고 들어가는 고유명사일 수밖에 없을 것이다. (마치 하나님, 하늘님, 하느님, 한울님, 하느님 등속의 짜증스럽고 실속 없는 분류 투쟁에서 보듯) 진리의 특권적 실체, 유일무이한 가치에 접속하기 위해 그 이름은 유일무이한 실재의 호칭으로 고유명사화할 수밖에 없다. 그럼에도 불구하고 그 이름은 고유명사의 기표적 우연성에서 벗어나기 위해 여전히 동명同名의 보통명사가 세속 속에서 누리는 언설적 권력을 탐한다. (실로 진리는 전방위적 욕심의 대명사로 전락한다.) 그렇다고 해서 그 같은 고유명이 고진이 말하듯 기성의 차이 체계 속에 내재화되지 않는 외부성(타자)으로 분류될 수 있는 것도 아니다. 마찬가지로 '실재'(라캉)도, '매혹적인 공포'(R. 오토)도, '차이 그 자체'(들뢰즈)도, 혹은 부끄러워 숨는 타자(레비나스)도 아니다.

진리는, 보통명사이면서 동시에 고유명사일 수 있다는 욕심이다. 그러므로 진리라는 이름은 역사를 망각하고 (특히) 상처를 외면한 욕심 자체가 낳은 착시 효과인 것이다. 불행히도 보편성은 비록 낮은 자리에서 만들어져 올라오더라도 바람처럼 혹은 먼지처럼 낮게 떨어지거나 넓게 퍼지지 않는다는 데 문제가 있다. 무릇 보편성은 스스로의 출처와 일상적 내력을 망각하면서 기억되고자 한다. 판테온의 신전에 뉘인 시체의 기억처럼 박제(보통명사)의 기억을 누리되 동시에 유일무이(고유명사)의 신화적 아우라까지 갖는 것이다. 이를테면 '망각으로서의 진리'(니체)가 꼭 그러하다.

보편성이 특수자 혹은 유력자有力者의 이름으로, 알리바이로, 권력의지로, 이데올로기로 굳어간 것은 우리 모두에게 이미 상식이 되었다. 가령 catholic이 Catholic으로 바뀐 역사는 보편성이 고유명의 따개비 속에 좌정한 채 다시 그 보통성과 보편성을 거꾸로 탐하는 모습에 다름 아니다. 가톨릭의 교황무오설papal infallibility이나 개신교의 성서무오설 역시 유일무이하되 보편적이며, 역사적으로 생성되었건만 초월적이고, 고유명사이면서 동시에 보통명사라는 권력의지요, 착각이며, 체계의 맹점이다.

지젝의 이데올로기 분석은 그야말로 다양하다. 그중 하나는 이이름 붙이기와 직접 관련되는 방식으로 기술된다. 요지는 몇몇 특징을 기술記述하는 이름들이 이미 '고정적 지시자rigid designator'의 기능을 하고 있다는 것인데, 이데올로기 분석은 명명命名의 사건에서 기술이 지시로 바뀌는 과정에 초점을 모은다. 샌프란시스코에 사는 내 조카 녀석인 일곱 살 된 파스칼은 한국어를 전혀 모르지만 제 어머니가 가르쳐준 대로 나를 '삼촌Sam-chon'이라고 부른다. 처음에 나는 그가 삼촌三寸의 뜻을 알고 있으리라 여겼다. 그런데 이 녀석이 어느 날 나를 '삼치Sam-chi'라고 부르기 시작했는데, 물론 그것은 이름의 어미를 '이i'로 변화시켜 만드는 미국식 애칭법愛稱法에 따른 것이었다. 나 역시 그들 부모를 따라 '파스키Pasci'라는 애칭으로 그를 부르던 차였다. 당연히 그는 삼촌이라는 말을 친족관계의 기술記述로 이해한 게 아니라 나만을 고정적으로 지시하는 고유명사의 일종으로 여겼던 셈이다. 바르트나 부르디외식으로 고쳐 말하자면, 역사사회적인 대상을 자연적인 대상으로 착각/학습하는 자연화(신화화)의 이데올로기적 효과인 셈이다. 물론 널리 알려진 대로, 이같이 역사(삶충동)와 자연(죽음충동)을 혼동하는 이데올로기의 원형적 모습은, 노동의 사회적 성격을 노동 생산물 자체의 대상적 성격으로 대체하는 상품 형식으로 소급된다.

문제는 이런 식의 착각이 언어문화적 관습과 타성 속에 광범위하게 습합되어 있다는 사실이다. 1979년 당시 박정희가 죽은 뒤 그를 애도하는 일군의 순박한 국민의 집단적 정서 속에서도 비슷한 사정은 반복된다. 그때 나는 그 애도가 가리키는 대상이 대의적代議的, 역사적 주체로서의 대통령이 아니라 자연적, 혈통적 실체라는 느낌을 강하게 받은 기억이 지금도 선명하다. 달리 말하자면, 인간 박정희는 1960~1970년대를 통치했던 정치적 환유의 한 고리가 아니라 모종의 정치적, 형이상학적 실재의 은유적 재현으로 대중의 무의식 속에 흘러다니는 셈이다. '박정희'는 기표의 연쇄 속에서 명멸할 수밖에 없는 일개 고유명사가 아니라 한 나라의 영원한 통치자로, 그 은유적 실체로서 우리의 아비투스화된 신체 속에 인각印刻된 것이다. 요컨대 박정희라는 고유명사의 주인은, 보편-개체(특수)의 역설적·이데올로기적 사통을 통해 국민이라는 보통명사의 주인이 된다. 대개 진리라는 고집 혹은 환상은 선험화transcendentalization 전략과 이데올로기론을 통해 재생산되는 법인데, 특히 후자의 경우들을 두루 살피면, 보편성이란 결국 개체와 사통私通하는 자기차이화의 체계라는 사실을 알 수 있다.

관계의 기술로서의 '영도자Führer'는 애초에 이름이 아니지만, 정치적 자율과 그 두려운 끝을 외면하는 다중들 사이에서 마침내 이름이 되고 만다. 보편과 개체, 보통명사와 고유명사의 사통 과정에서 삭제되는 것은 이른바 '타자他者'다. 고진은 특히 이 대목에서 매우 유익한 언설을 내뱉는다. 그에게 있어 체계의 (다양성이 아닌) 외부성을 확보하는 고리인 단독자의 문제는 곧 고유명의 문제다. 물론 이 고유명은 보편주의의 이데올로기에 되먹임되는 무비판적, 비성찰적, 특권적 개체를 가리키는 게 아니다. 그것은 누구와도 질적으로 구별되는 바로 '이 나this very I'의 지평이다. (고진의 구별을 반복하면, 고유명의 사유는 '특수성-일반성'이 아니라 '단독성-보편성'의 계선을 흐른다. 전자는 나-우리 사이에서 상호 되먹임되는 근대적 내성 철학의 도식일 뿐이며, 후자에서야 내성의 체계 속으로 귀속되지 않는 타자성의 지평이 마련된다. 이미 짐작하겠지만, 고진은 '보편성'이라는 용어를 다르게 사용하며, 이는 이 글에서 비판의 대상이 되는 보편성과 다르다. 그의 구별을 좇자면 후자는 오히려 일반성에 가깝다.) '바로 이나'의 '이것this-ness'은 타자의 환원 불가능한 비대칭성을 가리키며, 인문사회과학은 물론이거니와 심지어 자연과학 영역에서도 궁극적으로 고유명을 제거할 수 없다.

자본제적 차이의 체계와 창의적으로 불화하는 생활 방식의 생산성이 오늘날 인문적 지식인들에게 생략할 수 없는 과제라면, 대화적 합리성이건 고유명의 소수자 연대건, 차이와 기호의 체계, 화폐와 권력의 체계에 흡입될 수 없는 자율적·타자적 진지陣地들의 가능성을 진지하게 모색하고 실천하는 것은 자연스럽다. 이것은 '이야기-제작 속에서 억압된 것은 역사'(매킨타이어)라는 지적과 같은 것으로, 결국 개체는 단독자성의 (개체의 심중에 이미 들어와 있는) 상처와 (태양의 플레어처럼 순식간에 달아나는) 아우라를 지닌 한, 사이비 보편성과 자기체계화의 일반성으로 포획될 수 없는 타자성과 비대칭성의 지평을 지닌다는 것이다.

진리는 곧잘 그 환상에 의해 기계적으로 대중을 포획하는 괴물로 변하며, 그것은 특권적 개체의 눈으로 독점한 보편성의 고집이다. 그것은 타인들의 집단적, 모방적 환상이 부재 속에 심어놓은 허상이요 맹점이다. "나의 진리, 나의 성격, 그리고 나의 이름은 어른들의 손에 달렸었다. 나는 그들의 눈을 통해서 나 자신을 볼 줄 알게 되었다. 나는 어린이였고, 어른들이 자기네의 갖가지 미련으로 빚어놓은 괴물이었다."(사르트르, 『말』) 개체가 단독자적 자율성과 그 타자적 지평을 얻지 못할 때, 그리고 자율적 지평을 생산적으로 지속시킬 수 있는 연대에 실패할 때, 필경 개체는 보편의 이데올로기에 복무하는 단말기이거나 통계치에 머문다. 이데올로기 (비판) 담론은 다종다양한 현대 철학과 정신분석학의 날개를 얻으면서 강단좌파의 핵심적 역량이 집결된 부분으로 응축·발전되었지만, 그 요체는 역시 개체와 보편, 개인과 체계의 사통이다. 즉 개체는 보편의 이데올로기가 전파되는 단자적 매체일 뿐이고, 보편은 특권적 개체(들)의 알리바이이거나 이념적 소실점에 불과한 것이다.

그러면 보편과 체계 사이의 이데올로기적 관계를 혁명적으로 전복시키고, 개체와 보편이 맺는 도착적/환상적 관계를 일시에 뒤엎을 수 있는가? 루터의 개신교 혁명처럼, 보편Catholic의 체계를 개체의 원시반본적元始反本的 태도에 의해 허물 수 있는가? 그러나 그 해방된 개체는 진정 보편의 체계와 질적으로 다른 생활 방식 및 동선을 얻을 수 있으며, 또 정치적인 결정과 대응에서 현명할 수 있는가? 그 차이는 유지 가능한 '습관'(파스칼, 제임스)과 '생활양식'(비트겐슈타인, 부르디외)을 통해 스스로의 혁명성을 이드거니 증명할 수 있는가?

약소자와 유력자의 차이가 단지 권력의 총량과 그 재생산 방식에 있을 뿐이라고 한다면, 약소자란 그저 아우구스티누스가 말한 '약한 어른으로서의 아이'처럼 '약한 유력자'일 뿐이며, 동종의 권력의지를 수동적인 일상 속에 잠깐 이기적으로 숨기고 있는 것에 불과하지 않겠는가? 특정한 개체들이 마치 암세포나 미생물처럼 배타적으로 번식함으로써 숙주(민중)를 잠식하고 보편적 권력을 얻을 수 있다면, 보편이 몰락한 시대에 유행처럼 번식하는 개체 역시 아무런 희망의 씨앗이 되지 못한다.

가령 루쉰이 탄식했듯, 그 개체들이란 '목이 잘린 여성 혁명가의 나신裸身을 보기 위해 몰려가는 군중'과 다르지 않으며, 보편과 개체 사이에서 체질화된 이데올로기(알튀세르)와 모방욕망(지라르)으로 우왕좌왕하는 유령 같은 질료일 뿐이다. 혹은 카네티의 역작『군중과 권력』(1960)에서 묘사했던 '진정한 군인상'처럼, '온갖 금지 사항을 집중적으로 수용해서 자기 속에 내면화해야 하고, 또 날이면 날마다 같은 하루하루를 천편일률적으로 처리함으로써 여러 금지 사항을 매우 정확하게 피해가는 능력'에 지나지 않는다. 혹은 올리히 벡이 지적하듯이, 지구화Globalisierung한 자본제적 삶 속에서의 개체화(개인주의화)란 새로운 형식의 단일화와 표준화일 뿐이며 결국 우리 삶의 모든 차원이 시장에 종속된다는 것을 뜻할 뿐이다.*

요컨대 다중과 권력, 욕망과 스펙터클, 개체와 보편을 잇는 계선 자체를 내파하거나 지며리 가로질러버리는 새로운 삶의 양식의 관계, 그 연대적 주체('동무')는 긴요하다. 말하자면, 관료주의적 혹은 자본주의적 욕망에 저항하며 '변화되어 표류하는 욕망의 향배'(리오타르)를 얻는 데 그치지 않고, 이를 넘어 '오직 삶의 양식을 통해 구원받는 일'(스피노자)로 나아가야 하지 않겠는가?

---

* 올리히 벡,『위험사회』, 216~217쪽.

2
보편과 개체 (2)

 명명命名의 논리에서 보듯 보편은 손쉽게 개체와 사통하며 서로를 오염시킨다. 루카치-하버마스를 버무려 말하자면, 형식적/도구적/인지적 합리성의 전 포괄적 체계로서의 자본주의는 개체 사이의 의사소통적, 상호인정적 생활관계를 물화物化하고 결국 실천적/본질적 합리성을 훼손한다. 그러므로 요지는 보편과 개체, 체계와 공동체, 형식적 합리성과 의사소통적 합리성 사이의 일방적 식민화/이데올로기화의 논리를 철폐하거나 무력화하는 새로운 삶의 양식, 주체화, 연대의 길을 일상에서 실천하는 것이다. 그리고 그것은 국가-국민의 계선, 기업-사원의 계선, 종교-교인의 계선, 가족-연인의 계선, 공동체-친구의 계선을 가로지르는 새로운 인문적 연대의 가능성으로 드러난다.

 마르크스로부터 벡에 이르기까지 많은 이가 지적했듯이 자본주의는 그 자체가 워낙 세계적 규모의 교환양식을 전제하고 있다. 그리고 신자유주의적 세계화란 알다시피 지구 규모의 단일 시장이 보편적 실재(니체-들뢰즈식으로 말하자면, 시뮬라크르의 생성적 복합체, 그 반복으로서의 실재)로 움직이는 현실을 가리킨다. 궁정

pallazo으로부터 시장의 광장piazza이 독립한 이래 400년, 암세포처럼 번식한 시장의 현실은 '역사'(후쿠야마)를 삼키고, 철학과 문학을 포함한 인문학 일반을 시장 실용주의와 키치화로 내몰며, 종교와 형이상학조차 상품 미학의 형식으로 재생산해내는 놀라운 소화력과 통합력을 과시해왔다. 아울러 그 불가사리 같은 체계적 흡입력으로 소수자/약소자들의 인문적 연대를 밑동에서부터 뒤흔들어놓았다.

오늘날에도 여전히 보편을 말할 수 있다면 그것은 무엇보다 시장/자본 보편주의일 것이다. 전래의 보편주의를 전담했던 종교와 형이상학적 세계관은 급속히 외면당하거나 소비자본주의적 문화로 대체, 혹은 (상업적으로) 재편성되고 있다. 짐멜의 표현처럼, '돈(자본)에 대한 열망은 정착된 화폐경제에서 인간의 영혼이 보여주는 항구적 상태'일진대, 그들의 중세가 종교 보편주의religious catholicism였다면, 이제 우리 모두의 현대는 자본 보편주의capitalistic catholicism 일색으로 흐른다. 그리고 무릇 보편주의가 그러하듯이, 세계화된 자본주의 역시 지구상의 유일무이한 통합적 실재로서 외부를 허용하지 않는다. 그래서 전래의 좌파들은 사민주의적 미봉으로 귀착되거나, 울리히 벡과 가라타니 고진처럼 기껏(!) 소비자 운동으로서의 대항을 말하는 것이다.

호르크하이머나 아도르노의 말처럼, 외부는 체계에 '불안'의 요소이며 무릇 체계는 자신의 유기성에 따라 외부를 용납하지 않으려 한다. 혹은 그들이 간파했듯이, 외부나 차이나는 약소자를 향한 호의적 시늉조차 체계의 알리바이에 불과하며, 심지어 그 알리바이조차 체계 자체의 당당한 한 부분에 불과하다. 하지만 정작 보편주의가 위험한 것은 지레 실천을 저지하거나 규제하는 반反상상력—물론 엘리아데식의 구조적 상상력은 그 자체가 오히려 규제·규범적이긴 하지만— 때문이다. 즉, 범지구적 경제의 통합과 그 보편적 외관의 역사사회적 유래를 망각한 채 마치 그 자체가 자연적인 여건인 양 믿고 살아가는 타성이 문제다. 아울러 그 타성에 얹혀 구성된 삶의 조직과 향배를 이탈하는 상상력을 스스로 차단하거나 거세하려는 반反상상력이 문제다.

인문주의적 삶의 미래는 오연하고 나태한, 획일화된 보편주의에 있지 않다. 그렇다고 해서 마치 개체의 개성과 순발력 자체가, 차이와 이탈 자체가 목적으로 둔갑하는 도착적 반응 양식도 아니다. 그 개인주의는 더 이상 계몽주의 시대의 것이 아니라, 모방적 욕망의 메커니즘을 벗어나려는 절망적 허영의 무능*을 표시하거나, 혹은 새로운 형태의 시장주의적 단일화와 표준화**에 빠지는 방식일 뿐이다.

앞서 말했듯이, 헤겔(이성)과 니체(이성의 타자), 보편과 개체, 체계와 공동체 사이의 사통, 혹은 절망적·비생산적 대치 상황을 뚫어낼 수 있는 역사화와 주체화와 연대, 그리고 삶의 양식이 약

---

* 르네 지라르, 『그를 통해 스캔들이 왔다』, 김진식 옮김, 문학과지성사, 2007, 21쪽.
** 울리히 벡, 앞의 책, 217쪽.

소자의 일상을 통해 이드거니 실천되어야 한다. 가령 알튀세르가 말한바, 착한, 말썽 부리지 않는 계몽된 개인주의자의 이기심은 이데올로기적 효과 아래 이미 낱낱이 체계와 사통한 삶의 결과일 뿐이다. 마찬가지로 급진적 생태주의자나 종교적 출세간주의자들의 제스처도 근현대적 합리성 일반을 적대시하는 도착된 관념론이다.

『동물농장』의 동물들이 일제히 복창하는 구호('두 발은 나쁘고 네 발은 좋다'거나 '두 발은 좋고 네 발은 더 좋다')가 반인문적이라면, 거꾸로 '무엇이든 좋다anything goes'라거나 '닫힌 것은 무조건 억압적이다'라는 태도 역시 정치적으로 무책임하며 인문적으로 현명하지 않아 보인다. 현명한 개인의 제1의적 관심은, 개인의 길이 타인들의 관계 속에서만 열린다는 사실에서 출발한다.

배신당한 혁명, 이데올로기로 떨어진 계몽주의에는 보편과 개체 사이의 사통이 자리한다. 반복하건대, 보편-개체라는 계선 위의 진자운동만으로는 체계의 외부를 확보할 수 없다. 다시, 『동물농장』의 '나폴레옹'처럼 개체가 혁명에 투신하는 것만으로 그 억압적 보편의 바깥에 설 수 있는 것은 아니다. 일상이 혁명의 걸림돌이 되는 한편 혁명은 영영 생활이 아니며, 물론 '영구혁명론' 역시 생활의 낮은 자리와는 거리가 있다. 아니, 참으로 역설적인 일이지만, 역사적으로 혁명을 말하는 개체들이 한 짓은, 비록 그것이 아무리 무의식적·체질적인 물매의 효과일 뿐이라도 대개 억압적·자익적 보편의 재생산 속으로 휩쓸려 들어간 것이었다. 문제는 보편-개체라는 적대적 공생의 계선을 끊어내면서, 지며리 이루어내는 생활양식의 정치적 현명함이다.

3
보편이라는 이름의 권력에 맞서는 약소자들의 연대 양식

사회주의의 꿈을 유토피아로 본다면, 그것은 지젝의 표현처럼 '증상이 없는 보편성의 가능성'을 꿈꾼 것이다. (그러나 제대로 된 '혁명'을 거치려 하면서 어떻게 '증상'을 피할 수 있단 말인가? 사실상 천국의 시민들조차 현실이라는 외상을 겪은 '외상후 스트레스 장애'를 치료하기 위해 애써야 할 것이다.) 물론 이것은 사회주의적 유토피아에만 국한되지 않는다. 만하임의 말처럼, 유토피아 역시 보편적 허위의식의 가능성이라면, 무증상의 낙관주의야말로 그 허위의식의 알짜다. 기실 '증상이 없는 보편성'은 모든 유토피아의 환상이며, 그 환상의 두께 없는 일차원성이 군중을 호명하는 방식이다.

그러나 프로이트와 그 좌파 후예들이 적절하게 지적했듯이, 증상은 문명화된 인간관계를 부지扶持하는 최소한의 비용이다. 그 비용을 치르지 않는 성취란 신기루이거나 심리적 마스터베이션에 불과하다. 비용을 방법의 일환으로 여기고 그 후에 도래할 성취만을 진리로 내세우는 '방법-진리'의 근대 과학적 방법주의는, 인문人紋이 곡절과 상처를 제대로 돌볼 수 없다는 점에서 아직 인문학이 아니다. 오히려 진리는 비용이거나, 그 비용을 치르는 과정에서 노골적으로 드러난다. 예를 들어 어느 종교가 '××을 믿고 천당에 갑시다!'라고 선전할 때, 그 종교의 진리는 천당이라는 탈세간적 풍경의 내용에 있지 않다. 오히려 여기서 가장 적절한 진리는 그 종교가 내세우는 보상이나 성취 이면에 은폐되어 있는 갖은 종류의 비용에 있다. 그러므로 '그것'(쾌락)을 위해 대체 누가 무슨 비용을 어떻게 치르고 있는가, 라는 게 이데올로기 비판의 핵심이다. (물론 '그것'은 대개 허상, 허초점, 혹은 허족, 헛발질의 감각일 뿐이다.) 마치 이것은 박정희식 조국 근대화 기획의 진리가 근대화된 조국의 풍경이나 통계적 본치에 있는 게 아니라, 오히려, 예를 들어 인혁당 사건이나 실미도 사건으로 치른 상처와 빼앗긴 목숨에 있다고 말해야 한다는 것과도 유사하다. 솔제니친의 『수용소 군도』 2권에는 1922년 말 병상에 누운 레닌의 명령에 따라 철학자 N. A. 베르댜예프를 포함한 약 300명의 저명한 소련 인문학자를 기선에 몰아 태워 유럽의 '쓰레기장'으로 추방했다는 대목이 나온다. 바로 이것이야말로 '동물농장'식 유토피아의 비용이며, 은폐된 진리인 것이다.* 요컨대 인문人紋의 역사에서 상처와 희생을

---

* 진리가 눈앞에 드러나는 순간은 대체로 외상적이며, 모든 종류의 '체계'와 관련되는 진리는 죄다 은폐된다. 이것은 마치 이른바 '위험사회 Risikogesellschaft'(울리히 벡)의 위험이 눈에 보이지 않는 것과도 같다. 혹은 지라르의 지적처럼, 문화적 세계의 기원에 놓인 초석적 폭력의 사실이 은폐되어야 하거나, 상호 모방적 메커니즘이 개인들 사이에 그 모방의 사실을 은폐하고 오히려 허영을 부추김으로써 작동한다는 것과도 같다. 혹은 말리노프스키의 고전적인 보고처럼, 모계제 사회는 오이디푸스적 폭력과 억압을 부르는 부계 혈통의 사실을 은폐하는 가운데 기능한다.

지울 수 없으며, 어쩌면 그 진리의 최소치가 곧 증상인 것이다. 전체주의 사회가 공통으로 마련해놓은 굴라크는, 전체주의적/강압적 보편성의 진정한 진리가 뼛 속의 지렁이처럼 꿈틀거리는 곳으로서, 보편성을 상처와 증상의 문제로 다루어야 할 현실적 요청을 극명하게 대변해준다.

지옥이나 연옥과 같은 협박의 장치를 갖춘 종교적 세계관 역시 '유토피아-증상'의 변증법을 독특하고 뻔뻔스레 증명한다. 요컨대 천국이 그 체계의 풍경이자 선전용 첨탑이라면, 지옥은 기원이며, 또 그 증상을 배설하는 유리 지하실이기도 하다. 마찬가지로 그 종교의 진실은 천국을 향한 집단적 열망의 벡터 속에 있는 게 아니다. 니체, 혹은 그의 동시대인 존 스튜어트 밀의 힐난처럼, 열정의 세기強度가 증명하는 것은 그 열정의 지향성이나 성격이 아니라 오직 세기일 뿐이다. 다시 니체의 표현대로 '교수형리絞首刑吏의 심리' 혹은 '가책(죄의식)의 형이상학'이 그 진상의 뿌리일 것이며, 언죽번죽 제 욕심껏 들먹이는 보복(지옥)의 담론 가까이에 진실이 숨어 있을 것이다. 참고로 바타유나 미술사가인 곰브리치의 설명에 따르면, 중세 기독교 보편주의의 체계 속에서 에로티즘은 지옥(火畵)으로 추방되었는데, 이것 역시 보편성을 강변하는 체계 속의 인간적 진리가 어떻게 은폐되고 거세되는지를 잘 보여준다. 그렇게, 그런 식으로, 무릇 보편성의 실제는 정치적이며, 그것은 상처와 욕망이라는 증상을 숨기는 방식에 다름 아닌 것이다.

요컨대 보편성은 인식론 혹은 방법론의 문제가 아니다. 억압적 단일 보편성의 경험으로부터 아프게 배울 수 있는 것은, 보편성의 문제가 인식의 잣대와 진리의 기치를 내세우곤 하지만, 그 내용은 억압과 상처라는 사실이다. 따라서 당대적 약소자의 정치—그것이 지역주의 정치, 젠더의 정치학, 여성주의 정치학, 소수자 정치학, 민족성의 정치학, 정체성의 정치학, 생태정치학 혹은 그 무슨 이름 아래 이합집산을 하든—는 보편적 일치에서부터 상처를 연역하는 하향식이 아니라, 억압과 상처의 문제에 세심하고 결기 있게 웅대하는 실천적 지혜에 바탕해야 한다.

    소수자/약소자, 혹은 '남은 자'가 유력자의 권력의지를 답습하는 것은 어쩌면 당연한데, 우리 모두는 약소자와 유력자의 차이가 결국 권력의 양적 차이로 환원될 수밖에 없는 양화量化·물화物化의 세속 속에 살고 있기 때문이다. 가령 '예쁜' 여자들과 '추한' 여자들이 경쟁적으로 움직이는 동선의 어느 소실점에 여성미에 대한 보편주의적 이데아가 번쩍인다면, 그리고 그들의 일상을 자본주의적 욕망과 상처의 문제로 재배치·재해석·재구성하지 못한다면, 추하기에 사회적 약자가 되었다는 사실 자체는 단지 '성형' 같은 도구적 합리성의 테마로 전락할 뿐이다. 더불어 그것은 필경 약소자를 위한 새로운 생활정치의 장으로 수렴될 수 없을 것이다. 젊어 진보적이던 인사들이 권력의 자장에 편입되는 대로 볼꼴사나운 짓을 서슴지 않는 것도 지극히 정상적인 결말로 보인다. 그들은 애초 '보편'이라는 이름의 '권력'을 욕망했던 것이며, 그 보편은 바로 권력의지를 매개로 스스로의 실존적 개체와 사통했기 때문이다. 자본주의적 욕망과 권력의지를 건너뛸 수 있는 방식은 체계로부터 구할 수 없다. 체계의 동선과 코드는 그 속에서 운신하고 있는 모든 개체의 자기표현과 저항, 그리고 초월의 도약까지 내재화할 수 있는 '자기차이화'의 포괄성을 갖추고 있기 때문이다. 개체의 급진성이 결국 보편을 지향하는 은폐된 권력의지라면, 약소자의 연대가 단지 대항적 공세나 도피적 이탈에 그친다면, 어떤 특이한 보편을 내세운들 그것은 결국 유력자의 지배 이데올로기를 재생산하는 데로 귀착되고 말 것이다. 그래서 무엇보다 생활양식의 현명한 근기를 통해 개체-보편의 계선 자체를 넘어서야 하는 것!

인종주의적·민족주의적·종교적 분쟁이 냉전의 동서 갈등 이후 새로운 분열과 발화發火의 지점으로 주목받지만, 매클루언의 '지구촌global village'은 나날이 우리 일상 속에서 거부할 수 없는 현실이 되고 있다. 이 과정에서 전 세계적인 상호 습합의 과정을 통해 작은 차이들의 문화동질성을 강화하는 맥도널드화는 미국식 자본주의 문화를 급속히 '자연화'시키고 있다. 좌파 진영이 강단講壇과 소시민 계층으로 각기 분화되면서 왜곡된 안정화 단계에 접어들었고, '부富의 재분배를 통한 사회적 불평등의 해소'라는 사민주의의 절충적 이념마저 전 지구적 자본 유동성의 메커니즘에 속절없이 밀리는 분위기다. 예컨대 '20대 80의 사회'라는 개념은 단지 노동의 종말이라는 생산관계의 극적 변화만을 가리키는 게 아니다. 그것은 인간관계의 비인간적 변화를 자연화하려는 극히 비자연적 통계치의 세계를 고발한다. 요컨대 그것은 전 지구적 규모의 '잉여인간'의 탄생을 가리킨다.

추상적 교환 매체의 네트워크로 작동하는 체계 속의 개인은 무력할 수밖에 없다. 개인들의 연대마저 그 체계의 체질과 동선을 공유하는 한 필경 체계의 알리바이로 역이용당하기 십상이다. 그 사이 인간 상호 간의 인문적人紋的·의사소통적 관계는 급속히 도구화·물화되고 개인은 체계 속內으로 소외外된다. 그 속에서 아이는 어른의 잘못을, 여자는 남자의 패악을, 좌는 우의 타락을, 개체는 보편의 함정을 피할 수 없다. 하나의 동질적 체계가 일상의 체질과 동선을 완벽하게 장악하고 식민화했을 때, 사회적 약자는 강자가 운신하는 계선 속으로 구조적·무의식적으로 떠밀려가고, 따라서 그 약자의 운신과 동선 속에서는 인문적/정치적 진보성을 찾아보기 어려워진다.

아이의 해맑은 미소가, 이성의 매력이, 개체의 스타일이, 그리고 약자의 고통과 소심이 체계 밖으로 나가는 출구는 아니다. 그것은 문제의 출발점에 지나지 않는다. 약소자라는 사실 자체 때문에 연대하려는 것은 유력자의 사회구성체 형식과 그 메커니즘을 답습하려는 권력의지에서 결코 자유롭지 못하다.

문제는 다른 생활의 동선과 체질, 대화와 교환(공여)의 문화가 지며리 살아 있을 수 있는 삶의 양식과 인간관계 속에 있다. 의사소통적 합리성만으로는 여전히 불합리하게 되밀릴 수밖에 없다. 그러므로 결국 체계 속의 '현장에서 싸울on and against' 수밖에 없는 약소자들의 연대는 '다른' 양식과 관계에 터를 잡아야 한다. 앙리 르페브르의 말처럼, 일상이야말로 모든 혁명이 실패하는 원인이자 바로 그 결과물이기 때문이다. 반복하지만, 유력자들의 체계에 균열과 섭동攝動의 외상을 줄 수 있는가, 고착을 피하는 탈주적 순발력을 체질화할 수 있는가, 나아가 그 체계를 전복시킬 수 있는가, 라는 물음은 아직 정곡을 찌른 게 아니다. 출구는, 체계의 곳곳에 허리가 들어 그 강제력이 어긋나거나 뒤틀리게 만들도록 하는 다른 삶의 양식이며, 그 양식을 이드거니 유지할 수 있는 연대와 실천적 현명함이다.

12장

무능의 급진성 (1)

인문의 오래된 미래

1
책이 아닌 책

더 이상 책이 책 같지 않은 세상에서 책이 아닌 것이 오히려 책이다.(벤야민)

이 책의 공헌은…… 나는 더 모른다고 솔직히 고백하기 때문이며, 타인들이 옳다고 평가할 때 나는 많은 사실을 의심했기 때문이다.(데카르트)

인문人紋의 낡고 고유한 급진성*을 내 생활 속에 전유하려고 할

* 체계가 기승을 부릴 때 인문학도 개인의 생활양식은 항용 처지는 듯하고 눈에 잘 띄지도 않는다. 그 양식은 체계와의 생산적 불화를 기약하고 여기에 충실하지만 생산성은 늘 의심받는다. 그 생산물은 늘 엉뚱해 뵈는 잉여이거나 혹은 막막한 부재不在로 느껴진다. 인문의 급진성 운운은 이 잉여나 부재 속에 은폐된 오래된 가능성을 탐색하려는 것이다. 가령 이런 이미지다. 스티븐 스필버그의 「쉰들러 리스트」(1993)는 통으로 흑백 필름이지만, 단 한 장면만은 유명한 예외다. 그것은 나치들에게 학살당하는 유대인 거주지에서 정처 없이 내몰리며 걷고 있는 다섯 살쯤 된 여자애의 붉은색 옷이다. 지옥도의 검은 풍경 속에서, 아는 듯 모르는 듯 저 혼자만의 붉은 색깔 속에서 움직이는 순진한 어린아이의 존재가 무언으로 외치는 그 급진성!

때, 전일화된 자본주의 속을 가로지르는 내 타협의 양식은 무엇일까? 그 타협의 고민 속에서 내가 상시로 행하는 책 읽기와 글쓰기의 실천적 가치는 무엇일까? '거짓은 (오히려) 긴 다리를 지니고 있다'고 하듯이, 내 실천의 템포나 외연보다 늘 한 걸음 앞서 물러서며 재포섭하는 체계의 뒷덜미는 내가 읽는 책들 속에서 빨갛게 적발되는 것일까?

인간 실존의 아우라를 종이책 깊이 속으로 소급시키는 인문주의자들의 오랜 버릇은 점점 무시받고 있다. 매클루언의 지론처럼, 종이책 인문주의자들의 프로페셔널리즘은 낡은 환경의 산물로서 이들의 습관적 고정관념은 신매체의 효과를 제대로 이해하지도 누리지도 못하게 한다는 것이다. 마치 호의나 선물이 그 수신자의 사정과 무관하듯이, 소수의 종이책이 얻는 호황도 대개 교환가치의 상업주의적 도착倒錯에 기인한다. 그사이 매체학mediology은, 갖은 신매체의 눈부신 발전에 고무된 채 인간 존재에 대한 형이상학적 흔적조차 지워버리는 첨단의 사유 방식이 되었다. '명석하고 판명하게clara et distincta' 대상을 '직直-관'한다던 근대 서양 철학의 투명한 눈으로부터 우리는 참 얼마나 멀리 있는가! '작업은 (이미) 매체 속에 있다'(윌리엄스)거나 '인간은 매체의 (원인이면서) 효과'(매클루언)라거나 '매체에 의한 발화 맥락의 근본적 변화'(포스터) 등의 소문은 서구 지식계의 충량한 하부 체계인 남한 지식사회에서도 이미 상식이다.*

전 지구적 자본주의 시대, 신매체 시대는 곧 (한때의 유행어처럼) 인문학적으로 '반反인간'의 시대다. 그러나 문화文化는 줄곧 문화文禍로 바뀌는 법이고 매사 역설力說하면 역설逆說을 초래하게 마련이다.** 의도가 순수할수록 외출은 더 어렵다. 돌이켜보면, '인문학의 목적이 인간의 해체'라던 레비스트로스나 푸코의 선언은 그 자체로 인문학이 스스로 알지 못한 채 들어서게 될 어떤 역설적逆說的-문화적文禍的 궁지***를 시사한 셈이었다. 그러나 삶의 양식과 그 무늬人紋 속에서 사유하려는 이들이라면 인간/반인간

* 실은 세계 문화 속의 한국 문화를 논의하는 어려움, 다시 말해서 이 하향식의 전포괄적-지구적 문화산업의 체제 속에서 상향식의 문화적 벡터를 나름대로 일궈 나가는 자생적 노력의 어려움은 늘 고질적이다. 그래서 학인 각자의 몫으로 배당되는 문제는 오히려 수입된 인식의 체계가 생략한 실존적·역사적 비용일 수밖에 없다. 말하자면 체계를 거스르면서도 이드거니 걸어갈 수 있는가, 혹은 이미 내 세계관과 버릇과 체질까지 삼투당한 체계의 윤동력輪動力과 창의적으로 불화할 수 있는가, 내 개인 실존에 관한 자아의 서사를 세계화한 체계에 능동적으로 관련되게 할 수 있는가, 하는 것 등이다. 아래에서 논할 '부재의 사치' '욕심 없는 의욕' '산책' '무능의 급진성'은 모두 이 창의적 불화의 방식으로 나 스스로 실천하는 가운데 수확한 사유의 작은 결실들이다.
** 이것을 벡의 도식으로 번역하자면, "산업사회 내부에서 전개되는 근대성과 반근대성 사이의 내재적 모순들"의 자가당착을 가리킨다. 물론 벡은 그 자가당착을 '위험사회'라는 표상 속에 제시한다. 울리히 벡, 『위험사회』, 44쪽. 이글턴 같은 좌파 비평가들은 이 자가당착을 탈구조주의·포스트모더니즘에 대한 비판의 맥락으로 돌려 주로 반근대성의 '난장판 주관주의'(!)에 주목한다. 그는 페리 앤더슨의 표현을 빌려 조롱조의 일갈을 날린다. "의미에 기관총 사격을 퍼부었고 진리를 공략했으며 윤리학과 정치학의 허를 찔러 쳐부수었고 역사를 깨끗이 쓸어 버렸다." 테리 이글턴, 「마르크스주의·구조주의·탈구조주의」, 『마르크스주의와 포스트모더니즘』, 오길영 외 옮김, 이론과실천, 1993, 89쪽. 물론 이들에게 역사의 종말은 "리오타르식의 늙은 히피가 느끼는 강렬한 리비도의 순간"에 찾아온 허망한 착각일 뿐이다. 같은 책, 92쪽 참고.

으로 시뜻하게 설왕설래할 게 아니라는 것쯤은 쉽게 알아챌 수 있다. 문제는 세계 자본주의의 준準동시적 하부 체계인 남한, 서구 인문학계의 지구화된 분소로서의 남한, 그리고 매체 상업주의의 대표적 북새통인 남한 속에서 건설-해체, 근대-탈근대, 좌-우, 인간-반인간의 사이비 궁지로부터 새로운, 지속 가능한, 체계와 생산적으로 불화하는 인문人紋의 기별을 어떻게 알릴 수 있는가, 하는 것이다.

그 새로운 기별은 어디서, 어떻게 올까? 가령 그것은 어려운 시대를 겪었던 벤야민(철학적-세속적 묵시)이나 레비나스(타자라는 무한성)의 방식이 될 수는 없다. 서구의 혁명들은 대체로 종교적 상징에 젖줄을 대고 있는데 우리의 현재는 그와 다르며, 더구나 적敵은 고정점이 분명한 야만적 폭력과 억압이 아니다. 오웰의 문학적 사례와 알튀세르나 부르디외의 이론에서 엿볼 수 있듯이, 오히려 적은 피지배자의 동의·체질·무의식 속에서 낱낱의 버릇과 취향을 통해 '강박적으로'* 재생산된다. 그렇다고 종이책 세상의 수성守成으로 돌아가서 전래의 인간주의를 고집할 일도 없다. 그것은 종이

*** 이 미래적 궁지의 정확한 표상은 오히려 SF 영화들에서 잘 예시되고 있는 듯하다. 가령 스필버그의 「AI」(2001)나 알렉스 프로야스의 「아이, 로봇」(2004) 등에서 구체적으로 드러나고 있는 급격하고 총체적인 사회 변동은, 어쩌면 '공론장의 사회 변동'(하버마스)이나 '친밀성의 사회 변동'(기든스)과 비교할 수 없는 정도와 성격일지도 모른다. '인간보다 더 인간적인 로봇들'에 대한 프로야스의 상상, 그리고 '인간이 존재하지 않는 사회'에 대한 스필버그의 상상은 단지 영상 유희적 묵시록이 아니라 우리 모두의 생각보다 한발 앞서 다가와 있을 미래-완료적 현실일 것이다.

책으로 대변되는 어느 인문주의의 총체적 몰락을 목도하고 있기 때문만은 아니다. 비록 종이책의 세계나 그와 관련된 주변부가 운 좋게 융성한다 하더라도 매체 상업주의와 사통할 수밖에 없는 그 기운은 이미 불길하다. 도착倒錯은 인위적으로 법法을 정하는 것인데, 그 법에 얹혀서 번식하는 문화文化는 이미 문화文禍다.

한국에서 현대 인문학은 이미 종언을 고한 듯하다. 이후의 인문학은 기술이나 매체, 지리멸렬한 일상이나 종교묵시성 등에 기생하면서 연명할 수 있을지도 모르겠다. 한때 신학의 시녀였던 철학과 인문학이 부지런한 노예노동의 변증법(헤겔)을 통해 복권했듯이, (문화)자본의 시녀가 된 오늘날의 철학과 인문학 역시 모종

---

* 외상적 강박은 이벤트성의 극적 위기만을 기원으로 삼지 않는다. 일상적 억압과 상처에 반복해서 노출되는 경험 역시 피해자로 하여금 (능동적으로 사태에 응답하면서 성찰적·통합적으로 자아의 서사를 재서술·재구성하는 대신) 유사한 사태들에 강박적으로, 기계적으로 응대하도록 만든다. 일찍이 프로이트와 그의 동료/경쟁자인 피에르 자네는 모두 외상적 강박 관념 idée fixe 이 환자를 지배하고, 환자는 그 기억에 고착된다고 말한 바 있다. 프로이트의 유명한 명제처럼, 히스테리 환자는 '그 기억을 앓는다'. 나는 우리의 삶터인 자본주의적 체계야말로 '기업사회' 속의 기업 인간으로 살아갈 수밖에 없는 현대인이 반복해서 노출되는 일상적 억압과 상처의 가장 일반적인 출처라고 본다. 따라서 체계 속의 개인은 갖은 종류의 이데올로기적 존재일 수밖에 없지만, 이와 동시에 바로 그 체계를 앓으면서 외상성 강박행동의 기계적 반복을 통해 도구적 합리성의 교환 경쟁 체계에 순치되거나 힘겹게 적응한다. 체계의 오이디푸스에 점점이 망가지는 현대인의 불안이 반드시 섹슈얼리티(라이히, 마르쿠제)로 환원될 수도 없거니와 '의사소통적 합리성'(하버마스)으로 처결될 수 있는 것도 아니다. 마찬가지로 그것은 계급이나 성차, 즉 분배의 문제만으로 다 끌어안을 수 있는 것도 아니다. 그러므로 이제는, 근대적 합리성의 전범이었던 체계(베버)를 일상적으로 삼켜야 하는 외상적 체험의 대상으로 살펴볼 필요가 있을 것이다.

의 새로운 노동을 통해 부활의 씨앗을 뿌릴 수 있을지 모른다. 그러나 철학과 인문학이 분석과 비평의 대상으로 삼으면서도, 스스로 바로 그것들에 의해 대상화될 수밖에 없는 기술이나 매스미디어는 오히려 '비의사소통적'(보드리야르, 포스터)이며 '체제 이데올로기의 도구'(밀렛, 알튀세르)이거나 자신의 경험과 신념을 매춘하는 '자본주의적 물화'(루카치, 호네트)의 정점이고 대체로 '일차원적'(마르쿠제)이다. 그러면 신新체의 공간도 아니고 종이책의 구舊실존도 아니라면, 새로운 형이상학으로 등극한 기술주의적 문화와 더불어 걸어갈 미래 인문학 혹은 예술과 종교의 자리는 어디일까? 우선 이 시대 인문학도들의 과제는 부실不實의, 혼만잡착한 나무였을 뿐인 한국 현대 인문학의 종언과 그 종언 이후를 사유하는 것이다.*

---

* 이와 관련해서, 특히 근년 들어 쉼 없이 불거지고 있는 표절/도용의 문제를 유심히 챙겨볼 필요가 있다. 이는 단지 해당 학인의 비양심을 지목해야 할 간헐적·개인적 사건이 아니다. 오히려 한국 지식계의 깊은 단층적 괴사를 보이는 징후이며, 한국의 근현대 학문이 이루어낸 혼만잡착스러운 (재)생산의 풍경을 위해 은폐해야만 했던 기원과 체질이다. '한국 현대 인문학의 종언'이라는 말은 이미 기

업사회 시대의 대세로 자리 잡은 일차원적 실용주의, 인문학의 키치화와 진지한 독자군의 급속한 감소, 여태껏 뿌리 깊은 서구 추수주의적 학행學行, 그리고 표절/도용의 총체적 공모를 만성적으로 내재화해야만 했던 구조적 행태와 관련 있다. 물론 표절/도용의 현대는 번역/인용의 근대가 낳은 자식들이다. 모범적인 번역-근대성을 성취한 일본답게, 그래서 마루야마 마사오나 가라타니 고진 등의 일본인들이 잘 밝혀놓은 대로, 인용과 번역의 문제는 반드시 근대성, 혹은 근대적 내셔널리즘의 형성과 관련해서 생각해야 한다. 칸트, 피히테, 헤겔, 하이데거, 아렌트 등등의 독일어권 사상가들은 자국어의 특이성과 그 시원적 우월성을 은근히, 그리고 자못 심오하게 내비치곤 하지만, 근대 독일어(루터)조차 실은 번역에 의한 반조적返照的 자의식의 산물이다. 정도의 차이는 있겠지만, 근대 영어조차 식민주의적 비교/번역/인용의 반복된 경험을 반구자득하는 시기를 거치면서 내면적 동일성을 얻었을 것이다. 그러므로 마치 타자의 지평이 내 존재와 구성적 관계를 맺는 데서 유추할 수 있듯이, 인용과 번역의 과정 자체가 곧 지적 식민성을 뜻하는 것은 아니다. 중요한 것은 인용과 번역의 '방식'이며, 이를 통해서 근대 이행기라는 번역과 인용의 시기를 성실하고 철저하게 통과하는 데 있다. 예를 들어 지성사적으로 보자면 근대 한국과 근대 일본이 매섭게 갈라지는 지점이 바로 여기다. 일본은 그야말로 번역과 인용의 천국이지만, 바로 그 시기를 통과한 방식과 그로 인해 가능해진 구조적 체질 덕에 우리가 여태 빠져서 허우적거리고 있는 지적 식민성의 늪에서 진작 빠져나올 수 있었던 것이다. 요컨대 우리는 아직도 인용과 번역이라는 근대적 통과의례를 충분히 '통과'하지 못하고 있으며, 시시로 눈살을 찌푸리게 하는 표절과 도용의 사태들은 그 부실한 통과의례의 외상 후 증상에 다름 아니다. 그렇기에 남한의 지적 현실은 여태도 충분히 현대적이지 못하며, 한국의 인문학 역시 그 현대성에 이르지 못한 채 시속時俗의 대세에 떠밀려 그 수명을 다할지도 모른다. 가령 우리가 정신문화적 근(현)대를 넘어서는 유일한 방식은 '황우석 사태'(2006), 혹은 '신정아 사태'(2007)라는 과속의 체증滯症이었던 것이 아닐까? 여담이지만, 나는 모방이나 인용을 대하는 한일 간의 사회문화적 태도의 차이를, 최소한 그 중요한 한 줄기를, 지라르의 '낭만적 허영(거짓)' 이론에 의지해서 해명할 수도 있으리라고 본다. 각설하고 요점만을 지적하면, 모방이나 인용에 솔직한 소설적(물론 지라르적 의미에서의 '소설적')·사무라이적 태도가 번역의 근대성을 충실하게 일구어낼 수 있는 원동력이었다면, 발밭게 모방이나 인용을 하면서도 그 사실에 이중적으로 접근하는 지적 허영의 문사적·낭만적 태도는 응당 번역의 혼돈을 몰고 올 수밖에 없었을 것이다. René Girard, *Mensonge romantique et vérité romanesque*, 1961.

2
욕심 없는 의욕

'당신의 욕망에 타협, 양보하지 마라'라는 라캉의 정신분석적 준칙은, 금지의 법에 의해 생성되는 위반의 욕망이 아니며 따라서 병적 변증법이 아니다. 그것은 윤리적 의무의 수준에까지 고양된 자신의 욕망 그 자체에 대한 충실이다.(지젝)

윤리적 일관성이란 무관심한 관심처럼 현상된다. 즉 윤리적 일관성은 끈질김의 동력들을 개입시킨다는 의미에서 관심으로부터 도출된다. 그러나 윤리적 일관성은 근본적으로 무관심한데, 왜냐하면 그러한 특질들을 충실성과 결합시키고자 하기 때문이며, 그 충실성은 다시 최초의 충실성에 의거하는 것이기 때문이다. 최초의 충실성이란 진리의 과정을 구성하고, 그 자체로서 동물적 '이해관심'과는 아무런 관련이 없으며, 자신의 지속에 무관심하고 영원성을 숙명으로 갖는 것이다.(알랭 바디우,『윤리학』)

시지프스는, 신들을 부정하고 바위를 들어올린다기보다는 '고차원의 충실성'을 가르치고 있었다.(카뮈,『시지프스의 신화』)

『중세의 가을』(1919)의 하위징아는 중세적 궁정palazzo의 동력을 허영과 교만으로, 자본주의적 시장piazza의 동기를 탐심貪心으로 나눈 바 있다. 흔히 사랑과 종교를 나르시시즘의 일종으로 보듯이 중세는 나르시시즘의 증여-공간이었으며, 근세는 에고이즘, 그것도 윤리적·종교적으로 정당화된 합리적 에고이즘의 교환-공간이었다.*

물론 전일화된 자본주의적 세계화의 와류 속에서 인문人紋의 사정을 살피고 새롭게 조형하려는 이들에게 주어진 최종심급의 잣대는 삶의 양식**이다. 스피노자의 말처럼, 혹은 바디우가 시사하듯 개인의 진실은 삶의 일관된 양식의 '충실성'으로써 증명될 수밖에 없다. 마찬가지로, 우리 인간들에게 주어진 완벽한 진리란 결국 삶에 대한 태도의 문제인 것이다.*** 가령 지라르가 『낭만적 거짓과 소설적 진실』을 통해 대별한 '낭만적 허영(거짓)'과 '소설적

---

* 물론 이처럼 싹둑 하고 증여·나르시시즘/교환·에고이즘을 구별하는 것은 평자들의 칼 아래 정신의 목을 들이미는 짓이긴 하다. 그러나 요점은, 나르시시즘은 바로 열정의 역설적 힘에 의해 낭만적·희생적 영웅주의로 빠질 수 있는 데 비해 에고이즘은 근대적 자아의 서사를 가꾸는 가운데 바로 그 서사에 대한 애착 때문에라도 자기희생을 합리적으로 줄인다는 데 있다.

** 물론 이것은 체계 속에서 인문이 결절하는 지점, 혹은 수위를 생활양식으로 잡은 내 판단이자 선택이다. 그러나 성찰(성), 대화, 성차性差, 매체, 제도, 체계 등 더 나은 관계와 삶을 위해 애쓰는 이들이 주목하는 대목은 갖가지일 수밖에 없다.

*** "Ich will sagen: Es ist nicht so, dass der Mensch in gewissen Punkten mit vollkommener Sicherheit die Wahrheit weiss. Sondern die vollkommene Sicherheit bezieht nur auf seine Einstellung." Ludwig Wittgenstein, *Ueber Gewissheit*, #404.

충(진)실'역시 우선 상이한 삶의 양식과 태도 속에서 갈라진다.

허영의 나르시시즘도 아니고 욕심의 에고이즘도 아니라면, 미래적 인문주의의 사적私的 동력은 대체 무엇일까? 역시 '자본주의와의 창의적 불화'라는 차원에서 나는 오랫동안 그것을 '욕심 없는 의욕'이라고 불러왔다. 한동안 그것은 내 글에서 '수동적 긴장'이라는 이름으로 호출되곤 했는데, 주로 글쓰기와 칼 쓰기*의 이치를 비교하는 글**에서 그 용례와 실천적 화두***로서의 가치를 시험하곤 했다.

자본주의가 교환경제적 합리성으로서의 욕심이라면, 인문주의의 미래를 사유하고 실천하려는 길은 당연히 중세적 금욕/사치가

---

* 예를 들어 미야모토 무사시의 『오륜서』(1643)를 보면, '준비 자세가 있으면서 준비 자세가 없다는 것'을 말하는데, 적의 움직임에 기민하고 탄력적으로 응대하면서 그 허실虛實에 따라 승기勝機를 잡는 것이다. "'병법의 도에 있어서의 마음가짐'은 평시의 마음과 같아야 한다…… 넓은 시야로 진실을 식별하고, 너무 긴장하지 말고, 조금도 게으르지 않으며, 한쪽으로 치우치지 않도록 마음을 한가운데에 두고, 마음을 조용히 움직여 그 흔들림이 한순간도 멎지 않도록, 마음의 상태를 자유자재로 유지하는 것에 뜻을 두어야 한다. 몸이 정지해 있을 때도 마음은 정지하지 않아야 하며, 몸이 민첩히 행동할 때도 마음은 평정하게 하여 몸의 움직임에 끌리지 않도록 해야 한다." 미야모토 무사시, 『오륜서』, 『미야모토 무사시 10』, 고려문화사, 1983, 370쪽. 가령 이 정중동靜中動의 이치는 후기 그리스 학단의 일부에서 말하는 부동심不動心, ataraxia 과 달리 근본에서부터 육체적인 것이다.
** 「글과 칼」이라는 장문의 에세이가 대표적으로, 다음에 수록되어 있다. 김영민, 『김영민의 공부론』, 샘터사, 2010.
*** 물론 그것은 화두다. 느리고 숙지게 거듭 활동하면서도 내 삶의 양식을 진득하고 이드거니 조형하는 화두. 김지하 선생이 회고록 『흰 그늘의 길』(2003)에서 얼핏 내비친 '활동하는 무無'를 읽으면서도 유사한 감흥에 사로잡혔는데, 실은 동양 사상의 역사 속에서 수동적 생산성의 전통은 결코 낯설지 않다.

아니다. 출세간은 이윽고 세간世間과의 창의적 긴장을 놓치게 되고, 묵자의 말처럼 상급의 도道는 산림이나 시전市廛이 아니라 오히려 전쟁터에서 구해야 한다지 않던가? 정희량鄭希良의 오래된 말처럼, 시전이건 산림이건 모두가 나라 안이다. 그래서 '의욕'은 욕심과 금욕 사이를 지르되지만 지며리 나아가는 오랜 삶의 지혜다. 심리주의에서 가없이 벗어난, 삶의 양식이라는 약속의 충실성으로서의 지혜로운 근기. 욕심의 영도零度에서 다시금 얻는 '하아얀 욕심'으로서의 의욕, 그것은 내게 자본제적 삶과의 창의적인 불화를 알리는 미래적 인문주의의 신호이자 동력이다.

3
부재不在의 사치

이성의 빛이 아니라 존재의 빈터.(하이데거)

오래된 인문적 가치가 집산하는 곳에는 늘 사치와 잉여도 함께 번 득이지만, 소비자본주의적 사치, 기존 체계와 병동하는 함수로서 의 사치와는 종류와 성격이 다르다. 그것은 좀바르트나 바타유 가 보고한 애욕의 사치도 아니고, 보드리야르가 지적한 자본제 적 풍요의 표시도 아니다. 기실 사랑(에로티즘)과 종교, 예술과 문화 일반은 모두 사치의 형식이다. 칸트는 형이상학적 욕망을 '기질Temperament'이라고도 했지만, 철학과 인문학, 종교와 예술적 주체 속에는 또 얼마나 도저한 사치의 기질이 품어져 있던가?

나는 소비자본주의적 삶과 불화하는 미래 인문주의의 한 형식 을 '부재의 사치'라고 불러왔다. 부재不在-사치奢侈라는 형용모순 contradictio in adjecto*의 어법 속에 쇠락하는 인문적 가치의 역설적 갱생을 꿈꾼다. 축적과 낭비로서의 사치가 아니라 비움와 나눔으 로서의 사치는 그동안 내내 불화해온 종교와 인문학이 가장 낮게 접속할 수 있는 부분이기도 하다. 죽음 이후에야 부활의 신화가 새 시대를 정초하듯이, 사치의 부재 이후에라야 비로소 부재의 사치가 제시하는 미래적 인문 지평은 열린다.

물론 부재의 사치는 소수의 몫이며, 기술주의 속의 '존재의 목자Hirt des Seins'(하이데거)라고 하듯이, '인문의 목자牧者'도 늘 남은 자들의 연대일 수밖에 없다. 자본제적 코드들을 속으로부터 뒤집는 부재의 사치는 무엇보다 결락이 아니며, 작은 차이의 나르시시즘이 쉼 없이 복제하는 결락의 욕망도 아니다. 결락이 아닌 부재, 어눌이 아닌 침묵, '무관심한 관심'(바디우), 욕심이 없는 의욕, 번득이는 잉여, 이 같은 빈 중심의 역설적 생산성을 생활 속에 내려앉히며, 자본제적 교환과 물화가 끊긴 자리에서 인문人紋의 울림과 떨림을 살펴낸다.

---

* 인문적 삶의 양식과 연대는 아이러니, 혹은 모순의 사잇길을 내려는 슬기와 근기에 얹힌다. 공사公私 사이, 가족 인간과 회사 인간 사이, 애착과 기능주의 사이, 애인(친구)과 타인 사이, 좌우左右 사이, 형이상학과 니힐리즘 사이, 그리고 기계적 체계와 원자적 개인의 사이를 뚫어내려는 현명한 충실성의 길이다.

4
산책과 동무

저 짧은 성공의 시기에는 오늘날 이렇게도 유쾌하게 느껴지는 고독한 산책이 언제나 우울한 것으로 느껴졌던 것이 이제 확실히 내 머리에 떠오른다.(루소)

산책은 이동도, 특히 오연한 자의식을 기술적으로 번역할 뿐인 원격의 이동도 아니다. '파워워킹'이나 '느리게-걷기' 따위는 정녕 아니다. 출장도 배달도 관광도, 심지어 채워지기를 기다리는 텔로스telos의 순례도 아니다. 그것은 반反전체주의적 항의로서의 걷기의 권리(아도르노)도 아니며, 그렇다고 전인권식의 「행진」도 아니다. 교통(비릴리오)도 아니며 (책들 사이로) '멀리 다녀보기'(로티)도 아니고 '방문하기의 의무'(세르)도 아니다.

그러면 대체 무엇일까? 글쎄, (자본주의가 우리 현실의 전부인 한) 그것은 여전히 아무것도 아닌데, 바로 그런 까닭에 부위와 부재의 부사적副詞的* 사귐이 가능한 사이 공간이 된다. 그렇기에 산책은 자본주의적 환경 속에서 중요한 주제가 되는 것이다.

누가 산책에 나서는가? 물론 (루소가 조금 어설프게 시사하긴 했지만) 그것은 '상처**받은 자들'이다. 그러나 그 상처를 루소처럼 탈도시와 탈문명의 낭만주의 속에서 녹여내려는 것이 아니다. (루카치를 조금 고쳐 인용하자면) 그것은 '산문적 근기'를 지니고 상처의 기억과 의도보다 앞서 걸어나가는 삶의 양식을 가리킨다. (요컨대 체계 앞에서 불모일 수밖에 없는 의도의 저편에서 재구성하는 삶의 양식의 생산적 충실성!) 자신의 의도意圖와 기능적 자기 정체성이 일치하는 오만한 이데올로기적 순간에는 결코 걷지 않는 법이기 때문이다. 상처받은 자들, 그리고 체계와 생산***적으로 불화하려는 자들만이 그 상처와 불화의 급진성 속에서 동무가 되어 걷고, 동무를 부른다. 그래서 상처와 불화를 매개로 산책은 고독하지만 생산적인, 여리지만 진득한 싸움을 자본제적 체계에 건다.

자본제적 이동/거래의 속도주의 속에서 상처와 불화의 문제가 체계적으로 은폐되거나 외면당할 때, 미래적 인문의 가능성은 산책이라는 상징, 혹은 실천을 통해 그 상처와 불화의 생산성, 그 창의적 긴장을 탐색한다.

산책자는, 어디로 가는가? 물론 그 누구의 말처럼 결국 백화점

---

* 부사副詞는 주사主辭에 곁따르긴 하지만, 근본적으로 잉여이며 따라서 부재의 가능성이다. 문장 체계에 내적으로 종속되지 않는 반反구조의 섭동적攝動의 요소인 것이다. 자본의 외부가 없듯이 부사도 문장의 외부는 아니지만, 부사의 강도와 물매는 문장 전체의 성격을 근본적으로 변화시킬 '가능성의 중심'이다.

** (마치 지구화한 체계 속의 재난이 늘 체계적일 수밖에 없는 것처럼) 상처의 성격은 우선 '체계적system-oriented'이다.

*** 물론 이 '생산'은 자본제적 환산 코드에 기입될 수 없어도 좋을, 인문적人紋的 생산 일체를 포괄한다.

으로 향하지는 않는다! 아니, 도대체 '어디'로 가지 않는다. 결국 체계의 관념적 단말기에 불과할 뿐인, 의도의 고정점에 박힌 대의大義나 기능적 자기 정체성보다 앞서갈 뿐이며, 상처의 기억에 대한 회고적-자서전적 시선이 아니라 새로운 미래를 향한 연극적 실천*의 일관성으로 향해 있을 뿐이다. 과거를 향한 나르시스적 동일성이 아니라 미래를 향한 연극적 섭동과 연대다. 산책자는 청계천으로도, 지리산의 청학동으로도 향하지 않는다. 오직 아직은 도래하지 않은 관계(동무)를 향한 부정적-부재적-부사적 연대의 사잇길을 실험하고 있을 뿐이다. 산책, 그것은 아직 아무것도 아니지만 우선 자본제적 체계와 생산적으로 불화하는 삶의 양식, 그 슬기와 근기다.

* 김영민, 「자서전이냐, 연극이냐?」, 『산책과 자본주의』.

5
무능의 급진성

희생양은 사회적 관계가 없다.*(르네 지라르)

더 이상 책 같지 않은 책들을 붙안고 살아가는 일, 욕심이 아닌 하아얀 의욕 속에서 부실한 의도를 넘어서는 일, 부재의 사치를 가꾸며 미래적 인문의 잉여를 생성시키는 일, 그리고 산책이라는 불화 속에서 동무라는 미래적 연대를 앞당기는 일이 내 삶의 구체적인 양식과 어떻게 접속될까? 교환과 물화의 자본주의적 체계에 대한 창의적인 불화, 혹은 불화하는 생산이 겉보기에 이르는 곳은 어디일까?

물론 그곳은 '무능無能'이라는, 어떤 색다른 생산성이다. 그 흔한 '인문학 위기' 담론들은 일차원적 기능주의 사회에서 겪는 작

---

* 이 말은 인류학적으로는 희생양의 기원을 가리킨다. 그것은 (소쉬르조차 언급하고 있듯이) 아직은 '우리(=인간)의 말'을 사용하지 않고 있는 타자들이다. 그러나 이 글에서 상징적으로 쓰이는 '희생양'은 그 같은 기원의 문제와 무관하며, (바디우식으로 표현하자면) 어떤 사건적 진리에의 충실성 속에서 역설적-저항적 존재로 바뀐 행위자가 자발적으로 획득하는 '비사회성'인 것이다. 알랭 바디우, 『윤리학』, 69쪽.

용-반작용의 어느 한쪽—외인外因 혹은 내인—을 가리키는 게 아니다. 그것들은 환경이나 여건과 무관하게 모든 인문人紋의 삶이 깊은 미소 속에서 스스로 실토해야 하는 오래된 무능, 오래된 미래일 뿐이다. 그리고 외인이란, '왕년의 좋은 때'가 결코 있을 수 없는 인문학적 가능성의 비어 있는 중심을 마음대로 침범하고 유린하는 주변의 풍경들일 뿐이다.

21세기의 문화적 시공간은 자본주의 체제와 자발적·창의적으로 불화하려는 인문-종교-예술의 소수자/남은 자 세력들이 '지는 싸움'의 본격적인 형식을 구체화하면서 생활양식 속으로 근기 있게 내려앉혀야 하는 곳이다. 나는 인문학이 '지는 싸움'의 형식을 취하고 있다고 15년째 떠들고 있지만, 그것은 기성 체제와 생산적으로 불화하려는 모든 영성인, 생태인, 예술인에게도 공히 해당된다.

그러나 이 무능은 결락과 나태와 허무의 증상이 아니다. 무엇보다 이 무능은 어떤 급진성이기 때문이다. (계몽이 이데올로기로 격자화·내재화된다고 비판했던 신좌파의 갖은 분석처럼) 자본주의적 유능有能이 기존 체제의 기능적 단말기로 안전하게 배치될 때, (혹은 베버의 오래된 예언적 비판이나 헉슬리류의 갖은 픽션이 이미 조형해 놓았듯이) 모든 기계 기술이 관료제와 일치할 때, 바로 이 무능은 역설逆說에 근거한 새로운 인문의 운신 원리를, 그 빈 중심의 가능성*을 소환한다.

아마 아도르노가 말한 '진실한 사회'**는 영영 오지 않을 것이다. 아니, 엉뚱하게도 신자유주의적 구조조정이 학계의 새로운 양심이 된 터에 칸트의 '문화-교육 국가'***조차 만나기 어려워질 것이다. 낯선 별의 개발과 그 이익을 위해 온 사회가 몸부림 치는 환경은 인문의 역사와 '존재의 빈터'에 결코 호의적이지 않다. (백화점식 스펙터클들이 극명하게 예시하듯) 자본주의는 무엇보다 무시간과 탈역사이며, '빈터'는 아직 개발과 이익의 이전以前일 뿐이다. 이 교환과 물화의 체제 속에서 인문과 존재, 운운은 무능! 바로 무능으로 체감될 뿐이다.

그러나 인문-종교-예술은 무능의 텅 빈 중심 속에서 미래의 급진적 가능성을 배태하는 존재론을 고집해야 한다. 그것은 늘 소수의 것이며 미래의 것이자 끝내 이룰 수 없는 것이고 지는 자들의 것이다. 아도르노는, 상처받은 망명자의 신고辛苦를 씹으며 "패

* 고진은 그의 초기작 『마르크스 그 가능성의 중심』(1990)의 서문에서 말하기를, 그가 고전을 읽는 방식은 '그 가능성의 중심에서' 읽는 것이라고 한다. 요컨대 주어진 배경지식이나 작가의 의도를 전제하지 않고 읽는다는 것인데, (그의 방식으로 표현해보면) 이로써 필자는 텍스트와 만나는 교통 공간의 빈(고정된 의도가 지배하지 않는) 중심의 사회적 생산성을 일궈낼 수 있겠다. 가라타니 고진, 『마르크스 그 가능성의 중심』, 김경원 옮김, 이산, 1999, 19쪽. 이는, 내 식으로 말하자면, 체계와의 생산적 불화로써 개시되는 가능성의 공간, 그 사잇길의 공간, 부사副詞의 공간, 동무의 공간, 미래적 인문의 공간이 되는 셈이다.
** "아마 진실된 사회는 발전을 식상해하면서 무언가에 쫓기듯이 낯선 별을 정복하러 돌진하기보다, 가능성들을 다 쓰지 않은 채 남겨둘 것이다." 테오도어 아도르노, 『미니마 모랄리아』, 274쪽.
*** "국가 재정 기관이 이익을 미리 계산하는 데 연연치 않을 때 국가는 목적을 성공적으로 성취할 수 있다." 임마누엘 칸트, 『칸트의 교육학 강의』, 조관성 옮김, 철학과현실사, 2001, 36쪽.

자의 위치에 떨어진 자로서 개인은 다시금 진리의 파수꾼이 된다"*고 했던가? 그러나 한층 더 근본적으로 말해야 한다. 인문-종교-예술은 워낙 더 떨어질 곳이 없는 자리에서 운신하며, 그 낮은 빈자리를 급진화하는 방식을 통해서만 자신의 의미와 가치를 (미래완료적으로) 증명한다.

지는 방식, 혹은 무능의 어떤 것 속에서 인문은 오히려 타락한 현재의 공시와 세속의 통시를 고스란히, 힘없이, 그러나 미증유의 비판적 풍경으로 드러낼 것이다.** 그 타락한 세속과 사회적 관계를 맺지 않으려는 희생양들의 속절없는 죽음과 무능은, 역사귀류법적 진실이 되어 모든 희생된 가치의 비판적 무게로써 자본주의적 유능을 내리칠 것이기 때문이다.

---

* 테오도어 아도르노, 앞의 책, 175쪽.
** 가령 십자가로 내몰려가는 예수의 비참한 죽음, 혹은 '말하기를 그치지 않았던 죄'로 인해 기이한 아이러니로 가득 찬 죽음을 선택한 소크라테스의 최후 등은, 무능 속의 역설적 급진성으로써 당대적 체계의 타락한 유능에 가장 깊은 상처를 남겨놓았다. 체계화된 유능은 개인들의 무능을 손쉽게 체계 밖으로 배제하지만, 가령 그 무능이 유능을 넘어서는 생활양식의 급진화를 이루어낼 수 있다면 그 희생은 곧 시대의 증상일 수밖에 없는 것이다.

13장

무능의 급진성 (2)

자본주의와 애도의 형식

외상후 스트레스 장애 환자들을 치유하고 회복시키는 프로그램에는 보통 '애도哀悼' 절차가 포함된다. 이 방면의 고전(『외상과 회복 Trauma and Recovery』, 1997)을 남긴 주디스 허먼도 그녀의 오랜 임상 경험을 바탕으로 '애도는 외상 피해자들의 상실에 경의를 표시하는 유일한 방식'*이라고 단언할 정도다.

의사라는 직업적 한계를 감안하더라도, 복수의 환상이나 보상의 환상을 털어내고 애도를 통해 피해자의 내면성을 회복하라는 허먼의 진단과 조언은 진보적 페미니스트로서는 다소 의외의 보수적 이데올로기성을 내비친다. 이 보수성은 아무래도 개인의 상처에 주목하고 그의 회복을 우선시해야 하는 치료자가 처해 있는 처지, 개인(주의)적 여건에 의해서 해명되어야 할 것이다. 우리 개인의 마음자리에 체계의 일반명령이 스치고 겹치는 방식에 주목하는 일은 극히 중요한 대로 아직은 극히 어려운 과업이다.

---

* 주디스 허먼, 『트라우마』, 최현정 옮김, 플래닛, 2007, 316쪽. 이 글에서는 애도를 타자성의 지평에서 비판하는 데리다류의 철학적 분석은 편의상 논의하지 않는다.

그러나 외상의 체험 속에 상실한 것들을 깊이, 완전히 느끼려는 애도가 상처 입은 자아를 재구성하고 사회적으로 의미 있는 네트워크를 재구축하는 데 필요한 동기와 동력을 준다는 지적에는 폭넓은 생산적 함의가 번득인다. 허먼에 따르면, 정서를 완전히 느끼는 일은 오히려 가해자와 그 체계에 대한 저항의 행동이며, 이를 느끼지 못하거나 은폐한다면 자기 안의 일부를 잘려나가도록 방치하는 일이나 다름없다.* 외상의 경험들을 자신의 생애-서사에 성공적으로 편입시키고 그 전체를 재구성·통합하기 위해서는 반드시 "기억상실의 장벽 너머에 있는 공포를 직접 대면"**하고 느끼는 일이 필요하다.

아동 폭력의 피해를 다룬 앨리스 밀러의 『몸의 반항die Revolte des Körpers』(2004)도, 진실한 감정은 늘 이유를 지닌 채 제자리를 지키며,*** 몸은 그 감정을 결코 배반하지 않(못)는다는 가정에서 출발한다. 느낌과 발화는 다른 문제이긴 하지만, 이것은 결국 "진실을 말할 때 회복의 힘이 생긴다"****는 준準관념론적 신념과 이어져 있다. 조금 다른 소재이긴 하지만, 강수돌은 일중독을 비판적으로 분석하는 중에 "일중독에 빠진 사람은 자신의 내면이나 삶의

---

* 앞의 책, 313쪽.
** 같은 책, 307쪽.
*** 앨리스 밀러, 『폭력의 기억: 사랑을 잃어버린 사람들』, 신홍민 옮김, 양철북, 2006, 16쪽.
**** 주디스 허먼, 앞의 책, 302쪽.

현실에서 일어나는 모든 것을 솔직하게 느끼지 못하는 것"*이라고 진단한다.

그러나 느낌으로는 충분치 않다는 초보적인 지적 외에도, 우선 느낌은 믿을 만할까? 그것이 맥주든 정력팬티든 '느낌이 달라요!'라는 광고 카피가 먹히는 영역은 영영 체계 내부일 수밖에 없는데, (느낌을 몸의 역사에 대한 정직한 대면이라고 강조한 앞의 논의를 감안하자면) 체계의 욕망 속으로 호락호락 호출당하는 개인의 느낌은 결국 이데올로기의 구취口臭에도 못 미치는 민망한 수준의 것일 수밖에 없다. 자본주의적 피로에 떠밀려 부박하고 일시적으로, 그러나 과장되게 재구성되는 현대인의 여가문화는 필경 '느낌'으로 쏠리고 있다. 번지점프의 느낌이든, 산사의 범종이 전해주는 느낌이든, 그것은 다른 관계, 다른 생산성, 다른 삶의 양식과 접속하는 동력이 되지 못한다는 점에서 여전히 체계 속에 있다. 문제는 그 피로가 '다른' 느낌으로 삭제될 수 있는 성격과 기원의 것이 아니라는 데 있다. 그 피로는 체계적이며, 그 느낌조차 체계의 일부라면?

물론 애도의 치유력은 종교적인 지평에 닿아 있다. 임권택의 「축제」(1996)가 흥미롭게 형상화했고, 또 장제葬祭 일반이 그렇긴

---

* 강수돌, 『일중독 벗어나기』, 메이데이, 2007, 43쪽. 이어지는 대목은 다음과 같다. "달리 말하면 자신의 내면에서 느끼는 각종 두려움을 있는 그대로 받아들이면서 그것을 적극 관통해 정면으로 넘어서고자 하기보다는 그것을 은폐, 추방, 억압, 축출하는 등의 방법으로 회피한다."

하지만, 망자의 추도는 주로 살아남은 자들의 치유와 화해를 위한 것이다. 가령 엘리아스 카네티는 『군중과 권력』(1978)에서 종교의 알짜는 예나 지금이나 애도-의식이며, "'애도의 종교'는 인류의 정신적 살림살이를 위해서 언제까지나 필수 불가결한 것"이라고 진단한다.*

그러나 야스쿠니 신사 문제에서 보듯이, 애도의 종교는 체계 이데올로기를 완결 짓는 신화적 아우라의 공장이기도 하다. (마찬가지로, 허먼의 치유적 여성주의는 정치적 연대를 강하게 주장하면서도 결국 체계의 '외부'를 사유하지 못한다.) 오에 시노부가 잘 분석해놓았지만 야스쿠니 신사의 국가사회적 기능은 단순한 진혼鎭魂에서 위령慰靈으로, 위령에서 현창顯彰으로 옮아가는데, 이 현창의 이데올로기적 아우라는 새우등처럼 그 바닥이 뻔해 보인다.** 체계 이데올로기의 현창에 동원되는 사이비 지식인과 예술가들을 우리는 줄줄이 욀 수도 있다. 그것은 프로이트처럼 당대의 과학주의에 빠진 채 정치성을 스스로 외면한 것일 수도 있고, 그람시의 오래된 말처럼 역사적 내재성을 놓친 채 관념론으로 흐른 것일 수도 있고, 이글턴의 지적처럼 포스트모더니즘의 환상 속에서 눈먼 '차이들의 진보'로써 불모의 탑을 쌓는 것일 수도 있고, 혹은 벤야민의 말처럼 세속 속의 '정치적인 것 das Politische'에 맹목적일 수도 있다. 그러나 대개는 그저 속물이었거나, 칠뜨기팔뜨기 인숭무레기였을

* 엘리아스 카네티, 『군중과 권력』, 심성완 옮김, 한길사, 1982, 163~166쪽.
** 오에 시노부, 『야스쿠니 신사』, 양현혜·이규태 옮김, 소화, 2001.

것이다. 반면 히틀러 암살 모의에 가담했다가 처형당한 비종교화의 신학자 본훼퍼(1906~1945)는 그 자신 목사이면서도 나치의 국가 폭력의 희생자들을 단순히 애도하는 성직자의 역할을 거부하고 가해자의 심장을 향해 비수를 들이댔다. 가령 느낌에서처럼 애도가 체계에 어떻게 복무하는가, 바로 그것이 문제다.

따라서 애도에 대한 새로운 문제의식은 상처나 그 애도를 체계 자체와 맞대면시키는 일에서부터 생성된다. 의사나 성직자와 같은 치유자들은 대개 체계의 일꾼인지라 체계 자체를 문제시하는 게 쉽지 않다. (울리히 벡 등이 현대사회의 거시적 위기나 가족 갈등이 모두 '체계적'이라고 하듯이) '체계'일 수밖에 없는 현대사회 속의 상처는 응당 '체계적'이지만, 정작 그 상처를 보살피는 이들은 이미 체계 속에 너무 깊이 안착해 있어, 그 상처의 체계적 뿌리를 헤아리지 못한다. 이들의 선량한 호의조차 상처의 기원을 특정한 사건이나 사고, 우연이나 인간관계로 소급시키곤 한다. 그들은 자아와 체계가 뒤섞인 지점, 그러니까 좌우의 이념적 논쟁을 넘어선 현대적 일상성의 지평*을 보지 못하는 것이다.

그러나 우선 애도를 자기 상처와 상실에 대한 일종의 의식적儀式的 공대로 재서술할 수 있다. 심지어 특화된 시간과 장소에서 카타르시스와 갱신, 나르시스와 화해를 도모하는 모든 의식적 행위 일체를 애도라고 부를 수도 있을 것이다. 그것은 국가-이데올로기적 장치일 수도 있겠지만, 체계 속의 개인들에게는 새로운 자기 치유책으로 변주될 수도 있다.

예를 들어 기업-체계 속의 정해진 노동량을 채우고 귀가한 k가 촛불이 은은한 화장실의 욕조에 몸을 담근 채 가만히 눈을 감고 체계 바깥으로 정서적 '산책'을 나선다면 그것은 사적 종교의 형식을 갖춘 자기-애도가 아니고 무엇일까? 혹은 기형도의 유명한 말처럼, "사랑을 잃고 (시를) 쓴다"면, 그 시-쓰기야말로 자기 애도와 치유의 가장 오래된 인문人紋의 양식이 아니고 무엇일까? 혹은 백자白磁의 흰빛 속에서 연녹색 찻잎이 풀어지는 템포로 당신의 마음조차 풀어지는 시공간을 얻을 수 있다면 그것은 하루분의 존재의 감가상각을 애도하는 가장 탁월한 형식이 아닐까?

요가나 명상, 재즈댄스나 야마카시, 식도락이나 연극사랑, 차茶사치나 연애, 파워워킹이나 템플스테이 등은 모두 자본주의적 체

---

* 이 지평은 일찍이 보드리야르가 말한바, "진정으로 당신 자신이 됨으로써 당신은 집단의 명령에 가장 충실하게 따르며 또한 '강요된' 모델에 가장 가까이 접근"한다고 지적할 때 개시되는 곳이다. 장 보드리야르, 『소비의 사회: 그 신화의 구조』, 이상률 옮김, 문예출판사, 1991, 128쪽. 혹은 부르디외의 '이중의 길들이기'라는 개념을 좇아 그 사잇길의 새로운 지평을 지적할 수도 있다. "내가 조금씩 '이데올로기'라는 말의 사용을 추방하게 된 것은…… 상징적 질서를 유지시키는 가장 강력한 메커니즘들 가운데 하나를 망각하게 만드는 경향이 있기 때문이다. 이 메커니즘은 다름 아닌 '이중의 길들이기'인데, 이것은 사회적인 것이 사물들과 육체들 속에 기록된 결과다." 피에르 부르디외, 『파스칼적 명상』, 이옹권 옮김, 동문선, 2001, 260~261쪽. 그곳은 공사公私라는 전통적 자유주의 정치학의 구분법이 더 이상 통용되지 않는 지역이기도 하다. "사적 영역은 겉으로 보이는 그것, 즉 환경과 분리된 영역이 아니다. 그것은 사적 및 생애상의 결과를 염두에 두지 않는 텔레비전 네트워크, 교육 체계, 기업이나 노동시장, 수송 체계와 같은 다른 곳에서 형성된 조건과 결정들이 내부화하여 사적으로 된 외부이다." 울리히 벡, 『위험사회』, 218쪽.

계와 빚는 마찰과 소모, 피로와 허무를 애도하는 사사화된 종교의 형식일 수 있다. 혹은 도덕과 형이상학 이후에 현대인들을 사로잡는 "실존의 미학적 규약"(푸코)일 수도 있다. 체계 너머를 엿보는 담론들이 환상이거나 농담, 냉소이거나 지적 허위의식에 물들어 있을 때, 사적 애도의 형식은 더 번잡하고 집요해진다. 그 마니아적 행태는 종종 체계와의 명백한 불화를 드러내지만, 그러나 오직 체계에 얹혀서만 유지되는 생활 없는 제스처들이다. 피곤한 현대인들은 갖은 형식의 '느낌'으로 체계의 상처를 잊거나 보상을 얻고자 하지만, 느낌은 종종 체계가 코 푼 휴지만도 못한 게 사실이다.

그러니까 논의의 벼리는 이 형식들이 체계의 현상적 다양성에 이바지하는 게 아니라 '외부성'을 발굴해갈 수 있는가 하는 데에 있다. 그 애도의 형식들이 자아의 재구성과 치유, 카타르시스와 갱신의 체험을 통해 다시 체계 속에 복귀하는 것으로 역할을 다한다면, 그 애도의 체계는 체계 속의 애도일 뿐이며 정녕 체계를 애도할 외부성 얻지 못한다. 애도에 대한 새로운 인문학적 상상은 체계의 알리바이로 변한 갖은 애도의 형식에 대한 발본적 비판에서부터 출발한다. 상처가 체계적이라면 그 애도 역시 체계 자체를 지목할 수 있도록 발본적이어야 한다.

14장

무능의 급진성 (3)

이미지의 침묵과 인문의 급진성,
'아이'에서 '유령'까지

마음을 풀고 정신에서 벗어나 텅 비어 아무것도 모르게 된다면 만물이 무성해서 그 근원을 회복하게 된다 解心釋神 莫然無魂 萬物云云 各復其根.

—『장자』「외편」재유再宥, 11장

다중의 힘은 제국의 심장부에 필연적으로 남게 되는 빈 곳 속에서 물질화한다.*

—네그리·하트,『제국』

* Michael Hardt, Antonio Negri, *Empire*, Cambridge, Massachusetts: Harvard University Press, 2000, p. 407. 한국어판은 『제국』, 윤수종 옮김, 이학사, 2001.

1
아무나의 일상 속에서
구현되어야 할 천재의 능력

천재의 정의定義란 천 개도 넘겠지만, 내가 애용해온 것 중 하나는 '자신이 하는(쓰는) 말(글)을 다 이해하지 못하면서도 줄기차게 계속할 수 있는 기묘한 재능'이다. 그것은 완벽한 무지 속에서도 오히려 길을 잃지 않는, 어떤 가장 낮은 감각·비전의 생산적 귀환·현현顯現과 같은 것이다. 그러니까 내가 말하려는 급진성이란 그동안 소수의 천재들에 의해 가장 낮은 자리에서만 띄엄띄엄 예시되기도 했던 인문人紋의 능력(혹은 '본령')인 셈이지만, 나는 이 능력이 아무나의 생활양식의 무의식을 통해 스스로를 잊어버리는(혹은 알면서 모른 체하는) 일상화의 가능성 속에서 미래 인문학의 지평을 캐내려고 한다.

2
심리학주의의 덫

낮아진다는 것은 우선 타자의 존재, 타자의 자리와 지평에 대한 태도의 문제일 것이다.

> '아버지'는 주체의 비전에 통합되어야 할 관점을 지닌 제3자를 표상한다. 주체는 '어머니'를 독차지하기를 단념해야 하는 동시에, 그가 도처에서 모든 것을 다 볼 수는 없다는 것을, 대상들의 일부는 그 자신의 눈길을 벗어난다는 것을 깨닫는다. 지평은 이처럼 타자를 위해 남겨둔 장場이 된다.*(미셸 콜로)

타자를 전제하고 가늠하거나 평가하고 서로 관계 맺지 않는 한, 아예 높낮이를, 크기를, 그리고 자신의 정체성을 말할 수조차 없기 때문이다. 인문학적 겸허, 혹은 부재라는 소중한 실천적 테마가 심리학주의에 빠지지 않으려면 그것을 행위의 문제, 그리고 타자와의 관계 문제로 (생활양식의 일관성·충실성에 거의 맹목적이다시

---

* 미셸 콜로, 『현대시의 지평구조』, 정선아 옮김, 문학과지성사, 2003, 178쪽.

피 하게) 줄곧 밀고 나갈 수 있어야 한다. 내가 꽤 오랫동안 '공부'와 '동무'의 원수로 여긴 심리학주의의 주된 폐해는 우선 타자성의 함몰 내지는 자의적 전유다. (칸트나 포이어바흐의 종교 비판에서처럼) 신神을 향한 기원조차 내 욕망의 도착倒錯일 뿐이며, (데리다의 분석에서처럼) 잃어버린 친구를 위한 애도deuil조차 실은 내 자아의 심리주의적 증폭이나 자기차이화에 이바지할 뿐이다. 행위와 관계, 생활양식의 일관성과 충실성으로 나아갈 수 없다면, 관념들은 결국 제 살을 뜯어먹고 제 그림자를 타고 논다.

> 만일 우리가 행위의 표면 가치로부터 도망칠 수 있다고 믿는다면 우리는 심리학의 덫에 빠진다.(줄리아 크리스테바, 『Maladies』, p. 28)

3
이미지의 나르시시즘

심리학(주의)의 덫에 빠진 모습이야 흔하디흔하다. 원격 연상력의 주술에 사로잡힌 원시인들이나 신의 마음에 특권적으로 접근하려는 종교인들이나 (그토록 사랑했건만!) 배신당한 애인들을 여기서 다시 거론할 필요조차 없다. 이 글에서의 관심을 좇아 지적하자면, 우선 그것은 타자를 잃어버린 채 폭발적으로 증폭하고 있는 '이미지의 나르시시즘'으로 쉽게 표상된다.

> 욕망의 의식과 의식에 대한 욕망은 동일하게 부정의 형식으로 계급 폐지와 노동자들에 의한 자신들 활동의 모든 측면의 직접적 소유를 추구하는 기획이다. 그것의 대립물은 스펙터클의 사회인데, 거기서는 상품이 자기가 만들어낸 세계 속에서 자신을 관조한다.*(기 드보르)

드브레도 '비디오스페르의 역설'이라는 논의에서 같은 취지를

---

* Guy Debord, *La Société du Spectacle*, Paris: Editions Buchet-Chastel, 1967, p. 53. 한국어판은 『스펙터클의 사회』, 1996.

조금 다르게 표현한다. 그의 글은, '이미지-(인문적 겸허)-타자'라는 이 글의 논의 구조에 가장 분명한 정식화가 될 만하다.

> 주체가 없는 시선과 잠재적 대상의 문화 속에서는 타인은 사라져가는 인종이 되어버리고 이미지는 그 자체의 이미지가 된다.*(레지 드브레)

이미지들이 그 자체로 급진성을 띠었던 과거의 행복한 한때는 이미 지나갔다. 혹은 몇몇 이미지를 주변과 외설적·외상적이다 싶게 몹시 다르게 드러냄으로써 타자의 지평을 조형할 수 있었던 예는 점점 더 찾기 어려워지고 있다. 모든 것이 시뮬라크르와 스펙터클의 자기차이화·순환화 속으로 되물려가고 있으며, 매개들은 매개의 고리 속에서 마치 신神의 눈과 같은 '거울상鏡像'을 이룬다.
"영상적 시각은 서로서로 소통하고, 이제 그 자신에 대한 욕망 밖에 지니지 않게 된다. 현기증 나는 거울이다. 즉 미디어는 점점 더 우리에게 미디어에 대해 이야기하는 것이다. 그리고 신문에서 커뮤니케이션 면은 (바깥 세계의) 정보가 줄어드는 만큼 증가하는데, 그만큼 전적으로 매체로 중개된 세계에서는 매개 작용 자체가 매개화될 수밖에 없는 것이 사실이다."**
그리고 (벤야민의 도시자본주의 비판이 예리하게 시사하듯이) 거울

---

* 레지 드브레, 『이미지의 삶과 죽음』, 정진국 옮김, 시각과언어, 1994, 357쪽
** 같은 책, 357쪽.

속의 삶은 삶이 아니라 죽음이다.

"오토 랭크는 「분신 le Double」에 관한 시론에서 1913년 런던에서 재판이 있었던 한 사건을 이야기한다. 정부情婦에게 배신당한 한 귀족이 그녀를 일주일 동안 벽이 온통 거울로 덮인 방에 가둔다. 자신을 바라보며 반성하고 그리하여 스스로의 결점을 고치도록 하기 위해서였다. 여인은 자신의 시선과 대면하는 괴로움을 참지 못하고 결국 미쳐버린다."(샤빈 멜시오르 보네)*

---

* 샤빈 멜시오르 보네, 『거울의 역사』, 윤진 옮김, 에코리브르, 2001, 244쪽.

4

회복해야 할 이미지의 급진성, 이미지의 힘

이미지는 워낙 말이 없는 것이지만, 우리 시대의 것은 지나친 수다와 지나친 자기차이화의 판타스마고리아phantasmagoria이면서도 욕망과 자본의 코드에서 한 치도 벗어나지 못한다. 시끄러우면서도 전달되지 못하고, 박잡현란하면서도 몰개성한, X세대의 '유쾌한 고집'*은 (짐멜식으로 말하자면) 객관성의 생산을 거쳐 그 고집쟁이의 '영혼' 속으로 귀환하지 못하는 유행物像化에 머물고 만다.

그러나 이미지의 침묵(부재)을 이미지로 드러내는 방식은 무엇이며, 바로 그 방식이 아득하게 호출하는 인문人紋의 오래된 미래, 그 급진성이란 대체 무엇일까? 한 시대의 지배 체제와 그 이데올로기적 표현들·표상들 사이를 침묵 속에서 가로질러가는 어떤 이미지(들)의 급진성을, (얼마간 논의의 층위가 달라지긴 하지만) "개념에 저항하는 모든 것을 지시해주는 것이 이미지의 힘이자 사명"**

---

* "자본의 흐름과 동떨어진 채로 존재할 수 없는 작금의 예술에 있어 지켜야 할 순수가 있다면 단지 하나의 유쾌한 고집, 즉 자신의 재능과 능력에 올인하여 삶을 전투적인 아름다움으로 재량껏 '디자인'하는 데 있을 것이다."(『취향』, 180)

** 미르치아 엘리아데, 『이미지와 상징: 주술적-종교적 상징체계에 관한 시론』, 이재실 옮김, 까치, 1998, 24쪽

이라는 엘리아데류의 직관에 기대어 상상해본다는 것은 대체 무슨 뜻을 지닐 수 있을까?

5
아이 (1)

「쉰들러 리스트」의 잊힌 듯 머나먼 흑백 필름은 총천연색 문명과의 거리감을 보장한다. 마치 선물에 대한 기억·인지 자체가 선물 행위를 불가능하게 만든다는 데리다의 말처럼, 과거에 대한 기억이나 주제화主題化는 영영 그 과거를 주관적으로 전유appropriation함으로써 오히려 과거를 현실로부터 내몬다. (기억은 늘 정치이며, 그래서 그 기억은 더 현명해야만 한다.) 말하자면, 우리가 메시아와 접촉했다는 사실 탓에 메시아는 우리를 구원할 수 없는 것이다.

> 선물이 가능하(있)기 위해서는 주고받는 당사자들이 그 물건을 선물로서 인식하거나 수용하지 않아야 하며, 그것에 대한 의식도, 기억도, 인정도 없어야만 한다.(자크 데리다, 『Given』, p. 16)

1994년 3월 프랑스의 영화감독 란츠만은 '불가능한 표상la représentation impossible'이라는 취지 아래 「쉰들러 리스트」를 호되게 비평*한다. 그에 따르면 '홀로코스트의 영상현상학'은 불가능한 기획이며, 마치 아도르노 등이 '아우슈비츠 이후에도 시詩를 쓰는 것이 가능한가?'라는 의문을 제기했던 것처럼 스필버그의 할리우드 영화는 홀로코스트를 '면죄받은 멜로드라마'로 각색해 사실을 왜곡하는 짓에 불과하다는 것이다. 란츠만이 내놓은 대안은 그 자신이 이미 1985년에 제작한 「쇼아Shoah」였는데, 그는 이 '표상 불가능한 사건'에 접근하는 유일한 방식으로서 9시간 30분에 가까운 영화의 대부분을 수용소 피해자들의 증언을 듣는 데 할애하고 있다.

우선 「쉰들러 리스트」와 「쇼아」 사이에 가로놓인 제작 취지상의 합법적 차이는 별개로 치자. 그렇다 하더라도, 영상적 현상학

* 이 비평의 내용과 해설은 다음의 글을 참고. 다카하시 데쓰야, 「보는 것의 한계: 현상학과 아우슈비츠」, 『지知의 논리』, 고바야시 야스오 외 엮음, 경당, 1997, 44~61쪽. 이 논의는 광주를 재현하는 영상사회학적 문제의식과 겹친다. 가령 김지훈의 「화려한 휴가」(2007)는 광주의 비극을 감상적·낭만적으로 멜로드라마화함으로써 전형적인 애도의 왜곡을 보였을 뿐 아니라, 회고적 시선의 몰역사화·박제화를 통해 역사는 사라지고 스펙터클만 남는 것이다. 이와 대조적으로 임상수의 「오래된 정원」(2006)은 광주라는 역사적 비극의 인간적 '주변'을 더듬고 탐색하는 과정으로 구성되었는데, 이 영화는 광주를 표상하거나 그 상처를 애도하려는 시늉의 역설적·필연적 실패와 무능에서 멈춤으로써 그 사건의 사건성에 대한 진지한 성찰의 공간을 열어젖힐 수 있을 것으로 보인다. 우리 모두의 집단적 외상 앞에 삼가면서, 부끄러움, 죄의식, 머뭇거림, 혹은 더듬거림으로 만들어진 영상의 역설적인 급진성! 그 고통의 타자성을 공대하면서, 정치적 타협과 몰역사적 미봉彌縫 속에서도 여전히 복류하고 있는 상처의 기미와 흔적만을 무능하고 담담하게 드러내(낼 수밖에 없)는 이미지의 급진성! 멜로드라마의 나르시시즘이나 스펙터클의 거울상을 통한 사이비 애도를 거부하고, 관객들로 하여금 오히려 사건 자체에 대한 표상이 실패하는 자리로 겸허하게 소외疎外되게 함으로써 스크린 바깥의 역사를 진지하게 사유하도록 돕는 부재와 무능의 급진성! (이 각주의 논의는 경상대 한귀은 교수의 글에 빚지고 있다.)

이 과거의 왜곡이라면, 이와 대조적으로 기억과 재서술은 (그 정치사회적 효과를 인정·지지하더라도) 영상적 주제화의 표상 불가능성을 넘어 그 지옥 같은 과거의 진실에 접근할 수 있는 방식일까? 데리다의 유명한 역설적 분석이 드러내듯, 애도도 선물도 결국 자아의 동일화 심리 탓에 타자적 사건성을 잃어버린 채 자의적으로 왜곡될 수밖에 없는 운명이라면 보(여주)기보다 왜 하필 기억하기와 듣기와 말하기가 적실한 수단일 수 있는가?

나는 영상현상학 자체가 문제는 아니라고 본다. 문제는 그 '방식'에 있을 뿐이다. 예를 들어 일종의 멜로물이 되어버린 「쉰들러 리스트」 중 어느 한 장면, 침묵하는 그 이미지는 소란스러운 드라마나 해설적 설명의 차원을 단숨에 넘어 역설적으로 (바로 그 침묵·부재의 틈을 열어) 그 사전의 진리에 접근하게 한다.

영화 속 어느 한 장면에서는 잿빛 지옥도 속을 여자애의 붉은색 하나가 말없이 지나간다. 그 아이의 죽은 시체조차 안타깝게도 여전히 붉은색이다. 그리고 영상만이 가능하게 하는 그 둘(지옥과 여자애) 사이의 중요한 거리감疏隔은 인간·인문의 존재론적 가능성을 단번에 급진화한다.

체제의 검은색 폭력 속을 한 점 붉은색으로 가로질러가는 무능과 무지 속에서야 인문人紋의 오래된 가능성은 어떤 잉여로, 어떤 초월로, 어떤 생산성으로, 빛보다 빠른 속력으로 체계를 벗어난다.

6
아이 (2)

「붉은 풍선」(알베르 라모리스, 1956)은 아이와 풍선, 그리고 그 아이를 곱게 수용하지 않는(못하는) 세속을 보여준다. 이처럼 항목들을 단순화해 우화화寓話化한 시야 속에서 이치들은 쉽게 각을 세우며 드러난다. 예수의 비참하고 무능한 십자가 그의 삶과 죽음이 품은 급진성을 오히려 구체화했듯이, 영화 속 풍선은 아이와 세속 사이의 간극에 배태한 급진성을 극화하는 장치처럼 보인다. 아이는 풍선 탓에 이지메いじめ를 당하지만 역시 바로 그 풍선(들) 덕에 (급진적으로!) 승화한다.

아이의 천진스러움Kindlichkeit을 세속과 대비시키고, 그 순간의 돌올한, 슬픈 간극으로부터 급진성의 기미를 읽어내는 일은 가장 손쉬운 접근이다. '무능의 급진성'은 우선 무능의(이라는) 부재가 속절없이, 혹은 거의 물리인과적으로 불러들이는 단순하고 일차적인 효과에 근거하기 때문이다. 다만 「쉰들러 리스트」의 여자아이가 시사하는 급진성이 '메시아적인 것'이라면, 「붉은 풍선」의 남자아이가 드러내는 급진성은 (기독교적으로 채색된) '메시아주의'처럼 보인다.

7
예수 (1)

예수라는 어떤 삶의 급진성도 세속의 체계, 즉 빌라도로 대변되는 제국의 체계와 가야바로 대변되는 유대 종교의 체계 사이를 양¥처럼 스쳐 지나가며 비참하게 죽임을 당하는 그 신성한 이미지의 침묵 속에, 그 비상하게 낮은 자리 속에 거한다. 그는 '진리가 무엇이냐?'라는 체계의 심문에 답을 하지 않는/못한다. 그것은 마치 간통한 여인을 돌로 쳐 죽이려고 모인 모방적 군중—안병무의 민중 the minjung도 네그리·하트의 다중 the multitude도 아닌—을 향해 "너희 중에 누구든지 죄 없는 사람이 먼저 저 여자에게 첫 번째 돌을 던져라"라고 말한 다음, 그 메시아적으로 현명한 항의에 "가능한 한 많은 울림을 주기 위해 침묵을 지켰던 예수의 침묵"(『사탄』, 80)과 일맥상통한다. 마치 예수의 그 침묵이 군중의 종교도덕적 허영을 '급진적으로' 고발하는 것처럼, 민중의 원망願望 속에서 이윽고 신神이 된 이 사나이는 제 땀과 제 피를 속절없이 다 쏟으며 종말을 고하는 그 역설逆說로써 세속에 웅변한다. 정치범의 자리에 내몰리기까지 내내 역설力說해왔던 그는, 그가 죽을 자리에서는 내내 침묵하는데, 그 역설과 침묵 사이에서, 제국의 유능有能과 신이 된 한 목수의 무능 사이에서 미래적 인문人紋의 자기갱신적 급진성이 태어난다.

7-1
예수 (2)

엔도 슈사쿠의 『침묵』(1966)에서는 예수회 신부 로드리코가 개인의 신앙과 신도들의 목숨 사이에서 협박당하며 갈등하는 모습이 절절하게 묘사된다. 그는 극심한 고통 속에 죽어가는 신도들을 보며 괴로워하다가 우여곡절 끝에 마침내 배교를 결심한다. 그가 죽음과도 같은 고독 속에서 후미에 踏繪* 앞에 섰을 때, 그는 동판에 새겨진 그리스도의 음성을 듣는다. "밟아라, 밟아도 좋다!"

---

* 그리스도나 성모를 인각한 동판을 나무판에 붙여놓는 것으로, 17세기 일본에서 흔히 배교의 표시로서 그 판을 밟고 지나가게 했다.

8
소크라테스

33세, 젊은 예수의 급진성이 '재서술의 아이러니'(로티)를 수용할 수 없을 만치 너무나 진지한 것이었다면, 칠십을 넘긴 노인 소크라테스의 그것은 당대 최고의 위력적인 변론의 홍수 속에서 아테네 체계의 합법성을 까부르고 빈정거리며 그 너머의 인문적人紋的 가능성을 시험한다.

물론 그는 예수와 달리 다변多辯이고 그의 이미지는 동양적 겸손과 달리 그저 낮아지려는 게 아니다. 주량酒量으로도 그를 이길 수 없지만, 말로도 그를 당할 자는 천하에 없다. 자신의 목숨을 놓고 당대의 체제를 놀릴 정도로 그 아이러니의 거리감은 유연하고 도도하다.

> 아마 은 1므나라면 여러분에게 낼 수 있겠습니다. 그러면 이것을 벌금으로 낼 것을 제안합니다.(플라톤,『소크라테스의 변명』)

약간의 정치적인 타협만으로도 혹은 그의 경천동지할 구변의 재주만으로도, 소크라테스는 스승을 고소하는 체제로부터 벗어나

말년을 옹송옹송한 백일몽 속에서 자신의 직업인 '말(대화)하기'를 계속하며 곱게 보낼 수 있었을 것이다. 그러나 늙은 소크라테스는 그 아이러니의 힘 속으로 자신과 체계를 동시에 몰아넣어, 그 '자살적 몸짓noble death'의 급진성으로써 체계의 역사적 모순과 한계를 단번에 밝힌다. (그의 놀라운 제자가 바로 그 급진성의 증거가 아니던가? 물론 그가 충분히 급진적이었는지는 자못 의심스럽지만!)

9
유령 (1)

아이도 예수도 소크라테스도 등장시킬 수 없다면, '유령'을 등장시키는 것도 좋겠다. 이미지의 폭력적 과잉과 부유浮遊 그리고 상호 모방적 스펙터클 속에서 기실 유령만큼 낮고 말없는 자리가 또 어디에 있는가?

마치 강하게 억제된 용수철이 더 멀리 튀어나가듯이, 억압Verdrängung 된 것은 바로 그 낮은 자리의 무게 때문에 급진적일 수밖에 없다. 데리다가 자본주의의 이데올로기적 억압과 그 이후를 '유령학Hauntologie'이라는 서사 형식을 빌려 논의한 일을 되새겨볼 일이다. 가라타니 고진이 아직 태어나지 않은 (타)자를 향한 생태학적 윤리를 말하듯이, 데리다는 타자의 유령의 증상과 호소에 대한 윤리적 책임, 그 '메시아적인 것'에 대한 공대를 말한다.

만약 죽음이 살아 있는 이들의 살아 있는 머리를, 더 나아가 혁명가들의 머리를 짓누른다면, 죽음은 분명 어떤 유령적인 밀도를 가져야 한다. 짓누른다는 것lasten은 또한 부과하고 짐 지우고 강제하고 빚지게 하고 추궁하고 할당하고 지령하는 것이다. 그리고 생명이 더 많이 존재할수록 타자의 유령은 가중되며, 짐은 더 무거워진다. 살아 있는 것은 그만큼 더 많이 응답해야 한다. 죽은 이들을 위한 응답, 죽인 이들에 대한 응답을, 보장 없이 대칭성 없이 신들림과 교류하기, 신들림을 감수하기, 이러한 환영들과의 놀이보다 더 진지하고 더 참되고 더 정의로운/정확한 것은 없다.*(자크 데리다)

---

* 자크 데리다, 『마르크스의 유령들』, 진태원 옮김, 이제이북스, 2007, 216~217쪽. 라이얼 왓슨은 소리요정 현상도 무의식의 억압으로 풀어낸다. 그에게 있어 유령 현상 일반은 억압된 무의식적 에너지의 물질적 투사인데, 에너지를 매개로 마음이 물질 속으로 투사하는 일은 그 자체로 급진성에 다름 아닌 것이다. "소리요정 poltergeist 의 활동이 장소가 아니라 사람과 관련된다는 것은 아주 중요한 사실이다…… 정신분석학자인 난도르 포도르는 소리요정을 '억압들이 투사되어 일어나는 현상'이라고 설명한다. 이것이 사실이라고 한다면, 투사는 완전히 무의식적으로 수행되는 것임에 틀림없다. 그것은 큰소리에 놀라서 유리잔을 떨어뜨리는 것과 같은 반사작용과 마찬가지로 맹목적으로 터져나오는 염력 에너지일 가능성이 있다. 그러나 종종 소리요정 활동들은 벽에 글씨가 나타난다거나 특정한 사람을 대상으로 삼는 것처럼 어느 정도 지적 능력 또는 목적성을 보여준다. 이러한 경우에 염력 활동은 더 깊은 무의식에 의해 통제되지만, 이때 나타나는 유령은 영이 아니라 마음의 표출에 불과하다." 라이얼 왓슨, 『초자연: 우주와 물질』, 박문재 옮김, 인간사랑, 1992, 242쪽.

10
유령 (2)

미하엘 하네케의 「히든」(2005)은 '유령적인 밀도'를 지닌 채 죽은 듯 살아가는 과거가, 침묵하는 이미지의 힘만으로 속절없이 되살아나서 잊힌 권리와 정의를 부르짖는 모습을 잘 보여준다. 도시의 중산층 지식인으로서 사회적 명망을 얻은 조르주의 일상은, 카메라가 대면시키는 기계적 무의식 속에서 영영 죽을 수 없어 죽은 듯 살아가는 과거로부터의 유령을 만난다. 그 은폐된 외상적 기억이 유령처럼 전 이야기적pre-narrative 상태, 혹은 스틸 사진이나 무성 영화의 상태에 있다면, 그 기억은 오직 이미지의 침묵을 통해서만 구제받을 수 있는 것이다.*(『트라우마』, 292)

---

* 그러나 외상 기억은 언어화되어 있지 않으며 정적靜的이다. 생존자가 처음 전하는 외상 이야기는 지루하고, 전형적이며, 감정이 묻어나지 않는다. 어떤 연구자는 전환되지 않은 외상 이야기가 '전前 이야기적' 상태에 있다고 말했다. 이야기는 시간에 따라 진전하지 않고, 말하는 사람이 가지고 있는 감정이나 해석을 드러내지 않는다. 또 다른 치료자는 외상 기억을 스틸 사진이나 무성 영화에 비유했다. 치료는 이야기에 음악과 언어를 붙이는 역할을 맡는다.

11

인문의 새로운 가능성

이미지의 방만한 포화 속에서 이미지는 말言語, 그 구조와 체계를 닮아간다. '체계는 체계에만 관심을 갖는다'(아도르노, 보드리야르)는 식으로, 체계 속의 이미지는 점점 나르시시즘에 빠져간다. 그것은 약자들의 시공간, 무능의 순간과 부재의 계기로부터 점점 멀어져간다. 그것은 표상 가능한 언어의 체계에 대한 저항과 균열과 초월의 시늉을 잃어간다. "언어적인 이야기체와 맥락이 결여되어 있고, 생생한 감각과 심상의 형태로만 입력되어 있다"(『트라우마』, 75)는 외상 기억과도 같이 낮은 이미지들은 찾아보기 어려워졌다. 마찬가지로, 그 같은 이미지들의 상실과 함께, 인문人紋의 그 오래된 미래가 감춘 급진적 지식의 가능성도 점차 소멸하고 있다.

사랑(가족)에의 진지함, 자본(일터)에의 진지함, 그리고 영생(종교)에의 진지함, 이 전통적 진지함의 삼각형 바깥에 있을, 인문의 오래된 급진성의 진지함은 '새로운 낮음' '새로운 부재' '새로운 무능' 속으로부터 재발굴되어야 한다.

"철학은 이성의 빛에 대해서 말하지만 존재의 '빈터'에 주의하지 않는다"(하이데거)고 하듯이, "내면적 가난의 지점에 이르지 않고는 아무도 인생의 공정하고 지혜로운 관찰자가 될 수 없다"(D. 소로)고 하듯이, 혹은 "어떤 사람을 아는 사람은 희망 없이 그를 사랑하는 사람뿐이다"(벤야민)라고 하듯이, 그 모든 흔적과 기미를 체계적 삶의 공시성 속으로 함몰시켜버리는 자본제적 세속을 넘어가는 인문의 새로운 가능성은 침묵과 부재, 눌변과 무능, 절망과 폐허에의 정직한 대면 속에서야 급진적으로 잉태한다. (그리고 이미지는 언제나 그 급진성을 숨긴 야누스인 것.)

15장

무능의 급진성 (4)

사치의 존재론과 부재의 사치

1
'기표'로서의 사치

넓게 보아 사치는 인간의 존재를 표상하지만 인간을 가리키지는 않는다. 사치는 다른 사치들과 더불어 미래에서 다가올 또 다른 사치를 가리킬 뿐이다. 그래서 사치는 정확히 '기표'인 것이다.

2
인문학, 빈 곳을 향한 사치

인문학 일반이 모종의 사치라고 할 수 있다면, '기표의 관념론'으로 흐르는 근년의 추세는 단지 지나가는 하나의 흐름이 아닐 것이다. 이를테면 신학의 '빈 곳'에서 가장 극적인 예시를 얻을 수 있긴 하지만, 인문학 역시 쉴 새 없이 드러나는 그 빈 곳을 강박적으로 메우려는 기표들의 사치로 현란했다. 인문학이 '빈 곳을 향한 사치'이니, 사치는 인문학에서 본질적이다. 실은 이로써 '부재(무능)의 급진성'이 가능해지는 것이다.

3
사치와 자본주의

좀바르트처럼 사치를 자본주의의 생성과 결부시키는 것 혹은 이른바 '졸부(꼴불견) 자본주의'의 스펙터클적 행태로 한정시키는 것은 그야말로 사회학적일 뿐이다. 베버의 오래된 지론처럼 자본주의는 졸부의 것과 무관하며, 좀바르트가 스스로 확언했듯이 사치의 기조基調를 규정한 계층은 부르주아지가 아니라 궁정계급이나 귀족이었다.*

---

* 베르너 좀바르트, 『사치와 자본주의』, 149쪽. 이하 『사자』로 약칭.

4
사치와 존재

물론 '사치와 존재'라는 주제는 당연히 중세 말이나 근세 초의 역사적 지평 속에만 잠겨 있을 수 없다. 가령 마리 앙투아네트의 처형에서는 사치와 낭비*라는 죄목이 큰 몫을 했다. 그러나 존재방식Seinsweise으로서의 사치는 루이 16세의 나태한 관대나 마리 앙투아네트의 선심 공세** 따위로 환원되지 않는다. 오히려 논의의 출발은 자본제적 절제와 인색함이 숨기고 있는 종류의 좀더 근본적인 차원의 사치와 잉여에 대한 검토다. 하이데거식으로 말하자면, 사치는 곧 세계-내-존재의 존재방식, 그 실존 범주인 것이다.

---

* 피에르 시프리오, 『프랑스 혁명과 마리 앙투아네트』, 용경식 옮김, 고려원, 1995, 113~116쪽.
** 같은 책, 113쪽.

5
사치의 재해석

'철학적 사치론'이라는 기획은 '사치'를 재해석하지 않는 한 불가능한 시도일 것이다. 그것은 단순히 사치가 진지한 철학적 검토의 주제가 아니었다는 사실 탓이 아니다. 마치 신화 연구에서처럼, 사치라는 용어 자체가 이미 '행태적 다양성'으로 환원되기 때문에 개념화에서 철학적 엄결嚴潔을 기하기 어렵다는 사실 탓만도 아니다. 오히려 사치를 양적 과잉으로만 치부하는 통념 너머에는, 어떤 성격의 ('결여'가 아닌) 부재不在가 제대로 설명되지 않은 채, 그러나 극히 중요한 채로 남아 있기 때문이다. 마치 벌거벗은 임금님의 '벌거벗음'에 얹힌 그 (벌거벗은 '거지'에게는 없는) '무엇'처럼, 사치는 오히려 이 부재 속에 번득인다.

6
내 삶의 부재표:
쟁취한 부재로서의 사치

집, 자동차, 신용카드, 주민등록증, 아내, 자식, 휴대폰―내게 '없는' 것들 중 일부다. '부재'의 목록, 그러니까 베이컨식으로 말하자면 그것은 내 삶의 '부재표Tabula Absentiae'인 셈이다. (존재의 증명은 때로 그 부재를 통해서 '비록 불완전하지만 가장 적절하게' 이루어지는 법이다.) 내 부재표 중 특히 내가 적극적으로 거부한 것은 전자주민증인데, 그 부정否定의 행위는 부재의 상징적 (잉여)가치가 생성되는 메커니즘을 여실히 보여준다는 점에서 특기할 만하다. 당시 동사무소의 담당 직원이나 통장을 비롯한 지역의 하급 관료들은 내가 주민증을 발급받도록 성가시게 부탁·종용했고, 나는 몇 가지 소소한 불편을 무릅쓸 각오로 주민증이 없는 생활을 고집하면서 때로 그들과의 언쟁을 불사했다. 그러니까 나는 역설적이지만 힘들여 '부재'를 얻어냈고, 그 부재는 내가 선택한 삶의 양식 속에서 알 듯 모를 듯한 '사치'(잉여)의 빛을 발한다. 물론 그 빛은 어떤 응축凝縮이며 과잉이고, 어떤 무게이며 흔적, 그리고 무엇보다 어떤 삶의 양식이 조그맣게 응결된 지점이다. 마찬가지로 휴대폰이나 아내의 부재는 바로 그들의 흔함을 뚫고 솟아나는 어떤 부재하는 잉여의 가치를 내 의도와 무관하게 되돌려준다.

7
부재의 과잉에 잉태한 상징적 잉여가치

'부재라는 과잉'의 대표적인 사례는 선불교가 생산한 부정과 공空의 이미지들 속에 넘쳐난다. 지루한 공부와 임기응변의 실천을 넘어 얻어낸 청천백일靑天白日의 공활空豁한 경지 속에는 오히려 말이 적다. 그래서 산山은 산으로 올라가고 물은 물로 내려간다. 그러므로 '칼날은 터럭으로 시험하고劍將毛試', 선승의 높낮이는 오히려 한두 마디 말로 가능한다.* 피카르트**의 낡디낡은 지론처럼 침묵은 빈 것이 아니고, 부재는 결락이 아니다. 실로 부재의 과잉에 잉태한 상징적 잉여가치는 모든 인문人紋의 가치가 발원하는 우물과 같은 곳이다. 그것은 자본주의적 체계와 창의적으로 불화하는 슬기와 근기로써 가능해진 다른 생활양식, 다른 관계, 다른 교환, 다른 생산성의 빛이다.

---

* 『벽암록』, 안동림 역주, 현암사, 2000, 165~166쪽.
** Max Picard, *The World of Silence*, New York: Regnery Gateway, 1988.

7-1
공허하지만 빛나는 것

신과 같이 광명 속에 머물면서도 그것을 잊어버리니, 그것을 '빛나면서도 공허한 것'(조광照曠)이라고 하오. 생명의 근원에 이르고 만물의 실정에 깊이 미치나 모든 일에 얽매이지 않으며, 모든 것을 오로지 그 본디의 모습으로 돌아가게 하오. 이것을 혼명混冥이라고 하오.*

---

* 『장자外篇』, 권오석 해제, 홍신문화사, 1989, 109쪽.

8
부재의 가치를 부정하는
한국 현대 개신교

불교만이 아니라 무릇 종교 일반은 부재의 역설적 과잉 속에 잉태한 잉여(가치)라는 특이한 상징적 자본을 근거로 삼는다. 에크하르트의 '부정의 방식via negativa'이든 노자의 '도가도비상도道可道非常道'든 『우파니샤드』의 '네티~네티neti~neti'든 혹은 『금강경』의 공혜空慧든 이 점에서는 대차가 없다. 심지어 아도르노나 마르쿠제의 '부정성의 철학'에서조차 존재와 실증의 반역사성을 초극하려는 부재의 상징을 엿볼 수 있다. 무릇 아우라aura는 주객 사이의 빈곳空豁之境에 의탁하고, 마음조차 오직 비었기에 민활敏活하며 신묘한 법이다. 인문학 공부는 종교가 아니지만, 그 오래된 인문人紋의 급진적 가능성을 개발하려는 노력의 촉수는 마땅히 "부재의 역설적 과잉 속에 잉태한 잉여(가치)"에 가닿는다.

그러나 오히려 전일적 자본제와 공생하고 있는 작금의 종교 세력들은 부재가 잉태하는 고유한 종교상징적 가치의 잉여에 등을 돌리고 있다. 그뿐만 아니라 기성의 종교 집단들은 언죽번죽 자본주의와 동연同延·공변共變하는 동선을 숨기지 않는다. 특히 한국 개신교의 양적 팽창을 주도한 '기복적 성장주의'는 예수가 자신을 비움으로써 세운 영적 카리스마의 세계를 그 바닥에서부터 허물어버렸다. 현대 한국의 개신교는 부재와 부정否定, 그리고 침묵의 영성적 잉여가치에서 너무 동떨어져버린 것이다. 핏빛 십자가 주변에 꿀벌처럼 모여드는 자본의 하수인들은 (또다시) '저들이 하는 짓을 알지 못하고' 있다.

8-1
부재의 사치, 혹은 무능의 사치

잘 알려진 대로 베블런, 마르셀 모스, 좀바르트, 바타유, 엘리아스, 보드리야르 등의 노작은 사치를 인간 현상의 종적種的 특징으로 자리매김하는 데 크게 이바지했다. 이들은 사치와 낭비를 향한 인간적 열정과 코드화된 제도 관습을 면밀히 분석해서 인간의 생활을 견인하는 근원적 관심의 한 층을 드러낸다. 틸리히의 지론처럼 근원적 관심이 무릇 종교적이라면, 사치와 낭비의 열정 역시 가히 종교적일 정도인데, 흥미롭게도 종교와 (극히 종교적인!) 에로티즘이야말로 사치와 낭비의 정화精華이기도 한 것이다.

이들 사치학의 대가가 놓친 개념을 나는 '부재不在의 사치' 혹은 '무능의 사치'라고 부른다. 그리고 부재不在·무능-사치奢侈라는 이 형용모순의 어법 속에서 쇠락하는 인문적 가치의 역설적 갱생을 꿈꾼다. 어쩌면 이 부분이야말로 그간 역사적으로 내내 불화해왔던 종교적 세계와 인문학적 가치가 가장 서늘하고 낮게 공영共榮할 수 있는 자리이기도 하다. 그러므로 부재의 사치가 모이는 지점과 그 방식을 고민하는 것은, 종교와 인문학이 새로운 교환관계를 통해 자본과 기술의 전일적 물화物化를 현명하게 견제하고 '어떤 공동체도 이루지 못한 자들의 공동체'(바타유)로 걸어나가는 길목이 될 수 있을 것이다.

참빛은 빛나지 않고眞光不輝 큰 형상은 꼴이 없다大像無形는 경지를 얻기 위해 노자까지 호출할 것은 없다. 마찬가지로 상징적 잉여가치를 따지기 위해 본래무일물本來無一物하는 불교를 들먹일 것도 없다. 일상은 늘 '틈'으로 부스럭거리는 법이고, 자본주의 속의 '공허'는 의외로 보편적이기 때문이다. 문제는 결락缺落이 아닌 부재不在인데, 그 모든 결락을 빠르고 실수 없이 채울 뿐 아니라 스스로 새로운 결락(욕망)을 재생산하는 자본주의가 영원히 볼 수 없는 곳이 곧 사치가 부재 속에 모이는 곳이기도 하다.

부재의 사치에 대한 가장 적절한 이미지의 하나는 선가禪家의 공혜空慧, 좀더 가깝게는 무소유의 풍경과 같은 것이다. 법정의 베스트셀러 에세이 제목이기도 한 '무소유'는 수도자의 생활이 채움이 아니라 비움에 그 알속이 있다는 대중적 이미지를 성공적으로 유포한 사례다. 아울러 그 비움은 다만 결핍이 아니라 기묘하게 팽창하는 부재의 울림(사치)이라는 사실을 보시報施하듯 전파한다. 바타유의 말처럼 대가를 바라지 않는 소비 행위 속에는 모종의 영성적 권위가 움트고, 보드리야르의 지적처럼 소비자-인간 homo consumens들은 낭비 속에서 삶의 실재감을 느끼며, 모스의 고전적 분석이 시사하듯 증여의 행위가 순수해지면서 신적 후광을 입는 법이다. 요컨대 부재의 사치란 상품의 합리적 교환이 끊긴 자리에서 오히려 도도하게 피어오르는 인문人紋의 울림과 떨림인 것이다.

그것은 물신物神을 죽인 자리에서 다시 피어오르는 인문의 샘과 같은 것이다. 피카르트는 침묵에 대한 현상학적 분석에서 '꽉 찬 침묵'을 얘기하는데, 부재의 사치란 비움의 지난한 노동을 거친 후에야 비로소 얻는 꽉 찬 상징적 권위의 아우라와 닮았다. 예를 들어 욕심은 아우라를 생성시키지 못하지만 의욕은 다른데, 의욕은 결국 부재를 향한 근기 있는 실존적 투기投己이기 때문이다. 마찬가지로 수백억을 사회에 헌납하겠다는 재벌가의 공표에는 아무런 부재도, 아우라도, 권위의 울림도 없다. 요컨대 그것은 '의욕 없는 욕심'의 음화陰畫일 뿐! 이 시대의 가난(부재)을 새롭게 주체화·정치화할 수 없는 이론적 무능력 속에서, 일회성 헌납이나 기부의 매스미디어적 공표는, 마치 "특정한 성적 열정들이 애정 사건의 시뮬라크르"*이듯이 증여 사건의 시뮬라크르에 그친다. 비록 그것이 증여(선물)의 형식을 띠더라만 실은 자본제적 교환을 옹위하는 또 하나의 엄혹한 장치일 뿐이다. 자본에 대한 변명은 자본의 외부가 아니며, 그것 역시 또 다른 자본(화폐를 매개로 급조된 인간관계)이기 때문이다.

내게 '없는' 것 중에는 특히 주민등록증과 휴대폰이 '있다'. 조금 과장하자면 나는 이 부재를 약간의 우여곡절을 겪으며 '쟁취'했달 수 있는데, 그런 뜻에서 그 부재의 안팎에는 상징적 사치의 기

---

* 알랭 바디우, 『윤리학』, 95쪽.

미가 돈다. 이것을 결락이라고 부를 수 없는 이유는 단지 '가질 수 있지만 포기했다'는 사실 때문만이 아니다. 그것은 무엇보다 그 포기가 내 관계의 양식과 생산의 양식과 삶의 양식에 얹힌 선택이며, 사회적 주류의 시선을 뿌리치고 이루어진 새로운 교환에 대한 실천적 재구성의 작은 징표이기 때문이다. 내가 뜻하는 '부재의 공동체'란 이 '부재의 사치'가 참으로 풍성한 교환을 이루는 짧은 순간 속에서만 점점이 이루어질 것이다.

9
"훨씬 더 공허한 어떤 X"

하이데거의 '존재'가 변질되어 마침내 도달하는 "훨씬 더 공허한 어떤 X"* 역시 '부재의 사치'라는 프리즘을 통해 들여다볼 수 있다. 이 X가 모든 술어述語로부터 동떨어져 있다는 뜻에서, 그것은 존재와 무 사이의 외밀적外密的 사통이라는 신학적 언어유희와 닮았다. 라캉의 도식과는 달리, 그것은 아버지神이자 동시에 주이상스jouissance인 자웅동체의 과욕인 것이다.

---

* 테오도어 아도르노, 『부정의 변증법』, 홍승용 옮김, 한길사, 1999, 145쪽.

10
금기와 시간적 구속

세속적 합리의 시간인 노동의 세계는 '성스러움이라는 폭력'(지라르)의 세계와 구별된다. 바타유는 특히 노동하는 인간homo laborans을 문명의 초석으로 여기는데, 단적으로 노동의 집단적 체험이 사회적 실천의 합리성을 나타내는 중요한 계기라는 것이다. 마치 근대의 자본주의적 합리성이 '시간표'의 단속과 규제에 의해 표상되듯이, 이 원시인들의 노동 역시 세속적 시간을 지배하는 여러 금기 taboos에 의해서 울타리 쳐져 있는 것이다.

요컨대 '앎이 아니라 의심이 사유'(비트겐슈타인)이고 '긍정이 아니라 부정의 힘이 인간성'(막스 셸러, 아도르노, 마르쿠제 등)이라듯이, 인간 이성은 금기라는 내면의 필요에 부응해서 구체화된다. (신화적·인류학적 서술들을 일람하면, 금기를 제시하는 것과 금기를 어기는 것은 뗄 수 없이 한 몸이 되어 있고, 대다수 학자는 문화적 인간성의 출발을 이 금기 현상과 관련 짓는다.) 그러므로 바타유가 해설하는 금기는 인간에게 고유한 근본적 감정의 결과다.* 금기가 없이는 의

---

* 조르주 바타유, 『에로티즘』, 조한경 옮김, 민음사, 1989, 41쪽.

식意識도 없으며(『에로티즘』, 40), 마찬가지로 "금기가 없다면 아마 노동세계는 상상할 수도 없을 것"(『에로티즘』, 45)이다. 예를 들어 "하이티의 원주민들은 금을 발견하려면 순결해야 한다고 생각해서 장기간의 단식과 며칠간의 금욕 후에야 광석을 찾기 시작"*하고, 정보산업사회의 기업체에서는 사이버슬래킹cyberslacking의 단속을 통해 노동과 에로티즘의 축제(!)를 임의로 섞지 못하게 막는다.

시간적 구속은 전통사회의 금기와는 맥락이나 성격을 달리하지만, 노동의 세계와 그 질서를 보호·유지하는 상징적 거세의 장치라는 점에서는 상사적相似的이다. 예를 들어 월경 중인 여자나 몽정夢精한 남자를 배제하는 주술적 태도의 실용적 가치는 물론 노동의 '생산성'으로 귀결된다. 자본주의적 노동생산성이야 응당 판이한 개념이지만, 터부의 규제를 '탈주술적으로'(베버) 허물면서 등장한 근대적 시간 엄수의 관습 역시 그 일차적 실용성은 집단적·조직적 규제를 통한 노동의 효율성으로 집약된다. 요컨대 '금기에서 시간으로' 옮겨온 역정은 종교주술적 세계에서 기술산업적 세계로 변모한 흐름의 맥리脈理를 파악하는 데 극히 유용한 범주인 것이다. 가령 금기와 시간이 각각 운용되는 방식과 그 성격을 살피는 것만으로도 '성스러움의 몰락'을 온몸으로 체화시킨 니체의 현대는 손쉽게 다가선다.

* 미르치아 엘리아데, 『대장장이와 연금술사』, 이재실 옮김, 문학동네, 1999, 61쪽.

11
노동의 금기가 허물어진 열린 시공간, 축제

물론 축제는 바로 이 노동의 금기가 허물어지면서 열린 시공간을 가리킨다. 바흐친의 표현을 빌리면, 그것은 "통상적인 궤도에서 벗어난 삶이며, 어느 한도에서는 뒤집힌 삶, 거꾸로 된 세상monde al'euvers"*이다. 그것은 노동과 합리적 규제의 세계를 보호하던 금기들이 일시적·한정적으로 허물어지는 위반의 세계다. 돌려 말하자면, 노동과 제도에 의해 "억압된 삶에 위반의 기회를 부여하는 것이 곧 축제"(『에로티즘』, 122)인 것이다. 바타유의 다른 책 『에로스의 눈물』(1961)에서도 비슷한 설명은 반복된다. "축제의 시간에는 평소에 배제되던 것이 허용되고, 심지어 요구되기까지 한다. 축제의 시간 동안 축제에 경이로운 색채, 신성한 색채를 부여하는 것은 다름 아닌 위반이다."** 축제의 태탕駘蕩한 쾌락은 삼엄하던 금기가 무너지면서 나타나는 위반의 길 속에서 배가된다.

한편 그것은 세속이 물러가고 신성이 삼투해오는 시간이라는

---

* 미하일 바흐친, 『도스또예프스키 시학』, 김근식 옮김, 정음사, 1988, 181쪽.
** 조르주 바타유, 『에로스의 눈물』, 유기환 옮김, 문학과의식사, 2002, 69쪽. 이하 『눈물』로 약칭.

점에 주목할 필요가 있다. 예를 들어 엘리아데의 종교학은 바로 이 '태초의 성스러운 시간sacred time of origin'이 종교의례적으로 호출되고 재연되는 행태를 둘러싼 채 쉼 없이 반복된다. 그 시간에 대응하는 공간은 세속과 신성을 이어주는 '세계의 축axis mundi'이며, 제물祭物은 이 축의 보이지 않는 채널을 통해서 신의 식탁으로 이동하고, 신입자나 무당이나 제주祭主나 예수(!)는 죽음과 갱생이라는 창조 신화의 공식을 압축적으로 재현*한다. 바타유에 의하면 "축제는 항상 이 원형적 시간 속에서 생긴다".** 그리고 축제와 주연酒宴이 종교주술적 기원을 가진 것은 재론할 것도 없는 상식이다.

---

* (특별히) 은유가 아닌 '압축 재현'이라는 개념에 대해서는 다음의 책을 참고. 더글러스 러시코프, 『카오스의 아이들』, 김성기 외 옮김, 민음사, 1997.

** Mircea Eliade, *The Sacred and the profane*, New York: Harcourt Brace Jovanovich, Inc., 1959, p. 85.

12
축제의 원리, 낭비와 사치

개인주의와 전 포괄적 상업주의의 세례를 거친 현대인들에게는 그 연계의 심층적 체감이 불가능하겠지만, 종교는 워낙 집단적 광기의 채색을 떨칠 수 없고, 마찬가지로 종교 행위의 절정은 언제나 축제의 형태를 취한다. 루터의 신앙적 주체나 키르케고르의 단독자적 실존은 아직 아득한 미래의 사건일 뿐이다.

그러나 농경과 자연적 실재를 중심으로 하는 공동체 의식이 소실됨에 따라 자본제적 환경 속에 변용·적응한 현대적 축제들은 한결같이 종교적 성격과 색채를 잃어버렸다. '인제 빙어 축제' '보령 머드 축제' '부산 바다 축제' '에버랜드 튤립 축제' '무주 반딧불이 축제' '이천 도자기 축제' '진도 아리랑 축제' '고성 명태 축제' 등등, 지방 자치의 활성화와 더불어 성수기를 맞은 갖은 축제는 종교제의적·고고인류학적 성격이 깡그리 씻긴 채 기껏해야 '노스텔지어 상업주의nostalgia commercialism'의 범위를 넘지 못하고 있다. "먼저 시장은 그 승리의 절정에서 파렴치의 극치를 보이며 향수鄕愁를 상품화할 것이다."* 프레드릭 제임슨은 노스텔지어 영화가 동시대 영화계를 식민화하는 현상을 소비자본주의 사회가 보이는 반反서사적, 비역사적, 퇴행적 징후라고 진단**한 바 있지만, 한때는 비판적·해방적, 심지어 체제파괴적이었던 축제마저 향수 산업 속에 내재화된 사실 역시 그 못지않게 징후적이다.

그러나 축제의 의미는 종교가 갖는 비상성非常性 없이는 결코 완전할 수 없다. 일탈과 초월, 낭비와 잉여, 합일과 통합이라는 종교적·신화적 활동의 사회적 기능은 실로 축제를 통해서 극적으로 개화하는 것이다. 물론 이 글의 관심은 종교적 행위에 본질적인 '낭비와 잉여'인데, 바타유 역시 "(종교적일 수밖에 없는) 축제의 근본은 낭비"(『에로티즘』, 74)라고 단언한다. 이것은 (그 맥락은 다르지만) 정치·전쟁·스포츠와 더불어, 유한계급이 특히 종교의식儀式을 독점한다고 지적한 베블런의 분석을 자연스레 연상시킨다.***

전방위로 흘러넘치면서 소비에 대한 최대한의 숨은 기대치를 충족시키는 축제의 원리는 낭비요 사치다. 중요한 점은, 그것이 단지 축제만의 특징은 아니라는 사실이다. 그 점에 관한 한 축제는 특징적인 예시일 뿐이다. 바타유에 따르면, 인간의 삶 자체가 '사치한 놀이'이며, (보드리야르 역시 매우 비슷한 문장들을 흘리고 있지만) "인간은 마구 탕진할 때 진정한 행복을 느낀다"(『에로티즘』, 191). 문제는 이 사치와 탕진의 충동이 "내부 깊은 곳에 자리 잡고

---

* 자크 아탈리, 『합리적인 미치광이』, 이세욱 옮김, 중앙M&M, 2001, 152쪽.
** Fredric Jameson, *Postmodernism or, The Cultural Logic of Late Capitalism*, London: Verso, 1991, pp. 19~20.
*** 소스타인 베블런, 『유한계급론』, 김성균 옮김, 우물이있는집, 2005, 59~60쪽.

있는 열병"(『에로티즘』, 66)이라는 설명인데, 넓게 봐서 이것은 그가 금기나 에로티즘의 기원을 '내부 깊은 곳'에서 찾는 것과 닮았다.* 이 지점을 꼬집어, 바타유의 분석에 사회학적, 혹은 (좀더 구체적으로는) 매체론적 고려가 부족하다거나, 부분적으로 실없이 심오한 뉘앙스를 풍긴다는 비판이 가능할 것이다. 더 나아가 바타유는 그 충동이 결국 (키르케고르의 것이 아닌) '죽음에 이르는 병'으로 귀결된다는 점에 분석의 묘처妙處를 둔다. 말할 것도 없이, 그가 스스로 자신의 대표작이라고 꼽은 『저주의 몫』(1949)의 일반경제학적 문제의식이 발원하는 곳도 바로 여기다.

---

* 이처럼 바타유에게서 인간의 열정은 근본적으로 인간 내부의 어떤 '깊이'로부터 연원한다. 이런 식의 (본질주의적) 해석은, 인간과 인간 사이의 상호작용의 기능과 중요성에 대한 사회학적 이해가 부족한 탓으로 돌릴 수도 있겠다. 가령 (다소 애매한 채로 헤겔을 연상시키는) 짐멜의 문화철학에 따르면 주체 혹은 영혼은 객관적 제도와 구조적 사실이라는 객체의 길을 통해 되돌아오는 과정에서 스스로를 문화적으로 성숙시킨다. 그 완성의 열매는 객관적 매개 없이 이루어지지 않는다. 게오르그 짐멜, 『게오르그 짐멜의 문화이론』, 김덕영·배정희 옮김, 길, 2007. 그러나 바타유에 비해 한결 보수적인 지라르조차 자신의 '모방 인류학'적 입장에서 열정을 사회학적·비본질주의적으로 해석한다. 실은 그의 해석은 바타유의 것과 정면으로 대치된다. "열정과 욕망은 하이데거적 의미에서 결코 진정한 것이 아니다. 열정과 욕망은 우리가 자신의 저 밑바닥에서 끌어올리는 것이 아니고 항상 타인으로부터 빌려오는 것이다." 르네 지라르, 『그를 통해 스캔들이 왔다』, 21~22쪽.

13
축제와 에로티즘

바타유의 논지를 간결하게 총괄하자면, 축제/주연은 에로티즘의 신성한 측면이고, 거꾸로 에로티즘은 축제/주연의 폭력적인 측면에 해당된다. (물론 이 지점에서 둘은 다시 쌍생아처럼 닮은 모습으로 겹친다.) 자본제적 삶의 여건 속에서 속속들이 자유주의적 개인으로 변한 현대인이 납득하기 어려운 점은 고대의 에로티즘이 축제적 집단성 festive collectivity 에서 비롯되었다는 사실(『에로티즘』, 123)이다. 근현대 에로티즘의 문화에서 그 고유한 신성성神聖性이 축출될 수밖에 없었던 사정은 이로써 명확해진다. 특히 기독교가 중세 서구의 지배적 이데올로기로 군림하면서 축제적 제의祭儀와 에로티즘은 극단적으로 분리·양극화된다. 더불어 단테의 그로테스크한 문학적 형상화가 풍성하게 증거하듯이 기독교 세계 속의 에로티즘은 이제 악惡의 소굴(=지옥)로 추방당한다. 중세 기독교의 겁박적 상상력 속에 표상된 지옥은 실로 에로스와 타나토스의 과잉이자 사치에 다름 아니다. 당연히 그 세계의 에로티즘은 오직 종교적 처벌의 양식 속에서 배경으로 드러날 뿐이었는데, 이 사실만을 헤아려도 호오好惡의 변증법에 역설적으로 개입하는 욕망의 자가당착이 눈에 선하다. "중세는 회화 영역에서 에로티즘에 그 나름의 자리를 부여했는데, 자리란 다름 아닌 지옥이었다. 이 시대의 화가들은 교회를 위해서 일했다. 그리고 교회의 눈에 에로티즘은 죄악이었다. 당시의 회화는 오직 징벌의 양상하에서만 에로티즘을 도입할 수 있었다. 오직 지옥의 표현만이 에로티즘에 하나의 자리를 부여하게끔 했다."(『눈물』, 82)

14

사랑의 본질 역시
낭비와 사치

"애무는 마치 도망가는 어떤 것과 하는 놀이, 어떤 목표나 계획이 전혀 없이 하는 놀이, 우리 것과 우리 자신이 될 수 있는 무엇과 하는 놀이가 아니라 다른 어떤 것, 언제나 다른 것, 언제나 접근할 수 없는 것, 언제나 미래에서 와야 할 것과 하는 놀이처럼 보인다. 애무는 아무 내용 없는 순수한 미래를 기다리는 행위다."* 이 심각한 '얼굴의 철학자'는 필시 동의하지 않겠지만, 이것은 에로티즘의 본질이 낭비와 사치라는 말에 다름 아니다. 실은 그의 생각에 탯줄을 대고 있는 종교 신비주의 자체가, 열정의 낭비가 그 낭비를 합리화하는 비합리의 영역이기 때문이다.

에로티즘을 포함한 사랑의 행위야말로 공인된 사치의 영역이다. 그것은 손쉽게, "통제할 수 없이 불어난 잉여와 사치의 감정을 소비하지 못한 상태"**에 이르곤 한다. 그러나 단지 그것이 사치한 시공간이라는 점을 지적하는 것은 사태의 절반도 꿰지 못하는 얘기다. 오히려 사랑의 영역에 특징적인 사실은, 사치와 낭비가

---

*   에마뉘엘 레비나스, 『시간과 타자』, 109~110쪽.
** 김영민, 『사랑, 그 환상의 물매』, 38쪽.

흔히 그 사랑의 진실을 증명한다고 여기는 통념에 있다. 말하자면 '사랑이 깊으면 꼭 낭비도 깊다甚愛必甚費'(명심보감)는 명제에 세속의 연인들은 속수무책으로 빠져들곤 한다.

무엇보다 사랑은 덧없이 기다리게 한다. 오래 기다릴수록, 그래서 내가 내 시간을 대가 없이 낭비할수록 사랑은 그 깊이를 더하는 척한다. (바타유의 말처럼, 대가 없는 소모는 심지어 신성에 근접한다.) 이처럼 사랑의 진정성은 스파게티 값이나 기다리는 시간의 길이 속으로 '(잘못) 구체화'(화이트헤드)된다. '열정의 강도와 밀도가 진리를 증명한다'는 명제는 이미 니체와 밀이 비슷한 시기에 성공적으로 반박한 바 있지만, 사랑의 열정은 논증을 잊어버리거나 무시하기 일쑤다. 그것은 마치 종교처럼, 봄날의 산불처럼, 오히려 반박당할수록 거세게 피어오르는 법이다. '진리는 끝내 이겨서 자신을 드러낸다'는 진리현시설 the manifest theory of truth 의 신봉자에게 박해는 오히려 그 진리를 빛내는 장치에 불과하다. 가령 프로이트의 유명한 환자인 슈레버 판사라면, 그는 "스스로를 마치 신적 정수精髓가 모여드는 하나의 그릇"*으로 여긴 나머지 "그에게 있어서 위대함과 박해는 긴밀하게 연결되어"** 있는 것이다. 진리현시설적 사랑은 그런 식으로 갖은 낭비와 고통을 자초하거나 감수하면서 그 사랑의 진리가 현시하는 어느 축복받은 순간을 기다린다. 낭비, 그것은 오히려 사랑의 축복인 것이다.

* 엘리아스 카네티, 『군중과 권력』, 531쪽.
** 같은 책, 534쪽.

15

사치 아닌 쾌락은 없다

성과 폭력/죽음 사이의 내밀한 관련성은 사드와 바타유를 풀어내는 데 공통된 실마리다. 아니, 현대 정신분석학은 그 자체로 이 둘 사이의 스펙트럼에 대한 생성론적·일반경제학적 분석에 다름 아니다. 그러므로 "혐오감과 공포감은 나의 욕망의 원칙"(『에로티즘』, 64)이라거나 "성애에서 넘치는 것은 폭력"(『눈물』, 27)이라는 바타유의 명제는 거의 공리적公理的인 수준에 근접한다. 가령 질 드 레(1404~1440)와 에르제베트 바토리(1560~1614)의 욕망 속에는 살해당한 소년 소녀 수백 명의 핏물이 넘쳐난다. '폭력이 폭력을 부른다'는 말은 단지 유감주술적 공감의 논리가 아니다.

"찢김은 관능과 쾌락의 원천"(『에로티즘』, 114)이라지만, 그 찢김은 늘 내부에서 흘러나오는 힘에 떠밀려 넘친다. 넘치지 않는 찢김과 파열은 없고, 파열이 아닌 관능은 없으며, 따라서 사치가 아닌 쾌락은 없다. 그리고 그 순수한 낭비 속에서 신성의 기미는 세속을 휘돌아 나타난다.

16
잉여의 경제학

"어떤 사회가 잉여를 어떻게 사용하느냐에 따라 그 사회의 형태가 결정된다"*는 것은 바타유의 일반경제학적 윤리가 생성되는 지점이다. 이는 마르크스의 관심사와도 통하지만 잉여에 대한 바타유의 입장은 왼쪽 시선이 아니라 중간에 더 가 있다. 잉여 자체는 오히려 당연한 자연사적 전제일 뿐이며, 중요한 것은 오히려 그 잉여를 바람직하게 소비(소모)하는 방식에 있다는 것이다. 윤리의 정초에 통상 경제학적 고려가 생략되거나 빈약한 경향이 있고, 거꾸로 경제학, 특히 자유주의 경제학은 개인의 선량한(!) 이기심을 조화롭게 제어할 윤리학적 고려에 적극적이지 않다. 이와 달리, 바타유의 일반경제학적 잉여론은 경제와 윤리가 연계되는 지점을 가장 낮은 자리에서 보인다는 이점을 갖는다. (물론 그 윤리는 체계의 악순환 문제나 사회적 약자에 관심을 집중하는 종류의 것이 아니다.) 이와 유사하게, 마르셀 모스의 경우에도 한 사회가 사회경제적 순환과 안정을 얻고자 사용하는 교환의 방식은 그 사회의 형태와 성격

---

* 조르주 바타유, 『저주의 몫』, 149쪽. 이하 『몫』으로 약칭.

을 결정한다.

바타유에 따르면 "지표면의 에너지 작용과 그것이 결정짓는 상황 속에서 사는 살아 있는 유기체는 원칙적으로 삶을 유지하는 데 필요한 에너지보다 더 많은 에너지를 받아들인다."(『몫』, 62) 마찬가지로 "한 사회는 총체적으로 보면 항상 생존에 필요한 것 이상으로 생산하므로 사회는 잉여를 갖고 있다".(『몫』, 149) 따라서 그의 중심적 문제의식이 잉여에 대한 태도 및 그것을 소비하는 방식에 쏠릴 것은 당연하다. 짧게 씹어대는 여타의 비판처럼 노골적이진 않지만, 생산과 축적 중심의 자본주의에 대한 그의 입장이 외려 더 발본적인 것은 이 때문이다. 그는 이러한 관심과 시각으로 아즈텍과 멕시코 사회, 이슬람교 사회, 티베트의 라마교 사회, 그리고 자본주의와 공산주의 사회 등 여러 사회를 비판적으로 검토하면서 인류의 평화와 공영을 위한 잉여경제학적 시사점을 짚는다.

17
교환의 불가피성

따라서 인간관계는 물론 심지어 개인의 자기 정체성도 교환 방식에 의해 끊임없이 재규정·재구성될 필요가 있다. 예를 들어 사르트르가 그토록 빠져나오려 애썼던 프루스트의 관념론조차 그렇게 말하지 않던가? "더욱이 우리의 사회적 인격은 다른 사람의 사고에 의하여 만들어진다. '어떤 알고 있는 사람을 만난다'고 우리가 말하는 것과 같은 단순한 행위만 하더라도, 어느 정도까지 그것은 지적인 행위라 할 수 있다."* 욕망하는 내 시선을 출발점으로 삼는 유아론적 도착倒錯을 피하려면 '교환'(모스)이나 '교통 Verkehr'(마르크스), '의사소통'(하버마스)이나 '방문'(세르) 등의 범주를 더 적극적·구체적으로 사유할 필요가 있는 것이다. 키르케고르식으로 말하자면 (실존적 도약의) 교환/교통을 회피하는 것이야말로 죄다. "그것(죄)은 오직 자기 자신의 목소리에만 귀를 기울이고, 자기 자신하고만 관련을 맺으며, 자기 자신 속에 숨어 있으려

---

* 마르셀 프루스트, 『스완네 집 쪽으로』, 이형 외 옮김, 삼성출판사, 1984, 29쪽.

고 하고, 벽 속에 벽을 만들어 틀어박힌다."*

실은 19세기 이후의 인문사회과학에 전방위적으로 스며든 반데카르트주의 혹은 반인간주의는, 역사사회적 맥락을 사상한 채로 내면적 환상의 벼리에 응결한 자아상을 넓은 의미의 '교환'(실천적 재구성) 속으로 풀어내는 작업이다. 가령 사유하는 자아ego cogitans의 명증성이란 이미 모종의 교환 속에서 생성된 결과적 풍경을 사후적으로 합리화한 것일 뿐이다. 가령 레지 드브레 등으로 대변되는 매개학médiologie 역시, 이를테면 이 교환의 유율流率을 체계화하려는 시도에 다름 아니다.

---

* Soren Kierkegaard, *The Sickness Unto Death*, Walter Rowrie(tr.), Princeton, NJ: Princeton University Press, 1969, p. 240.

18
시선과 교환의
근원적 어긋남

교환의 중요한 배경은 '시선視線'이다. 시선과 교환은 조응하거나 마찰하며 공생하거나 갈등한다. 그러나 그 원칙은, '보면(시선을 받으면) 나눌 수(교환할 수) 없고 나누면 볼 수 없다'는 것이다. 가령 신이 특별히 너를 사사건건 굽어보고 있다고 믿는다면, 우리 사이의 교환은 바로 그 시선에 의해서 굴절되고, 결국 나는 너를 제대로 만날 수가 없다. 거꾸로 성직자나 종교제도적 규율이 나를 감시하고 있다고 느끼면 신을 향한 내 단독자적 도약(종교상징적 교환)은 돌이킬 수 없이 침해당할 수 있다. 물론 '종교상징적 교환' 대신 사드적 탈선脫線*의 주제를 환치시켜도 비슷한 결과를 얻는다. 그러므로 그가 탈선과 도착이라는 교환의 극단을 '자연화'하기 위해서 무신론을 천명하고 특히 당대의 지배 이데올로기였던 기독교에 그토록 적대적이었던 사실은 너무나 당연해 보인다. 바타유의 지론과 무관하게, 종교와 에로티즘은 시선-교환의 변증법에서도 묘하게 유사한 꼴을 보인다. 나아가 만하임의 '허위의식'이나 특히

---

* D. A. F. 드 사드, 『규방철학』, 이충훈 옮김, 도서출판b, 2005, 291쪽.

알튀세르의 '이데올로기적 주체', 후기 자본주의의 소비 주체 역시 이 시선과 교환 사이의 근원적 어긋남 속에서 점점이 생성된다.

고중세의 중국인 위정자들처럼 역사가 나를 기록하고 있다고 믿거나 혹은 '빅브러더'(오웰)가 일거수일투족을 낱낱이 감시한다고 여긴다 해도 너와 나 사이의 교환은 마찬가지로 그에 걸맞게 굴절된다. 역사나 지도자Führer, 법法이나 아버지만이 아니다. 시선은 대자적 존재로서의 인간이 완벽히 면제받을 수 없는 상징적 전제인 것이다. 혹은 지젝식으로 말하자면, 그 대타자적 시선은 굳이 자아-체계 외부에 존재할 필요조차 없는데, 실질적인 '존재'는 그 자아-체계의 상징적 동일성·통일성을 규정해주는 '기능'이기 때문이다. 시선을 차단하고 교환의 굴절을 방지하는 유일한 방식이 있다고 믿는 것은 심리에 와닿는 진리의 현전現前, 혹은 '실재의 도래' 따위를 믿는 것만큼이나 어리석어 보인다. 나와 너 사이의 모든 교환은 모종의 시선 아래에서 벌어지고, 시선은 인간이 관여하는 모든 종류의 교환에 부수附隨하며 갖은 영향을 행사한다. (마치 상징적 세계의 일관성이 실재의 환상과 아우라에 의해 송송 구멍이 뚫리듯이, 그 끝이 터져 있는 증여의 세계는 세속의 교환을 쉼 없이 간섭하고 규정한다.)

19
양심에서 조심으로

물론 시선과 교환이 일치하는 관계는 환상일 뿐이며, 그 완벽한 일치의 환상 속에서도 이미 분열된 내가 교환하는 나를 보고 있다. 혹은 교환은 행위 자체의 요건으로서 모종의 대타자적 시선을 전제할 수밖에 없다. 대타자적 시선이 없는 교환의 완벽한 자율성(일치)은 그것 자체가 규제 없는 규제 이념일 뿐으로, 필시 그 자율성이란 오히려 공중부양하는 정신병적 자아의 상태에 버금가겠고, 마치 우리가 삶의 현장에서 진공을 느낄 수 없듯이 그 실체의 체감은 불가능할 것이다. 실제로 외부적 시선을 내재화/자기화해서 부지불식간에 교환의 규제적 원칙으로 삼는 일은 사회화 과정 일반에서 극히 흔하다. 예컨대 '양심'이라 불리는 현상은 교환의 실제를 간섭하고 규제하는 내재화한 시선의 응결에 해당된다. 그러므로 로티처럼 '양심에서 조심으로from conscience to prudence' 돌아가려는 태도는 곧 시선을 오직 상호 영향의 교환 속에서 실천적으로 재구성하려는 것이다.

19-1
교환-시선의 실천적 재구성의 장애물, 자기억압

"'자기억압'이 정확히 임무를 수행하는 한에서만 억압은 쓸모없는 것"*이라면, 그것은 시선을 교환 체계 내부로 수용해서 교환 자체의 재구성력을 완벽하게 제거하는 셈이다. 그것은 일치一致의 환상을 재생산하는 디스토피아의 모습에 다름 아니다. 그나마 초월적·초재적 억압에 대해서는 탈주하(려)는 시늉이나 의도가 적실하지만, 내재화된 억압, 즉 자기억압이라면 사적 의도와 시늉이 체계의 벡터 속으로 속절없이 되먹힌다. (이처럼, 내성적으로 사유할 때에는 양심의 진정한 뜻에 이를 수가 없다.)

---

* 앙리 르페브르, 『현대세계의 일상성』, 박정자 옮김, 주류일념, 1995, 207쪽.

20
교환이라는 인문의 수평선과
시선이라는 수직선

'보면 주지 못하고, 주면 보지 못한다'고 했지만, 결국 주체의 생성에서 가장 중요한 두 가지 요건은 1) '너와 나는 무엇을 어떻게 주고받는가?'라는 교환의 문제와 2) '누가(무엇이) 나를 보고 있다고 여기는가?'라는 시선의 문제다. 우리 인생의 문제는 대체로 이 두 가지 계선을 좇아 형성된다. 교환이라는 인문人紋의 수평선과 시선이라는 수직선. ('동무'라는 이념은, 이 두 선이 마침내 일치하도록 살아가려는 생활양식의 실천적 지향이다.)

21
교환과 시선의
쉼 없는 재구성의 역사

부르주아 계층의 세속적 근거를 신학적으로 정당화한 칼뱅주의는 이를테면 시선을 교환 속으로 내재화한 과정에 비길 수 있다.* 좀 더 정확히는, 교환을 전래의 시선 속에서 세탁(!)한 셈이다. 마찬가지로 근대화/산업화 일반도 시선이 교환 속으로 안착되는 과정이다. 막스 베버의 탈주술화Entzauberung, 혹은 불트만의 비신화화demythologization, 그리고 본훼퍼의 비종교화 역시 교환이라는 수행적 재구성의 인간적 과정이 점진적으로 시선을 대체하는 과정에 다름 아니다.

마찬가지로 사춘기 역시 영웅(스타)이나 역할모델과의 동일시를 경유하면서 부모의 시선으로부터 이탈해 친구들 사이의 교환을 통한 수행적 재구성에 여념 없는 변신의 시기다. 미래의 변함없는 가부장들조차 '연애유희'(짐멜)의 권력장 속에서 애인들의 시선에 따라 자신의 현재를 조율하고 재구성한다는 사실은 널리 알

* 나카자와 신이치의 흥미로운 표현을 빌리면, "기독교 신학의 구조를 복식 부기의 발상에 의해 경리화經理化하면, 거기에 자본주의의 구조가 나타"난다. 나카자와 신이치, 『사랑과 경제의 로고스』, 김옥희 옮김, 동아시아, 2004, 184쪽.

려져 있다. 그러나 '평생 권위를 거부한 죄로 나 스스로 마침내 권위가 되었다'는 아인슈타인의 말처럼, '시선→교환→시선→교환→시선……'의 운동은 인류의 역사와 더불어 계속되는 것이다.

22
시선이 교환을 파괴하는 것을
어떻게 막을 수 있을까

영화 「Saw 1, 2」(2005~2006)는 시선이 교환을 박멸하는 공간을 그로테스크하게 그린다. (결국 동무란 '시선이 없는 교환'의 이념을 관계 속에서 구체화하려는 노력과 같은 것이다.) 그것은 이미 교환 속을 누비고 있는 시선의 전 포괄적 감시망에 대한 절규와 같다. 한마디로 그것은 시선이 교환을 파괴하는 방식에 대한 새로운 보고서다. 그리고 요점은 '이미 보았다saw, 그러므로 (도와)줄 수 없다saw(자른다)'는 것이다.

시선-교환의 역사에서 돌이킬 수 없이 근본적인 변화는, 중세의 초월적 신이 근대의 개인 속에 양심으로 귀착했을 때 일어났다. 그것은 이후에 등장한 갖은 형태의 교환이 결국 자유주의적 개인주의의 맥락에서 완전히 벗어날 수 없게 되었다는 사실을 단번에 증명한다. 그러므로 개인의 탄생은 세상의 전체를 지식의 스펙트럼 속에서 대면하는 인식론적 자아cogito의 탄생이면서 양심의 탄생이고, 자본주의라는 새로운 교환양식의 탄생이기도 한 것이다.

16장

에고이즘과 나르시시즘

나르시시즘과 함께
나르시시즘을 넘어가는 새로운 사잇길

나르시시즘에 대한 가장 초보적인 설명은 '자아의 증폭'이라는 것이다. 가령 사랑하는 여자에게 차인 뒤 '나는 그녀를 몰라!'가 아니라 '그녀는 나를 몰라!'라고 반응하는 형식은 나르시스의 전형이다. 내가 자의로 띄운 자아의 애드벌룬을 나 혼자밖에 볼 수 없다는 사실에 대한 안타까움은 나르시시즘에 내재하는 원초적인 불행이다. 그녀가 아무래도 '오리지널original 한 나'를 볼 수 없으리라는 확신을 부추기는 여분의 자아, 다시 말하면 나의 에고이즘만으로는 결코 아무것도 할 수 없는 장소, 바로 그것이 나의 나르시시즘이 끈질기게 서식하는 우물이다.

"나의 에고이즘만으로는 아무것도 할 수 없는 장소"에서 나르시시즘은 종종 미덕이나 영웅적 행위의 꼴을 취한다. (물론 그것은 조승희 같은 반사회적 파괴에 이르거나, 혹은 새로운 사회적 실천을 위한 '자살적 몸짓'으로 끝날 수도 있다.) 가령 맹자의 측은지심은 아무래도 나르시시즘일 수밖에 없다.* 그것은 안전한 에고이즘도 아니거니와 실존적 도약으로나마 앞당기려는 '타자라는 아득한 불가능성'도 아니다. 마찬가지로 제도 종교들의 사랑, 혹은 자비의 제스처도 대체로 나르시시즘에 기반하는데, 이것은 프로이트의 설명처럼, '자기만족에 따른 접근 불가능성'의 매력을 띤다. "한 어린아이의 매력은 크게는 그 아이의 나르시시즘, 자기만족, 접근 불가능성에 있다."**

측은지심과는 다른 경우이지만, 외투를 벗어 '사랑'하는 애인에게 걸쳐주는 행위만큼 나르시시즘의 일반적인 꼴을 잘 보여주는 사례도 드물다. 초겨울의 추위에 사시랑이처럼 떨고 있는 애인을 침착하지만 다소 따스한 시선으로 바라보기만 하는 것, 교환의 외부로 삐져나온 잉여의 기분을 훨씬 넘어서는 합리성으로써 다시 교환의 논리 속으로 환원시키는 것, 그것은 자본주의적이며 따라서 체계합리적이다. 그러나 그녀를 내 외투 속에 집어넣고 전염

---

* 측은지-'심心'이라면, 그것은 필경 나르시시즘이라는 심리의 늪에서 헤어나오기 어렵다. 그 늪을 횡단해서 타자에게 손을 내미는 탈심리주의적 방식의 하나로서 나는 '약속'이라는 개념을 상설한 바 있다. 간단히, 약속은 타자로 나가는 과정에서 맞닥뜨릴 수밖에 없는 심리의 블랙홀을 알면서 모른 체하고 걷는 '결기'이자 근기다. 그런데 이 약속에의 '결기·근기'는 바디우가 말하는 '충실성 fidélité'과 묘하게 닮았다. 그는 충실성을 "사건의 잉여적 부가물의 관점에서 상황에 관계하려는 결정"이라고 설명한다. 알랭 바디우, 『윤리학』, 55쪽. 아울러 그는 "그 충실성이 상황 속에서 생산하는 것이 바로 진리"(56쪽)라고 하는데, 이를 내 용어로 옮기자면, '약속의 결기가 이루어내는 삶의 양식이 곧 진리'인 것이다. 약속이 성취해내는 완고한 생산성은, "진리란 사건에 매달린, 기존의 지식들에는 환원 불가능한, 그리고 단지 이 사건에 충실한 행동에 의해서만 규정되는 무한한 생산"이라는 문장에서도 적절하게 드러난다. 알랭 바디우, 『철학을 위한 선언』, 이종영 옮김, 백의, 1955, 102쪽.

** 프로이트, 「나르시시즘 서론」, 『정신분석학의 근본 개념』, 윤희기·박찬부 옮김, 열린책들, 2003, 66쪽.

주술적 잔상殘像 속에 증폭된 나의 에고를 빤히 들여다보면서 한결 심해진 추위를 용기 있게 참아내는 것, 그것은 나르시시즘이다. 마땅한 교환의 대상조차 교환의 외부로 징발함으로써 얻는 환상의 가깝고도 먼 것Die Ferne, 그것은 나르시시즘이다. 물론 자본주의를 일종의 나르시시즘으로 설명할 수 없는 것은 아니지만, 그러나 나르시시즘은 무엇보다 문학예술적 상상력인 데 비해 자본주의는 특히 '그 자본주의적 시간관'*에서 분명해지듯이 반反서사적이며 상상적이라기보다는 공상적이다.

그래서 에고이즘이 비교적 합리적인 데 비해 나르시시즘은 종종 비합리적으로 흐른다.** 그러므로 종교는 본질적으로 나르시시즘인 것이다. 그래서 불행하게도 엑스터시마저 대부분 '무섭고 황홀한 타자성의 경계'(오토)에 이르지 못한다. 절대적 타자 앞에 선다면, 마치 (비유적으로) 크롭서클crop-circle 속에 든 곡물들처럼 그 내부가 와해된 채 드러누워 있거나 오히려 재가 되어 증발해야 마땅할 것이다. 그러므로 종교적 엑스터시는 오히려 지극한 내부성에 지나지 않으며, 그 자체로 나르시시즘의 원형이다. 제도 종교의 에고이즘을 극력 부인하는 반구제기反求諸己의 종교적 세력들

---

* 이와 관련된 내 생각의 일단은 다음의 글에 있다. 김영민, 「틈의 존재론: 체계와 시간」, 시간과 어린이, 한국레지오 교육협회 연차 학술대회, 2006.
** 이 글의 분류상 자본주의는 결국 합리적인 에고이즘에 다름 아니다. 그렇기에 나르시시즘의 어떤 기운과 효과는 가장 강력한 반자본주의적인 지향과 벡터를 얻을 수 있는 것이다. 그렇지만 노스탤지어 산업이 번창하듯이 나르시시즘 산업 역시 자본제적 삶의 양식과 연동하면서 그 탈체계적 기동성을 잃고 내재화된다.

이 결국 상도하는 곳이 고작 나르시시즘인 이유는 바로 여기에 있다.* 따라서 라캉이 시사하듯이, 에고이즘과 나르시시즘을 횡단한 후 남는 곳은 (현실적으로) 죽음인 것이다. (동무란 바로 그 횡단의 방식을 '생활양식의 일관성에 근거한 연대'로 재구성해 근기·슬기 있게 살아남으려는 것이다.)

예를 들어 기독교라는 특정한 종교의 진정성을 두고 니체('노예의 도덕')나 프로이트('보편적 강박신경증')와 자못 필사적으로 싸우는 지라르('반신화적 자유')** 등의 노력은 흥미롭고 생산적이다. 그러나 종교는 아무래도 나르시시즘의 집성체集成体에 가깝다. 포이어바흐나 마르크스의 지론처럼, 신의 품속에 있다는 것은 곧 제도의 음영(원근법)이 만든 깊이의 착각 탓에 생긴 소외나 나르시시즘의 환상적 효과다.*** 신자에게 신神은 이미 타자가 아니며 또 타자가 될 수 없는데, 제도 종교 속에서 운신하는 것 자체가 교리와 전통에 내재화된 신 관념을 요구하기 때문이다. 그렇기에 경전을 독파한 다음의 혜안으로 신을 믿는 사람은 없고, 결국 그 신이 자

---

* 가령 아웃사이더들 중 적지 않은 수가 왜 나르시시즘에 빠지는지를 곰곰 생각해 봐야 한다. 병자病者들이 아웃사이더가 되는 것은 아니기 때문이다. 오히려 병자들은 인사이더들의 체계내적 배제의 논리를 강화하는 기제일 뿐이다. 아웃사이더는 자발적 병자인 셈인데, 그들이 견디지 못하는 것은 정상인들의 체계내적 에고이즘이며, 이길 수 없는 싸움을 하는 이 불우한 환자들이 결국 상도하는 최후의 도피처는 곧 나르시시즘이기 때문이다. 나르시시즘, 공들여 죽을 쑨 후 개를 주다!

** 르네 지라르, 『나는 사탄이 번개처럼 떨어지는 것을 보았다』, 182쪽.
*** 칼 마르크스, 『경제학-철학 수고』, 김태경 옮김, 이론과실천, 1987, 56쪽.

신을 좋아한다는 상상에 얹혀 제도와 타협할 뿐이다. 그러나 기독교를 변증하는 지라르의 논의가 매우 흥미롭더라도, 그가 변증하는 자리는 현실의 기독교라는 제도와 현상이 아니다.

종교는 맞교환의 형식적 대칭을 넘어선 증여의 근본적 비대칭 속에서 새로운 인간관계의 가능성을 시험하는 시공간이다. 그렇기에 은화 30닢으로 스승을 팔아넘긴 유다의 행위는 극히 징후적이다. 유다의 종말은 어떤 공동체의 가능성을 감시·간섭하는 체계의 시선을, 그 다른 교환의 방식을 예리하게 증명한다. 우리는 어떻게 그 공동체의 토대에 접근할 수 있을까? 예수가 모방폭력의 희생물로 죽지 않아도 좋을 공동체, 유다가 예수를 교환 체계의 법식대로 팔아넘길 수 없을 공동체, 그리고 바울의 교리적 충실성*이 불필요한 공동체는 어떻게 가능해질까? 그러나 유다의 교환이 없으면 예수가 죽지 않고, 또 죽은 예수가 부활하지 않아서 바울이 회심하지 못한다면? 유다가 열혈당원Zealots이든 혹은 근자의「유다복음」논란에서처럼 영지주의자Gnostics로 재해석되든, 그의 배신을 교환경제적 에고이즘, 혹은 인격장애로 여기는 통속의 이해는 아무래도 비현실적이다. 더구나 그의 자살이 사실이라면, 그것은 더더욱 에고이즘—에고이즘은 우선 '합리적인 선택'으로 드러나야 한다—의 결과물로 보기가 어렵다. 내가 보는 그의 종말은 나르시시스트의 전말顚末에 대한 한 편의 보고서를 방불케 할 뿐이다. 절망은 도대체 합리적일 수가 없는 사태다. 대체로 사람들은 절망 속에서 자살하는 게 아니다. 자살은, 오히려 그 절망의 잉여로 기생하는 나르시시즘 속에서 이루어진다. 지젝의 말처럼 쾌락의 본질은 잉여인데, 자살 역시 모종의, 발설될 수 없는 쾌락을 은폐하고 있기 때문이다. 물론 여기서 우리는 정사情死라는 그 나르시시즘의 정치를 연상해도 좋다.

종교의 증여주의적 미덕조차 나르시시즘과 깊게 겹친다. 물론 종교적 나르시시즘은 비용이 커서 간간이 안팎으로 치명상을 선사하기도 한다. 종교전쟁이나 순교가 대표적인 사례다. 물론 고전적 의미의 종교적 순교는 더 이상 찾아보기 어렵다. 그러나 합리적 에고이즘 혹은 '표준화된 개인주의'(울리히 벡)로 좁아든 자본제적 삶의 양식 속에서 유일하게 가능해진 순교, 즉 '자본제적 순

---

*   그람시는 바울을 조직가, 행동가, 확장가로 의미 부여한 뒤 그리스도와 동일한 역사적 가치 및 중요성을 지닌 존재로 부각한다. 안토니오 그람시, 『그람시의 옥중수고 2』, 이상훈 옮김, 거름, 2004, 239쪽. 지젝도 바울이라는 존재의 역사적 위상에 방점을 찍는다. 그의 해석에 따르면, 바울은 인간 예수의 실패와 치욕적인 죽음이라는 사건을 기독교라는 우주적 상징 체계의 누빔점에 놓는다. "사도 바울은 이전까지는 그리스도의 제자들에게 끔찍한 외상으로 보였던, 달리 말해서 자신들의 의미 장場으로 통합될 수도, 상징화될 수도 없는 '불가능한' 것처럼 보였던 지점을 기독교 체계 전체의 중심에 놓았다…… 사도 바울은 그리스도의 지상적 임무의 최종적 실패를 구원의 행위 자체로 만들었다. 자신의 죽음을 통해서 그리스도는 인류를 구원했다는 식으로." 슬라보예 지젝, 『그들은 자기가 하는 일을 알지 못하나이다』, 박정수 옮김, 인간사랑, 2004, 182쪽. 지젝의 해석을 내 용어로 고쳐보면, 바울은 예수의 '무능'을 급진화시킬 수 있는 신학적 해석을 가한 셈이다. 이 책에 수록된 다음 글을 참고할 것. 「무능의 급진성: 인문人紋의 오래된 미래」. 바디우는, 이른바 사건 속에 개시된 진리에의 충실성이라는 그의 지속적인 주제를 예시하는 탁월한 주체로서 사도 바울을 든다. Alain Badiou, *Saint Paul: The Foundation of Universalism*, Stanford, California: Stanford University Press, 2003.

교'의 소식은 특히 연말연시가 되면 신문 사회면의 한쪽을 훈훈하게(!) 장식한다. 일견 종교적인 경건함을 연상시키는 충량함으로써 평생 한 푼 두 푼 축적한 재산을 일시에 희사하는 미담(!)이 바로 그것이다. 자본제적 삶의 양식 속에서 유일하게 가능한 이 순교적 태도 역시 나르시시즘적이다. 재산을 모은 방식만으로도 에고이즘과 대치하는 나르시시즘의 원심력*이 어떠할지는 어렵지 않게 짐작할 수 있다. 그러나 그 원심력의 끝은 곧 구심력과 이어지며 휜다.

한마디로 나르시시즘은 '혼동'이면서 '혼란'이다. 무엇보다 그 안팎의 교란은 '나'를 규정하는 심리적 원근법을 허물어버리기 때문이다. 편의상 에고이즘을 안에, 타인을 바깥에 배치한다고 할 경우, 나르시시즘은 안이면서 밖이고 밖이면서도 안이기 때문이다. 그런 식으로 나르시시즘은 종종 이타주의, 혹은 영웅적 투신의 겉모습을 띤다.

문제는 에고이즘도 아니고 나르시시즘도 아닌 생활 실천의 길에서 지속적으로 타인에게 손을 내미는 방식이다. 그렇다고 해서 나르시시즘의 쓰임새에 너무 인색할 것까지는 없다. 종교나 문학 예술적 활동에서처럼 실은 나르시시즘적 생산성이야말로 가장 인간적인 행태이기 때문이다. 가장 무서운 패악은, 나치즘의 조직적

---

* 물론 모든 나르시시즘은 필경 에고 속으로 되돌아가는 구심력일 수밖에 없지만, 그 표현형 phenotype 은 에고이즘의 중력을 넘어서는 원심력의 모습을 띠는 것이 보통이다.

폭력에서 보듯이, 오히려 나르시시즘 없이 기계적으로 진행되는 도구적 합리성이다. (누구의 말처럼, 나치는 이성을 잃은 인간이라기보다 오히려 이성만 남기고 나머지 모든 것을 잃어버린 인간 군상이다.) 인지awareness가 생물학적 진화의 맥락에 닿아 있는 조심 혹은 경계vigilance — 앵글로색슨어인 'gewaer'는 외부의 위험이나 위협을 알아챈다는 뜻이다—를 가리킨다면, 자의식self-consciousness은 특별히 인간적인 것이며 엄밀히 말해서 나르시시즘과 구별할 수 없는 (혼란스러운) 상태다.

타자에게 말 걸고 손을 내미는 방식이 소수의 수행자가 기별하는 에고 없는 상태에까지 이를 필요는 없다. 지나치게 옹색한 에고이즘은 가끔 비합리적이지만, 그것은 여전히 모든 합리성의 토대일 수밖에 없다. 물론 '타자의 철학'이 결코 합리주의로 종결될 수는 없다. 합리주의의 종말은 결국 허무주의이며, 합리주의만으로는 타자와 연대를 위한 생산적 환상을 제대로 키울 수 없기 때문이다. 그러나 합리성이란 섬세하게 비판받아야 하면서도 논의의 출발점이 된다는 사실에는 역시 변함이 없다. 한마디로 나르시시즘은 에고이즘을 벗어나는 우도右道인 것이다. 그 길은 때로 파행적이거나 자폐적이고 심지어 자기파괴적이지만, 어차피 인류 문화는 그 생산성에 기댈 수밖에 없다. 인식의 나르시시즘을 비판하는 쉬운 길에서 타자성의 지평을 구하는 어려운 일에 우리가 이미 실패하고 있다면, '나르시시즘과 함께, 나르시시즘을 넘어'가는 새로운 사잇길을 통해 타자로 나아가는 움직임을 조형할 수는 없을까?

상식적인 얘기지만, 우선 나르시시즘의 생산성을 긍정하되, 그것을 내내 응연히 지목하거나 제어할 수 있는 메타적 비판의 층위가 생활양식의 구체성 속에 안착·유지되어야 한다. 가령 (약간 더 따끔한) 아이러니나 (약간 덜 따끔한) 유머가 그러한 것이다. 나르시시즘에 대한 안이한 비판은 관념론으로 흐른다. 혹은 심하게는 신비주의적 수행도修行道에 빠져 또 다른 형식의 나르시시즘을 반복할 뿐이다. 나르시시즘에 젖은 채로 새우처럼 퐁당거릴 게 아니라, 나르시시즘이 기동하고 생산하도록 내버려두되 마른 눈으로, 응연히, 이드거니 그 생산성의 성격과 행로를 주목해야 하며, 특히 생활양식의 충실성으로써 조절하고 유도해야 한다. 이런 식으로 나르시시즘은 사회적 신뢰와 연결되고 기분과 변덕을 훨씬 넘어가는 태도의 충실성으로써 생산한다. 내가 '약속'이라는 개념으로 조형하려던 태도도 이와 관련된다.

옷을 벗듯이, 나르시시즘을 벗고 타자를 만날 수는 없다. 타자의 체험은 쉼 없이 반복되는 실천과 그 실천이 불러오는 기미들이, 긴 삶의 양식을 통해서 아주 느리게 만들어내는 지평일 뿐이다. 그렇기에 깨친 나르시시즘, 혹은 자신의 나르시시즘을 굽어보는 마른 시선은 늘 불행하다. 그것은 자아도 타자도 아닌 그 '사이'의 혼란이기 때문이다. 그러나 에고이즘은 궁극적으로 행복한 짓이다. 그것은 무지와 합리성 사이를 왕복 운동하는 '기초'에 불과하기 때문이다. 그리고 기초는 (마치 '실존주의'가 아무것도 아니듯이) 아무것도 아니기 때문이다.

17장

생활양식의 인문정치와 역사화

성숙한 자유, 생산적인 자유,
그리고 현명한 실천의 자유

1988년, 내가 미국 어느 대학의 현상학 세미나에 참석했을 때 담당 교수는 뜻밖에도 당시 미국 지성계의 화제였던 앨런 블룸의 베스트셀러 『미국 정신의 종말The Closing of the American Mind』(1987)을 읽혔다. 그 교수의 학문적 진의를 의심할 순 없었지만, 나는 독서하는 내내 블룸의 논지는 물론이거니와 그 교재의 적절성에 대한 의구심을 삭힐 수가 없었다. 그렇게 버텨 읽는 사이에 오간 사념 중 뚜렷한 한 가지는 물론 '현상학적 본질주의'의 역사적 오용에 관한 것이었다. 보수주의들이 흔히 무사상의 자기-생각을 본질 아닌 본질, 혹은 암적癌的 본질처럼 고집하곤 하지만, 엄밀히 살피자면 본질주의가 반드시 보수주의로 흐를 필요는 없는 것이다. 나 역시 현상학으로 학위를 마친 뒤에는 거기에 눈길 한번 주지 않았고, '초월성은 유럽의 병病'이라던 들뢰즈와 한 기치 아래 운집한 현대의 첨단 사상은 모든 형태의 본질주의를 동네북 삼아 포스트모던적으로 상향 조정된 자유의 가능성을 최종적으로 실험하고 있는 듯하다. 그래서 비근하게는, "우리 시대 유례없는 명랑성*과 유머의 정조들이 필연적이라는 사실"**을 말하게 된다.

다음은 블룸의 책에서 눈에 띄었던 대목 중 하나다. "적절한 역사적 태도는 우리로 하여금 역사주의(모든 사상은 본질적으로 그 시대와 관련되며 그 시대를 초월할 수 없다는 견해)의 진리를 의심하게 하고 그것을 현대 역사의 특이성으로 여기게 할 것이다. 역사주의와 문화상대주의는 실제로 우리 자신의 편견을 시험하는 실험을 회피하는 수단이며, 가령 인간들은 정말로 평등한지, 혹은 그러한 의견이 단지 민주주의적 편견이 아닌지 묻는 것을 회피하는 수단이다."***

몇 년 전까지만 해도 이런 생각은 최소한 내게는 거의 설득력이 없어 보였다. 알튀세르의 생각을 좇아, 나는 그의 생각을 '이론이 아니라 이론의 부재에 따른 공황恐慌, 사유가 아니라 비사유의

---

* 이 '명랑성'이 체계의 문제를 적극적으로 사유하려는 노력을 기피하는 신보수주의적 문화를 매개로 가능해지는 것은 아닌지 곰곰이 따져봐야 한다. 근년에 세계화의 여건 속에서 확산되고 있는 문화주의가 그람시나 윌리엄스 이후 계승·발전해온 비판적 문화 연구의 '사회적 사유'를 놓치고 전일적으로 상업주의화한 것은 이미 상식이다. 그러나 대중문화나 일상성에 주목하는 시선이, 다시 문화적 행태의 어느 부분만을 심미적으로 점유하려는 부르주아적 물화物化의 논리로 회귀하는 것은 명백한 퇴행이다. 그 부분을 체계적 전체와의 관련성 속에서 공론화하는 비판적 의사소통의 문화, 그리고 이 문화적 합의를 생활양식의 근기와 연대를 통해 구체화하려는 노력은 좌/우의 실없는 논쟁 너머에서 사회적 사유를 획득하기 위한 실천적 방법이 된다. 요컨대 명랑성은, 그 명랑성의 기원과 체계, 그리고 이를 위해 지속 가능한 삶의 연대를 묻는 일과 더불어 추구되어야 하는 것이다.
** 김미정, 「한번은 비극으로 또 한번은 희극으로」, 『문예중앙』 117호, 351쪽.
*** Allan Bloom, *The Closing of the American Mind*, New York: Simon & Schuster, 1987, p. 40.

강박'쯤으로 볼 수밖에 없었던 것이다. 현시대를 적극적으로 호흡하고 생산적으로 조형하려는 이라면 누가 "문화상대주의는 자기 자신의 것과 좋은 것 모두를 파괴시킨다"*는 주장에 맥 놓고 공감할 수 있겠는가? 그러나 역사주의가 상식화된 마당에 내가 다시 역사화의 정도와 수위의 문제를 품은 채 이 글을 쓰고 있는 이유는, 불행히도 "역사주의와 문화상대주의는 실제로 우리 자신의 편견을 시험하는 실험을 회피하는 수단"이라는 주장이 먹힐 수 있는 현실적 여건의 확산을 조금씩 체감했기 때문이다.

물론 블룸은 역사주의의 대중적 결과를 "록 음악은 미성숙한 황홀경을 제공하며, 이 점에서 그것은 친족관계에 놓인 마약과 같은 것"**이라는 식의 조잡한 현상론적 사례 분석들과 일치시키곤 한다. 그러나 '모든 사상은 본질적으로 그 시대와 관련되며 이를 초월할 수 없다는 견해'는 그 시대에 대한 철학적·윤리학적 면죄부를 가리키는 게 아니다. 이런 유의 통속적 해석과는 달리, 사상사 속에서 나름의 맥락을 업고 등장한 상대주의와 역사주의를 지목해서 어떤 윤리적 결락이나 퇴폐의 현실에 대한 직접적인 책임을 물을 것은 아니다. 모든 진보는 일정한 사회적 비용과 후유증을 수반하기 마련이지만 진보적 이론에 그 탓을 할 일은 아닌 것이다. 마찬가지로, 역사화 같은 내재주의가 반드시 무분별한 자유주의를 낳는 것도 아니다. 가령 초월적 인격신의 인류학적 블랙홀에서 실

---

* 같은 책, 38쪽.
** 같은 책, 80쪽.

로 영웅적으로 빠져나온 스피노자의 내재주의는 삶의 태도와 양식이 그 자체로 윤리가 된다. 논의의 수위를 언어성 Sprachlickeit 으로 맞추면, 이 지적은 비트겐슈타인에게도 공히 먹힌다. (푸코는 이 점을 적시하기도 했지만) 데카르트주의류의 근대적 본질주의를 혁파한 것으로 평가되는 니체와 마르크스와 프로이트도 나름의 역사주의자이지만, 그들은 무윤리의 사상적 딜레탕트나 데카당트가 아니다. 그 사상들의 심오함과 긴박성은 그 자체로 새로운 삶의 윤리가 된다. '초월적 경험론'이라는 개념으로 정리되는 들뢰즈의 내재주의 역시 나름의 윤리학적 정치성으로 육체화된다.

그러니까 상대주의나 역사주의를 통속적·인상적·결과론적으로 전유한 채 현상론적 분석과 자의적 정당화를 일삼는 짓은 사태의 전모를 제대로 드러내지 못한다. '전체는 과학적 분석의 대상이 아니다'라는 칼 포퍼식의 지적에는 나름의 분석적인 가치가 있지만, 좌파 비평가들의 반론처럼 전체성에 도달하려는 인식의 노동을 너무 쉽게 폐기한 채 시대의 유행에 얹혀 부박한 현상론적 비평만 되풀이하는 짓은 불모의 상대주의 속을 빙빙 도는 악순환일 뿐이다. 그람시가, 미국의 실용주의를 일면 그의 실천철학과의 친족관계 속에서 긍정적으로 파악하면서도 어느새 '로타리 클럽의 철학'으로 강하게 폄하하는 이유의 단서와 이치를 블룸의 논의에서도 읽어낼 수 있을 것이다. 요컨대 상대주의와 역사주의는 차이와 다양성의 현상론적 축제이기 이전에, 과거와의 변증법적 길항관계 속에서 미래의 길을 찾는 노동이기도 한 것이다.

'전체성의 인식을 너무 쉽게 폐기한 채 이루어지는 부박한 현상론적 비평'이 역사주의나 상대주의의 비교론적·계보학적·비판적 취지를 채울 수 없을 것은 당연하다. 그러나 이른바 '역사(주의)의 세기'(19세기)를 한 세기나 넘기고서도 사회 비평의 시선이 일상의 현상 속으로 충분히 낮아지지 못한 점을 지적하는 것에는 경청할 부분이 있다. 더구나 각성과 현실적 변화를 촉구하는 이론들이 이론 자체의 진화珍華에 몰각한 채 언거번거해질 뿐이라는 지적은 중요하다. 가든하고 산드러진 맵시를 보이는 이론들이 꼭 현실을 이끌 수 있는 것은 아니기 때문이다. 거창한 의도는 외려 외출이 힘들고, 부화富華한 인사치레 속에 거래의 실속이 졸아들기 때문이다. 이 같은 맥락에서, 포스트모더니스트-부르주아-자유주의-실용주의자인 로티는, 그의 선배 실용주의자들에게 던진 그람시의 조롱조 비판을 되돌려준다.

  "개념을 문제시함으로써 사회적인 제도를 전복하려는 (강단좌파들의) 최근 시도는 상당히 훌륭한 몇 권의 책을 생산했다. 동시에 이 같은 시도는 최악의 경우 현학적으로 철학화를 드러내는 수천 권의 책도 생산해냈다. 의도적으로 '전복적인' 책을 쓴 저자들은 그들이 인류의 자유를 위해 봉사한다고 정말로 믿고 있다. 하지만 이러한 책들에서 법과 조약과 입후보자와 정치적인 전략의 장단점을 논의할 수도 있는 추상화의 차원으로까지 내려오는 일은 거의 불가능하다. 이런 저자들은 손이 닿을 정도로 가까이 있고 대단히 구체적인 것—현재 방영 중인 TV 쇼, 미디어 유명 인사, 최근의 스캔들—을 '이론화할' 때조차 가장 추상적이고, 상상할 수 있는 가장 쓸모없는 설명을 제공한다."*

문제는, 현명한 실천적 지혜phronesis가 민활하고 생산적으로 기동할 수 있도록 돕는, 그래서 생활양식으로서의 인문정치를 효과적으로 계도하는 역사화의 수준일 것이다. 다시 말하면, 체계화·네트워크화된 현대사회의 갖은 갈등을 생활양식의 비판적 생산성—이른바 '체계와의 창의적 불화로서의 다른 생산성'—으로써 이드거니 풀어내는 일이다.

보수주의자 블룸은 제 나름대로 해석하고 전유한 1980년대 미국 사회의 역사주의와 문화상대주의를 일종의 국가사회적 위기로 인식하고 그 과도한 역사화를 비판한다. 블룸이 보고한 불화와 혼돈, 타락과 비효율은 우파의 내분이라는 형식을 띤다. 그러나 1990년대의 '포스트모던 아이러니스트'를 자임하는 로티는 자국 사회의 역사화에 자민족중심주의적인 자신감을 보이는데, 블룸의 신경질적-강박증적 태도를 훨씬 넘어서면서도 그 논적을 미국 내의 (강단)좌파로 옮겨놓는다. 그의 제안은 두 가지다. 1) '좌파는 이론에 대한 모라토리엄을 선언하고 철학화하는 습관을 내던져야 한다.' 2) '좌파는 미국인으로서 느끼는 자부심의 잔해를 가동시키려고 노력해야 한다.'** 그의 주장의 요지는 블룸과 달리 역사화·상대화의 수위를 높이는 데 동의하면서도 특히 국내 강단좌파들

---

*   리처드 로티, 『미국 만들기』, 임옥희 옮김, 동문선, 2003, 113쪽.
** 같은 책, 111쪽.

을 겨냥해서 그 논의의 현학적 추상성과 비실용적 공소함을 매우 노골적으로, 그리고 '미국인'답게 비판한다.

역사화 문제에서, 테리 이글턴은 로티가 조준하는 강단좌파라는 손쉬운 과녁에서 비껴나 있다. 『포스트모더니즘의 환상』(1996)이라는 그의 책 제목처럼 그에게 있어서 포스트모더니즘은 환상이며 착각이다. 혹은 쉽게 요약하자면 '죽 쒀서 개주는 꼴'("포스트모더니즘은 자유주의와 공동체주의의 가장 나쁜 점들을 결합한 것이다")*에 다름 아니다. 따라서 비록 로티가 구체성과 실용성을 강조하는 미국식 신실용주의를 천명하면서 도리어 좌파의 이론적 난삽함과 실천적 불모不毛를 타격하고 나서지만, 이글턴이 내내 그 목덜미를 죄고 있는 관념론적 문화주의로부터 로티의 언어중심적 문예철학은 결코 자유로울 수 없다. "문화주의는 남자와 여자가 자연적이며 물질적인 존재로서 공유하는 것들을 과도하게 평가절하하고, 어리석게도 자연에 관한 모든 이야기를 음흉하게 신비화하는 것으로 의심하며, 문화적 차이의 의미를 지나치게 강조하는 것이다."(『환상』, 41)

이글턴이 보기에 '문화적 차이의 의미를 지나치게 강조하는 것', 즉 문화주의**는 당면한 정치사회적 실천의 강도強度와 일관성을 저해하는 혼동이자 어리석음이다. 그것은 그 문화적 차이들이 필경 '자기차이화의 체계'를 이루면서 거꾸로 기존 질서에 복무하는

---

*　테리 이글턴, 『포스트모더니즘의 환상』, 김준환 옮김, 실천문학사, 2000, 161쪽. 이하 『환상』으로 약칭.

사태의 '전체성'을 놓치게 한다. 요컨대 다양성은 외부성이 아니며, 숲의 전체는 오직 그 밖에서만 포착되는 것이다. 그래서 그는 규범주의자, 심지어 본질주의자의 혐의와 기색을 흘리면서까지 포스트모더니즘의 과잉 역사화를 경계하고 나선다. "후기 근대주의는 역사화하는 것을 '과장'함으로써 동시에 역사화하는 것을 억제하여, 그 자체의 다원주의적 교의를 철저하게 어기면서까지 역사의 다양성과 복잡성을 평이하게 만들어버렸다."(『환상』, 102) 내 용어로 고치면, 이것은 전형적인 '역설力說의 역설逆說'이다.

다시 문제는 생활정치의 실천과 접속하고 그것을 향도할 수 있는 역사화의 정도와 수위인 것이다. 블랙홀 같은 에고 속으로 하염없이 회귀하면서 기껏 나르시시즘의 거품이나 헐떡이듯 뱉어내는 원자화-비주체화된 소비자-인간들*로 하여금 연대와 사회적 실천에 적절하고 효과적으로 나설 수 있게 하는 정도와 방식의

** 문화주의에 대한 우파 근본주의의 비판 중에서 극히 흥미로운 지점은 지라르의 기독교주의일 것이다. 그는 예의 모방인류학적 관점으로써 포스트모던 문화주의 속에서 구가하고 있는 차이지상주의에 제동을 건다. 그것은 "부조리한 현상"이다. "차이와 연기는 교환의 상호성이 눈에 띄지 않도록 하기 위해서 끈질긴 상호성을 없애거나 그게 안 되면 적어도 감추어주는 것이자, 교환의 매 순간 사이의 시공간적인 간극을 최대한 벌려서 그 상호성을 지연시킬 수 있게 해 주는 모든 것이다. 한마디로 말해서, 우리는 비슷한 것과 동일한 것들을 잊으려고 애를 쓰고 있으며, 아주 복잡한 차이의 미로와 다시 찾을 수 없는 것들을 잃어버리려고 노력하고 있다." 르네 지라르, 『그를 통해 스캔들이 왔다』, 32쪽. 여기서 지라르가 비판적으로 시사하고 있는 데리다의 논의 외에도, 지라르의 체계 바깥에는 들뢰즈의 '근원적 차이'에 관한 담론이 있다. 그에 따르면 닮음은 오히려 근원적 차이(의 체계)의 결과일 뿐이다. Gilles Deleuze, *Différence et répétition*, p. 154.

역사화는 어떻게 구성되는가? 말하자면 풍경과 기원을 동시에 드러내면서 양자 간의 유기적 관계를 내내 놓치지 않는 현명한 역사화의 가능성은 무엇인가? 대체 그 안경은 어떤 중층적 구조와 기능을 가지고 있어야 할까? 현미경인가, 망원경인가? 혹은 복안複眼이나 그저 맨눈일 것인가? 아니, 개인의 부릅뜬 시선 속에 역사의 참모습이 투영된다고 오인했던 부르주아 개인주의처럼, 개인의 맨눈은 오히려 자연화라는 과잉-욕망의 덫에 걸린 꼴이 아닐까? 모든 쾌락은 물적·관계적 기반의 매개를 통해 가능해지기에,

* 소비자-프롤레타리아 운동을 제안하고 있는 가라타니 고진이나 울리히 벡의 논의가 전제하는 것은 생산자 운동이 결국 체계 속으로 흡입될 수밖에 없다는 현실적 고민이다. 실제로 신좌파가 문화운동 쪽으로 선회한 것도 프롤레타리아 계급이 급진성을 잃고 부르주아 산업화 체계 내에 내재화·안정화되어가는 추세와 관련이 깊다. 소비자 운동이 하나의 대안적 모색이긴 하지만, 생산과 달리 소비가 체계의 '바깥'을 확보할 자유의 연대가 될 수 있으리라는 전망은 지나치게 낙관적이다. 이미 보드리야르의 『소비사회』(1970)만 해도 현대 자본주의 사회의 소비가 소비자 개인의 자유로운 선택과 연대의 대상이 아니라는 점을 다양하게 예시한다. 이와 관련된 고진의 생각을 간단히 인용한다. "소비자란 프롤레타리아가 유통의 장에서 나타났을 때의 모습인 것입니다. 그렇다면 소비자 운동이야말로 프롤레타리아 운동이고, 또 그와 같은 것으로 이루어져야 합니다. 자본은 생산과정의 프롤레타리아를 규제할 수 있으며 또 적극적으로 협력하도록 할 수도 있습니다. 이제까지 생산과정에서의 프롤레타리아 투쟁으로서 정치적 스트라이크가 제창되어왔지만, 그것은 항상 실패했습니다. 그러나 유통과정에서 자본은 프롤레타리아를 강제할 수 없습니다. 일하는 것을 강제할 권력은 있지만, 구입하는 것을 강제하는 권력은 없기 때문입니다. 유통과정의 프롤레타리아 투쟁은 말하자면 보이콧입니다. 그리고 그와 같은 비폭력적이고 합법적인 투쟁에 대해 자본은 대항할 수 없는 것입니다." 가라타니 고진, 『세계공화국으로』, 조영일 옮김, 도서출판b, 2007, 162쪽.

그 기반을 초월하려는 과잉-쾌락의 욕망은 쾌락의 기반 자체를 없앰으로써 결국 스스로 소멸할 수밖에 없는 이치와 같은 것이 아닐까?

쾌락은 자극, 특히 그 자극의 물매나 환상과 연동한다. 그리고 쾌락을 제공하는 자극은 시간에 따라 차츰 감가상각에 노출된다. 물매의 편차도 시들해지고, 그를 둘러싼 환상에도 구멍이 송송 뚫리게 마련이다. 물체의 속성상 그 모든 자극적 쾌락은 포화saturation와 임계를 거치면서 효용이 급속하게 저락한다. 오르가슴과 엑스터시가 짧은 이유, 아니 짧아야 하는 이유, 혹은 더 나아가 인간의 모든 행복이 짧은-짧아야 하는 이유가 바로 이 쾌락의 일반 경제학으로 소급되거니와, 이 인간됨being-human의 물적·제도적 조건에서 연유하는 한계효용체감의 법칙은 광범위한 인문적 적용과 가치를 갖는다. 역사화도 사회적 효용의 문제인 이상 쾌락의 경제학과 무관할 수 없고, 따라서 정신-물질, 성찰-체계, 미시-거시, 자극-쾌락, 이론-제도 사이의 균배均配로서의 역사화는 모든 사회적 실천과 연대에 필수적으로 동반되는 노력일 수밖에 없다.

이글턴이 포스트모더니즘의 과잉 역사화를 경계하고 비판하는 이유도 비슷하다. 현상론적 문화주의와 기호주의로 비산하는 가운데 역사화, 혹은 자유주의의 역설逆說을 초래하는 관념론적 태도를 견제하면서, 물적·제도적 토대의 조건으로 인한 그 한계를 되물어가려는 것이다. 그렇기에 개인의 자유를 구체화할 수 있는 안정적인 제도와 물적 조건을 되묻는 일은 당연해 보인다. "구속이 없는 긍정적 자유는 존재할 수 없는데, 왜냐면 그 자유를 실현할 수 있는 안정적인 영역이 없기 때문이다."(『환상』, 195)* 앨런 라이언의 진단처럼, '미국의 문학, 역사학, 사회학 교수 중에는 객관성에 대한 근본적 의심을 정치적 진보로 착각하면서 갈피를 못 잡는 사람이 수두룩하다'고 했을 때, 이 글의 관심 역시 '객관성에 대한 근본적 의심'이 반드시 진보가 아니며 '자유를 실현할 수 있는 안정적인 영역'이 반드시 보수화의 기제가 아니라는 가능성을 향하고 있다.

자유를 위한 자유의 자가당착, 혹은 과도한 역사화의 관념론적 불모성에 대항하면서, 이글턴은 좌파와 자유주의 사이의 긴장 어린 사잇길을 트며 심지어 '진보적 지식인' — 이 경우는, 벤야민이 풍자한바, 프롤레타리아의 보호색만을 좋아하던 그 진보적 지식인 — 이라면 응당 피하고자 할 퇴행적 이미지조차 불사한다. "모든 닫힌 틀이 억압적이라는 생각은 이론적으로 조야하며 정치적으로 비생산적이다."(『환상』, 130) 기실 문명은 그 자체가 억압의

---

* 한스 혼 감독의 「오픈워터 2」(2006)는 '자유를 실현할 수 있는 안정적인 영역'의 필요성에 대한 적절한 예를 제공한다. 첨단의 요트 여행을 즐기던 여섯 남녀 동창생의 호쾌로운 자유! 그러나 수영을 하느라 예외 없이, 그리고 정신없이 물속에 뛰어든 그들은 선단船端이 높아 자력으로 요트 위로 올라올 수 없다는 사실을 뒤늦게, 치명적으로 깨닫는다. 이 비극적인 실화는, 자유의 조건은 곧 그 한계이며, 무언가를 누리기 위해서는 또 다른 무언가를 지불해야 한다는 사실을 극명하게 보여준다.

효과이며, 문제는 틀의 유무가 아니라 그 틀의 생산성, 그리고 탈체계적 창의성에 대한 제도적 배려에 있다. 이글턴이 주로 공박하고 있는 포스트모더니즘은, 생산의 본치를 띠는 듯하지만 오히려 자유의 역설에 걸려 넘어지는 비생산적 혼동과 혼돈이다. 이 지적을, "이기주의는 미로와 같다"*는 오르테가 이 가세트의 지론과 묶어 숙찰해볼 필요가 있다. 이글턴을 따라 생각해본다면, 포스트모더니즘은 결국 자유라는 모더니즘의 알리바이가 도달할 수 있었던 최후의 이기주의가 아닐까? 가령 미국 버지니아 공대에서 32명을 죽이고 자살한 조승희 사건과 총기 규제 법안을 둘러싸고 벌어진 일련의 논의는, 자유의 역설은 결국 그 자유가 자본과 체계와 섞이며 응결되는 지점에서 마치 뫼비우스의 띠처럼 출구 없이 재생산되고 있다는 사실을 값비싸게 증거한다. 요컨대 우리 시대 자유의 역설은 지구화한 자본제적 체계와 결탁하며 늘 상업주의적으로 나타난다는 것이다. '자본주의 체계 속의 자유는 늘 동일한 것을 선택하는 자유'라는 아도르노의 명제도 이 사정과 다르지 않다.

이 같은 일련의 재성찰을 거쳐 이윽고 이글턴은 '본질주의essentialism'라는 전래의 악마(!)를 호출하기에 이른다. "우리는 우

---

* 오르테가 이 가세트, 『대중의 반역』, 황보영조 옮김, 역사비평사, 2005, 196쪽. 이어지는 대목을 조금만 더 인용한다. "내가 이기적으로 내 삶의 내부에서만 걷기로 한다면, 나는 앞으로 나아가지도 못하고 그 어느 곳에도 이르지 못한다. 이것이 아무 곳으로도 인도하지 않는, 그 내부를 거닐다가 길을 잃게 만드는 미로다."

선 무엇이 인간에게 본질적으로 필요한 것들이며 무엇이 그렇지 않은가를 알아야 할 필요가 있기 때문에 본질주의를 내버릴 수가 없다."(『환상』, 192) 그러므로 이글턴이 옹호하는 역사화의 방식은 얼핏 보면 마치 모더니즘으로 되돌아가는 듯한 인상을 풍긴다. 그렇다고 해서 그가 하버마스처럼 규범주의적·언어주의적·선험주의적 혹은 이상주의적 태도를 취하는 것도 아니다. 다만 그는 자유주의의 이상이 조화롭게 구체화되기 위해서 반드시 탈脫로고스중심주의로 휘청거리면서 탈주할 필요가 없다는 점을 강조한다. 자유의 생산성은 이성의 틀을 필요로 한다는 것이다. "이러한 이유로 해서, 후기 근대주의자들에게는 미안한 말이지만, 이성성과 자유는 서로 양립하며 조화를 이룬다."(『환상』, 195) 흥미롭게도 이것은 아널드가 초기 자유주의적 사회의 후유증에 맞서는 방어기제로서 이성, 이념, 빛, 그리고 조화로운 완성을 내세운 것을 쉽게 연상시킨다.* 아널드의 교양 개념 역시 자유와 이성의 양립 가능성 속에서 가능한 조화로운 완성의 이념을 축으로 삼기 때문이다. 아널드가 귀족주의적 보수주의자 칼라일과 민주주의적 진보주의자 밀 사이에서 개인주의적 균형을 변호한다면, 이글턴은 구좌파와 포스트모더니즘 사이에서 탈개인주의적 변화의 가능성을 탐문한다.

블룸, 로티, 그리고 이글턴 사이의 이론적 갈등과 가상적인 공

---

* Matthew Arnold, *Culture and Anarchy*, 1869.

방은, 세계화된 자본과 기술과 위험과 자연 자원 고갈과 본질적으로 연관될 21세기식 전체주의를 앞두고 근대의 자유주의적 전통이 낳아놓은 그 역설力說-역설逆說의 시공간을 근본적으로 성찰할 기회를 준다. 근대화 일반이 그렇듯이 자유 역시 명암과 성패의 역설을 피할 수 없다. 예를 들어 모든 것이 예술이 될 수 있는 자유 속에서 예술사의 종말을 읽어내는 평자는 아서 단토만이 아니다. 문학이나 인문학의 종말 역시 결국 상업주의로 낙착될 뿐인 체계내적 자유의 나르시시즘적, 자기증식적 확산과 깊이 연관된다. 이와 관련해서 "현대 예술에는 본질적으로 악마적 경향이 내재하고…… 인간의 그러한 지옥 같은 부문은 나날이 증가하고 있다"*는 보들레르의 평가도 덧붙일 만하다. 닐 포스트먼은 테크놀로지와 관련해서 "할 수 있는 일이라면 뭐든지 해야 한다는 생각이 19세기에 생겨난 것"**이라고 했지만, 이것은 무분별한 자유주의 일반의 논리이기도 하다.

현대 정신분석학이 내놓은 최대의 공적 중 하나는 주체와 진실이 일종의 '비용'이라는 점을 밝힌 데 있다. 마찬가지로 자유와 진보 역시 비용이며, 생활양식을 통해 꾸준히 그 비용을 치르지 않는 자유와 진보는 결국 역설의 자가당착에 빠질 수밖에 없다. 가령 역사적 상대주의를 피하면서 어떤 공정무사한 사회과학 이념

---

* 다음 글에서 재인용. 발터 벤야민, 『아케이드 프로젝트』, 조형준 옮김, 새물결, 2005, 599쪽.
** 닐 포스트먼, 『테크노폴리』, 김균 옮김, 궁리, 2005, 62쪽.

을 수축修築하려는 개념적 장치로서 루카치의 '전체성',* 이글턴의 '틀', 그리고 폴라니가 말하는 '전통'도 자유가 자신의 몫을 제대로 챙기기 위해서 반드시 치러야 하는 비용의 일부인 것이다. "자유사회의 지지자들은 전통을 공격하는 데 전념했고 전체주의의 온상인 회의주의와 허무주의를 강화했다. 그들은 자유사회가 모종의 전통적 틀에 의존한다는 것을 깨닫지 못했다. 자유사회는 열린사회라는 그릇된 신념 탓에 그들은 어린아이들을 목욕물과 함께 버렸다."**

역사화의 수준을 높이면서 자유주의적 근대화는 눈부시게 개화했지만, 그 역사화의 역설力說과 과잉은 자유 그 자체의 역설逆說과 무분별로 치닫곤 한다. 물론 다소의 일탈적 변이나 후유증을 감수하고서라도 자유의 가치는 변함없이 지켜져야 한다. 이른바 '자유의 불가분리성die Unteilbarkeit von Freiheit'이라는 개념도 인성에 대한 자유의 통할적統轄的 가치에 근거하는 것이다. 그러나 역사주의와 문화상대주의가 현실적으로 우리 사회의 집단적 편견이나 나태, 혹은 상업주의적 합리화와 결탁하는 부분을 매섭게 따지고 헤아리자면, 생활양식 속에서 확인되는 자유의 실제적 형식들을 구체적으로 그리고 견결하되 슬기롭게 살필 수밖에 없다. 물론 이 글의 논제가 된 역사화란, 그 구체성과 견결성, 그리고 슬기의

---

*   테리 이글턴, 『이데올로기 개론』, 여홍상 옮김, 한신문화사, 1994, 129쪽.
** 마이클 폴라니, 『지적 자유의 의미』, 김하자·정승교 옮김, 범양사출판부, 1992, 253쪽.

방식을 탐문하려는 노력인 것이다.

성숙한 자유, 생산적인 자유, 현명한 실천의 자유의 가능성은 이론적으로는 역사화의 정도와 수위에 닿아 있다. 실천적으로는, 그 정도와 수위가 각 개인의 생활양식과 연대 양식이 유지하는 슬기와 근기를 통해 이드거니 증명될 수밖에 없다. 체계의 모순을 마음공부로 미봉하려는 시중의 유행은 사뭇 중세적이다. 마음(몸)과 체계의 상호 습합을 비판적으로 조명하지 못하는 태도로는 이미 21세기의 사회철학에 이를 수 없다. 벤야민의 말처럼, '방법은 돌아가는 길'이다. 그러나 돌아가더라도 가기는 가야 하는 것! "성급한 보편화가 그것의 역사적 결정을 보지 못하게 하는 유사보편적 이미지를 산출한다면, 성급한 역사화는 다양한 역사화-상징화를 관통해서 동일한 것으로 돌아오는 실재적인 중핵을 보지 못하게 한다."*

---

* 슬라보예 지젝, 『이데올로기라는 숭고한 대상』, 97쪽.

18장

술

매체와 동무

술에 대한 낭만적 자유주의를 넘어

나는 문학평론가 고故 김현(김광남)의 글을 더러 읽기도 했지만, 정작 관심의 끈은 글이 아니라 그와의 인연을 매개로 이루어진 '사람들'의 분광分光이었다. 잊을 만하면 꼭 그의 학생이거나 후학이었던 일부 지인을 통해 그의 풍모와 언행을 얻어들을 기회가 생기곤 했던 것이다. 사실 그 회억回憶 속의 풍경은 그리 대단치 않았다. 그러나 회고 자체에 얹힌 시선이 단순한 추억의 탐색이 아니라 어떤 독특한 인간미가 스며든 '삶의 양식'을 가리킨다는 점에서 주의를 끌었다.

누구든 김현을 말할라치면 곧 술酒을 말했다. 내가 모르는 그 술자리들은 오직 실없는 추정 속에서야 가능해지는 잉여의 빛을 발했고, 주정酒精으로 빚은 듯한 그 소문 속의 낭만주의는 김현의 인간미에 겹의 아우라를 보탰다. 『행복한 책읽기』(1992)가 보이듯이 죽음의 문턱에까지 이어진 그의 꼼꼼한 독서는, 비록 도착적 발상이긴 하지만, 오히려 이 술자리가 빚은 역설적 생산성을 엿보는 풍경처럼 여겨지기도 할 정도였다. 예나 지금이나 술이 시詩와 어울리는 일은 상식이 되었지만, 술-매체를 통해 개시되는 말의 풍경이 시 비평으로 이어지는 공사 간의 융통을 우리는 김현의 방식을 통해 참으로 넉넉하고 유익하게 소개받은 것이다.

그는 「불꽃의 말」이라는 에세이에서 대학 3학년 때 술을 배웠다고 회고한다.* '술자리의 분위기를 지워버린 나의 삶을 생각하면 끔찍하다'고 고백할 정도였으니, 늦게 배운 술의 초기 증상(!)이 어지간했던 모양이다. 그중에서도 김현의 술자리 추억을 통해 박상륭을 엿보게 된 일은 나로서도 조그마한 수확이었다. 대취한 뒤 종로5가에서 더불어 반발광(!)을 한 사건, 사상계사社 인근의 '북경반점'에서 빼갈 열여덟 병을 나누어 마시고 필름이 끊긴 것, 항상 낙지를 놓고 이문구와 함께 막걸리 한 되를 마신다는 얘기** 등등은 지워진 흑백필름처럼 팬스레 명정酩酊의 상상력을 자극했다.

1990년 48세의 한창때에 간경화로 세상을 떠나면서 그의 괄목할 만한 문학적 성취는 미완성으로 수습되고 말았다. 그러나 그가 남긴 인간적 족적의 안팎에는 늘 전설의 웅성거림이 도사리고 있다. 이른바 '문지' 2세대를 형성한 이인성, 이성복, 황지우, 정과리 등 그의 가까운 제자들의 추모 회고담에 나타난 스승은 차마 외경

---

* 김현, 『두꺼운 삶과 얇은 삶』, 나남출판사, 1986, 195쪽. 술에 관한 그 나름의 철학적 단상이랄 수 있는 이 에세이가 쓰인 것은 1979년인데, 흥미롭게도 바로 이해에 내가 술을 배웠다. 덧붙여, 그가 이처럼 술을 늦게(대학 3학년) 배운 것은 기독교 집안이라는 내력 때문이라고 했듯이 나 역시 종교적인 영향 탓에 술이 늦었고, 바로 그것이 내가 대학 3학년(1979)이 되던 해였다. 이하 『삶』으로 약칭.
** 김현, 「박상륭이란 놈」, 『반 고비 나그네 길에: 김현 산문집』, 지식산업사, 1978.

스러울 정도다.* 그중에서도 『어느 날 나는 흐린 주점에 앉아 있을 거다』(1998)라는 시집을 상재한 황지우는 '강의하고 연구하고 글을 쓰고 또 주점에서 술을 마셔줘야' 하는 스승의 처지를 안타까워하는, 듣기에도 매우 안타까운 회고담을 남기고 있기도 하다. 황지우가 그의 스승으로부터 '에피소드의 중요성'을 배웠다고 말한 이면에도 필시 그 뒤끝을 다 밝힐 수 없는 '술자리'의 추억이 드문드문 자리하고 있을 터였다.

10년도 더 지난 어느 옛날, 내 책 『콘텍스트로, 패턴으로』(1996)의 출판 계약차 '문지' 출판사에 들렀을 때도 이인성은 내게 '금요일 저녁에 술이나 같이 마십시다!'라면서 정답게 인사를 건넸다. 물론 나는 목요일 낮에 전주로 돌아오고 말았다. 비록 제자들이 건네는 그 죄 없는 술 탓에 그의 목숨이 단축되었다고 하더라도 필시 김현은 행복한 선생이었을 것이다.

「불꽃의 말」은 술에 대한 김현의 상념 혹은 입장을 두서없이 서술해놓은 에세이다. 글의 제목처럼 그는 자신의 술자리 체험을 바탕으로 주로 술과 말 사이의 관계를 더듬어 얻은 단상을 제출한다. "술 마신 사람의 입에서 나오는 말은 그래서 아름답다"거나 "술 마시며 하는 이야기란 불의 이야기이기 때문에, 그 이야기 중에서도 사랑의 이야기가 가장 아름답다"(『삶』, 196)는 식이다. 그닥 심오하거나 사변적인 논의는 찾아볼 수 없는데, 필시 다

---

* 다음 책의 끝부분을 참고. 김현, 『전체에 대한 통찰』, 나남, 1990.

음의 문장에 그 취지의 알속이 옹글게 들어앉아 있을 법하다. "술은 말의 예비자이며, 말의 부피를 불리는 희한한 공기이다."(『삶』, 197쪽) 그의 생각에 동의하든 하지 않든, 술에 대한 그의 조촐한 사념은 무엇보다 글과 말을 소중히 여기는 한 인문주의자의 낭만, 그리고 그것과 결부된 휴머니즘을 넉넉하게 엿보게 만든다. "술은 오히려 건조한 삶에 습기를 부여해주고, 엷은 삶에 두께를 부여해주는 고양제이어야 한다."(『삶』, 199쪽)

그러나 바로 그 낭만주의 속에 문제가 잠복해 있을 법도 하다. 비록 사소해 보이지만, 술과 술자리를 대하는 김현의 태도는 (조금 과장하자면) 곧 그가 참여한 세계관의 체질적·습관적·생활양식적 연장으로 보이기 때문이다. 술자리가 얹힌 '기운Stimmung', 혹은 (그의 표현처럼) 어떤 '두께' 속에서 해반주그레하게 피어오르는 낭만주의, 그리고 앞서거니 뒤서거니 따라 올라오는 대화적 휴머니즘은, 결국 바로 그 기운 탓에 실없이 부풀어 오른 개인의 자잘한 자기도취self-intoxication*에 기대고 있다. 물론 술기운 속에 일순 강화된 자아감을 사시斜視를 뜨고 타박할 노릇은 아니다. 내내 자아의 의도를 벗어나는 쓸쓸한 인생살이의 미로 속에서 누구나 그만한 허영과 과시에 빠질 권리는 있지 않겠는가? 이 첩첩한 시뮬라크르의 시대에 실재감을 향한 충동을 일상의 소소한 관계 속에서 풀 수 있는 방식으로부터 다른 무엇을 찾을 수 있겠는가? 나아가 대중의 문학적 감성이란 곧 그 같은 나르시시즘에 의탁하는 것 아니던가? 나르시시즘이 아닌, 에고의 제 부피만큼 졸아든 합리주의만으로는 종교도 문학도 사랑도 가능하지 않을 것은 너무나 뻔한 일!

그러나 증폭된, 그래서 '말의 부피를 불리는' 자아감이 역사의 무게와 현실의 체계 속에서 겸허하고 속절없이 꺼지는 대신 일상의 잔여로 계속 남아 개인의 시각과 담론에 재투입된다면 어떨까? 술자리의 체험과 그 부침하는 자아의 유희가 일상적으로 반복됨으로써 실없는 '습기習氣'와 '두께'를 얻은 자아감이 이윽고 삶의 버릇이나 태도, 학인의 시각 및 세계관과 조금이라도 사통한다면 어떨까? 만일 사정이 그러하다면, 특히 술자리에 관대한 우리 사회의 잣대에 비추어 비록 박절하더라도 정색을 하고 꼬집어 지적할 필요가 있지 않을까?

요컨대 나는 김현이라는 빼어난 자유주의자-술꾼을 통해, 개인의 자율성과 성찰성을 역사와 이치의 출발점으로 삼는 부르주

---

* 술이 자기-도취의 매체라는 사실은 아무런 비밀도 비난도 아니다. 그런 뜻에서 술은 욕망의 '대상'이라기보다 그 대상성을 오히려 잃어버림으로써 가능해지는 자기-도취의 단서와 같은 것이다. 라캉은 충동pulsion, Tribe 을 설명하는 자리에서 대상은 전혀 쟁점이 될 수 없다고 말하고, 그 관심은 해당 성감대의 나르시스적 쾌락일 뿐이라고 지적한 바 있다. Jacque Lacan, *Le séminaire XI*, Paris: Editions du Seuil, 1973, p. 153. 이것은 라캉이 예시하고 있는 '음식물'(내 표현으로 '약성 매체'의 일종)보다 술('강성 매체'의 일종)의 경우에 더 그럴듯하다. 가령 술의 명품을 대상(상품)화해서 노골적으로 예찬하는 것은 전전자본주의 시대의 문사들이 꺼렸던 바이며, 자기도취의 회귀적 충동에 근거한 '술꾼'의 쾌락은 예를 들어 식객이나 오입쟁이의 쾌락과도 사뭇 다르다. 기든스는 '중독'과 친밀성을 비교하는 글에서 후자와 비교한 전자의 특징으로 '즉각적인 희열'이나 '감정적 융합emotional fusion'을 거론하는데, 이것은 강성화되기 쉬운 술과 같은 매체에서 쉽게 확인할 수 있다. 앤서니 기든스, 『친밀성의 구조변동』, 155~156쪽.

아 자유주의적 세계관이 술자리 낭만주의와 관념적으로 접맥하는 한 전형을 본다. 당연히 나는 그의 '의도'가 내 '해석'과 일치하리라고 상상하지 않는다.* 그러나 의도가 순수할수록 외출은 더 힘들다는 사실,** 삶의 진실이 종종 의도의 바깥으로 외출한다는 사실을 지적한 사상가들을 왜장치듯 주워섬기지 않더라도, 오히려 중요한 것은 일상적으로 계속되는 버릇, 혹은 그 버릇의 지향과 지형이 만들어낼 삶의 양식에 있다. 실로 삶의 양식에 스며들지 않는 확실성은 이미 삶의 것이 아니다. '그런 척하면 그렇게 된다'는 파스칼-프로이트의 명제까지 들먹일 것은 없다 하더라도, 언어가 수행speech-act이자 게임Sprachspiel이며 생활의 양식Lebensweise과 연동한다는 사실은 이미 사계의 상식이 되고 말았다. 그리고

* 라캉의 말처럼, 설혹 내 해석이 '명중'했더라도 그것은 김현에 대한 무슨 '발견'이 아니다. 나는 김현에 대한 어떤 가능성을 내 어휘 속에 포집包執함으로써 무엇을 만들어내고 있을 뿐이!

** 근년의 소설과 영화는 '의도의 어긋남'이라는 주제를 통속적 일상을 배경으로 다양하고 빼어나게 형상화하고 있다. 카뮈의 『이방인』(1942)이 노출하는 주제의 한 대목이 '의도의 분실'이라면, 쿤데라의 『농담』(1968)은 그야말로 '의도의 불모성' 혹은 '의도의 비극적 외출'이라는 주제를 둘러싼 인생의 통속적 엘레지일 것이다. 단 세 편의 영화로 세계적인 명성을 얻은 알레한드로 곤살레스 이냐리투 감독의 영화들은 한결같이 인생의 진실이란 자신의 의도 속에서 직관적으로 마주볼 수 없다는 사실을 비추는 현대적 우화들이다. 근자의 화제작이었던 이창동 감독의 「밀양」(2007)에 명시적으로 담긴 '용서'라는 주제도 결국 '의도의 어긋남'이라는 세속의 관계 동학動學에 기반하고 있다. 내가 동무를 특별히 '(자기) 의도'와 대비시키거나, 산책을 '의도보다 앞서 걷기'로 서술하는 이유도, 세속이라는 관계의 체계를 현명한 삶의 양식으로 지나가려는 노력 속에서 찾을 수 있다.

생활양식에 간섭하지 않는 세계관이란 이미 그 세계관적 조형성을 잃어버린 것이다. 그렇기에, 그런 식으로 한 사람의 일상을 지배하는 매체는 곧 그의 현존재 양식을 규정하게 마련이다. 초월적 기의도 전통적 규범도 산업사회적 역할 분업이나 (핵)가족 이데올로기도 내 존재의 울타리가 되지 못한다고 해도, 성직자도 아버지도 교사도 애인도 심리치료사도 휴대폰도 고양이*도 내게 위안이 되지 못한다고 해도, '시詩는 나의 닻!'(김수영)이라고 힘 있게 떠벌리지 못한다고 해도, 존재는 또 다른 매체를 통해 닻을 내리려 할 것이다.

한마디로 김현의 오류(!)**는 술이 개인의 자율성이나 창의성, 그리고 대면적 대화 관계와 호의적으로 습합하는 부분에만 관심을 집중한 데 있다. 앞서 말했듯이, 이러한 태도는 그가 술을 특히 말과 관련시킨 대목에서 표나게 드러난다. 진보적 부르주아 지식인들의 배수진이 대화적 실천이라는 사실은 잘 알려져 있다. 그는 "술자리의 분위기란 이야기의 분위기"(『삶』, 195쪽)라고 말하지만, 그 이야기의 안팎을 넓고 조밀하게 살피노라면 술자리를 단지 이야기의 마당 속으로 환원시킬 수 없는 많은 이슈가 넘실거린다. 한국처럼 유례없이 술 취한, 술 권하는 사회에서 술이 그 부피를

---

* "······그는 자기 자신을 위로하기 위해서 고양이를 키운다." E. Plessen, *Mitteilung an den Adel*, Zurich, 1976, p. 15.

** 물론 이 오류는 김현 개인의 것이라기보다, 술을 매개로 김현이 세속과 관계를 맺는 개체적 경험을 빌려 부르주아 지식인들이 '가히 절망적으로' 자신의 바깥으로 외출하려다가 필경 실패하고 마는 일반적 형식의 오류를 지적하려는 것이다.

불리는 것이 다만 '말'이 아니라는 사실은 의외로 중요한 터라 이 사소한 지적의 의미는 깊다. '근대 철학은 한갓 소심한 금욕주의에 빠졌다'는 니체의 말을 역설적으로 패러디한다면, 한국의 현대 지식계는 술독에 빠진 그 자신의 인식론을 시급하게 건져낼 필요가 있을 정도이지 않겠는가?

물론 이것은 김현이 빼도박도 못할 탁월한 인문주의자이며, 또한 개인주의적 자유주의자라는 사실을 생략한 채 논의할 수 없는 부분이다. 이론에 밝았던 그가, '자유주의자로 살기 어려운 세상'을 원망했던 그가, "나는 끝끝내 성실한 부르주아로 살다 가겠"* 다던 그가, 체계와 이데올로기의 문제에 어두웠을 리 없다. 하지만 버릇이 되다시피 한 그의 술자리-말자리 문화는 '언어적 보편주의'의 프리즘에 얹히면서 사회정치성의 매개들을 잃어버리고 어느덧 인문주의적 면죄부의 특권을 평가절하된 지폐처럼 뿌린다. 부르디외의 표현을 빌려 간단히 평가하자면, 그는 술의 장champ에 안팎으로 스며든 제도와 사회정치성을 제대로 고려하지 않을 만큼의, 꼭 그 정도로 섬세한 개인주의자였던 것이다. 그러나 내가 김현의 술-문화에 비판적으로 접근하는 방식은, 이를테면 가다머에 대한 하버마스의 비판(1960년대의 '해석학 논쟁') 따위를 흉내내려는 게 아니다. 당시의 하버마스가 언어 바깥에서 엄연히 기동하고 있는 정신분석적-정치적 체계, 그리고 그 체계와 연루된 실재

---

* 다음에서 재인용. 김지하, 『흰 그늘의 길 3』, 학고재, 2003, 155쪽.

의 이데올로기 효과에 의지해서 가다머의 언어적 관념론을 비판했다면, 나는 비판사회과학적이라기보다는 오히려 기능적·실용주의적인 입장에서 김현을 빙자해 한국 지식인의 술 문화를 간단히 건드려보려는 것에 지나지 않는다.

이를 위해서 편의상 여섯 가지 방식으로 나누어 술을 대하는 태도와 입장을 대별하려고 한다. 어느 정도 자의적·전략적일 수 있는 이 배치에서 김현의 입장은 3번과 4번에 집중된 듯 보인다. 이와 대조적으로 나는 5번과 6번의 기능적-실용주의적 중요성을 더 강조하려고 한다. 그리고 그 차이를 표나게 부각함으로써, 자유주의자들의 세계관과 그 운신이 놓인 조건 및 한계에 대한 나름의 비판적 성찰을 제시하고자 한다. 이 같은 분석으로 우리 시대에 가장 빼어난 자유주의적 인문주의자의 한 명인 고인에게 결례를 무릅쓰고 고언을 뱉으려는 것은, 실은 나 자신도 여태 '자유주의자'의 일종으로 알려져 있기 때문이다.*

1) 술은 죄罪의 씨앗이고 악마의 덫이며 미끼, 혹은 유혹이다.

---

* 사실 나는 이미 수년 전부터 '자유주의자'라는 딱지를 달가워하지 않고 있는 편이다. 18세기도 19세기도 아닌 이 시대의 자유는 결국 체계적 망각에 의해서만 가능해지는 일종의 '풍경'에 지나지 않기 때문이다. 그것도 시장적 풍경! 좀더 노골적으로 말하자면, "자유가 모든 것이라면 다른 누군가를 구속하는 것이 목표여야 한다"는 사실이 공공연한 진실일 경우에 자유는 이미 추운한 역설逆說일 수밖에 없다. 울리히 벡·엘리자베트 벡-게른스하임, 『사랑은 지독한 혼란』, 배은경 외 옮김, 새물결, 1999, 336쪽.

이 입장에 따르면 술은 그 자체로 도덕적·종교적 함의를 갖는 대상으로 정죄된다. 하버마스의 설명처럼 이러한 신화적 이해 방식에 특유한 태도는 '상이한 실재의 영역들이 수평화된다는 것'인데, 이것은 프레이저 이후 레비스트로스에 이르는 많은 인류학자가 지적한 바와 같다. 그러므로 문제의 핵은 '혼동'이다. "선이 건강한 것 및 해로운 것과 얽혀 있듯이, 도덕적 실패는 물리적 실패와, 그리고 악惡은 해로운 것과 얽혀 있다."* 예를 들어 『삼국유사』에는 '거룩하고 현명한 사람은 이齒가 많다'고 했고, 『신라본기』를 보면 혜공왕 2년(766) 정월에 해가 둘이 나온 탓에 임금이 서둘러 죄수들을 방면했다, 라는 식이다.

2) 술은 그저 음식의 일종일 뿐이다. 음식으로서는 알코올 역시 영도零度, 완벽한 무죄다. 혹은 술이란 기껏해야 그 알코올의 도수度數 속에 무의식적으로 응결된 상상적 위화감일 뿐이다. 이때 술은 (김치와는 또 다른 의미에서, 그리고 재앙과도 다른 의미에서) 소시민들의 환상을 제 현실 속으로 다스려 들이는 '위대한 평균자the great equalizer'로서, 그것은 기본적으로 음주자가 쓰고 다루기 나름이다. 1번과 달리 술은 탈주술화되어 비교적 현실적 층위에 적실해지긴 하지만, 다른 한편 대상화·객체화 혹은 식료품화되어 사회적 관계나 제도적 계보의 일부를 놓친다. 이 입장과 태도는 우리

* 위르겐 하버마스, 『의사소통행위이론』, 장춘익 옮김, 나남출판, 2006, 102쪽.

사회에 가장 광범위하게 퍼져 있는 상식이며, 거꾸로 이 통념의 통념성 때문에 이 입장은 아예 실질적으로 무無입장에 근접한다. 그런 뜻에서 이 입장은, 술을 중성적·즉자적으로 즐기게 만드는 무지無知 탓에 역설적으로 가장 이데올로기적인 셈이다. 즉, 1번이 조악하고 나이브한 중세적 이데올로기일 수 있다면, 2번은 전형적으로 근대적인 종류의 것이다. '술은 잘 마시면 약이고 못 마시면 독'이라는 상식, 근자에 널리 유포된 '적포도주를 하루 한 잔씩!'이라는 건강 정보, 그리고 술의 정체를 희석시키거나 요소주의적으로 환원시키는 '약주'니 '반주'니 하는 어휘는 모두 이 같은 태도와 관련되어 있다.

3) 술은 개인의 취미나 취향을 드러내는 기호嗜好의 기호記號다. 강조점이 다르긴 해도, 1~3번은, 어쩌면 4번까지 모두 술을 개인적인 차원에 붙잡아두는 설명 방식이다. 그중에서도 3번은 자유주의적 개인주의자들의 입장에 가장 근접한 것이다. 관계와 체계를 오히려 개인의 내성內省에서 출발시키려는 관념적 도착倒錯이 이들의 고질이듯이, 이들은 술-문화마저 자의식이 그 출발점이다. 술과 술자리는 어디까지나 개인의 선택이며 심지어 개인의 자기표현이기도 하다. 물론 영리한 개인주의자들은 이 문제의 범위가 곧 관계의 네트워크와 문화의 체계로 퍼져나간다는 사실을 직감한다. 아울러 개인주의가 반드시 계몽적 이기심과 합리적 선택의 범위에 머물지 않는다는 사실, 이윽고 그것은 (낭만주의적 개인

숭배 속에서 극명하게 현시되었듯이) 열정과 영웅적 기개氣槪와 부조리하게 결합할 수도 있다는 사실을 직감한다. 그러나 그 출발점만은 늘 개인의 선택과 이에 호응하는 취향에 묶어두려는 게 그들의 자기 한계이자 조건이다.

 1번이 '술이 죄다'라며 외설적·시대착오적으로 정색한다면, 2번은 '술은 그 자체로 무죄'라고 평심하게 내뱉는 셈이고, 3번은 2번의 입장을 공유하긴 하되 '죄가 있다면 그것은 나'라고 '농담 삼아' 고백하는 데에 이른다. 그러나 나(주체)와 술(객체) 사이의 주객 이원론적 도식 속에서 갈팡질팡하는 것은 정작 중요한 논의의 핵심에 이르지 못한다. 과연 술을 두고 '죄'라는 원인 무효의 낱말을 장난삼아라도 희롱할 수 있는 유일한 길은, 그 '주-객(나-술)'이 생활 방식과 체계의 이데올로기적 단말기로 기능하는 메커니즘, 그 공전空轉의 효과를 따질 때뿐이다.

 4) '친구가/를 좋아/찾아 술을 마신다'라는 말을 종종 듣는다. 여기서 '친구'라는 말은 물론 '동무'와 비교해서 그 갈라지는 부분을 매섭게 밝혀야 마땅하다. 술이 그렇듯이 친구 역시 대체로 낭만주의적 동일시의 기제, 혹은 추억을 동력 삼아 빠르게 퇴행하는 파노라마의 계기에 불과하기 때문이다. 친구가 '동지'나 에콜 속의 지기들로 바뀌어도 그 메커니즘은 여지없이 반복된다. 이와 관련해서 술이 종종 공동체 성원들 사이의 동일시/모방의 폭력을 위한

매체로 쓰여왔다는 사실에 주목해야 한다. (전두환과 노태우를 필두로, 12·12의 신군부 주역들이 축배를 드는 그 유명한 장면은 끝없이 반복된다.) 디오니소스 축제, 혹은 농신제農神祭와 같은 고대의 희생양 제의에서 보듯, 고래로 제의祭儀의 한 측면은 공동체의 모방적-폭력적 통합/동화였고, 그 중요한 매체는 역시 취기醉氣였다. 취기야말로 투합된 제 나름의 의기意氣에 불을 붙이는 가장 전형적·통속적인 방식이다.

　이 동일시-모방 폭력의 메커니즘은 고중세적 상상력이긴 하지만, 술자리 문화에 개입하는 자본제적 삶의 양식 속에서도 변함없이 반복된다. 4번의 입장은 얼핏 '술을 개인적인 차원에 붙잡아두는 설명의 방식'을 넘어선 듯 보인다. 그러나 문제는 친구라는 관계가 낭만적 동일시의 정서적 차원을 고집하면서 기계와 자본의 무의식으로 움직이는 사회성, 혹은 진정한 '외부성'의 체험을 체계적으로 저지한다는 데에 있다. 이 문제에 관해서는 몇 차례 상설한 바 있으므로 여기서는 재론하지 않겠다. 다만 친구는 (레비나스의 구분법에 따르면) 사회성이 아니라 공동체성의 확인에 불과하므로, 술은 상대를 '친구'라는 이름으로 자신과 낭만적으로 혼효混淆하는 과정, 혹은 자본과 체계를 환각적·일시적으로 망각하려는 시도에 불과하다는 점을 다시 지적할 뿐이다.

　5) 일찍이 시인 김수영이 시詩-쓰기를 생활 방식*과 관련시켰듯이, 체계화된 오늘날의 사회에서 술은 무엇보다 생활 방식의 일

종으로 여겨야 한다. 술은 죄의 씨도 아니고, 단지 일개 음식도 아니며, 개인의 선택과 기호도 아니고, 친구라는 공동체의 결속을 위한 시멘트도 아니다. 오히려 자본주의적 체계 속의 술은 특정한 생활 양식을 요구하는 계고장戒告狀과 같다. (요컨대 체계는 술을 보내면서 셋방을 빼라고 하는 것!) 우선 버릇이 아닌 술은 굳이 술이라고 할 것도 아니다. 그리고 버릇이 된 술이라면 그것이 어떤 특정한 삶의 양식을 조성하거나 기존의 통조림화된 삶의 양식에 얹히는 방식에 주목해야 한다. 물론 술이 버릇이 되는 길, 그리고 그 버릇이 생활의 양식에 얹히는 길은, 자본제적 '체계'가 만든 여러 길과 합류한다. 술을 자본제적 삶의 양식과 별개로 논의하려는 개인주의적·낭만주의적 태도는 이미 그것 자체가, 자본제적 체계가 술과 인간을 어떻게 처리하고 있는지를 보여주는 증후적 현상이다. 술이 자본제적 삶의 양식과 연동하는 모습은 이제 우리 일상의 풍경이 되고 말았다. 노동이 종교적 제의나 축제와 공생하듯이, 소마 soma가 『멋진 신세계』(헉슬리)의 체계와 공생하듯이, 이명박의 돈이 강호동의 웃음과 공생하듯이, 남자의 타락이 여자의 부패와 공

---

* "무릇 모든 예술을 지향하는 사람은 하고많은 직업 중에서 유독 예술을 업으로 택한 이유는, 자기 나름의 독특한 개성을 살려보기 위해서 독특한 생활 방식을 갖지 않을 수 없었기 때문에 시를 쓰고 소설을 쓰고 그림을 그리게 된 것이다. 그리고 독특한 시를 쓰려면 독특한 생활의 방식이 선행되어야 하고, 시나 소설을 쓰는 사람들이 문단에 등장을 하는 방식 역시 이러한 생활의 방식에서 제외될 수 없는 것은 물론이다." 김수영, 「문단추천제 폐지론」, 『김수영 전집 2: 산문』, 민음사, 1981, 145쪽.

생하듯이, 술은 체계와 공생한다. 우리 사회가 술에 그처럼 관대한 이유는, 남성주의적 향락과 놀이 문화에 지대하게 공헌해왔던 술에 대한 전래의 관념적 태도와 더불어, 술이 생활 방식 속에 깊이 안착해서 자본제적 체계와 안정적으로 공생하기 때문이다.

이 5번의 입장에서부터 비로소 술에 대한 비판적 안목이 조형된다. 하우저식으로 말하자면, 1~4번은 모두 사이비 심리학에 불과하므로 사회학적으로 번역하거나 보충해서 이해할 필요가 있다. '기술적 수렴 현상'을 비판하면서 기술적 결정 인자에 저항하고 초월할 수 있는 방법을 얘기했던 엘륄*처럼 말하자면, 우리 중 어느 누구에게는 혹시 술이 우리 생활의 매체기술적 결정 인자가 아닌지, 그리고 그 결정성에 저항하고 초월할 수 있는 다른 생산적 생활 방식은 어떻게 조형될 수 있는지를 고민해야 하는 것이다. 술을 생활의 양식이 구성되는 층위에서 논의하려는 태도는, 실은 전래의 좌파와 우파가 상상하지 못한 길을 뚫어내는 매우 구체적인 사례라는 뜻에서 그 의미가 자못 깊다.

6) 술을 생활의 양식이라는 논의의 장에서 비판적으로 조명하려는 태도는 필연적으로 제도와 체계의 문제를 불러온다. 공동체가 아닌 체계가 우리의 여건이라면, 반복되는 생활 습관은 이미 개인의 것이 아니다. 개인들은 체계의 단말기로 변하면서 '개인화'하

---

* 자크 엘륄, 『기술의 역사』, 박광덕 옮김, 한울, 1996, 410쪽.

고, 그 개인화의 실제는 체계 속의 표준화에 다름 아니다. 김현의 표현처럼 술이 말을 키우고 빛나게 할 수 있다는 사실은 고급한 인문주의자가 아니라도 쉽게 알 수 있다. 그러나 정작 인문주의자가 깨단해야 할 사실은, 바로 그 술이 내 삶의 양식이 지닌 완강함을 통해 부지불식간에 자본주의적 체계를 키우고 빛나게(!) 한다는 점이다. 아도르노나 부르디외의 지론처럼, 체계가 자아 내부에서 오히려 그 자아의 자기 정체성을 통해 활동하는 것은 지식의 체계든 상품의 체계든 대차가 없는 것이다. 한마디로 우리 시대의 술은 생활의 양식이며 문화이고, 산업이며 체계인 것이다. 김현의 제자들이, '술을 그렇게 마시면서도 책을 그렇게 많이 읽는 스승!'을 찬탄하는 것은 무엇보다 그들이 개인주의적 자유주의자의 틀 속에서 사유하고 운신한다는 사실을 매우 감상적으로 드러낼 뿐.

앞서 지적했듯이, 이 여섯 갈래 속에서 김현의 입장을 3, 4번의 범위에서 추정한다면, 이와 대조적으로 나는 5, 6번을 강조하려는 것이다. 3, 4번은 개인주의적 자유주의자의 전형적인 입장을 술이라는 매체와 관련해서 재구성한 셈이다. 굳이 '입장'이라고 했지만, 실은 무無입장이나 다름없다. 일찍이 만하임이 지적한 '보수주의의 무無이론적 경향'*을 떠올리면 된다. 혹은 알튀세르가 말한바 '결여된 이론의 느낌 le sentiment de la théorie'을 제공할 뿐인 철

---

* 카를 만하임, 『이데올로기와 유토피아』, 황성모 옮김, 삼성출판사, 1982, 480~81쪽.

학적 인간주의*를 연상해도 좋다. 그것은 한갓 통념일 뿐이며, 통념이란 이론과 입장이 없는 빈 곳으로 삼투해 들어오는 기존既存의 고집과 애착일 뿐이기 때문이다. 니체처럼 술 취한 디오니소스의 숭고미를 떠들 일이 아니다. 술 취한 뒤에는 이미 입장이 없으므로, 오직 술보다 빠르게 입장을 실천해야 하는 슬기와 근기밖에 없다.

특별히 내가 5번과 6번의 태도를 '기능적-실용주의적'이라고 부르는 이유는, 이 논의를 '버릇'이라는 개념적 범주에서 매우 효과적으로 재구성할 수 있기 때문이다. 알다시피 윌리엄 제임스 등의 미국식 실용주의자에 따르면, 무엇보다 '의미는 어떤 버릇을 가진다는 것'이다. 마찬가지로 술은 대상으로서 갖는 객관적 가치 속에서 그 의미를 찾을 게 아니다. 오히려 그것은 인간의 관계와 문화 속에서 기능하는 매체적 효과, 즉 '술-버릇' 속에서 사후적으로 재구성된다. 앞서 말했지만, 버릇이 아닌 술은 굳이 술이라고 할 것도 없기 때문이다. 술이 '특정한 생활의 양식을 요구하는 계고장'인 것도, 결국 술이 버릇을 통해서 자본제적 삶의 코드와 채널이 만들어놓은 특정한 생활양식과 강박적으로, 부지불식간에 결합하는 '사이비-실재'이기 때문이다. 부르디외는 '아비투스의 체계적 효과'로서 운명 같은 버릇을 얘기하는데, 술버릇이야말로 그 효과와 장champ이 결합하는 명백한 사례로 보인다.

* 루이 알튀세르, 『맑스를 위하여』, 이종영 옮김, 백의, 1997, 290쪽.

술자리는 때로 넉넉한 증여의 이미지를 풍긴다. 근년에 개신교를 등지는 이들이 특별히 헌금과 관련된 스트레스를 지적한 통계처럼, 성소聖所라는 곳마저 자본이 횡행할 때, 서로 많이 먹이지 못해서 안달을 떠는 술자리의 낭비와 사치는 도시의 네온사인이 각자의 가슴속에 점등點燈하는 증여의 환각을 준다. 내 아기의 미소처럼, 불어난 빗물에 떠밀려 나온 청계천의 물고기처럼, 주인을 살리고 죽었다던 어느 의견義犬처럼, 술에 묻어나는 아우라는 탈자본주의적 사이비 자연성을 선사한다. 각박한 교환의 셈평 속에 아등바등거리다가, 도시의 조각난 어스름에 업혀 술자리를 찾는 것은 그 이미지에 섞여든 증여의 환상 탓일 게다. 그리고 적지 않은 사람이 그 아득한 증여의 이미지에 취해서 도시의 골목을 강박적으로 누빈다. 그러나 우리 시대의 술자리는 더 이상 증여의 세계로 인도하는 입구가 아니다. 술(자리)이 연금술적으로 만들어내곤 하던 특권적 증여의 세계는 실질적으로 종말을 고했다. 술자리와 그 문화는 외려 자본제적 삶의 한 양식일 뿐이다. 그 낭만적 증여의 세계에서 가능했던 술-래잡기는 오래전에 끝났다. 잔치는 끝났다!

이와 관련해서는 문학(소설 문학)의 종언을 말하는 가라타니 고진*의 어법을 빌려도 좋을 것이다. 네가 마시려는 '술', 바로 그런 종류와 성격의 '술은 없다!'라고! 요컨대 근대에 특별한 의미와 가치를 지녔고 이를 대중적으로 행사할 수 있었던 문학의 사회적 양

---

* 가라타니 고진, 『근대문학의 종언』, 조영일 옮김, 도서출판b, 2006.

태가 매체 현실의 급격한 변동과 더불어 종말을 고할 수 있듯이, 이태백과 백거이의 술, 김삿갓과 정철의 술, 박인환과 초기 고은의 술, 그리고 변영로(「명정사십년」)와 양주동(「문주반생기」)의 술은 이미 끝났다고, 말이다. 꼼꼼한 독서와 낭만적 명정酩酊을 생산적으로 섞을 수 있었던 마지막(!) 문학평론가인 김현이 술과 말 사이의 주술적 변증법을 통해 되살리고자 했던 술의 연금술은 자본주의적 화학化學에 의해 진작에 밀려났다고. 이태백이 술을 마시고자 했던 이유를 이제는 알 필요가 없다고!

시인이란 성심껏 주신을 노래하면서 사라져간 신들의 흔적을 알아차리는 존재, 그 신들은 에테르로서만 존재한다. 에테르가 신들의 신성이요, 존재의 기본 조건이다. 그 에테르는 무엇인가. 중국어로 풀면 醚(미)이다. 醚(미)란 醉(취)요, 醚(미)에서 酉(주)를 뺀 迷(미)란 惑亂(혹란)이다. 또다시 醚(미)란 醇(순), 곧 누룩이다. 김수영은 문화의 본질적 근원을 발효시키는 누룩의 역할을 하는 것이 진정한 시의 임무라고 한다. 그에게 있어서 누룩이란 곧 '여직까지 없었던 세계가 펼쳐지는 충격'을 의미한다. 그 충격을 통해 시와 시론은 하나가 되는 것이다. 술을 먹고 주정을 부리고 싸움질을 이따금씩 하는 광인, 말을 비이성적으로 하는 시인, '스스로 좌절하도록 처신하는' '패배의 증언자'인 것이다. '이태백'이가 술을 마시고야 시작詩作을 한 이유', 이제야 알겠는가?*

김현은 박상륭이 주사를 부리면서도 오입은 하지 않는다면서 안심하고 전한다. 그러나 박상륭이라는 개인이 술과 오입을 섞지 않았다는 사실은 그의 작가적 아우라에 어떤 보탬이 될진 몰라도, 결코 그 사실만으로 술-자본주의 '바깥'을 보여주는 알리바이가 될 수 없다. 술 취해서 전신주를 들이박고 시詩를 한 말이나 쏟았다는 세상, '잔 들어 권할 이 없으니 그를 서러워 할'(임제) 세상은 이제는 영영 사라지고 만 것이다. 술이 개인의 종교적·음악적·예술적 실존을 각성시키고 고양할 시적 뮤즈의 매체였던 시대는 오래전에 끝났다. 체계화된 이 사회 속의 술은 (마르쿠제의 낡은 어법을 빌리면) 오히려 '인간의 부자유에 대한 커다란 초합리적 합리성을 제공'하며, 따라서 "자율적으로 되는 자신의 삶을 스스로 결정하는 것이 기술적으로 불가능하다는 것"**을 역설적으로 증명할 뿐이다. 혹은 아도르노-보드리야르의 말처럼, 술의 자리는 '체계적으로 관리되면서 그 만족을 내내 저지당하는 인간의 슬픈 욕망'에 바치는 자본제적 일상의 제전祭典과 같다.

　한마디 부언하자면, 박상륭과 같은 영웅적 개인들이 오입을 하든 말든, 술-환경은 전 국민적 오입의 가장 확실하고 편이한 통로***인데, 이 오입은 '체계적'이며, 따라서 이미 생활의 양식에 기입된 것이다. 술 취한 뒤에도 결코 오입하지 않는 박상륭적 개인, 혹은 술을 아무리 많이 마셔도 끄떡없다는 소크라테스적 개인이

---

*　유중하,「시인은 왜 술을 마시는가?」,『진보평론』5호, 2003년.
**　허버트 마르쿠제,『일차원적 인간』, 차인석 옮김, 삼성출판사, 1982, 157쪽.

있다고 하더라도, 그들은 결국 자본제적 대양大洋 속을 취보난만醉步爛漫하는 일개의 낭만적 포말일 뿐이다.

'이미지의 기원에는 죽음이 있다'는 드브레처럼 말하자면, 술자리의 스펙터클에는 이미지의 죽음이 자리한다. 술에 의탁한 모든 낭만적 개인주의는, '술은 술!'이라는 물질적 각성 속에 되돌아오는 냉혹한 구토와 지워진 기억 속에서 그 이미지들의 죽음을 확인한다. 진실로 역설적이지 않은가? 드브레가 죽음의 사건 속에서 종교상징적 이미지의 출현을 추정하듯이, 나는 술자리의 태탕한 사치 속에서 이미지의 빈곤, 혹은 그 죽음을 본다. 술자리는, 반드시, 그 모든 낭만과 상징의 영도零度를 스스로 마련하고야 만다.

실질적으로, 연암 선생과 달리, '술을 음미하듯 마시라'는 다산 선생의 권려 이상으로 뾰족한 대안은 없어 보인다. 금주법은 어느 천국에서나 가능한 시대착오적인 폭력일 테고, "자신을 다른 모든 사람과 동일시하면서 불편함보다는 편안함을 느끼는"* '대중의 시대'에 명정의 낭만주의 역시 우스개에 지나지 않는다. 그러나 정작

*** '농지農地 골프장 허용' 논의(2007년 7월)의 중요한 논점 가운데 하나는 이로써 동남아시아 각국으로 향하고 있는 골프 여행의 수요를 국내로 되돌리겠다는 것이다. 이 발상 자체의 현실성은 '골프'를 빌미로 이루어지고 있는 그 여행의 실상에 기댈 수밖에 없지만, 대중매체의 공론 속에는 골프-섹스 관광에 대한 논의가 생략되어 있다. "좌파와 건전한 우파는 골프를 안 친다. 극우와 깡패, 그리고 5·18 기념회에서 접대부를 부른 자칭 진보 중 일부, 즉 국민의 1퍼센트도 안 되는 악질들이 동남아 섹스 골프 관광하면서 골프장을 만들라 외친다." 우석훈, 『한겨레신문』, 2007년 3월 8일자.

* 오르테가 이 가세트, 『대중의 반역』, 20쪽.

중요한 점은, 매체-정치학적 실천으로 가능해지는 세속의 틈을 현실적으로 확인할 수 있는 방식에 있다. 휴대폰 광풍에서 잘 보이듯이, 현대사회의 매체는 실질적으로 그 사용자를 존재론적으로 묶어두는 '존재의 닻'—마치 김수영이 시詩 쓰기를 존재의 닻에 비유했듯이—과 유사한 무엇이다. 그러므로 매체를 두고 벌어지는 선택과 결별, 교환과 재배치의 노력은 인문정치적 생활 실천 과정에서 가장 중요한 몫일 수밖에 없다. 즉, 매체가 정치학적 운신의 틈을 보이는 지점에서 동시에 사유하고 실천하는 게 훨씬 더 편리하고 생산적이다. 마음의 중심을 붙안고 사물 속으로 곧장 내달을 수는 없다. 매체가 항용 존재일 리는 없지만, 존재가 매체적이라는 사실은 재론할 필요조차 없다.

현대사회 속의 인문학적 생활정치는 필연코 매체정치일 수밖에 없다. 정보 시대, 신매체의 시대, 네트워크 시대에 매체는 그 자체로 가장 효율적이며 강력한 정치적 배치, 그 수렴과 배제다. 우리 각자의 생활은 그 배치에 의해서 쉼 없이 인정받거나 규제받거나 탈락한다. 그리고 여러 매체를 중심으로 이루어지는 배제와 인정, 변용과 습합의 사회적 코드는 각자의 생활 방식을 종횡으로 구획하게 마련이다. 물론 내가 김현을 핑계로 술이라는 매체에 비판적으로 접근하는 취지도 생활양식과 관련해서 실현 가능한 매체정치학적 실천을 탐문해보려는 데 있다. 요컨대 지속적으로 매체에 노출되는 것은 사용자의 몸을 그 매체의 기술적 이치에 수렴·순치시키는 노릇으로서, 그것은 결국 몸의 길을 기반으로 엮는 생활양식에 구성적·규제적으로 작용할 수밖에 없다. 매체의 영향은 (이를테면) 자유주의자의 개인적인 낭만과 노스탤지어, 취향과 버릇 속으로 소멸하지 않는다. 마찬가지로 술은, 입속과 위장 속으로, 마침내 혈관 속으로 사라지기만 하는 것이 아니다. 일찍이 매클루언이 지적한 대로, 매체는 개인의 의견이나 그의 생각 속에서 활동하는 게 아니기 때문이다. 그러므로 개인주의적 자유주의자들이 매클루언적 상식에만 충실하더라도 술을 생각이나 '말'과 관련시키는 데에서 그 인문적 상상을 그치지는 못할 것이다. 다시 매클루언에 의하면, 매체가 그 효과를 부리는 본령은 부지불식간에 '감각의 비율이나 지각의 패턴sense ratios or patterns of perception'*을 바꾸는 데 있기 때문이다. 마찬가지로, 매체학자인 마크 포스터도 그의 『정보의 양식』(1990)에서 커뮤니케이션 신매체가 파급되는 효과에서 중요한 사실은 새로운 언어의 형태이며, 각자는 그 형태에 쉼 없이 노출됨으로써 스스로의 주체성과 더불어 사회적 관계성을 바꿀 수밖에 없다고 진단한다.**

각종 매체 현실에 지속적으로 노출되어 살 수밖에 없고, 그 매체의 효과장 속에 삼투당한 채 우리 몸과 생활양식이 생각이나 다짐과 무관하게 순치·기계화되는 것을 피할 수 없다면, 동무로서의

---

* Marshall McLuhan, *Understanding Media: The Extensions of Men*, New York: McGraw-Hill Book Company, 1964, p. 18. 이하 *UM*으로 약칭.
** 마크 포스터, 『뉴미디어의 철학』, 김성기 옮김, 민음사, 1994, 27쪽. 이하 『철학』으로 약칭.

우리, 인문좌파로서의 우리는 '매체와 함께 매체를 넘어가는' 인문人紋의 생활정치에 이드거니, 충실히 나설 필요가 있다. 그래서 만남과 헤어짐, 주기와 받기, 쓰기와 버리기, 이 모든 행위를 매체정치학적 관점에서 재해석하면서 새롭고 현명한 실천의 현실성을 구체화할 필요가 있다.

무릇 매체는 인간 사이의 관계와 소통을 위한 장치이지만 그 장치가 반드시 방편方便이라는 도구적 역할에 묶여 있는 것은 아니다. 물론 이것은 근대화 일반의 길흉, 혹은 재상災祥과 궤를 같이한다. (비릴리오의 말처럼 자동차는 사고를 발명하고야 말고, 울리히 벡의 말처럼 근대화의 성공 자체가 위험을 배태한다.) 매체가 인간의 길을 죽이지 않도록 하려면, 그래서 인간들 사이의 관계와 소통을 돕는 애초의 기능에 생산적으로 견결하려면, 그 매체의 성격과 가능성을 제대로 파악해야 할 뿐 아니라 선택과 배제, 배치와 사용면에서 현명한 지침과 '연대'가 필요하다. 물론 의식(결심)과 언어(대화)만으로, 제도와 체계만으로 지속 가능한 진보의 틀은 이루어지지 않는다. 그 사잇길에 놓인 생활 방식에 주목해야 한다. 그러나 자신의 생활 방식과 결부된, 매체에 대한 개인의 원칙과 태도만으로도 여전히 부족하다는 사실은 이미 이 글에서 충분히 지적했다. 매체는 그야말로 매개—혹은 지라르가 말하는 '간접화'—이므로 개인의 원칙과 태도가 순환적 운동력을 얻도록 돕는 연대는 극히 중요할 수밖에 없다. 내가 '산책이라는 매체'를 통한 미래적 연대의 씨앗(동무)에 오랫동안 골몰했던 이유도, 동무 역시 일종의 매체-인문정치학적 실천이기 때문이다.

나는 편의상 강성 매체와 약성 매체로 나누어 생각해보려고 한다. 물론 강약의 구별은 애매할 뿐 아니라 상대적이며, 심지어 동일한 매체도 배치와 사용 방식에 따라 강도強度가 수시로 변한다. 간단히 대별하자면, 강성 매체란 매체 그 자체의 효력이나 매력이 너무 강한 탓에 사용자들 사이의 소통, 혹은 관계 일반에 오히려 부작용과 역효과를 내는 경우를 가리킨다. 그래서 중독 현상이 생기거나 혹은 극단적인 경우에는 외상성 애착 traumatic bonding*과 유사한 정서를 발달시키기도 한다. 이에 비해서 약성 매체는 스스로의 존재를 낮춤으로써 오히려 사용자들 사이의 소통과 관계를 높이는 효과를 말한다.

가령 유배 중의 다산茶山이 쓴 어느 편지글에는 아들의 술버릇을 나무라는 대목이 있는데, 거기에 묘사된 술은 전형적인 강성 매체다. "참으로 술맛이란 입술을 적시는 데 있다. 소가 물 마시듯 마시는 사람들은 입술이나 혀에는 적시지도 않고 곧장 목구멍에다 탁 털어넣는데, 그들이야 무슨 맛을 알겠느냐? 술을 마시는 정취는 살짝 취하는 데 있는 것이지 저들 얼굴빛이 홍당무처럼 붉고 구토를 해대고 잠에 곯아떨어져버린다면 무슨 술 마시는 정취가 있겠느냐?"** 물론 앞서 말했듯이 술을 그 자체로 강성이라고 못 박을 수는 없다. 김현이 '술은 말의 예비자이며, 말의 부피를 불

* 주디스 허먼, 『트라우마』, 163쪽.
** 다산 정약용, 『유배지에서 보낸 편지』, 박석무 옮김, 창작과비평사, 1991, 86쪽.

리는 희한한 공기'라고 했을 때는, 술로 인해 한결 민활敏活해진 대화와 소통의 분위기를 떠올렸을 테니 그것은 필경 약성의 매개적 효력을 내면서 그들 사이의 관계를 흥겹게 부추겼을 것이다. 요점은, 대상 자체를 객관적으로 분류하는 게 아니라 그 쓰임새와 관계적 효과에 주목하려는 데 있다. '술은 나라를 망하게 하고 차는 흥하게 한다'는 식의 분절은 아무래도 요령부득이지만, 대체로 술이 강성으로 흐르기 쉬운 반면 차가 약성 매체의 노릇을 할 것은 어렵지 않게 짐작할 수 있다. 그러나 극도의 차 사치를 일삼는 이들이 더러 있는데, 그 위화감은 매체의 평등자적 기능the equalizing function에 어울리지 않을뿐더러 어느새 명품으로 둔갑한 차가 사람들의 시선을 홀로 받으며 오똑하니 솟아오르는 일도 결코 바람직하지 않다. 예를 들어 번거롭고 오연한 다도茶道의 절차나 기상도 그 자체로 스펙터클적 가치를 지니며 심지어 문화상업주의적 그물망에 얹혀 일렁거리기도 하지만, 바로 그런 탓에 차茶의 길이 오히려 사람과 소통의 길을 막아버리기도 하는 것이다. 번다煩多한 의식儀式을 좇는 일은 필경 제의적 수직성의 과거를 연상시키는 노릇으로, 참여자와 사용자들의 수평적 대화와 그 인문적 관계를 성서하게 만들기도 한다.

    강도의 관점에서 보자면, 술과 차 사이에 식사(음식)를 놓아도 괜찮을 것이다. 식사는 그 일반적인 무게감 때문에, 그리고 차나 술과 달리 식탐食食의 대상이 될 수 있다는 점 때문에, 술 못지않은 강성 매체로 여겨질 수도 있다. 그러나 짐멜의 표현처럼, 식사는 여전히 '사회학'이며 가장 효과적인 의사소통의 매개인 것이다. (의사소통의 요체는 '아는 것을 다 말하지 않기'인데, 제아무리 달변도 음식을 입안에 채운 채 떠벌릴 수는 없을 터!) 그에 따르면, 특히 공동 식사는 "생리학적으로 원초적이고 불가피하게 보편적인 사건을 사회적 상호작용의 영역과 초개인적 의미의 영역으로 고양시킨다는 바로 그 이유"*로 개인적 애착의 깊이 속으로 골몰할 수 없는 것이다. 식사의 사회학적 양식화는 1) 시간적 규칙성 2) 순서 3) 미학적 양식화** 등으로 구성되는데, 이 양식화는 양식에 대한 짐멜의 논의가 말해주듯 식사를 개인적 취향의 특이성으로부터 구원한다.

이런 식으로 대강 분류해볼 때, 예를 들어 산책이 약성 매체라면 등산은 강성 매체인 셈이다. 가령 산책은 그 중심이 나 혹은 동행하는 동무이지만, 등산은 산, 어디까지나 그 대상적 소욕으로서의 산이다. 물론 근년에 '웰빙' 열풍과 더불어 유행하고 있는 소위 '파워워킹' 역시 극히 우스꽝스러운 강성 매체의 일종이다. 특히 유명한 산악인들을 얼굴마담으로 내세우는 고산 등반의 영상물은 등반 자체의 흥미와 가치를 극대화하는 강성 매체일 뿐 아니라 그 행정行程의 전부가 매체상업주의에 포섭·조작·극화되는 게 예사다. 그들의 행정을 녹화해서 대중매체를 통해 흩뿌리는 사이비-자연성의 이미지에는 이미 산도 없고 인간도 없다. '기계'들만 있을 뿐. 히말라야의 모모한 봉우리들을 '정복'했다는 고산 등반가

---

* 게오르그 짐멜, 『짐멜의 모더니티 읽기』, 143쪽.
** 같은 책, 144쪽.

들이 TV 매체에 등장하는 일은 동무도 공부도 아니며, 소통도 관계도 아니고, 영감靈感도 비전도 아니다. 그것은 오직 자본이 선사한 스펙터클이며 그 스펙터클에 충실함으로써 자본에 재복무하는 상업주의적 기획일 뿐이다. 마찬가지로 TV를 강성으로 분류한다면 라디오는 비교적 약성에 해당된다. 알다시피 매클루언은 라디오 같은 핫hot 미디어를 가리켜 참가하는 정도가 낮은 매체라고 판단하고, TV와 같은 쿨cool 한 매체는 참가 혹은 보완하는 정도가 높다고 본다. 매체의 참가도가 높아지는 것과 더불어 참가자가 그 매체와 관련해서 하나의 감각만을 과도하게 노출할 경우 환각 hallucination에 이르게 된다고 경고*하는데, 이것은 내가 말하는 강성 매체의 전형적인 특성이기도 하다. 휴대폰의 속성은 기술적 다기능화에 따라 점차 강성화되는 추세이며, 그 나르시즘적 효과는 원격 소통 매체로서의 가치를 내부에서부터 잠식한다. 전 국민적으로 과잉 보급되어 있는 휴대폰이 사회적 신용도를 역설적으로 속으로부터 갉아먹는다는 지적에도 귀 기울일 필요가 있다. 가령 휴대폰은 약속을 지키는 장치라기보다는 오히려 약속을 번복하는 장치로서 활성도가 더 높아 보인다.

    노파심에서 다시 말하지만, 원칙적으로 강약의 구별은 상대적이며 그 요체는 쓰는 방식(그 템포와 강도)에 있을 뿐이다. 미국식 실용주의자들의 태도에 전적으로 동의하지 않는다고 하더라

---

* *Understanding Media*, op. cit., p. 32.

도, 가령 '우리가 어떤 사물로써 할 수 있는 것의 전부는 그것을 사용use한다는 것'(로티)이라는 입장은 매체와 인간 존재가 섞이는 길을 따지고 헤아릴 때 기초가 되는 사실이다. 주선酒仙과 시선詩仙의 경지에 올랐다고 하는 송강 정철(1536~1593)은 흥미롭게도 '이미 술을 끊다已斷酒'라거나 혹은 '아직 술을 끊지 못하다未斷酒'라는 상반된 제목의 칠언고시를 반복해서 짓는데, 이는 사용하는 방식에 따라 급변하는 몸과 생활세계의 길을 극명하게 대조한다. 그의 나이 마흔둘에 쓴 아래의 글은, 의도의 바깥으로 불러내는 매체의 무의식적·물질적 효과 속에 감추어진 삶의 역설적 진실의 한 대목을 잘 드러낸다. "바야흐로 취하였을 때는 기탄없이 맘대로 행하다가, 술이 깨고 나면 미혹되어 깨닫지 못하게 된다. 남이 혹 말을 하면 처음에는 믿지 않다가, 그것이 사실임을 알게 되면 부끄러워서 죽고만 싶다. 오늘도 이와 같고 내일도 이와 같아, 잘못과 뉘우침이 산과 같이 쌓이되 고칠 때가 없다."*

헬렌 니어링의 아래 글도, 매체에 대한 관심이, 마치 역설力說-역설逆說의 자가당착에 이르지 않으려면 인간을 생략하는 매체주의와 등치되어서는 안 된다는 점을 소박하지만 생생하게 일깨운다. 매체의 중요성에 대한 실천적 관심은 결국 그 매체와의 부단한 긴장과 싸움의 과정에서 인문人紋을 조형해내는 것으로 구체화되어야 하기 때문이다. "하지만 나는 엄격한 채식인이면서 아내

---

* 다음의 책에서 재인용. 박영주, 『정철 평전』, 중앙M&M, 1999, 245쪽.

를 구타하는 자보다는 육식을 하지만 친절하고 사려 깊은 사람이 낫다는 간디의 말에 전적으로 동의한다. 한 엄격한 채식인—이제 막 열광적인 채식인이 된 사람이다—을 알았는데, 우리를 식사에 초대하면 아내와 딸을 심하게 무시해 식당에서 함께 식사하지 못하게 하고 혼자서 우리에게 식사를 대접했다. 이 고약한 '강성론자'는 먹는 법은 제대로 배웠는지 몰라도 사는 법은 아직 배울 게 많았다."*

사회적 관계망 속의 현존재는 각종 매체가 결절하는 지점에서 명멸한다. 가령 바디우가 말하는 주체 구성의 '충실성'**조차 매체의 선택과 배치의 실천적 과정으로 번역될 수밖에 없다. 그것은 프랑스식 재기를 이탈리아식 의지意志로 번역하려는 게 아니다. 사건을 통해 '바람처럼' 현시된 어떤 진실은, 그의 말처럼 결국 시간과 물질을 거슬러 주체 속에 기입되어야 하는데, 그 방식은 재기도 아니지만 의지가 될 수도 없다. 그 방식이 몸과 매체의 공진화적 방식, 요컨대 생활의 양식을 통해 계속되어야 한다는 것은 재론할 필요조차 없이 명백해 보이며, 그것은 매체정치학적일 수밖에 없다. 소크라테스의 충실('생각한 것을 말하기')도, 바울의 충실('믿는 것을 말하기')도 결국 매체정치학적 실천일 수밖에 없는 것이다.

존재의 윤리학적 충실은, 몸과 매체가 섞이거나 헤어지는 과정에 견결하게 유지되는 현명한 실천의 원칙을 따른다. 예를 들어

---

* 헬렌 니어링, 『소박한 밥상』, 공경희 옮김, 디자인하우스, 1999, 54쪽.
** 다음의 책을 참고. 알랭 바디우, 『윤리학』 중 특히 4장.

'존재론적 차이'(하이데거)가 최종적으로 수렴하는 형이상학적 엑스x, 그리고 그 일의적 존재론의 전체주의에 반발하면서 '타자(의 얼굴)'(레비나스)라는 특이점을 통해 무한과 접속하려는 어느 종교윤리적 초월의 엑스x를 서로 비교해본다면, 그것은 불행(!)히도 나치-총장과 유대인 수용소 포로 사이의 '메울 수 없는'* 현실적 간극에 상응하는 사회철학적 차이를 보여주지 못하는데, 나로서는 이 문제를 풀어가는 실마리가 매체정치학적 실천의 고리를 얻는 데 있다고 보는 것이다. 다시, '존재론적 차이'와 '차이의 존재론'(들뢰즈)이 동시에 지향하는 해체론적 기획도 어떤 점에서는 극히 심오하거나 극히 어수선하게 현실과 접속하는데, 여기서도 매체정치학적 실천과 더불어 인문人紋의 정향定向을 충실하게 잡아나가는 수밖에 없다.

그러나 모종의 형이상학, 혹은 아우라는 이 매체정치학적 정향을 현명하게 헤아리는 삶의 양식을 지목하며 쉬지 않고 궁시렁거린다. 잠시 들뢰즈의 술타령, 술과 형이상학 사이에서 들고나는 (은폐된) 낭만주의적 고리를 매개로 탐문을 계속하자. "피츠제럴드나 로리가 이 비물체적 형이상학적 균열에 대해 말하면서, 거기서 그들 사유의 터전과 장애물, 원천과 고갈, 의미와 무의미를 동

---

* 바디우의 지적처럼, 흔히 나치즘이 하나의 현실 정치에 불과했다는 사실을 부정하고 싶어할 정도로 홀로코스트의 악惡을 절대적으로 종교화하는 태도에서 특징적으로 드러나는 그 '메울 수 없음'. 같은 책, 77쪽 이하를 참고. 물론 이 종교화는 과거의 특정한 기억을 전유하는 이데올로기적 방식으로는 전형적이다. 요컨대 이런 식으로 집단의 왜곡된 기억은 신화가 된다.

시에 찾아낸다면, 그것은 그들이 마신, 신체 내에 균열을 야기시킨 술과 더불어서이다."* 형이상학적 균열과 술로 인해 야기된 신체 내의 균열 사이의 연루를 얘기하는 들뢰즈의 상상 역시 그 근본에서 낭만주의적이다. 사실 그는 이 같은 낭만주의를 회피하기 위해서 빼어난 장기인 지랄知剌를 떤다. 그러나 그 산만한 지랄 끝에 그가 당도하는 곳은, 니체나 시오랑을 연상시키는, 역시 모종의 변형된 낭만주의일 뿐이다. "왜 건강으로 만족할 수 없는가라고, 왜 균열이 필요한가라고 묻는다면, 아마 균열에 의해서만 그리고 그 가장자리들 위에서만 사유할 수 있기 때문이라고, 인류의 역사에서 선하고 위대했던 모든 것은 스스로를 파괴할 준비가 되어 있는 사람들에게서, 균열에 의해서 나오고 들어가기 때문이라고, 우리가 제공받는 것은 건강보다는 죽음이기 때문이라고 대답해야 할 것이다."(『논리』, 276~277) 이것은 시오랑이 뱉은 말과 본질적으로 다르지 않다. "나는 단지 이 두 범주의 사람들만을 경탄한다. 곧 항상 미칠 수 있는 사람들과 매 순간 자살할 수 있는 사람들. 이 사람들만이 내게 깊은 인상을 준다."**

이어서 시오랑, 특히 손택에 의해 니체와 꽤 심각한 관계를 맺게 된 그 시오랑의 문장 하나와 더불어 술/병病의 낭만주의에 대한 논의를 계속해보자. "질병이 지상에서 철학적인 임무를 가지고

---

* 질 들뢰즈, 『의미의 논리』, 이정우 옮김, 한길사, 1999, 271~272쪽. 이하 『논리』로 약칭.
** 에밀 M. 시오랑, 『절망의 맨 끝에서』, 김성기 옮김, 에디터, 1994, 106쪽.

있다면 이것은 단지 삶의 영원성에 대한 느낌이 얼마나 거짓이고, 삶의 완성과 확정에 대한 환상이 얼마나 깨지기 쉬운가 하는 것만을 보여줄 수 있을 뿐이어서, 질병 속에서 죽음이란 영원히 인생 속에 엄연히 현존하기 때문임을 어쩌랴. 진실로 병들어 있는 상태는 정상적이고 건강한 사람이 결코 이해하지 못할 형이상학적인 사실에 우리를 연결해준다. 질병에는 분명히 계시 능력에 있어서 서열이 있다."* 들뢰즈에 이어 질병과 형이상학, 그리고 질병과 계시를 잇는 시오랑의 선線 역시 명백히 낭만주의적이다. 자연스럽게 낭만주의의 병적 생산성을 말한 괴테나 바이런이 떠오르지 않는가? 광기나 눈물이나 죽음과 결부된 낭만주의적·천재적 생산성은 가령 질병에도 고스란히 이어진다. 널리 알려진 대로 이 같은 19세기 낭만주의적 분위기 속에서 결핵이나 뇌매독은 특별한 직관과 영감의 창구, 그 형이상학적 바이러스가 계시처럼 출몰하는 원천이 된다. 손택의 두 책,『은유로서의 질병』(1979)과『에이즈와 그 은유들』(1988)은 이 원천源泉의 증발을 막는 은유와 환상의 역할을 세밀하게 탐문하고 비판한다. 흥미롭게도 손택은 이 문제와 관련해서 시오랑에 대해 극히 시사적인 보고를 한다. "에밀 시오랑은, 1920년대 후반 루마니아에 있던 중에 문학적 영예를 향한 10대의 치기 어린 기대 속에서 어떻게 '매독-선망syphyilis-envy'이 생겼는지를 회고한다."** 매독이나 폐병에 대한 예술적 동경은

---

*   같은 책, 52쪽.
**   Susan Sontag, *Aids and Its Metaphors*, New York: Farrar, Straus and Giroux, 1988, p. 23.

에이즈나 암癌에 대한 종교적 저주와 동전의 양면을 이루는 현상으로서, '상징적 인간homo symbolicus'에 대한 카시러의 오래된 설명에서처럼, 수용계receptor system 와 효과계effector system 사이의 작동 operation 만으로는 매독이든 에이즈든 혹은 술이든 그 인문적 의미를 다하지 못한다.

작동하지 않아도 마치 '기질'(칸트)처럼 형이상학은 피어나듯이, 병이나 술에 틈타는 형이상학 역시 나름대로 집요하다. 결핵은 결핵이고 술은 술이지만, 이 사실을 놓치고 스스로 '절망의 변증법' 속으로 걸어 들어가는 이가 적지 않다. "그가 원하는 자신─비록 그것이 절망 속에서 이루어진다고 해도─이 되는 것은 그의 기쁨이다. 그러나 그가 원치 않는 자신이 되도록 강요당하는 것은 그의 고뇌일 수밖에 없다. 즉, 그는 그 자신을 없앨 수가 없는 것이다."* 맥락은 바뀌지만, 다시 키르케고르를 이용해 이 절망의 변증법에서 벗어난 지경을 묘사하고, 그 함의를 이 글의 풍경과 연관시켜 상상해보도록 하자. "절망이 완전히 근절된 자신의 상태에 대한 묘사는 이와 같다. 자신은 스스로를 그 자신과 관계하고 또 그 자신이 되고자 희망함으로써, 그 자신을 산출한 힘 속에 투명하게 근거한다."** 이 괴팍한 단독자가 너무 초월적이라면, (지젝의 설명처럼) 예수의 죽음이 아니라 부활을 진리-사건으

---

* Soren Kierkegaard, *The Sickness unto Death*, Walter Lowrie(tr.), Princeton, New Jersey: Princeton University Press, 1969, p. 153.
** 같은 책, 147쪽.

로 여기는 사도 바울이나 바디우와 달리 "죽음과 부활 사이의 균형을 암묵적으로 변경하여 죽음의 편을 드는"* 라캉의 길로 퇴행(?)할 수도 있다. 그러나 술로부터 부활할 필요도, 그 가능성도 없는 것! 그래서 주체가 현실과 맺는 고리를 문제시하면서, 다시 애초의 내 문제의식—술을 자본제적 삶의 양식과 관련짓는 일, 그리고 그 인문적 함의에 접근하는 실천적 현명함—으로 되돌아갈 수 있을 것이다. "가장 근본적인 차원에서 '죽음'이 나타내는 것은 한낱 이승에서의 삶이 다했다는 것이 아니라, '세계의 밤'이며, 주체성의 자기-철회, 주체성의 절대적 위축이며, 그것이 '현실'과 맺고 있는 연결 고리를 절단하는 것이다. 그리고 바로 이것이 상징적인 새로운 시작의 영역을 열어놓는, 새로 출현한 주인기표에 의해 지탱되는 '새로운 조화'의 출현 영역을 열어놓는 '과거 청산'이다."**

술의 낭만주의, 그 개인주의적 조증躁症은 결국 술 먹는 자아가 극복한 것이 자아에게 은폐된 탓에 가능해지는 것이다.*** 그리고 그 은폐 속에서 작동하는 밈memes은 치명적일 수도 있다.* 술을

---

* 슬라보예 지젝, 『까다로운 주체』, 이성민 옮김, 도서출판b, 2005, 251쪽.
** 같은 책, 같은 곳.
*** 이것은 조증에 대한 분석 중 그 증세를 술과 비교한 프로이트의 생각을 패러디한 것이다. "우리는 조병躁病이 바로 그런 종류의 승리와 같은 것이라고 주장할 수도 있다. 다만 조병에서는 자아가 극복한 것, 그리고 자아가 쟁취한 것이 자아에게 은폐되어 있을 뿐인 것이다. 이와 유사한 심리 상태에 속하는 술에 취한 상태 역시 (그것이 굉장히 기분 좋은 상태에 있는 한) 같은 식으로 설명될 수 있다." 프로이트, 「슬픔과 우울증」, 『정신분석학의 근본 개념』, 259~260쪽.

다시 보고, 술을 다시 즐기는 미래적 인문주의의 가능성을 톺아보자. 자본제적 체계 속의 술-소비가 특정한 생활양식을 요구하는 계고장, 혹은 호출 부호라는 사실을 다시 상기해보자. 그리고 체계적으로 복제되는 상품으로서의 술의 시대에도 끈질기고 우스꽝스레 남아 있는 술의 형이상학적 아우라보다 앞서 걸어나가자. 그래서 그 '변신이 없는 화학化學'을 내 삶의 양식 속에서 명랑하게 폭로해보자. 술과 함께, 그러나 술보다 빠르게 동무들의 발걸음 속으로 섞여 들어가자.

---

* Lyall Watson, *Dark Nature*, London: Hodder and Stoughton, 1995, p. 240.

19장

거울속에는소리가없소

거울사회와 휴대폰 인간

거울속에는소리가없소……
나는거울속의나를근심하고診察할수없으니퍽섭섭하오

—이상, 「거울」*

이성理性의 꿈이 괴물을 불러낸다.

—고야

단자單子들은 창窓이 없다…… 단자들은 우주 전체의 거울이다.

—라이프니츠, 『단자론』**

'거대한 체계' 속에 존재하는 인간은 저능아, 혹은 버튼을 누르는 자, 혹은 학습된 백치, 다시 말해 어떤 협소한 전문 분야에 대해서만 고도의 훈련을 받고, 오직 기계의 일부분이 되어야 한다.

—버틀란피, 『일반체계이론』***

---

* 물론 거울을 광학적光學的 피상皮相의 메타포로 보지 않을 수도 있다. 가령 시인 고은의 다음과 같은 해석. "그의 독서는 거울이었다. 그리고 그의 이성理性 역시 거울 속의 자기 자신이었다. 거울은 깊다." 고은, 『이상평전』, 청하, 1992/1992, 90쪽. 이하 『평전』으로 약칭.

** G. W. Leibniz, *Monadology*, La Salle, Illinois: Open Court, 1992/1720, p. 252. 이하 *monad*로 약칭.

*** 루트비히 폰 버틀란피, 『일반체계이론』, 민음사, 1990/1968, 36쪽. 이하 『이론』으로 약칭.

1
"기하학의 정신이 인문의 뇌수를 소각"한 이력

첨예한 시대정신의 예각을 살아갔던 모더니스트 이상李箱은, '기하학의 정신이 인문人文의 뇌수를 소각'한다고 했다. "거울속에는 소리가없소"라는 그의 시어詩語 혹은 '소리들'*은, '사람의 무늬人紋'가 데카르트적 현전現前의 공간주의 속에서 틈 없이 밀폐·박제되어버린 꼴을 예시豫示한 듯하다. 벤야민, 아도르노, 하이데거 등이 서로 겹치면서 읊조려온 기술 시대를 향한 잿빛 묵시록의 풍경이 식민지 모더니즘의 전위前衛를 살던 한 천재 시인에게 먼저 읽힌 것일까. 그래서 하이데거를 이상과 겹쳐/고쳐 읽으면, "기하학의 정신에 대한 의심은 세상과 인간의 전체가 기하학 속에 함몰陷沒한 만큼 함몰했다".**

이 글에서 '거울'은 상징 이하의 것으로, 정보화/전자화의 편

---

* '소리'라는 용어의 지취旨趣는 다음 글 속의 용례와 이어진다. 김영민, 「소리」, 『지식인과 심층근대화: 접선의 존재론』, 철학과현실사, 1999, 166~185쪽.
** 원문은 내용은 다음과 같다. "기술이 세계의 전부와 그 속에서의 인간 위상의 모습을 더욱 결정적으로 특징짓고 규정하는 만큼, 현대기술에 대해 의문을 제기할 필요는 사라져버릴 것이다." Martin Heidegger, *Basic Writings*, New York: Harper & Row, 1972/1972, p. 434. 이하 *BW*로 약칭.

재遍在에 의해서 가능해진 네트워크 사회의 기계적 순환계, 그 쾌락적 자폐성自閉性을 직접 가리킨다. 나는 이 편재성을 특별히 휴대폰이라는 (상징 이하의) 상징의 폐쇄적 연계 구도에 배정했다. 이를테면 휴대폰-인간, 혹은 인간-휴대폰은 '거울사회'의 특권적 표상으로 선택된 셈이다. 나는 이 '휴대폰-인간'과 '거울-사회'의 상호 되먹임 장치를 간략하게 설명함으로써, 일찍이 이상이 걱정한 '인문人文의 뇌수腦髓'가 21세기적으로 다시 소각되는 모습을 그리려 한다.

고쳐 말하자면, 이 글은 사회 전체가 거울상鏡像의 상호 복제 구조 속에 빠지면서 겪는 정체성의 변화에 관심이 있다. 그러니까 '휴대폰-인간'이라고 써서, 두 낱말 사이를 이어준 하이픈(-)은 바로 이 변화에 대한 관심의 희미한 기호인 셈으로, 이 글은 여러 사정상 이 관심을 소상하게 해명하지도 못하며, 그 관심이 '거울-사회'의 현실과 접촉하는 부분들을 포괄적으로 보여주지도 않을 것이다. 그러나 이 글이 경상鏡像의 난반사적 자기 증식 구조에 함몰되어가는 이 네트워크 사회의 문화文禍*가 보편적으로 유발하는 나르시시즘의 현기眩氣를 조금 더 실감할 수 있도록 돕는다면 큰 다행이겠다. 가령 내장內臟이 피부를 통해 다 빠져나가 네트워크 위에 하야얗게 전시될 만큼 그 매끄러운 피부애皮膚愛에 함몰되어버린 이 '거울-사회'의 미래를 바늘 끝만큼이나 묵시示할 수 있다면!

---

* 이 용어의 용례 역시 내 책 『문화, 문화, 문화』, 동녘, 1998과 이어져 있다.

2
세상의 문門-턱에서 빛나는 거울(들)

"……그래서 여자들은 나르시시즘, 사랑, 그리고 종교를 통해서 그녀의 참된 존재를 헛되이 추구하고 있는 것이다."(SS, 679) 나르시시즘, 사랑, 그리고 종교는 『제2의 성』의 유명한 한 구문에서 보부아르가 열거한바, 사회적 영역을 박탈당한 여자들이 거듭 회귀하는 우거寓居, 그 아지트다. 당대의 여자들은 이 우거 속에서 '내재內在'하는 존재로 그려지며, 사회 활동을 통해서 생산적일 때에만 그녀들은 그들의 '초월transcendance'을 달성할 수 있다.(SS, 680) 이것들은 자신과 연인과 신을 향해 움직이는 상이한 벡터이지만, 열정의 사유화私有化라는 점, 결국은 자기애적/근친상간적 동화同化 과정이라는 점에서는 매우 유사하다. 말하자면 그것들은, 세상을 향한 전문성/생산성의 창窓을 얻지 못한 채 공적 성취의 마당에서 축출당한 여자들이 놀아야 하는 인위人僞의 새 마당이요 전래의 낡은 거처인 셈이다. 다시 보부아르의 표현을 빌리면, "스스로의 노력에 의해서 자신을 정당화하기보다 신神(/애인)에 의해 정당화되는 편이 더 쉬워 보이기"(SS, 696) 때문이다. 그래서 "여자들은 환상을 불식시키느라 이미 탈진해버리고, 세상의 문턱에서

겁에 질린 채 멈춰선다".*

세상의 문턱에 성차性差의 지표가 선명하게 새겨진 것도 아니고, 출세와 입신이 남자들의 전유물도 아니며, 불식시켜야 할 여자들만의 환상이 있는 것도 아니라는 주장은, 실상 그 내용 면에서도 성차의 변별을 희석시키는 중성화 전략이지만, 그 발화의 형식 역시 발신-수신의 정치사회적 코드를 숨긴 채 중성화되고 있다. 그러나 이 중성화는 사회적 약자를 위한, 그 약자들에 의한 선택이 아니다. 뤼스 이리가레의 주장처럼, 여기서도 "문제는 이것이 일부 여성이 선택한 것인가, 그렇지 않으면 남성에 의해 건설된 세계 혹은 여성이 선택한 적이 없는 세계, 그러나 여성이 참아내는 세계의 필요성에 의한 것인지를 아는 것"**이다. 이리가레가 적시하는 '민중의 새로운 아편'은, "여성과 남성이 '평등하다' 또는 '평등해져가고 있다'는 소문"(『우리』, 81)이다.

다시, 이 글은 "환상을 불식시키느라 이미 탈진한 채 세상의 문턱에서 멈춰선 사회적 약자들"이, 누군가 '리좀'이라고 부른 이 네트net의 세상, 전자 신매체의 연결접속망이라는 신세계와 어떻게 접촉/접속해가는지에 대한 약술略述이다. 이 경우 '세상의 문턱'이란 무엇이며, 그들이 과연 '문門-턱'을 넘어서서 세상 속에서 '생산

---

* Simone de Beauvoir, *The Second Sex*, H. M. Parshley(tr.), New York: Alfred A. Knopf, 1968/1949, p. 710. *SS*로 약칭.

** 뤼스 이리가레, 『나, 너, 우리』, 박정오 옮김, 동문선, 1996, 81쪽 이하『우리』로 약칭.

적 초월'의 입지를 얻어가도록 하는 새로운 제도환경적 변동이 있었는지 혹은 그 문門이 기껏 '창窓-문門'이라는 이름의 창窓에 불과한 것은 아닌지, 심지어 창窓도 아니라 '거울사회'의 한 단말기인 거울鏡에 지나지 않는 것인지 등등을 자문하는 노력이 될 것이다.

3
나르시시즘-함몰-마비

서둘러 말해버리자면, 나는 휴대폰이라는 전자기술적 편재성遍在性을 '거울사회'의 징후적 표상체, 그 단말기端末機로 여긴다. 그리고 (워낙 매체 자체의 속성에 있어 나르시시즘의 혐의를 지울 수 없긴 하지만) 특별히 이 단말기의 속성은 다름 아닌 나르시시즘이며, 비록 그 형식적 꼴과 노릇이 소통과 참여의 문門처럼 생겼지만 실은 문보다 최소 자아가 운신하는 창窓에 가깝고, 심지어 창보다 거울鏡에 가깝다고 본다. 보부아르의 말을 다시 원용하자면, 사회적 약자인 여자들이 전통적으로 귀소하던 장소인 종교와 사랑과 나르시시즘이 휴대폰이라는 전자 단말기 속으로 부피 없이 수렴한 것이다.

거울과 나르시시즘의 환경은 매클루언의 고전적 지적(UM, 41)처럼 마비적痲痺的인 것이다. 그것이 마비적인 이유는, 일차적으로 거울과 나르시시즘이 가진 '자기함몰성', 그리고 여기에 기인하는 비성찰성에 있다. 나르시시즘이 아닌 것, 바로 그것이 성찰省察이며, 비판적 메타화이기 때문이다. 물론, 앞서 언급했듯이, 거울만이 아니라 모든 매체는 근원적으로 자기함몰적 나르시시즘의 기미를 피할 수 없다. 내가 '거울사회'라는 조어로써 주제화하려는 것은 신매체의 편재성에 얹힌 나르시시즘 문화의 보편화 현상이다. 포스터의 말처럼, "미디어 대화는 대개 독백적monologic"(『철학』, 93)이기 때문이며, 러시코프의 표현처럼 그것은 "미디어 반사경反射鏡의 세계"*(『카오스』, 296)이기 때문이다. 그리고 휴대폰이란 그 문화의 현 단계가 우연히 선택한 단말기일 뿐이다. 모든 거울의 속은 속성상 나르시시즘적이지만, 거울의 바깥은 구조상 나르시시즘적이다.

---

* 더글러스 러시코프, 『카오스의 아이들』, 민음사, 1997/1996, 296쪽. 이하 『카오스』로 약칭.

4
'거울사회',
혹은 총체성이 없는 편재성

내가 읽는 현대의 중요한 한 측면은 '거울사회mirror-society'다. 프라이버시의 선線은 각종 거울로 구성되어 있다. 16세기의 몽테뉴는 "세상은 우리가 스스로를 제대로 알기 위해서 반드시 들여다보아야 할 '거울'"*이라고 했다. 그러나 이제 우리 미래에서는, 세상이 거울이 아니라 거울이 세상이 될 것이다.

차를 타고 장거리 여행을 할라치면 마치 지령을 송수신하는 스파이처럼 꼭 30분에 한 번씩 손거울을 꺼내 자신의 얼굴을 열심히 들여다보는 승객들이 있다/많다. 여태 거울에 낯을 가리는 내게는 아무래도 이색적인 풍경이 아닐 수 없다. 손거울이나 스포츠 신문**이나 잠이 아니라면, 이제는 모두 휴대폰이라는 페티시를 만

---

* Michel de Montaigne, *Essays*, New York: Penguin, 1993/1588, pp. 63~64. 이하 *es*로 약칭.
** 전적으로 동의하긴 어렵지만, 스포츠 신문에 대한 토인비의 일갈은 추상같다. "어느 신문을 보나 전 지면이 온통 범죄와 섹스, 또는 스포츠와 같은 무용지물거리Nichtigkeiten로 꽉 차 있다. 이 '삼중창' 중에서 가장 무해하다고 할 수 있는 스포츠는 역시 가장 무의미한 것이기도 하다." 카를 야스퍼스·아널드 토인비 외, 『反매스콤論』, 전예원, 1977/1961, 86쪽. 이하 『反』으로 약칭.

지작거리고 있는 장면이 또 너무나 일상적이다. 손거울과 스포츠신문과 꿈과 휴대폰은 모두 거울사회의 여러 단말기라는 점에서 내게는 대차가 없어 보인다. 상사相似의 현재가 비상동非相同의 과거를 앞서고 있는 것이다. 물론 나는 지금 손거울이나 휴대폰의 기원을 묻는 것이 아니라 그 손거울(들)이 얹힌 생활, 버릇, 연동連動하는 체제의 연쇄, 그리고 그 연쇄 구조와 관련된 자아의 변화를 물어보는 것일 뿐이다.

'거울사회'는 기 드보르의 '스펙터클 사회'와 일맥상통하는 개념이다. 그에 의하면, 스펙터클은 "태어날 때부터 평등주의자, 냉소주의자이며 다른 어떤 상품과도, 정신뿐 아니라 몸까지도 교환할 용의를 항상 가지고 있"(『자본』, 109)는 "상품이 사회를 총체적으로 점령하기에 이른 계기"*이며, "사람들이 단지 바라보기만 하는 화폐"(『사회』, 35)로서, "스펙터클 속에서 사용의 총체성은 이미 추상적 표상의 총체성과 교환되어 있"(『사회』, 36)다. 그의 용어를 빌리자면, 거울이야말로 사용의 총체성을 (추상적) 표상의 총체성으로 교환하는 매체이며, 사용가치를 (자기)표상으로 식민지배하는 현상에 다름 아니기 때문이다. 나아가 기 드보르에 따르면 스펙터클은 일종의 나르시시즘의 매체이자 그 활동이요 결과물이다. "스펙터클은 기존 질서가 아무런 방해도 받지 않고 행하는 자신에 관한 담화이며, 자신을 찬미하는 독백"이고, "존재 조건에 대

---

* 기 드보르, 『스펙터클의 사회』, 31쪽. 이하 『사회』로 약칭.

한 권력의 전체주의적 관리의 시대에 나타나는 권력 자신의 자화상"(『사회』, 19)이다. 책 말미에서 그는 '비역사적 부동不動의 스펙터클'로서 '총체적 이데올로기'("총체주의적 비전으로서의 자신을 사회에 부과하는 단편들의 전제주의")(『사회』, 171) 사회를 거론하는데, 이것 역시 이데올로기의 총체적 자기 함몰 현상으로서 흥미롭다. 마찬가지로, '물질은 관념성을 추구한다'는 헤겔의 명제와는 달리, 기 드보르의 스펙터클 사회 속에서는 이데올로기가 물질화되는 것이다.(『사회』, 169) 이글턴은 비슷한 상념을 이렇게 정리한다. "통치자들이 스스로를 명명할 필요가 없다거나 '이데올로기'를 만들어낼 필요가 없다는 것은 바로 그들이 지닌 권력을 나타내는 지표이다."*

프로이트의 표현을 차용하자면, 거울사회 혹은 스펙터클 사회는 '작은 차이의 나르시시즘Narzissmus der kleinen Differenzen'**을 먹고 사는 자기애auto-eroticism의 상품 기호 사회인 것이다. 다시 소쉬르식으로 정리해보자면, 이 사회는 랑그langue 처럼 "자기 고유의 질서만을 아는 하나의 (총체적) 체계"***이며, 그 체계 속에는 적극적 사항이 없고 오로지 (조그만) 차이들만 번식하는 것이다. 물론, 널리 알려져 있듯이, 데리다는 『철학의 여백』(1972)에서 바로 그

---

*   테리 이글턴,『포스트모더니즘의 환상』, 131쪽. 이하『환상』으로 약칭.
**   Sigmund Freud, *Civilization and its Discontents*. New York: W.W. Norton & Co., Inc., 1962/1930, p. 61. 이하 *CD*로 약칭.
*** 페르디낭 드 소쉬르,『일반언어학 강의』, 최승언 옮김, 민음사, 1990/1916, 34쪽. 이하『강의』로 약칭.

의 차연差延 개념을 "차이들의 체계적인 유희"*라고 묘사한 적이 있는데, 이는 모두 '거울사회'를 설명할 수 있는 적절한 개념 틀로 손색없어 보인다. 이렇듯 거울사회는 랑그나 이데올로기처럼 그 총체성에 도달할 수 없으며, 따라서 그 외부성을 얻을 수도 없는 어떤 '편재성the ubiquitous'이다.

---

* Jacque Derrida, *Margins of Philosophy*, Chicago: The University of Chicago Press, 1982/1972, p. 11. 이하 *MP*로 약칭.

5
거울사회, 혹은 '표면성'의 승리

이처럼 '거울사회' 혹은 '스펙터클 사회'는 나르시시즘을 체질화한 사회이며, '작은 차이의 나르시시즘'을 보편적으로 기호화·상품화한 사회다. 이 사회에서 모든 종류의 기호학적 차이는 곧 상품의 차이로 채집되며, 모든 의미 있는 차이는 이윤 이동의 차이로 환원되고 만다. 사용가치라는 질質은 교환가치라는 양量의 차이 속으로 녹아든다. 상품의 손이 잡아내지 못하는 인문人紋의 차이는 급속히 소멸하고 있으며, 『소비의 사회』의 표현처럼 생활의 전체가 소비 속에 함몰되어 있고, 결국 "어떤 미소마저도 소비되는 기호"*로 전락할 뿐인 사회다. 아울러 모든 것은 상품이며, 따라서 그 체계 속의 언어와 이미지는 전부 광고일 수밖에 없다. 그러므로 마크 포스터의 주장처럼, "광고의 사회적 효과는 경제적이거나 심리적인 것이 아니라 언어적인 것"(『철학』, 117)이라는 점에 주목할 필요가 있다. 그리고 그의 정보양식론에 의하면, 광고는 새로운 언어적 커뮤니케이션의 현실을 구성하며, 따라서 "개인이 광고를 볼

---

* 장 보드리야르, 『소비의 사회』, 이상률 옮김, 문예출판사, 1997, 7쇄(1970), 175쪽. 이하 『소비』로 약칭.

때 주요한 사회적 관계가 재생산"(『철학』, 96)될 수밖에 없다. 그러므로 "우리의 정신 상태가 광고적으로 바뀐다"*는 보드리야르의 지적은 지나친 과장이 아니다.

과연 휴대폰도 미소(^^)를 전자적으로 교환하고 소비하는 장치임에 틀림없다. 이 교환 장치의 네트 속에서 점차 유형화되고 있는 전자적 복제/재생산의 테크놀로지에 떠밀려 우리는 인문人文/인문人紋의 고향이었던 자기표현의 개성을 잃어가는 정보 과잉의 마비 상태 속에서 오히려 '개성 없는 개성미'에 탐닉해간다. 매클루언의 지적처럼, "새로운 테크놀로지가 대두되면서 사람들은 자기표현의 중요성에 대한 신뢰를 점점 더 상실해가고"** 있다. 신매체의 특성이 '몰입沒入'으로 규정될 때(『마사지』, 125), 이 개념은 이 글의 키워드인 '함몰'과 연계된다. 그러나 동시에 '몰입'은 표현人紋의 깊이와 개성을 위한 기본적 거리감을 상실케 하는 현상을 가리키는 것에 다름 아니다. 한때 문학 논쟁의 중심을 차지했던 패러디와 메타포의 몰락, 그리고 패스티시나 기계적 표절의 범람도 마찬가지다.

한편 '거울사회', 혹은 '반사경反射鏡의 사회'가 보이는 표피 현상들은 자본주의 사회의 만성적 증후인 '피로'(『소비』, 282)와 관련되어 보인다. 보드리야르의 분석에 따르면, 피로는 "현대사회

---

* 장 보드리야르, 『시뮬라시옹』, 민음사, 1992/1981, 164쪽. 이하 『시옹』으로 약칭.
** 마셜 매클루언, 『미디어는 마사지다』, 김진홍 옮김, 열화당, 1988/1967, 123쪽. 이하 『마사지』로 약칭.

의 일반적 수동성의 강제에 대한 유일한 활동 형태"(『소비』, 284)이며, "완전한 고장을 피하기 위한 유일한 수단"(『소비』, 285)이라는 것이다. 이 피로는 곧 우리의 생활양식이 '표면'으로 흐르게 함으로써, 깊고 지속적이며 책임 있는 인문적 관계가 요구하는 에너지의 소비를 체계적으로 회피한다. 이른바 '시뮬라시옹'의 현실을 일러 "표면적 형태의 승리, 모든 의미화들의 최소공약수"(『시옹』, 154)라고 규정할 수 있는 것도, 바로 반사경의 사회라는 환경 속에서 가능해진다. 반사와 복제, 그리고 "번역 가능성을 향한 이 긴 도정"은 "모든 사물의 표면적인 투명성의 결합"(『시옹』, 155)인 것이다.* 볼츠는 '정보탐닉증information addicts'과 '감각중독증sensory junkies'이라는 개념을 통해 정보통신 사회의 병리학적 성격을 집약하는데, 영상 화면, 데이터, 비트들은 감각 결핍sonsory deprivation에 대한 방어기제로서 끝없는 자극을 통해 얻는 자기중독自己中毒, 즉 '나르시시즘-나르코시스narcissism-narcosis'인 것이다.

---

* 그러므로 "가상假像의 세계가 유일한 세계다"(니체), "세상의 신비는 보이지 않는 것 속에 있는 것이 아니라 보이는 것 속에 있다"(오스카 와일드), "겉으로 나타나는 모습이야말로 실제로 존재하는 모습이다"(수전 손택) 등의 탈형이상학적·진보적 언설은 (이제야 돌아보건대) 그 자체로는 진보도 퇴보도 아무것도 아닌 것처럼 보인다. 이 반본질주의적 현상 일원론이 한 세계의 입구入口를 담당한 것은 사실이지만, 그것이 출구出口에서 적폐積弊로 변질하지 않을지 누구도 장담할 수 없는 노릇이다. 진보는 위상학位相學이 아니다.

6
휴대폰-인간

한 통계(2004)에 따르면, 국민 10명당 7명이 휴대폰을 사용하고 있으며, 마찬가지로 10대의 중/고교생들도 100명 중 약 70명이 휴대폰을 가지고 있는 꼴이고, 이들 중고생 중 약 75퍼센트가 '휴대폰이 없으면 불안을 느낀다'고 응답했다. 세대별로 휴대폰의 용도는 다른데, 30대 이상이 대체로 이동전화기의 용도로 국한시키는 반면, 10~20대에서 휴대폰은 주로 문자 메시지 교환과 개성의 표현, 그리고 친구 사귀는 통로로서 역할한다. 특히 10대 청소년들에게 있어서 휴대폰은 무엇보다 '문자 메시지 교환기'의 기능으로 특화되어 있는데, 청소년들의 약 80퍼센트가 음성 통화보다 문자 메시지 교환을 선호하는 추세라고 한다.

나는 도처에서 휴대폰을 보고 듣는다! 근년의 타자들은 모두 내게 '휴대폰을 지닌 자'로 다가와서 움직인다. 이들은 모두 휴대폰을 만지거나 들여다보거나 두드리거나, 혹은 그곳에 대고 말하는 존재다. 거울사회 속의 타자들, 그리고 그 타자들의 유형화/표준화 속으로 코드화된 자아들은 모두 '휴대폰하는 인간homo cell-phonicus'인 것이다. 하이데거는 현대의 테크놀로지의 본질을 틀지음Gestell, enframing(*BW*, 328)*이라는 개념으로 설명하는데, 휴대폰이라는 신매체 역시 소통과 정보의 유형화된 틀, 그 기초 단말기인 것이다. 인터넷 채팅이나 휴대폰의 문자 메시지 교환이야말로 '도구적 인간homo faber'의 소통 방식이 도달한 최고의 기술적 영광이면서, 성숙한 인간이 도달할 수 있는 최하의 비인문적 소통이 아닌가? 노변정담爐邊情談이나 고담준론高談峻論의 옛 풍경은 휴대폰 속으로 부피 없이 찌그러져 들어가버렸다. 휴대폰의 문자 교환이나 인터넷 채팅으로 대표되는 매체문화의 풍경을 분석하는 시선은 여러 가지일 수 있지만, 그것은 가령 에라스뮈스나 토머스 모어, 볼테르나 연암燕巖의 능변이 시사하는 '대화적 풍성'의 인문주의가 발붙일 수 있는 현장을 그 뿌리에서부터 거세하고 있는 셈이다.

구텐베르크 은하계의 향수에 젖은 채 종이책 없이는 한시도 길을 나서지 못하는 내 시선은, 휴대폰 하나만 달랑(!) 지참한 채 사방팔방으로 종횡하는 M세대의 엄지족들의 행태에 사뭇 비판적으로 흐른다. 반드시 종이책이나 대면적 대화 속에 인문人紋의 본질이 온존하는 것도 아니고, M세대의 자칭 '디지털 노마디즘' 역시 우리 시대의 인문학이 주목하고 소화해야 할 하나의 인문 현상이

---

* 하이데거에게서 기술적 틀지음은 니힐리즘과 동의어이며, 그것은 곧 형이상학적 가능성의 소진이다. 아울러 그는 현대 기술 사회 일반의 특성을 형이상학의 종결이라고 주장한다. 다음의 글을 참조. Timothy Rayner, "Biopower and Technology: Foucault and Heidegger's Way of Thinking", Contretemps(2), May, 2001, pp. 146~147.

긴 하지만, 그 가능성이 아니라 현실성 속에서 구체적으로 확인하는 휴대폰-인간들의 풍경에는 '무늬人紋'학자로서의 내가 선뜻 지지하기 어려운 '얼룩'들이 널려 있다. 특히 젊은 층에서 휴대폰에 빠지는 이유로 흔히 이 기기의 이동성·독점성·즉각성을 드는데, 굳이 묶임이나 대화적 소통이라는 전래의 인문주의적 미덕을 거론하지 않더라도, 어느 것이든 반反인문적 징후들이 기식할 수 있는 구석들이다.

이른바 '맞춤 인간의 이상'이 여러 부분에서 동시다발적으로 그 가능성을 탐색하고 있다. 근년에 출시된 SF 영화물들은 기술적 재생산·복제의 시대에 새롭게 규정될 수밖에 없는 미래 인간의 육체와 정신, 그 자기 정체성에 대한 묵시록적 비전으로 가득하다. 의학과 생명공학은 느리긴 하지만 꾸준하게 이 비전을 쫓아가고 있다. 벤야민의 고전적인 지적처럼, 이러한 기술 복제의 시대에 역사적 우연에 기초한 개체의 진정성은 흔적 없이 소멸되고 만다.* 하이데거의 말처럼 현대적 테크놀로지의 본질이 '틀'을 바꾸는 것이라면, 그것은 곧 신매체의 역사나 다름없을 것이다. 따라서 미래적 체계는 모두 매체적일 수밖에 없으며, 인간은 매체와 더불어 자신의 정체성을 해체하거나 재규정하게 될 것이다. 매체가 강도強盜라면, 매체에 걸려지는 내용은 경비견의 주의를 딴 곳으로 끌기 위해서 사용되는 살코기 한 점에 지나지 않는 것(UM, 18)

---

* Walter Benjamin, "The Work of Art in the Age of Mechanical Reproduction", *Illuminations*, New York: Random House, 1988/1936, p. 220.

이라는 매클루언의 비유는 흥미롭고 설득력 있다. 따라서 '기술의 효과는 의견이나 개념 차원에서 생기는 것이 아니라, 점진적이면서도 은밀하게 '감각 비율sense ratios'이나 '지각의 패턴patterns of perceptions'을 바꾸는 방향으로 나타나는 것'(UM, 18)이다.

마치 베이컨이 『신기관』(1627)에서, 인쇄술과 화약과 자석이라는 불과 몇 개의 '내용'이 전 세계적으로 사물의 전체 양상과 상태를 변화시켰다고 했듯이, 틀-기술과 매체-기술로 집약되는 현대의 테크놀로지가 변화시켜나갈 인간과 세상의 모습은 실로 예측 불가능의 묵시黙示를 품고 있다고 하겠다. 내 판단에는, 어쩌면 하나의 내용, 하나의 물건으로 여겨질 뿐인 휴대폰이라는 이기利器 속에도 그 묵시의 한 부분이 담겨 있을 듯하다.

그 묵시의 내용은, 언젠가 인간의 육체가 휴대폰이 될 것이라는 사설邪說이다. 그사이에라도, 휴대폰은 단지 체계 속의 물건이 아니다. 그것은 의사소통 방식, 생활 동선의 폭과 배치, 그리고 인간관계의 양식 전체의 틀과 체질을 바꾸는 기술적 편재성의 기제다. 바르트의 말처럼, 형식의 변화와 실험은 곧 정치적 투쟁이 발생하는 곳이다.

7
휴대폰:
문/창인가, 거울인가?

> 거울로 인해 확장된 자아는 그 자신의 지각을 마비시킨다.(마셜 매클루언, UM, 41)

매클루언은 나르시스 신화의 요점을, "인간은 자신 이외의 물건 속으로 확장된 자아에 즉각적으로 매혹된다"(UM, 41)고 요약한다. 이 매혹은 '몰입' 혹은 '함몰'을 통해서 곧 지각의 마비로 이어진다. 매클루언은 나르시스 신화를 통해서 모든 매체의 속성 속에 나르시스-나르코시스의 구조가 잠복해 있다고 말한다. 요컨대 "거울로 인해 확장된 자아는 자신의 지각을 마비시킨다"(UM, 41)는 것이다. 그의 설명에 의하면, 이 마비 현상은 매체의 편재성이라는 환경 속에서 정보 과잉에 시달리는 근현대인들의 자기방어 기제와 같은 것이다. 즉 마비는 매체와 정보의 과도한 부하負荷로부터 중추신경을 보호하기 위한 장치(UM, 47)인 셈인데, 이것은 기계 문명 일반을 대하는 현대인들의 딜레마, 그 자가당착을 여실히 보여준다. 말하자면 인간은 기계라는 덫*에 물린 채 함몰하고 있는 것이다. 이 구조는 모든 권력의 체계가 매체와 접붙여져야 하는 현실을 간결하게 보여준다. 이후의 모든 권력은 두말할 나위 없이 우선적으로 매체 권력일 것이다.

물신物神은 바로 이 '나르시스-나르코시스'의 구조 속에서 탄생한다. 마르크스는 "인간 두뇌의 산물들이 스스로의 생명을 가진 자립적인 인물로 등장해 그들 자신의 사이 그리고 인간과의 사이에 일정한 관계를 맺"**는 구조적 관계 속에서 물신숭배fetishism를 읽어낸 바 있다. 이 물신론과 소외론은 마르크스 이후 프랑크푸르트학파를 거쳐 보드리야르의 소비사회 분석에 이르기까지 여러모로 변용되긴 하지만 그 위력은 한결같다. 매클루언 역시, 기술과 인간의 관계가 도착倒錯되는 가운데 우리 자신의 확장물이 우상화되는 과정(UM, 46)을 매섭게 지적한다.

이렇게 해서 휴대폰도 전자정보 사회의 페티시로 둔갑하는 것이다. 말하자면 휴대폰은 외부와의 소통을 위한 첨단의 기계적 장치를 구비한 창窓-문門인 듯하지만, 실은 그 용례의 적잖은 부분에서 확장된 나르시시즘의 페티시 역할을 하고 있다. 휴대폰을 만지고 더듬고 얼굴에 부비고 입술을 갖다 붙이고 간단없이 챙기

---

* 일찍이 슈펭글러는 이 덫을 '기술의 배반'(『기술』, 77)이라고 불렀는데, 그는 당대의 기계화가 "가장 위험한 긴장의 단계"(『기술』, 72)에 이르렀으며, "모든 유기체가 자기를 둘러싸는 조직체에 굴복하게"(『기술』, 73)될 것이며, "문명은 그 자체가 기계가 되며 모든 것을 기계처럼 취급"(『기술』, 73)할 것이라고 예단豫斷한 바 있다. 오스발트 슈펭글러, 『인간과 기술』, 서광사, 1998/1932.
** 카를 마르크스, 『자본론』(제1권 상), 김수행 옮김, 비봉출판사, 제2개역판 2쇄, 1867, 93쪽. 이하 『자본』으로 약칭.

고 화장에 옷까지 사입히는 꼴은 페티시즘이 단순히 은유가 아님을 보여준다. 근년에 사회문제화되고 있는 인터넷 중독이나 '휴대폰-집착'은 해리불안Scheidungsangst의 전자사회적 표현으로도 볼 수 있겠다. 물론 이 경우 페티시의 역할이 해리불안증에 대한 주술적 미봉임은 두말할 나위 없다. 찰스 밀스가 말하는 이른바 '지위공포status panic'의 심리 역시 휴대폰 페티시즘의 일부를 설명할 수 있을지 모르나, 넓게 보자면 이미 이 물건은 참다운 개성의 지표도, 마찬가지로 지위나 정체성의 지표도 아니며, 전자정보사회의 체계적 총체성에 내재한 음울한 나르시시즘의 묵시록 정도로 봐야 할 것이다.

휴대폰이 페티시나 주물, 혹은 신체의 일부로 의미매김된다거나, 소비사회의 유형화된 개성이나 표준화된 사이비 정체성을 표현하는 물건으로 자리매김되어가는 추세는 휴대폰이 문門이나 창窓이 아니라 거울鏡이라는 내 판단과 부합한다. 고쳐 말하면, 휴대폰이라는 사이비 문-창은 조직적 나르시시즘의 사회인 우리의 거울사회가 '거울'이 아니라 '창'으로 이루어져 있다는 허위의식을 뻔뻔스럽게 전시해놓는 알리바이의 장치인 것이다. 손거울을 펴 보는 속도로 휴대폰을 펴보는 모든 타자/우리는 휴대폰이 거울 바깥의 다른 세상을 향한 문-창이며, 심리학적 자폐의 종교에서 벗어나 세상으로 나아가는 문화적 매체로서의 효과를 지닌다고 믿고 있는지도 모른다. 그러나 내 의심은, 휴대폰이라는 물건이 겨우 손거울의 전자적 변형일 뿐이며, 거울사회의 소통성/개방성을 강변하는 먹먹한 알리바이에 지나지 않는다는 데에 있다. 그것은 가령 고진이 애용하는 '교통'의 길*이 아니라 오히려 자폐의 벽에 가깝다. '누군가와 끊임없이 접속되어 있으려는 욕망'이 열린 소통의 문/창을 계발함으로써 해소되지 못한 채 페티시즘이나 나르시시즘의 전자적 장치로 귀결되는 현상은 슬픈 아이러니가 아닐 수 없다.

특히 젊은 층의 휴대폰은 그 자체로 나르시시즘의 페티시이면서 상업주의에 포획된 정보기술의 지표가 되어가고 있다. 이 주물呪物은 곧 탈종교 시대의 '기계-종교'의 아우라를 담뿍 흩뿌린다. 이 물건은 도그마화한 제도 종교에서 시민 종교로, 그리고 시민 종교에서 기계 종교로 이어지는 행정行程의 마지막 단계, 그 한 부분을 담당할 것이다. 이 진단은 무엇보다 '휴대폰은 문-창이 아니다'라는 부정문으로 표상된다. 뭐라고 재해석되든, 종교 역시 적어도 세상을 향한 창-문은 아니기 때문이다.**

휴대폰이 세상의 타자를 향해서 열려 있는 이화異化의 창이라기보다 오히려 손거울의 나르시시즘을 약간 변형 혹은 확장시킨

---

* "교통이라는 개념은 중심을 배척하지 않고 중심의 끊임없는 이동, 중심 그 자체의 우연성을 의미하는 것이다." 가라타니 고진, 『마르크스, 그 가능성의 중심』, 이산, 1999/1990, 199쪽. 이하 『중심』으로 약칭. 흥미롭게도 고진은 이 교통 개념을, 제도화된 공동체 종교와 대조해 세계 종교의 개조開祖들이 움직였던 공간의 특성으로 설명한다. "모세나 예수, 나아가 다른 세계 종교의 시조에서 우리가 발견할 수 있는 것은, 공동체 또는 공동체적인 종교와 달리 '교통 공간'과 그 교통 공간에서의 윤리성이 개시開示되는 일이다." 가라타니 고진, 『유머로서의 유물론』, 문화과학사, 2002/1999, 41쪽. 이하 『유머』로 약칭.

알리바이의 장치라는 내 진단은 단지 은유가 아니다. 우리 사회의 휴대폰-인간들이 이 물건을 다루는 방식은, 들뢰즈/가타리의 표현을 빌리면, '지도地圖'가 아니고 '사본寫本'이다.** 그들의 표현을 빌려보면, "(휴대폰은) 자신이 다른 어떤 것을 복제하고 있다고 믿지만 실상은 자기 자신을 복제하고 있을 뿐"(『고원』, 32)이다.*** 왜냐하면 휴대폰이라는 전자 단말기를 통해 사용자 자신이 곧 세상이 될 수 있다는, 이를테면 『토템과 터부』(1913)의 프로이트가 설명한 유아론적 환상 속에 쉽게 빠지기 때문이다. 그래서인지 "사본들을 지도에 다시 연결시켜주어라"(『고원』, 33)라는 권면은 '휴대폰의 거울을 세상의 문-창에 다시 연결시켜주어라'라는 말로 읽힌다.

한편 라이프니츠는 『단자론』(1720)에서, 하나가 전체에, 그리

---

* 흄의 『자연종교에 대한 대화Dialogues concerning Natural Relgion』(1779), 칸트의 『이성의 한계 내에서의 종교Die Religion innerhalb der Grenzen der blossen Vernunft』(1793), 포이어바흐의 『기독교의 본질Das Wesen des Christentum』(1841), 프로이트의 『토템과 터부Totem und Tabu』(1913)와 『환상의 미래Die Zukunft einer Illusion』(1927) 등에서 제시된 종교관은 내용상 편차가 적지 않지만 넓게 보아 모두 이러한 견해로 수렴될 수 있다. 즉, 이들의 견해에서 공통된 점은, '종교의 비밀은 인간의 비밀' 혹은 '종교의 세계상은 곧 인간의 거울상'이라는 것이다.
** 질 들뢰즈·펠릭스 가타리, 『천개의 고원』, 새물결, 2001/1980, 29~33쪽. 이하 『고원』으로 약칭.
*** 이런 뜻에서, 들뢰즈/가타리의 '지도'는 세르의 '방문'(『해명』, 227), 고진의 '교통', 그리고 로티의 '재서술' 등과 흥미롭고 유익하게 이어질 수 있는 개념이다. 미셸 세르, 『해명』, 박동찬 옮김, 솔, 1994/1992.

고 전체가 하나에 조율·결합·반영되어 있는 단자를 일러, "우주 전체의 영속적인 거울"(monad, 263)이라고 부른다. 이것은 그 유명한 말, "단자에는 창窓이 없다"(monad, 252)라는 명제와 상부相扶하는데, 마치 무슨 비기祕記의 냄새를 풍기는 그의 단자 이야기는 어쩌면 전자 시대의 단자Monad일 휴대폰에 담긴 묵시를 역설적으로 내비치는 듯도 하다. 창窓이 없는 거울로서의 단자! 다만 단자가 예정조화豫定調和의 우주적 편재 인자라면, 휴대폰은 세상과의 미정부조화未定不調和의 편재 지표일까.

문과 창은 낯선 세계의 입구이며, 타자들이 우글대는 실전實戰에의 초대이고, 거울상에 의해서 유지·복제되어오던 나르시시즘이 가차 없는 감가상각에 노출되는 마당이다. 문-창은 자기동일성의 인력에 의해 자아의 구심을 확인·보강·재생산하는 장치가 아니라, 그 동일성의 토대를 타자들의 바람에 거침없이 내놓아 성쇠盛衰와 영고榮枯의 우연성과 그 역사를 배제하지 않는 열린 결기다. 그것은 보부아르가 재촉한바, 사회적 약자들이 내재의 질곡에서 벗어나 개성과 초월을 얻는 마당이며, 프로이트의 교육적 이념인 '세상 속으로'가 기동하는 출발선이고, 테크놀로지의 얼룩에서 벗어나 인문人紋의 인문人文이 다시 열리는 현장일 것이다. 그러나 내가 겪는 휴대폰은 이 문-창에 이르지 못한 채 거울처럼 빛나고 있을 뿐이다.*

* 물론 휴대폰이라는 기기 자체를 인문주의의 희생양으로 내몰려는 것은 아니다. 이 글은 전자정보 시대에 새롭게 갱신된 '러다이트 운동'의 선언문이 아니다. '문학은 나르시시즘의 일종'이라는 말이 있듯이, 휴대폰으로 대변되는 '거울의 나르시시즘'도 나름의 문화적 가치를 지니며, 중요한 것은 거울과 문/창의 균형, 그 안팎의 조화이기에 양자를 절대적인 위계 속에 배치할 수는 없다. 아울러 휴대폰에 집중된 비판적 논조는 니체가 말한바 '결과를 원인과 혼동하는 오류'의 위험에 봉착한다. 휴대폰이나 그 문화를 병인病因으로 지목하는 태도는 기껏해야 미봉에 그칠 공산이 크다. 내가 다그치고 있는 '거울'로서의 휴대폰 문화는 병인이 아니라 징후, 특히 징조이며, 아울러 이 징후와 징조는 좀더 거대한 체계 속에서 연동하는 연쇄 연상이라는 점에 주목해야 할 것이다.

8
지는 싸움:
체계의 타성과 인문의 기동*

내가 '거울사회'라고 별칭해서 한 측면을 단층적으로 포착하려는 우리 시대는, 애초 '문-창의 사회', 발견과 정복과 합병의 사회를 지향했던 서양 근대주의의 최종 산물이라는 점에서 극히 역설적이다. 근대의 서곡이었던 르네상스, 그리고 이어진 계몽주의는 당대 유럽의 자폐종교적 거울사회를 넘어 황금시대의 고전古典이라는 시간적 창窓을 불러들이고, 지리상의 발견과 교역이라는 공간적 문門을 향해 움직인 거대한 역사사회적 벡터였던 것이다. 거울을 깨고 나온 창의 벡터가 기껏 다시 거울의 체계를 만들어놓은 이 역설은 역사철학도들이 시시로 궁구할 만한 소재가 될 것이다. 그러나 내 관심은 휴대폰 문화로 대변되는 전자적 나르시시즘의 보편화 추세를 거스르면서 인문학도들의 구체적인 언술과 일상적 동선動線을 통해 새롭게 건축할 창-문의 인문적 소통의 문화에 있다.

* 결론의 페시미즘은 두 가지 배경에서 읽혀야 한다. 첫째, 이 글의 필자로서 내가 중단기 생활정치적 전술을 헤아리는 사회과학자가 아니라는 점. 둘째, 이 글의 인문성은 의도적으로 사회과학적 분석과 묵시가 겹치는 형식을 통해서 받아하도록 배려했다는 것이다.

한마디로 거울사회의 접면에 틈과 균열을 내면서 조금씩 문/창을 열어가야 하며, 인문적 사귐과 만남의 가능성을 모색해가야 한다. '일반체계이론'의 창시자인 버틀란피는 "체계가 중요한 시기에 행동을 일으켜, 일단 행동이 수행되면 그들 본래의 유형으로는 되돌아갈 수가 없다"(『이론』, 34)고 경고한 바 있다. 그러므로 인문人紋의 기동은 체계의 타성보다 빠르고 지속적이어야 한다. 내 앞에 펼쳐진 인문학적 시야, 그 시야가 얹힌 체제의 돌이킬 수 없는 묵시는 우울하다. 하지만 거울-사회의 전자정보적 동화同化를 문/창-사회의 인문적 이화異化의 에너지로 전환·대체해나가는 점진적 노력이 있어야만 인문학적 공동화 현상을 조금이라도 늦출 수 있을 것이다. 그리고 우리의 '지는 싸움'도 우리가 믿고 살아온 가치에 어울리는 아름다운 종말을 고할 수 있을 것이다.

참고문헌

외국 문헌

Adorno, T. W. "Thesen zur Kunstsoziologie", *Kölner Zeitschrift fir Soziologie und Sozialpsychologie*, XIX, 1(1967, 3).
Arendt, Hannah, *The Portable Hannah Arendt*, New York: Penguin, 2000.
_____, *The Human Condition*, Chicago: The University of Chicago Press, 1998.
Arnold, Matthew, *Culture and Anarchy*, 1869.
Badiou, Alain, *Saint Paul: The Foundation of Universalism*, Stanford, California: Stanford University Press, 2003.
Beauvoir, Simone de, *The Second Sex*, H. M. Parshley(tr.), New York: Alfred A. Knopf, 1968/1949.
Benjamin, Walter, "The Work of Art in the Age of Mechanical Reproduction", *Illuminations*, New York: Random House, 1988/1936.
Bloom, Allan, *The Closing of the American Mind*, New York: Simon & Schuster, 1987.
Deleuze, Gilles, *Différence et Répétition*, Paris: PUF, 1968.
Debord, Guy, *La Société du Spectacle*. 한국어판은 『스펙터클의 사회』, 이경숙 옮김, 현실문화, 1996.
Derrida, Jacque, *Given Time: 1. Counterfeit Money*, Chicago: University of Chicago Press, 1992.
_____, *Margins of Philosophy*, Chicago: The University of Chicago Press, 1982/1972.
Eliade, Mircea, *The Sacred and the profane*, New York: Harcourt Brace Jovanovich, Inc., 1959.
Freud, Sigmund, *Civilization and its Discontents*. New York: W.W. Norton & Co., Inc., 1962/1930.

Foucault, Michel, *The Sacred and the profane*, New York: Harcourt Brace Jovanovich, Inc., 1959.

Girard, René, *Mensonge romantique et vérité Romanesque*, 1961.

Hardt, Michael, Antonio Negri, *Empire*. 한국어판은 『제국』, 윤수종 옮김, 이학사, 2001.

Heidegger, Martin, *Basic Writings*, New York: Harper & Row, 1972/1972.

Heisenberg, Werner, *Physics and Philosophy: The Revolution in Modern Science*, New York: Harper & Row, 1958.

Jameson, Fredric, *Postmodernism or, The Cultural Logic of Late Capitalism*, London: Verso, 1991.

Jaspers, Karl, *Philosophische Autobiographie*, Muenchen, 1977.

Kierkegaard, Søren Aabye, *The Sickness unto Death*, Walter Lowrie(tr.), Princeton, New Jersey: Princeton University Press, 1969.

Kristeva, Julia, *New Maladies of the Soul*, New York: Columbia University Press, 1995.

Levinas, Emmanuel, *Basic Philosophical Writings*, Indianapolis: Indiana University Press, 1996.

_____, *Le Temps et L'Autre*, 1947.

Leibniz, G. W., *Monadology*, La Salle, Illinois: Open Court, 1992/1720.

Lacan, Jacque, *Le séminaire XI*, Paris: Editions du Seuil, 1973.

Montaigne, Michel Eyquem de, *Essays, New York: Penguin*, 1993/1588.

Michel Foucault, "Friendship as a Way of LIfe", *Michel Foucault: Collected Interviews*, 1961~1984, New York: Semiotexte, 1989.

Marcuse, Herbert, *Eros and Civilization: A Philsophical Inquiry into Freud*, New York: Vintage Books, 1962.

Marx, Karl, Engels, Friedrich, *German Ideology*, New York: International Publisher, 1970.

McLuhan, Marshall, *Understanding Media: The Extensions of Men*, New York: McGraw-Hill Book Company, 1964.

Nietzsche, Friedrich, *Menschliches*, Allzumenschliches, #92.

Peters, Edward, *Inquisition*, New York: The Free Press, 1988.

Polanyi, Michael, *Meaning*, Chicago: University of Chicago Press, 1975.

Plessen, E, *Mitteilung an den Adel*, Zurich, 1976.

Picard, Max, *The World of Silence*, New York: Regnery Gateway, 1988.

Rayner, Timothy, "Biopower and Technology: Foucault and Heidegger's Way of Thinking", *Contretemps*(2), May, 2001.

Rorty, Richard, "Philosophy as Science, as Metaphor, and as Politics", *The Institution of Philosophy: A Discipline in Crisis?*, Avner Cohen, Marcelo Dascal(eds.), La Salle, Illinois: Open Court Publishing Co., 1989.

Shakespeare, William, *True Chronicle Historie of the life and death of king Lear and his three Daughters*, New Haven: Yale University Press, 1956.

_____, *The Tragedy of Hamlet: Prince of Denmark*, New Haven: Yale University Press, 1954.

Sontag, Susan, *Aids and Its Metaphors*, New York: Farrar, Straus and Giroux, 1988.

Spinoza, Baruch, *A Theologico-Political Treatise and A Political Treatise*, R. H. M Elwes(tr.), New York: Dover Publications, Inc., 1951.

Watson, Lyall, *Dark Nature*, London: Hodder and Stoughton, 1995.

Wittgenstein, Ludwig, *Über Gewissheit*, New York: Harper & Row, 1969.

_____, *Philosophische Untersuchungen*, New York: Harper & Row, 1969.

柄谷行人, 『定本 柄谷行人 5』, 東京: 岩波書店, 2000.

柄谷行人, 「單獨性と 社會性」, 『定本 柄谷行人集 3』, 岩波書店, 2000.

국내 문헌

강수돌,『일중독 벗어나기』, 메이데이, 2007.
강유정,「홍매」전문,『네 속에 나 같은 칼날』, 문학과지성사, 1995.
강정,『나쁜 취향』, 랜덤하우스, 2006.
강준만,『한국인을 위한 교양 사전』, 인물과사상사, 2004.
강홍구,『앤디 워홀: 거울을 가진 마술사의 신화』, 재원, 1995.
고은,『이상평전』, 청하, 1992/1992, 90쪽.
권경인,「깨어 있는 시간」,『변명은 슬프다』, 창비, 1998.
권오석,『장자外篇』, 홍신문화사, 1989.
김명호,『열하일기 연구』, 창작과비평사, 1990.
김미정,「한번은 비극으로 또 한번은 희극으로」,『문예중앙』117호.
김수영,「문단추천제 폐지론」,『김수영 전집 2: 산문』, 민음사, 1981.
김여수,『언어와 문화』, 철학과현실사, 1997.
김영민,「비평의 조건, 혹은 산책」,『산책과 자본주의』, 늘봄.
_____,「거울 속에는 소리가 없소: 거울사회와 휴대폰 인간」,『당대비평』, 2004.
_____,『사랑, 그 환상의 물매』, 마음산책, 2004.
_____,『김영민의 공부론』, 샘터사, 2010.
_____,「김현, 혹은 술에 대한 단상」,『월간 인물과 사상』, 2007.
_____,「비평, 혹은 위기론」,『교수신문』, 2005.
_____,「생활양식의 인문정치와 역사화」,『문예중앙』118호, 2007.
_____,「소리」,『지식인과 심층근대화: 접선의 존재론』, 철학과현실사, 1999.
_____,「자서전이냐 연극이냐?」,『산책과 자본주의』, 늘봄, 2007.
_____,「전체주의의 미망: 진리가 너희를 자유케 하리라」,『보행』, 철학과현실사, 2001.
_____,「틈의 존재론: 체계와 시간」, 시간과 어린이, 한국레지오 교육협회 연차 학술대회, 2006.
_____,「표상에서 대리로: 매개의 정치」, http://jk.ne.kr 중 '문창'.
_____,『진리, 일리, 무리』, 철학과현실사, 1999.
_____,『콘텍스트로, 패턴으로』, 문학과지성사, 1996.
김지하,『흰 그늘의 길 3』, 학고재, 2003.
김태준,『홍대용』, 한길사, 1998.
김현,「박상륭이란 놈」,『반 고비 나그네 길에: 김현 산문집』, 지식산업사, 1978.

김현, 『두꺼운 삶과 얇은 삶』, 나남출판사, 1986.
다산 정약용, 『유배지에서 보낸 편지』, 박석무 옮김, 창작과비평사, 1991.
박영주, 『정철 평전』, 중앙M&M, 1999.
박제가, 『궁핍한 날의 벗』, 안대회 옮김, 태학사, 2000.
＿＿＿, 『북학의』, 이익성 옮김, 한길사, 1992.
박준상, 『바깥에서: 모리스 블랑쇼의 문학과 철학』, 인간사랑, 2006.
박지원, 『박지원』, 이익성 옮김, 한길사, 1992.
＿＿＿, 『연암 박지원 소설집』, 이가원 외 옮김, 한양출판, 1994.
송재학, 『풍경의 비밀』, 랜덤하우스, 2006.
유중하, 「시인은 왜 술을 마시는가?」, 『진보평론』 5호, 2003.
이덕무, 『책에 미친 바보: 이덕무 산문선』, 권정원 옮김, 미다스북스, 2004.
이성복, 「좀처럼 달이 뜨지 않는」, 『아, 입이 없는 것들』, 문학과지성사, 2003.
허만하, 「낙타는 십리 밖에서도」, 『비는 수직으로 서서 죽는다』, 솔, 1999.
홍사중, 『히틀러』, 한길사, 1997.
『동문선 11』, 민족문화추진회, 1969.
『벽암록』, 안동림 옮김, 현암사, 2000.
가라타니 고진, 『근대문학의 종언』, 조영일 옮김, 도서출판b, 2006.
＿＿＿, 『마르크스 그 가능성의 중심』, 김경원 옮김, 이산, 1999.
＿＿＿, 『세계공화국으로』, 조영일 옮김, 도서출판b, 2007.
＿＿＿, 『언어와 비극』, 조영일 옮김, 도서출판b, 2004.
＿＿＿, 『유머로서의 유물론』, 문화과학사, 2002/1999.
＿＿＿, 『탐구 2』, 권기돈 옮김, 새물결, 1998.
그람시, 안토니오, 『그람시의 옥중수고 2』, 이상훈 옮김, 거름, 2004.
기든스, 앤서니, 『친밀성의 구조변동』, 배은경·황정미 옮김, 새물결, 2003.
나카자와 신이치, 『사랑과 경제의 로고스』, 김옥희 옮김, 동아시아, 2004.
니어링, 헬렌, 『소박한 밥상』, 공경희 옮김, 디자인하우스, 1999.
니체, 프리드리히, 『도덕의 계보』, 김태현 옮김, 청하, 1982.
＿＿＿, 『권력에의 의지』, 강수남 옮김, 청하출판사, 1997.
다카하시 데쓰야, 「보는 것의 한계: 현상학과 아우슈비츠」, 『지知의 논리』, 고바야시 야스오 외 엮음, 오상현 외 옮김, 경당, 1997.
데리다, 자크, 『마르크스의 유령들』, 진태원 옮김, 이제이북스, 2007.
데이비스, 나탈리 제먼, 『선물의 역사』, 김복미 옮김, 서해문집, 2004.
드브레, 레지, 『이미지의 삶과 죽음』, 정진국 옮김, 시각과언어, 1994.

드스지엘스카, 마르자,『히파티아: 고대 그리스가 사랑한 여인』, 이미애 옮김, 우물이 있는집, 2002.
들뢰즈, 질,『의미의 논리』, 이정우 옮김, 한길사, 1999.
들뢰즈, 질·가타리, 펠릭스,『천개의 고원』, 새물결, 2001/1980.
라이히, 빌헬름,『성 혁명』, 윤수종 옮김, 새길, 2000.
러시코프, 더글러스,『카오스의 아이들』, 김성기 외 옮김, 민음사, 1997.
레비나스, 에마뉘엘,『시간과 타자』, 강영안 옮김, 문예출판사, 1996.
_____,『윤리와 무한』, 양명수 옮김, 다산글방, 2000.
_____,『존재에서 존재자로』, 서동욱 옮김, 민음사, 2003.
로티, 리처드,『미국 만들기: 20세기 미국에서의 좌파 사상』, 임옥희 옮김, 동문선, 2003.
_____,『우연성, 아이러니, 연대성』, 김동식·이유선 옮김, 민음사, 1996.
루소, 장자크,『고독한 산책자의 몽상』, 박규순 옮김, 혜원출판사, 1999.
르페브르, 앙리,『현대세계의 일상성』, 박정자 옮김, 주류일념, 1995.
리쾨르, 폴,『악의 상징』, 양명수 옮김, 문학과지성사, 1999.
마르쿠제, 허버트,『일차원적 인간』, 차인석 옮김, 삼성출판사, 1982.
마르크스, 카를,『자본론』(제1권 상), 김수행 옮김, 비봉출판사, 2015.
_____,『경제학-철학 수고』, 김태경 옮김, 이론과실천, 1987.
마키아벨리,『군주론』, 강정인·문지영 옮김, 까치, 2003.
만하임, 카를,『이데올로기와 유토피아』, 황성모 옮김, 삼성출판사, 1982.
말리노프스키, 브로니슬라프 카스퍼,『미개사회의 성과 억압』, 한완상 옮김, 삼성출판사, 1982.
매클루언, 마셜,『미디어는 마사지다』, 김진홍 옮김, 열화당, 1988/1967.
멜시오르 보네, 샤빈,『거울의 역사』, 윤진 옮김, 에코리브르, 2001.
모택동,『실천론(외)』, 김승일 옮김, 범우사, 1994.
미야모토 무사시,『오륜서』,『미야모토 무사시10』, 고려문화사, 1983.
밀러, 앨리스,『폭력의 기억: 사랑을 잃어버린 사람들』, 신홍민 옮김, 양철북, 2006.
밀렛, 케이트,『성의 정치학』, 정의숙 외 옮김, 현대사상사, 1976.
바디우, 알랭,『윤리학』, 이종영 옮김, 동문선, 2001.
_____,『조건들』, 이종영 옮김, 새물결, 2006.
_____,『철학을 위한 선언』, 이종영 옮김, 백의, 1955.
바르트, 롤랑,『사랑의 단상』, 김희영 옮김, 문학과지성사, 1991.
바스티, 로버트,『촘스키, 끝없는 도전』, 그린비, 1999.

바타유, 조르주, 『에로스의 눈물』, 유기환 옮김, 문학과의식사, 2002, 69쪽.
_____, 『에로티즘』, 조한경 옮김, 민음사, 1989.
_____, 『저주의 몫』, 149쪽.
바흐친, 미하일, 『도스또예프스키 시학』, 김근식 옮김, 정음사, 1988.
버틀란피, 부드비히 폰, 『일반체계이론』, 민음사, 1990/1968.
베버, 막스, 『행정의 공개성과 정치 지도자 선출 외』, 이남석 옮김, 책세상, 2002.
베블런, 소스타인, 『유한계급론』, 김성균 옮김, 우물이있는집, 2005.
베유, 시몬, 『고독과 상실의 뜰을 지나』, 백영현 옮김, 안암문화사, 1988.
벡, 울리히, 『위험사회: 새로운 근대(성)를 향하여』, 홍성태 옮김, 새물결, 1997.
벡, 울리히·벡-게른스하임, 엘리자베트, 『사랑은 지독한 혼란』, 배은경 외 옮김, 새물결, 1999.
벤야민, 발터, 『아케이드 프로젝트』, 조형준 옮김, 새물결, 2005.
보드리야르, 장, 『소비의 사회: 그 신화의 구조』, 이상률 옮김, 문예출판사, 1991.
_____, 『시뮬라시옹』, 민음사, 1992/1981, 164쪽.
보들레르, 샤를, 『벌거벗은 내 마음』, 이건수 옮김, 문학과지성사, 2001.
보부아르, 시몬 드, 『위기의 여자』, 손장순 옮김, 문예출판사, 1985.
부르디외, 피에르, 『파스칼적 명상』, 김웅권 옮김, 동문선, 2001.
블랑쇼, 모리스·낭시, 장-뤽, 『밝힐 수 없는 공동체, 마주한 공동체』, 박준상 옮김, 문학과지성사, 2005.
비코, 잠바티스타, 『이탈리아인 태고의 지혜』, 이원두 옮김, 동문선, 1996.
사드, 도나시앵 알퐁스 프랑수아 드, 『규방철학』, 이충훈 옮김, 도서출판b, 2005.
상소, 피에르, 『느리게 산다는 것의 의미』, 김주경 옮김, 동문선, 2000.
세르, 미셸, 『해명』, 박동찬 옮김, 솔, 1994.
_____, 『해명』, 박동찬 옮김, 솔, 1994/1992.
소쉬르, 페르디낭 드, 『일반언어학 강의』, 최승언 옮김, 민음사, 1990/1916.
쇼펜하우어, 『쇼펜하우어 수상록』, 최혁순 옮김, 범우사, 1994.
손택, 수전, 『타인의 고통』, 이재원 옮김, 도서출판 이후, 2004.
지젝, 슬라보예, 『까다로운 주체』, 이성민 옮김, 도서출판b, 2005.
_____, 『당신의 징후를 즐겨라: 할리우드의 정신분석』, 주은우 옮김, 한나래, 1997.
_____, 『이데올로기라는 숭고한 대상』, 이수련 옮김, 인간사랑, 2002.
_____, 『탈이데올로기 시대의 이데올로기』, 김상환 옮김, 철학과현실사, 2005
시오랑, 에밀 M., 『절망의 맨 끝에서』, 김성기 옮김, 에디터, 1994.
시프리오, 피에르, 『프랑스 혁명과 마리 앙투아네트』, 용경식 옮김, 고려원, 1995.

아도르노, 테오도어, 『미니마 모랄리아』, 김유동 옮김, 길, 2005.
_____, 『부정변증법』, 홍승용 옮김, 한길사, 1999.
아도르노, 테오도어·호르크하이머, 막스, 『계몽의 변증법』, 김유동 옮김, 문학과지성사, 2001.
아탈리, 자크, 『합리적인 미치광이』, 이세욱 옮김, 중앙M&M, 2001.
알튀세르, 루이, 『맑스를 위하여』, 이종영 옮김, 백의, 1997.
_____, 『철학과 맑스주의: 우발성의 유물론을 위하여』, 서관모·백승욱 옮김, 새길, 1996.
야스퍼스, 카를·토인비, 아널드 외, 『反매스콤論』, 전예원, 1977/1961.
엘륄, 자크, 『기술의 역사』, 박광덕 옮김, 한울, 1996.
엘리아데, 미르치아, 『대장장이와 연금술사』, 이재실 옮김, 문학동네, 1999.
_____, 『이미지와 상징: 주술적-종교적 상징체계에 관한 시론』, 이재실 옮김, 까치, 1998.
엥겔스, 프리드리히, 『가족, 사유재산, 국가의 기원』, 김대웅 옮김, 도서출판 아침, 1991.
오르테가 이 가세트, 호세, 『대중의 반역』, 황보영조 옮김, 역사비평사, 2005.
오에 시노부, 『야스쿠니 신사』, 양현혜·이규태 옮김, 소화, 2001.
왓슨, 라이얼, 『초자연: 우주와 물질』, 박문재 옮김, 인간사랑, 1992.
윌리엄스, 레이먼드, 『이념과 문학』, 이일환 옮김, 문학과지성사, 1982.
이글턴, 테리, 「마르크스주의·구조주의·탈구조주의」, 『마르크스주의와 포스트모더니즘』, 오길영 외 옮김, 이론과실천, 1993.
_____, 『이데올로기 개론』, 여홍상 옮김, 한신문화사, 1994.
_____, 『포스트모더니즘의 환상』, 김준환 옮김, 실천문학사, 2000.
이리가레, 뤼스, 『나, 너, 우리』, 박정오 옮김, 동문선, 1996.
제이, 마틴, 『변증법적 상상력』, 황재우 외 옮김, 돌베개, 1979.
좀바르트, 베르너, 『사치와 자본주의』, 문예출판사, 1997.
지라르, 르네, 『그를 통해 스캔들이 왔다』, 김진식 옮김, 문학과지성사, 2007.
_____, 『나는 사탄이 번개처럼 떨어지는 것을 보았다』, 김진식 옮김, 문학과지성사, 2004.
_____, 『낭만적 거짓과 소설적 진실』, 김치수·송의경 옮김, 한길사, 2001.
짐멜, 게오르그, 『게오르그 짐멜의 문화이론』, 김덕영·배정희 옮김, 길, 2007.
_____, 『짐멜의 모더니티 읽기』, 김덕영 외 옮김, 새물결, 2005.
카네티, 엘리아스, 『군중과 권력』, 심성완 옮김, 한길사, 1982.

칸트, 임마누엘,『이성의 한계 안에서의 종교』, 신옥희 옮김, 이화여자대학교출판부, 1984.
_____,『칸트의 교육학 강의』, 조관성 옮김, 철학과현실사, 2001.
콘래드, 조지프,『암흑의 핵심』, 이상옥 옮김, 민음사, 1998.
콜로, 미셸,『현대시의 지평구조』, 정선아 옮김, 문학과지성사, 2003.
쿤데라, 밀란,『농담』, 권재일 옮김, 벽호, 1993.
포스터, 마크,『뉴미디어의 철학』, 김성기 옮김, 민음사, 1994.
포스트먼, 닐,『테크노폴리』, 김균 옮김, 궁리, 2005.
폴라니, 마이클,『지적 자유의 의미』, 김하자·정승교 옮김, 범양사출판부, 1992.
프레이저, 제임스,『황금가지』, 이용대 옮김, 한겨레출판, 2003.
프로이트, 지크문트,「나르시시즘 서론」,『정신분석학의 근본 개념』, 윤희기·박찬부 옮김, 열린책들, 2003.
_____,「쾌락원칙을 넘어서」,『정신분석학의 근본 개념』, 윤희기·박찬부 옮김, 열린책들, 2004.
프루스트, 마르셀,『스완네 집 쪽으로』, 이형 외 옮김, 삼성출판사, 1984.
프린츠, 알로이스,『한나 아렌트』, 김경연 옮김, 여성신문사, 2000.
핑켈크로트, 알랭,『사랑의 지혜』, 권유현 옮김, 동문선, 1998.
하버마스, 위르겐,『의사소통행위이론』, 장춘익 옮김, 나남출판, 2006.
_____,『현대성의 철학적 담론』, 이진우 옮김, 문예출판사, 1994.
하우저, 아르놀트,『문학과 예술의 사회사 3』, 염무웅·반성완 옮김, 창작과비평사, 1999.
하이데거, 마르틴,『형이상학이란 무엇인가』, 서광사, 1995.
허먼, 주디스,『트라우마』, 최현정 옮김, 플래닛, 2007.
헹엘, 마르틴,『십자가 처형』, 김명수 옮김, 대한기독교서회, 1982.
호네트, 악셀,『물화: 인정이론적 탐구』, 강병호 옮김, 나남출판, 2006.
_____,『인정투쟁』, 문성훈, 이현재 옮김, 사월의 책, 2011.
호르크하이머, 막스·아도르노, 테오도어,『계몽의 변증법』, 김유동 옮김, 문학과지성사, 2001.
『장자(外篇)』, 권오석 해제, 홍신문화사, 1989.

찾아보기

ㄱ

가다머, 한스게오르크 Gadamer, Hans-Georg 210, 504~505
가라타니 고진 柄谷行人 50~51, 137, 183, 186, 202, 307, 317, 334~335, 355, 375, 387, 418, 487, 514, 556
가타리, 펠릭스 Guattari, Félix 165, 557
강수돌 392~393
강유정 205
강정 258
강준만 189, 316
고은 515, 534
골드만, 엠마 Goldman, Emma 74, 90
곰브리치, 에른스트 Gombrich, Ernst 361
괴테, 요한 볼프강 폰 Goethe, Johann Wolfgang von 162, 210, 529
권경인 42
그람시, 안토니오 Gramsci, Antonio 472
기든스, 앤서니 Giddens, Anthony 154, 258, 501
기형도 396
김수영 503, 509~510, 515, 518

김여수 149
김지하 378, 504
김진석 223
김현 62, 497~505, 512, 515~516, 518, 521

ㄴ

남공철 162
네그리, 안토니오 Negri, Antonio 400
니어링, 헬렌 Nearing, Helen 525~526
니체, 프리드리히 Nietzsche, Friedrich 173, 233

ㄷ

다윈, 찰스 Darwin, Charles 230
단토, 아서 Danto, Arthur 492
데리다, 자크 Derrida, Jacques 409, 419, 562
데이비스, 나탈리 제먼 Davis, Natalie Zemon 187

데카르트, 르네 Descartes, Rene 39, 94, 181, 183~184, 201, 225~227, 245, 250, 252~253, 272, 315, 369, 456, 482, 535
도스토옙스키, 표도르 미하일로비치 Dostoevskii, Fyodor Mikhailovich 35
뒤라스, 마르그리트 Duras, Marguerite 269
드보르, 기 Debord, Guy 77, 88, 543~544
드브레, 레지 Debray, Regis 405, 456
들뢰즈, 질 Deleuze, Gilles 528, 557
디드로, 드니 Diderot, Denis 68

ㄹ

라이언, 앨런 Ryan, Alan 489
라이프니츠, 고트프리트 빌헬름 폰 Leibniz, Gottfried Wilhelm von 534, 557
라이히, 빌헬름 Reich, Wilhelm 306, 308, 310, 373
라캉, 자크 Lacan, Jacques 47, 77, 137, 157, 177, 207, 226~227, 237, 256, 259, 308, 339, 347, 376, 440, 470, 501~502, 531
러시코프, 더글러스 Rushkoff, Douglas 444, 541
레비나스, 에마뉘엘 Levinas, Emmanuel 92, 96, 182~184, 196, 198, 200~203, 211, 226, 248~249, 256, 259~260, 272, 304~305, 307~308, 317, 325, 327, 341~342, 347, 372, 450, 509, 527
레비스트로스, 클로드 Lévi-Strauss, Claude 88, 124, 184, 256, 271, 371, 506
로티, 리처드 Rorty, Richard 258, 326, 339, 484
루 살로메 Lou Salomé-Andreas 90
루소, 장자크 Rouseau, Jean Jacques 86, 124, 149, 279~280, 283, 285, 288, 296, 382, 383
루쉰 魯迅 353
루카치, 게오르크 Lukács, Gyorgy 70, 136, 257, 354, 374, 493
루터, 마르틴 Luther, Marin 352, 445
르페브르, 앙리 Lefebvre, Henri 296, 306, 310, 365, 460
리오타르, 장 프랑수아 Lyotard, Jean-François 353, 371
리쾨르, 폴 Ricoeur, Paul 53, 107, 287
리프킨, 제러미 Rifkin, Jeremy 128

ㅁ

마르쿠제, 허버트 Marcuse, Herbert 125, 193, 226, 231, 308, 328, 373~374, 434, 441, 516,
마르크스, 카를 Marx, Karl 51, 70, 87, 127, 179, 225~226, 228, 230, 245, 252, 310, 338, 341~342, 354, 371, 387, 419, 453, 455, 470, 482, 554,

마리 앙투아네트Marie Antoinette 428
만하임, 카를Mannheim, Karl 95, 359, 457, 512
말리노프스키, 브로니슬라프 카스퍼 Malinowski, Bronislaw Kasper 165, 187, 360
매클루언, 마셜McLuhan, Marshall 547, 553
메를로퐁티, 모리스Merleau-Ponty, Maurice 230
모스, 마르셀Mauss, Marcel 436, 453
모어, 토마스More, Thomas 68, 550
모택동毛主席 254
몽테뉴, 미셸 에켐 드Montaigne, Michel Eyquem de 84, 542
미드, 조지 허버트Mead, George Herbert 87
미야모토 무사시宮本武蔵 155, 239, 378
밀, 존 스튜어트Stuart Mill, John 361
밀러, 앨리스Miller, Alice 392
밀렛, 케이트Millet, Kate 187

ㅂ

바디우, 알랭Badiou, Alain 50, 155, 177, 180~181, 183, 239, 249, 256, 302, 376~377, 381, 385, 438, 468, 472, 526~527, 531
바르트, 롤랑Barthes, Roland 38, 100, 206, 304
바슐라르, 가스통Bachelard, Gaston 249
바울Paul 164, 180, 471~472, 526, 531
바타유, 조르주Bataille, Georges 441, 443, 453
바흐친, 미하일Bakhtin, Mikhail 443
박상륭 498, 516,
박인환 515
박정희 349, 350, 360
박제가(초정) 94~95, 159~163, 240
박지원(연암) 82, 95, 100, 155
백거이白居易 515
버틀란피, 부드비히 폰Berlanty, Ludwig von 534
베르그송, 앙리 루이Bergson, Henri Louis 129, 192
베버, 막스Weber, Max 110~113, 192, 193, 206, 292, 373, 386, 427, 442, 462
베블런, 소스타인Veblen, Thorstein 436, 446
베유, 시몬Weil, Simone 109, 274~275
베이컨, 프랜시스Bacon, Frandis 79, 281, 308, 430, 552
베이트슨, 그레고리Bateson, Gregory 247, 249, 255
벡, 울리히Beck, Ulrich 264, 353, 355~356, 360, 371, 395, 472, 487, 505, 520
벤야민, 발터Walter, Benjamin 31, 41, 44, 49, 51~53, 76, 88, 92, 123, 183, 188, 209, 226, 256, 292, 295, 317, 339, 369, 372, 394, 405, 422, 489,

492, 494, 535
변영로 515
보드리야르, 장 Baudrillard, Jean 89,
374, 380, 396, 421, 436~437, 446,
487, 516, 546~547, 554
부르디외, 피에르 Bourdieu, Pieme 95,
111, 194, 234, 308, 349, 352, 372,
396, 504, 512~513
부버, 마르틴 Buber, Martin 92, 317
북친, 머레이 Bookchin, Murray 296
블랑쇼, 모리스 Blanchot, Maurice 305,
308, 340
블룸, 앨런 Bloom, Allan 479
비릴리오, 폴 Virilio, Paul 295, 382, 520
비코, 잠바티스타 Vico, Giambattista
247~248
비트겐슈타인, 루트비히 Wittgenstein,
Ludwig 70, 86, 165, 175, 186, 225,
252, 254, 325, 327, 341, 352, 441,
482

ㅅ

사드, 도나시앵 알퐁스 프랑수아 드
Sade, Donatien Alphonse François
de 457
사르트르, 장 폴 Sartre, Jean Paul 35,
107, 206, 208, 230, 351, 455
사이드, 에드워드 Said, Edward 211,
219, 336
상소, 피에르 Sansot, Pierre 280
세르, 미셸 Senes, Michel 557

셸러, 막스 Scheler, Max 441
셸링, 프리드리히 Schelling, Friedhich
162, 225
소로, 헨리 데이비드 Thoreau, Henry
David 422
소쉬르, 페르디낭 드 Sausure, Ferdinand
de 385, 544
소크라테스 Socrates 89, 100, 123, 173,
388, 416~418, 516, 526
송재학 73
쇼펜하우어, 아르투어 Schopenhauer,
Arthur 35, 83, 99
손택, 수전 Sontag, Susan 181, 316, 338,
548
슈펭글러, 오스발트 Spenger, Oswald
554
스피노자, 바뤼흐 Spinoza, Baruch 39,
45, 175~176, 180, 327, 353, 377,
482
스필버그, 스티븐 Spielberg, Steven 369,
372, 410
슬라보예, 지젝 Slavoj Zizek 50, 51, 53,
269, 322~324, 338, 348, 359, 376,
458, 472, 494
시오랑, 에밀 Cioran, Émile 528~529
실러, 프리드리히 Schiller, Friedrich
123, 127

ㅇ

아널드, 매슈 Arnold, Matthew 491, 542
아도르노, 테오도어 Adomo, Theodor

29~31, 41~42, 47~48, 50~52, 70, 89, 92, 192, 209, 271~272, 295, 308~309, 311, 317, 327, 355, 382, 386~388, 409, 421, 434, 440~441, 490, 512, 516, 535
아리스토파네스 Aristophanes 120
아우구스티누스 Augustine 317, 352
아우렐리우스 Aurelius 33
아인슈타인, 알베르트 Einstein, Albert 463
아퀴나스, 토마스 Aquinas, Thomas 272
알튀세르, 루이 Althusser, Louis 137, 145, 211, 257, 259, 312, 324, 329, 330, 338, 353, 357, 372, 374
워홀, 앤디 Warhol, Andy 198
야스퍼스, 카를 Jaspers, Karl 542
양주동 515
에라스뮈스, 데시데리우스 Erasmus, Desiderius 30, 68, 101, 241, 550
에크하르트, 마이스터 요하네스 Eckhart, Meister Johannes 434
엘륄, 자크 Ellul, Jacques 511
엘리아데, 미르체아 Eliade, Mircea 356, 407, 408, 442, 444
엥겔스, 프리드리히 Engels, Friedrich 99, 202
예수 154, 168~170, 170, 172, 175, 177, 179~180, 388, 412~413, 415~416, 418, 434~444, 471, 472, 530, 556
오르테가 이 가세트, 호세 Ortega y Gasset, José 77, 490, 517
오에 시노부 大江志乃夫 394
오웰, 조지 Orwell, George 72, 140, 372, 458
오토, 루돌프 Otto, Rudolf 347, 469
올센, 레기네 Olsen, Regine 90
와일드, 오스카 Wilde, Oscar 89, 101, 548
왕이보 王夷甫 238
윌리엄스, 레이먼드 Raymond Williams 261
유다 471
유득공 95
유련 95
융, 카를 구스타프 Jung, Carl Gustav 256
이글턴, 테리 Eagleton, Terry 371, 485, 493, 544
이덕무 15, 35, 95, 159~163
이리가레, 뤼스 Irigaray, Luce 538
이상 534~536
이사예비치 솔제니친, 알렉산드르 Isayevich Solzhenitsyn, Aleksandr 360
이서구 162~163
이성복 40, 498
이인성 498~499
이창동 180, 502
이태백 515
이희경 95
임권택 393

ㅈ

장, 아이리스 Chang, Iris 122
장정일 35

정과리 498
정약용(다산) 521
정철 515, 525
정희량 379
제임스, 윌리엄James, William 47, 513
제임슨, 프레드릭Jameson, Fredric 445
조소앙 314
좀바르트, 베르너Sombart, Werner 380, 427, 436
지눌 67
지라르, 르네Girard, Rene 169, 172, 194, 356, 385, 447, 470, 486
짐멜, 게오르그Simmel, Georg 134, 262, 324, 355, 407, 447, 462, 522~523

ㅊ

촘스키, 놈Chomsky, Noam 251

ㅋ

카네티, 엘리아스Caneti, Blias 53, 394, 451
카뮈, 알베르Camus, Albert 107, 376, 502
카시러, 에른스트Cassirer, Ernst 87, 237, 530
카유아, 로제Caillois, Roger 86
카프카, 프란츠Kafka, Franz 35, 75, 206
칸트, 임마누엘Kant, Immanuel 38, 86, 87, 91, 150~151, 162, 170, 172, 175~176, 178~180, 192, 225~228, 244~246, 252, 254, 258, 318, 325, 339, 375, 380, 387, 403, 530, 557
칼라일, 토머스Carlyle, Thomas 111, 491
콘래드, 조지프Conrad, Joseph 76, 274, 343
콜로, 미셸Collot, Michel 402
쿤데라, 밀란Kundera, Milan 92, 205
크리스테바, 줄리아Kristeva, Julia 75, 403
키르케고르, 쇠렌 오뷔에Kierkegaard, Søren Aabye 10, 75~77, 90, 182, 184, 195, 201, 203, 222, 288, 308, 315, 340, 445, 447, 455, 530
키케로, 마르쿠스 툴리우스Cicero, Marcus Tullius 170

ㅌ

토인비, 아널드Toynbee, Anold 147, 542
틸리히, 폴Tillich, Paul 176, 436

ㅍ

파스칼, 블레즈Pascal, Blaise 111, 125, 308, 348, 352, 396, 502
퍼스, 찰스Peirce, Charles 252
포, 에드거 앨런Poe, Edgar Allan 292

포스터, 마크 Poster, Mark 519, 541
포스트먼, 닐 Postman, Neil 88, 124, 229, 492
포이어바흐, 루트비히 Feuerbach, Ludwig 175, 179, 202, 245~246, 403, 557
포퍼, 칼 Popper, Karl 482
폴라니, 마이클 Polanyi, Michael 253
푸코, 미셸 Foucault, Michel 154, 233, 235, 371, 397, 482
프랭클, 빅터 Frankl, Viktor 87
프레이저, 제임스 Frazer, James 176, 506
프로이트, 지크문트 Freud, Sigmund 38, 48~51, 53~54, 70, 137, 144, 151, 156, 165, 179, 230, 232, 249, 253, 308, 310, 323, 328, 359, 373, 394, 451, 468, 470, 482, 502, 531, 544, 557~558
프루스트, 마르셀 Proust, Marcel 455
플라톤 Plato 173, 227, 416
피아제, 장 Piaget, Jean 200
피카르트, 막스 Picard, Max 432, 438
피히테, 요한 고틀리프 Fiche, Johann Gottlieb 150~151, 162, 375
핑켈크로트, 알랭 Finkielkraut, Alain 304

ㅎ

하버마스, 위르겐 Habermas, Jürgen 112, 252, 338, 506
하우저, 아르놀트 Hauser, Arnold 66, 511
하위징아, 요한 Huizinga, Johan 86, 127, 377
하이데거, 마르틴 Heidegger, Martin 37, 52~53, 70, 107, 146, 181, 185, 204, 211, 227, 256, 271~272, 375, 380~381, 421, 428, 440, 447, 526, 535, 549~551
하이젠베르크, 베르너 카를 Heisenberg, Werner Karl 254~255
하트, 마이클 Hardt, Michael 400~401
허만하 42
허먼, 주디스 Herman, Judith 391~392, 521
헉슬리, 올더스 Huxley, Aldous 140, 386, 510
헤겔, 게오르크 Hegel, Georg 70, 86~87, 90, 136, 152, 162, 164, 179, 184, 200, 202
호네트, 악셀 Honneth, Axel 70, 86, 157, 248
호르크하이머, 막스 Horkheimer, Max 47, 48, 70, 192, 309, 355
홉스, 토머스 Hobbes, Thomas 86
홍대용(담헌)
홍상수 328
황지우 498~499
후설, 에드문트 Husserl, Edmund 226, 252, 339
횔덜린, 프리드리히 Hölderlin, Friedrich 162
흄, 데이비드 Hume, David 179, 288, 557

히틀러, 아돌프Hitler, Adolf 147, 395
히파티아Hypatia 43

동무론
인문연대의 미래형식

초판인쇄 2025년 8월 8일
초판발행 2025년 8월 15일

지은이 김영민
펴낸이 강성민
편집장 이은혜
마케팅 정민호 박치우 한민아 이민경 박진희 황승현 김경언
브랜딩 함유지 박민재 이송이 박다솔 조다현 김하연 이준희
제작 강신은 김동욱 이순호
펴낸곳 (주)글항아리 | 출판등록 2009년 1월 19일 제406-2009-000002호
주소 10881 경기도 파주시 문발로 214-12, 4층
전자우편 bookpot@hanmail.net
전화번호 031-955-2689(마케팅) 031-941-5161(편집부)
팩스 031-941-5163

ISBN 979-11-6909-413-9 03100

잘못된 책은 구입하신 서점에서 교환해드립니다.
기타 교환 문의 031-955-2661, 3580

www.geulhangari.com